PYRENÄEN

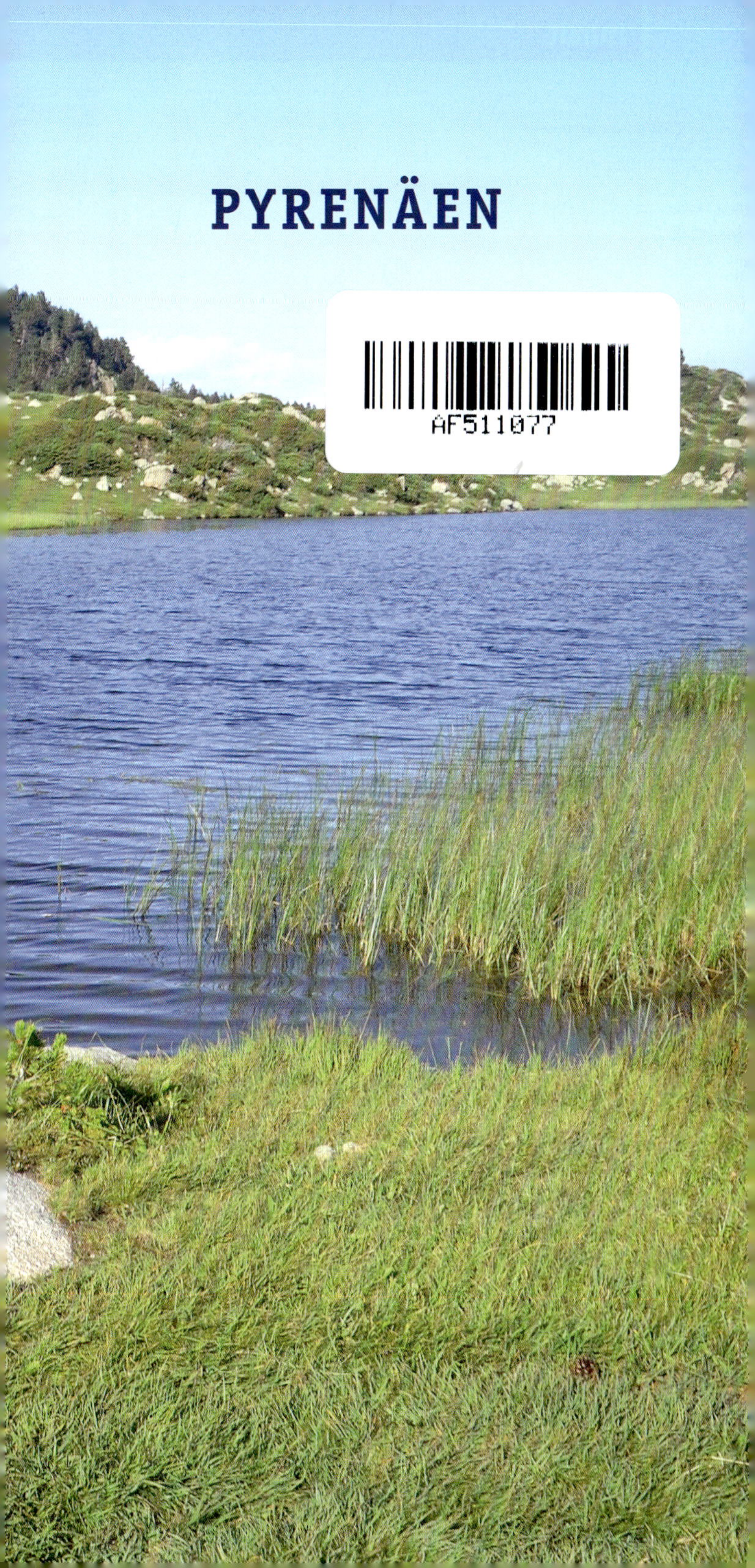

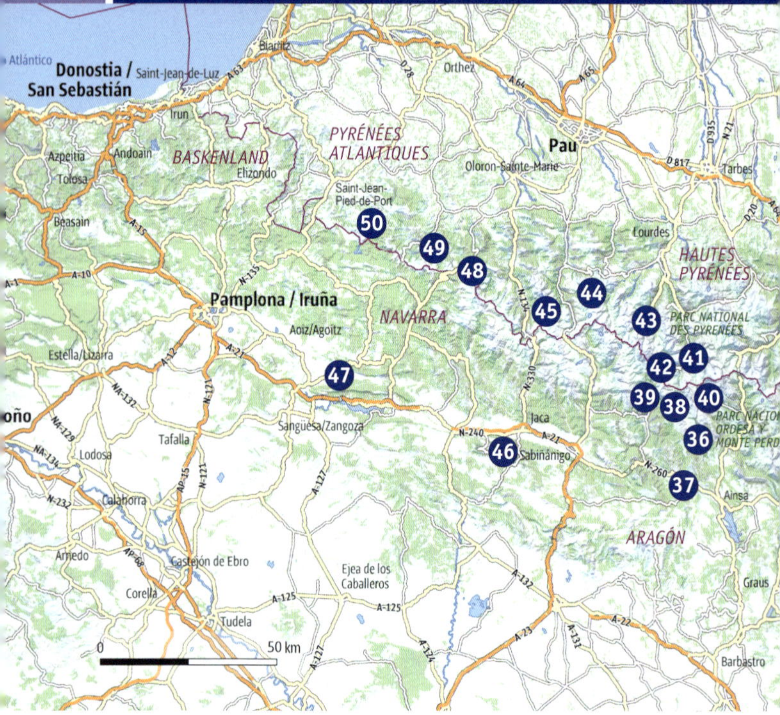

Reise durch die Pyrenäen

Wander-und Entdeckertouren

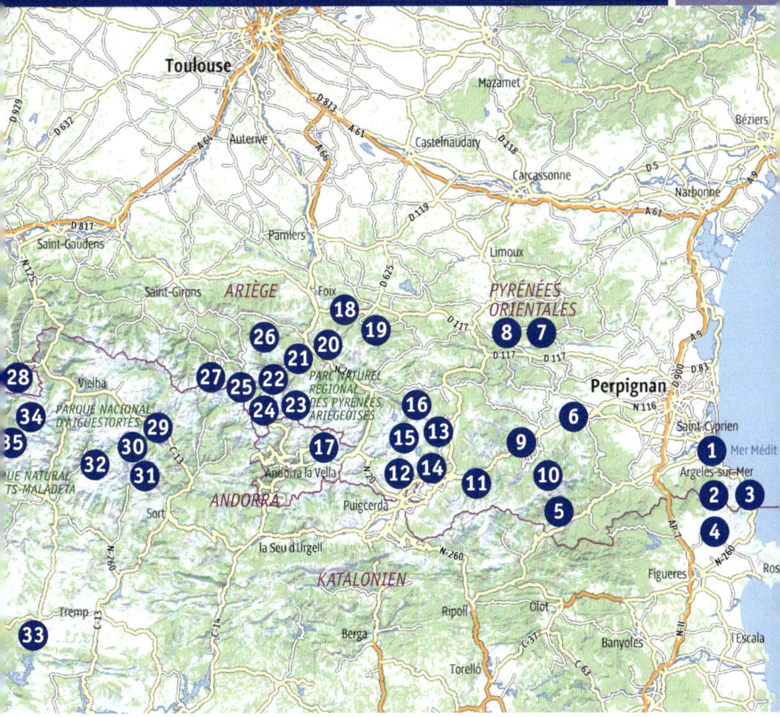
Toulouse
Mazamet
Béziers
Auterive
Castelnaudary
Carcassonne
Narbonne
Saint-Gaudens
Pamiers
Limoux
Saint-Girons
ARIÈGE
Foix
PYRÉNÉES ORIENTALES
Perpignan
Vielha
PARQUE NACIONAL D'AIGUESTORTES
PARC NATUREL REGIONAL DES PYRÉNÉES ARIÉGEOISES
Saint-Cyprien
Mer Médit
Argelès-sur-Mer
Andorra la Vella
ANDORRA
Puigcerdà
Sort
la Seu d'Urgell
KATALONIEN
Figueres
Ros
Tremp
Ripoll
Olot
Berga
Banyoles
l'Escala
Torelló
A64
A61
A66
A9
D 817
D 117
N 116
N-260
C-13
C-14
1
2
3
4
5
6
7
8
9
10
11
12
13
14
15
16
17
18
19
20
21
22
23
24
25
26
27
28
29
30
31
32
33
34
35

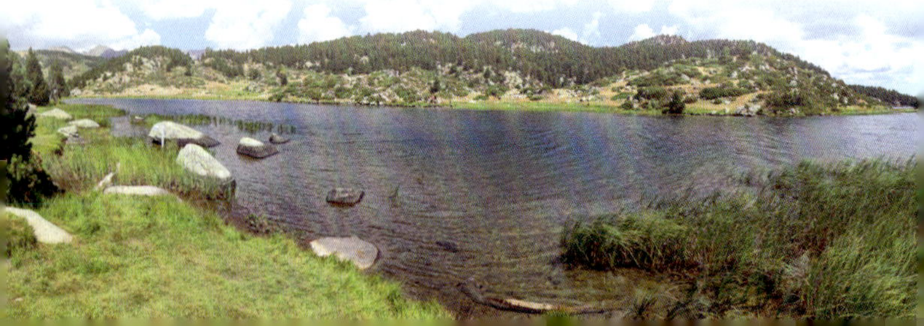

Reiseinformationen

Eine Reise durch die Pyrenäen

Von den Stränden und der malerischen Steilküste des Mittelmeeres geht unsere Reise mitten durch die Berge bis zur Atlantikküste. Die 430 Kilometer lange Gebirgskette der Pyrenäen trennt die Iberische Halbinsel vom Rest Europas. Der höchste Berg ist der 3.404 Meter hohe Pico de Aneto im spanischen Maladeta-Massiv. Rund 200 Gipfel im Zentrum des Gebirges überschreiten die 3.000-Meter-Grenze und einige wenige sind noch vergletschert. Damit gehören die Pyrenäen zu den höchsten und größten Gebirgen in Europa. Die französisch-spanische Staatsgrenze verläuft meist direkt auf dem Bergkamm, sodass wir immer wieder die Sprache wechseln. Neben Französisch und Spanisch werden in der Region auch noch Katalanisch und Baskisch gesprochen. Auch kulturell, landschaftlich und klimatisch unterscheiden sich die Regionen nördlich und südlich der Berge, sodass uns eine abwechslungsreiche Reise erwartet.

Nationalparks

Die ungewöhnlichste Sehenswürdigkeit der Pyrenäen ist sicher ihre wilde, noch sehr ursprüngliche Natur. In keiner anderen Region Europas leben so viele unterschiedliche Geier, und auch Steinadler, Wildkatze und die üblichen Bergbewohner wie Gämse, Steinbock und Murmeltier sind hier zu Hause. Inzwischen soll es auch wieder freilebende Braunbären geben, denen Sie aber sicher nicht begegnen werden. Allgegenwärtig sind dagegen tatsächlich die meist in Gruppen am Himmel kreisenden Gänsegeier.

Auf dem Gebiet der Pyrenäen gibt es drei Nationalparks. Das größte Schutzgebiet ist der »**Parc National des Pyrénées**« auf der französischen Seite der Berge. Die Berge sind dort weniger schroff als im Süden und die landschaftlichen Höhepunkte des Parks sind tiefe Bergkessel wie der Cirque de Gavarnie, der Cirque de Troumouse und der Cirque de Cagataille. Die beiden anderen Nationalparks liegen in Spanien. Der älteste von ihnen ist der 1918 gegründete »**Parque Nacional de Ordesa y Monte Perdido**«, der südlich an das Kerngebiet des französischen Nationalparks anschließt. Hier ist das Landschaftsbild besonders ungewöhnlich. Schroff abfallende Felsen bilden tiefe Schluchten wie das Valle de Ordesa und den Cañon d'Añisclo, die ein wenig an den Grand Canyon erinnern.

Noch einmal ganz anders ist die Landschaft im »**Parque Nacional d'Aigüestortes i Estany de Sant Maurici**«, dem kleinsten Pyrenäennationalpark, der etwas weiter östlich zu finden ist. Neben etlichen Karseen und Berggipfeln mit zackigen Spitzen sind es malerische Flusstäler, durch die glasklares Wasser mäandert, die den Reiz des Nationalparks ausmachen.

Neben den drei Nationalparks gibt es etliche Naturparks wie zum Beispiel den »Parc Naturel Regional des Pyrénées Ariègeoises«, den »Parque Naturel Posets-Maladeta«, in dem die höchsten Gipfel der Pyrenäen zu finden sind, und den ebenfalls im Zentrum des Gebirges gelegenen »Parque Natural d'Alt Pirineos«.

Kultur und Geschichte

Kulturelle Highlights finden wir dann eher am Rand der Berge. Meist sind es alte Gemäuer wie die Burgen der Katharer, trutzige Festungsbauten aus dem Mittelalter oder die romanischen Kirchen und Klöster, die faszinieren.

Nach fast 150 Jahren Auseinandersetzung zwischen Spanien und Frankreich wurden die Pyrenäen mit dem Friedensvertrag von 1659 zum Grenzgebiet. Ludwig XIV., der ja nicht unbedingt für seine Bescheidenheit bekannt ist, ließ die neue Grenze, die Frankreich einen guten Teil der umkämpften Gebiete zusprach, üppig absichern. So entstanden in den Bergen etliche neue Festungen. Für die meisten war sein Militärbaumeister Vauban verantwortlich, der als glänzender Stratege gilt. Einige der gut erhaltenen alten Festungsanlagen sind inzwischen Teil des UNESCO Weltkulturerbes.

Älter sind die Burgen der Katharer, die heute nur noch als mehr oder weniger romantische Ruinen zu besichtigen sind. Die Stadt Albi im Süden Frankreichs war eine Hochburg der Glaubensbewegung, die für eine asketische Lebensweise und die Ablehnung von Besitz stand, und der auch viele Adelige wie zum Beispiel die Grafen von Foix nahestanden. Die Bewegung wurde ab dem 12. Jahrhundert durch die Albigenserkreuzzüge von der katholischen Kirche verfolgt und gilt seit dem 14. Jahrhundert als ausgelöscht. Die Ruinen ihrer Burgen gehören zu den spannendsten Sehenswürdigkeiten im französischen Departement Pyrenées orientales.

Über die ganze Pyrenäenregion verteilt sind sehr alte Klöster und Kirchen zu finden. Schon im 10. Jahrhundert entdeckte man das Pilgern auf dem Jakobsweg, sodass an den Pilgerrouten nicht nur die notwendige Infrastruktur, sondern auch repräsentative Kirchen entstanden. Die Säulen der Kreuzgänge und auch Torbögen und Fassaden der Romanik wurden reich mit Figuren geschmückt, von denen einige bis heute erhalten sind. In abgelegeneren Tälern wie zum Beispiel dem Valle de Boí stehen kleinere Kirchen. Hier sind es gleich neun romanische Kirchlein aus dem 11. und 12. Jahrhundert, die im Inneren reich mit Fresken geschmückt waren.

Noch viel älter sind die Zeichnungen in der Grotte von Niaux, die durchaus mit den berühmten Höhlenzeichnungen von Lascaux und Altamira mithalten können, aber im Gegensatz zu diesen heute noch im Original zu sehen sind. Außerdem gibt es im karstigen Boden der Berge mehrere große Tropfsteinhöhlen und aufregende Schluchten zu entdecken.

Manches schöne Dorf mit Mittelalterflair, die gut erhaltenen historischen Zentren kleiner Städte wie Ainsa, Jaca und La Seu d'Urgell, das Pilgerspektakel von Lourdes oder ein Besuch in der baskischen Metropole Donostia-San Sebastián runden die kulturellen Eindrücke ab.

Bergwandern in den Pyrenäen

Die meisten Straßen in den Pyrenäen sind gut ausgebaut und problemlos zu befahren. Die Region ist im Winter ein beliebtes Skigebiet, aber nur sehr wenige Bergbahnen sind auch im Sommer in Betrieb. Dafür gibt es viele leicht erreichbare Parkplätze in Höhenlagen, die es einfach machen, auch bei kurzen Wanderungen ein Stück in das wilde, raue Gebiet oberhalb der Baumgrenze vorzudringen. Abseits der Skistationen sind die Pyrenäen wilder und weniger dicht erschlossen als die Alpen. Die Wege sind gut markiert, aber fast immer steinige Bergpfade, auf denen es über Stock und Stein und durch manchen Bach geht. Vor allem in den Nationalparks und entlang der Weitwanderrouten werden bewirtschaftete Refugios unterhalten. Die meisten sind aber eher spartanische Quartiere mit Jugendherbergscharme als gemütliche Berggasthöfe.

Gleich zwei große Fernwanderwege führen zwischen den Gipfeln vom Mittelmeer zum Atlantik: Der GR 11 verläuft auf der südlichen Seite und der GR 10 auf der nördlichen Seite des Pyrenäenhauptkammes. Im Westen queren zwei Routen des Jakobsweges die Berge. Darüber hinaus sind etliche kürzere Wanderwege markiert.

In allen drei Nationalparks haben Sie mehrere Tagestouren und auch mehrtägige Rundwege zur Wahl. In den spanischen Nationalparks sind Übernachtungen nur in den Refugios möglich und müssen reserviert werden. Auf der französischen Seite dürfen Sie zwischen 19 Uhr und 9 Uhr zur einmaligen Übernachtung ein Zelt aufschlagen, wenn Sie sich mindestens eine Wegstunde von der nächsten Straße oder der Nationalparkgrenze entfernt befinden. Das Biwakieren in den Bergen, in den Alpen stark restringiert, ist in den Pyrenäen gut möglich. Wenn Sie schon lange davon träumen einmal eine Bergnacht unter freiem Himmel zu verbringen, haben Sie hier die Möglichkeit.

Reisezeit

Während man in vielen Regionen im Süden von einer Reise in den Sommerferien eher abraten muss, sind die Pyrenäen recht gut für Hochsommerreisen geeignet. Vor allem wenn Sie Touren im Hochgebirge oder Übernachtungen im Freien planen, sind Juli und August eigentlich gerade richtig. Ihre Quartiere an den Küsten – egal ob am Mittelmeer oder am Atlantik – sollten Sie im Hochsommer allerdings besser vorab reservieren. Unterkünfte und auch Campingplätze am Meer sind von Mitte Juli bis Mitte August oft schon frühzeitig ausgebucht. In den Bergen wird es auch im August nur in den Nationalparks eng. Vor allem Campingplätze sind so reichlich vorhanden, dass Sie immer ein schönes Plätzchen finden werden.

Durch die erheblichen Höhenunterschiede und die unterschiedlichen klimatischen Bedingungen auf der Nord- und der Südseite der Berge werden Sie in den Pyrenäen auch im Sommer mit stark wechselndem Wetter und deutlichen Temperaturschwankungen konfrontiert sein. Auf der Nordseite des Pyrenäenhauptkamms sammeln sich gerne die Wolken. Im Extremfall kann das so aussehen, dass die Nebelsuppe kurz vor der Passhöhe über die Gipfel schwappt und sich dann, mit etwas Glück, in der von Süden kommenden Sonne auflöst. Auf der Südseite der Berge klettert das Thermometer im Hochsommer oft locker über die 40-Grad-Grenze. Sollte es Ihnen also auf der spanischen Südseite im August zu heiß werden, oder umgekehrt der Nebel nördlich der Berge immer dichter werden, könnte das Studieren des Wetterberichtes hilfreich sein. Es funktioniert nicht immer – aber meist ist es nördlich der Berge etwas kühler, und auf der Südseite gibt es in kühlen Perioden weniger Nebel und mehr Sonne.

Aber auch die Pyrenäen sind natürlich in der Nebensaison weniger besucht, was die Reise besonders reizvoll macht. Begrenzt wird die Reise- und Wanderzeit durch die ersten und letzten Schneefälle. Bis in den Mai hinein können noch einige der höher gelegenen Passstraßen gesperrt sein, sodass zum Wandern in den Hochgebirgsregionen und für eine Fahrt quer durch die Berge mit Auto oder Motorrad je nach aktueller Wetterlage ungefähr die Zeit von Mitte Mai bis Ende Oktober geeignet ist.

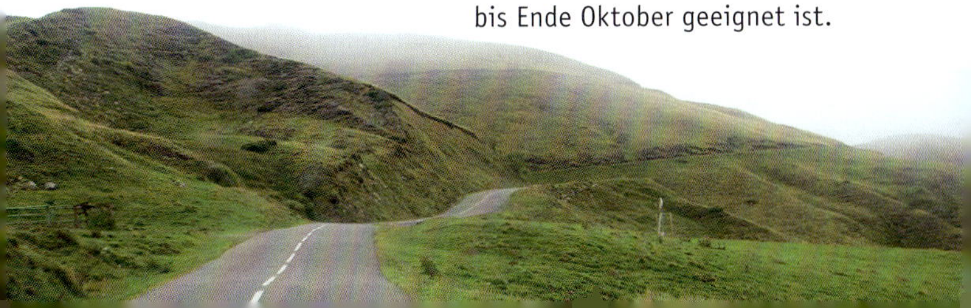

Outdoorabenteuer in den Pyrenäen

Die abziehenden Gletscher der Eiszeit hinterließen in den Pyrenäen ein attraktives Wandergebiet mit besonders vielen Bergseen. Die Berge des Pyrenäenhauptkamms bestehen aus Granit, an den Rändern des Gebirges dominiert vor allem im Westen der weichere Kalkstein, der eine Landschaft mit tiefen, wasserreichen Schluchten und vielen Höhlen hervorbringt, die beste Voraussetzungen für Outdoorsportarten wie Canyoning und Rafting bieten.

Klettern

Bei so vielen Felswänden ist es eigentlich klar – die Pyrenäen sind auch ein gutes Klettergebiet. Als besonders geeignet gelten die Felsen in der Ariège und im Vallée d'Ossau im französischen Nationalpark. Beinahe legendär sind die Kletterrouten von Rodellar auf der spanischen Pyrenäenseite in der Sierra de Guara, die außerdem auch als erstklassiges Canyoninggebiet gilt. Boulderfans kommen bei Targasonne in der Cerdagne auf ihre Kosten. Die Granitfelsen des »Chaos de Targasonne« sind das größte Bouldergebiet der Pyrenäen.

Kletterführer für die Pyrenäen gibt es fast ausschließlich auf Französisch. Reichen Ihre Sprachkenntnisse und die Klettererfahrung nicht aus, können Sie gut auf begleitete Kettertouren ausweichen.

Klettersteige

Zwei Klettersteige, die Pont Napoleon und das Chaos de Courmély, finden Sie zwischen Luz-Saint Sauveur und Gavarnie. An der Ariège klettern Sie im Tal von Vicdessos in ganz schön luftigen Höhen, und in Cauterets bietet Les Alias auch eine Strecke für Einsteiger. In Llo können Sie vor Ort auch die Ausrüstung leihen [› Seite 25]. Eine gute Übersicht über alle Klettersteige in den französischen Pyrenäen finden Sie unter www.laviaferrata.net.

Auf der spanischen Seite gibt es bei Torla eine Auswahl an schönen Klettersteigen in unterschiedlichen Schwierigkeitsgraden, darunter auch die attraktive Einsteigertour auf der Via Ferrata del Sorrosal bei Broto, die durch die Felsen eines Bachtal führt.

Hochseilgärten

Die hoch zwischen den Bäumen verspannten Parcours mit Schaukeln, Schwingseilen, wackelnden Seilbrücken oder geknoteten Netzen sind in Frankreich weit verbreitet. Professionell mit Klettergurt gesichert, hangelt man sich von Baum zu Baum, saust an der Seilrutsche quer über einen Fluss oder durch eine Schlucht.

In der felsigen Landschaft der Pyrenäen finden Sie einige Zwitter zwischen Hochseilgarten und Klettersteig. Da baumeln dann Seilbrücken und Rutschen zwischen den Felsen. Auf der anderen Seite geht es über Leitern hinauf oder am Fels entlang. Einen Parcours dieser Art finden Sie zum Beispiel an der Angoustrine [› Seite 25] und bei Roc'Aventures im Couserans [› Seite 90].

Ein Besuch im Hochseilgarten ist auch für Familien ein tolles Erlebnis. In vielen Parks gibt es spezielle Kinderparcours, auf den längeren Strecken sind Kinder meist ab 1,40 Meter Körpergröße zugelassen. Sie müssen jedoch von einem Erwachsenen begleitet werden. So ist ein Familienbesuch im Hochseilgarten immer ein gemeinsam erlebtes Abenteuer.

Canyoning

Ausgestattet mit Helm, Klettergurt und Neoprenanzug durchklettert man auf einer Canyoningtour die Berge dort, wo sich nur der Fluss seinen Weg bahnt und sonst kein Mensch seinen Fuß hinsetzt. Man rutscht durch kleine Wasserfälle, springt von Felsvorsprüngen ins Wasser oder seilt sich ab, um größere Stufen zu überwinden. Auch Canyoning gibt es in verschiedenen Schwierigkeitsgraden: als spaßige Einsteigertouren für Familien mit Kindern und als Herausforderung für mutige Sportler. In den Pyrenäen gibt es etliche traumhaft schöne Schluchten und Flusstäler, die sich zum Canyoning eignen.

Canyoning mit Explora Guies

Hier gibt es mehr als die viel begangenen Standartrouten. Bei Explora Guies können Sie unter Canyoningtouren in den schönsten Schluchten der Pyrenäen wählen – die richtige Adresse für alle Fans dieser Sportart. Die Basis befindet sich in Sort. Infos auch auf Englisch: www.exploraguies.com

Rafting und Kanusport

Kanutouren in den Pyrenäen sind eine sportliche Angelegenheit, da die meisten Gebirgsflüsse mit recht flotter Strömung aufwarten. Axat an der Aude und Sort am Noguera Pallaresa sind zwei Zentren des Wildwassersports. Mit dem Kajak sind hier aber nur erfahrene Paddler unterwegs. Auf den etwas ruhigeren Abschnitten können auch Anfänger mit auf das Wasser – allerdings im stabilen Raftingboot. Bei Torla werden auch die Flüsse Rio Ara und Rio Esera mit Raftingbooten befahren.

Eine einzige halbwegs anfängertaugliche Paddelstrecke ist bei Tarascon auf der Ariège zu finden. [› Tour 20]

Höhlen

Die abfließenden Wassermassen der Gletscher formten am Ende der letzten Eiszeit in den Pyrenäen tiefe Schluchten und Höhlen in allen Größen. Riesig sind zum Beispiel die Grotte de la Verna [› Seite 222] und die Grotte de Bédeilhac bei Tarascon [› Seite 86]. Ein unterirdischer Fluss wird in Labouiche bei Foix [› Seite 86] befahren und in Niaux [› Tour 21] hat man Tierzeichnungen aus der Steinzeit gefunden.

Neben diesen mehr oder weniger für Besucher erschlossenen Höhlen gibt es auch viele unbekannte kleinere. Die meisten Outdoor-Anbieter haben auch späologische Exkursionen mit Helm, Stirnlampe und kundigem Führer im Angebot.

Baden

Eine Fahrt durch die Pyrenäen führt von Meer zu Meer und es bietet sich an, am Anfang und am Ende der Reise einige Badetage einzulegen. Die Strände an der Steilküste der Côte Vermeille eignen sich auch auszeichnet zum Schnorcheln. In den Sommerferien von Anfang Juli bis Mitte August muss man an der Küste allerdings mit viel Trubel rechnen, denn dann zieht es auch Franzosen und Spanier ans Meer.

Im Landesinneren gibt es nur wenige Möglichkeiten zum Baden. Die meisten Bergseen in den Pyrenäen sind dazu einfach zu kalt. In den Nationalparks ist das Bad im See oder Bach sogar oft verboten. Dafür bieten sehr viele Campingplätze im Sommer einen Pool und in vielen größeren Orten gibt es auch ein Freibad. In der kühleren Jahreszeit locken in den französischen Pyrenäen mehrere Thermalbäder.

In Frankreich müssen Sie in allen öffentlichen Bädern (auch im Pool des Campingplatzes) beachten, dass Badeshorts als unhygienisch geächtet und verboten sind. Männer und auch kleine Jungs müssen eine kurze Badehose tragen. Dass diese Hosen bei uns ganz unglaublich »out« sind, interessiert dabei nicht und bringt manchen modebewussten Teenager in ernsthafte Nöte.

Fahrradtouren

Col de Tourmalet und Col d'Aubisque sind Fahrradfans sicher ein Begriff. Beide gehören zu den anspruchsvollsten und meistgefahrenen Pässen der Tour de France. Rennradeln ist in Frankreich ein äußerst beliebter Sport, und so werden Sie vor allem auf den bekannten Routen der Tour de France unzähligen Radlern begegnen, die bei der Bergabfahrt auch mal flott überholen. Ohne den entsprechenden sportlichen Ehrgeiz sind die Pyrenäen zum Fahrradfahren allerdings weniger geeignet. Eine der wenigen einladenden Strecken ist die Voie Verte, die zwischen Foix und Saint Girons auf einer ehemaligen Bahntrasse angelegt ist.

Reiten

Kurze und längere Ausritte, Ponyspaziergänge für Kinder und mehrtägige Ritte in die Berge sind in allen Regionen der Pyrenäen möglich. Ein ausgesprochenes Pferdeland ist jedoch die Ariège. Die hier heimischen kompakten Pferderassen des Mérens und des

Castillonais werden im Sommer oft noch freilaufend auf den Bergweiden gehalten. Die Gestüte Les Crinières Noires und Le Crin des Cimes bei Tarascon nehmen im Frühjahr und Herbst reiterfahrene Gäste mit zum Auf- und Abtrieb der Herden. Ein unvergessliches Erlebnis!

Wandern mit Esel

Für Familien ist das Wandern mit Esel eine besonders reizvolle Sache. Kleinere Kinder können streckenweise auf dem Eselrücken sitzen, größere sind mit ungeahnter Begeisterung bei der Sache, wenn sie den Esel am Strick führen dürfen. In geräumigen Satteltaschen kann man ein Picknick unterbringen – oder die Ausstattung für eine Übernachtung. Für mehrtägige Wanderungen ist so ein charmantes Langohr nicht nur mit Kindern eine wertvolle Hilfe beim Gepäcktransport – gerade für Touren mit Zelt und Selbstversorgung, wie sie in den Pyrenäen noch möglich sind. [› Tour 22]

Familienurlaub in den Pyrenäen

Zugegeben, die Pyrenäen sind nicht das allererste Ziel, das einem beim Thema Familienurlaub einfällt. Dazu sind sie auch einfach zu weit von Deutschland entfernt. Schaut man genauer hin, eignet sich die Region aber ausgezeichnet für Familien, die gerne aktiv reisen. Es gibt ausgesprochen viele kurze Wanderwege mit echtem Abenteuerfaktor. Auf den steinigen Pfaden gibt es immer was zu klettern, es geht durch Bäche und von einem Bergsee zum andern und selbst eine Zeltübernachtung in den Bergen wäre einfach zu organisieren. Auf den Bergweiden begegnet man im Sommer besonders vielen Weidetieren. Hier grasen nicht nur Kühe und Schafe, sondern auch viele Pferdeherden, die fast immer auch Fohlen dabei haben.

Für Abwechslung im Programm sorgen Tierparks, Falknereien, Hochseilgärten und viele urige Burgruinen. Auch Rafting und Canyoning werden in einfachen, spielerischen Touren schon für Kinder ab sechs oder acht Jahren angeboten.

Als besonders gut für Familien geeignet haben wir die Region Ariège erlebt. Es gibt hier viele interessante Ausflugsziele und es wird es im Sommer nicht so voll wie in den drei Nationalparks. Außerdem sind die Strände des Mittelmeeres nicht allzu weit entfernt, sodass man Berge und Meer gut in einer Reise kombinieren kann.

Wandern mit Kindern

Die meisten unserer Wanderungen mit Zielen wie einem Wasserfall, einer Reihe glasklarer Bergseen, einem idyllischen Bachtal, einer alten Hirtenhütte oder einer Burgruine sind auch für Familien interessant. Eine Altersempfehlung und Hinweise auf den Schwierigkeitsgrad finden Sie im Tourenkasten. Eignet sich eine Tour nicht für Kinder, schlagen wir dort häufig eine gekürzte Variante vor. Unsere Gehzeiten orientieren sich an Erwachsenen, haben Sie Kinder unter zehn Jahren in der Wandergruppe, sollten Sie etwa 50 Prozent zugeben.

Auch Kinder brauchen auf Wanderungen passende Ausrüstung. In der Hochgebirgsregion der Pyrenäen sind zumindest Wanderschuhe und eine wasserdichte Jacke unverzichtbar. Ausführliche Tipps zum Wandern mit Kindern verschiedener Altersstufen finden Sie in unserem Blog *www.wandern-mit-kindern.info*.

Wenn Sie gerne länger wandern möchten und Ihre Kinder Tiere lieben, probieren Sie das Wandern mit Esel aus. Esel sind gelassenen und friedfertig und sehr viel weniger stur, als man ihnen nachsagt. Eselwandern ist in Frankreich sehr beliebt und Sie haben mehrere Ställe zur Auswahl.

Die Touren in diesem Buch

Wandern in den Pyrenäen

Die Wanderungen in diesem Buch verlaufen soweit wie möglich auf schmalen, teilweise steinigen Wanderpfaden und oft in Höhenlagen über 2000 Metern und über der Baumgrenze. Die meisten Touren sind technisch nicht allzu schwierig, verlangen aber streckenweise Trittsicherheit. Konkrete Hinweise über die Wegbeschaffenheit einer Tour finden Sie im Steckbrief unter Charakter.

Auch die Anzahl der Stiefel im Kopf des Tourensteckbriefs informiert über den technischen Schwierigkeitsgrad. Ein Stiefel markiert eine Einsteigertour, für eine Wanderung mit drei Stiefeln sollten Sie schon erste Bergerfahrungen gesammelt haben.

Ausrüstung

Da das Wetter im Hochgebirge besonders schnell umschlagen kann, brauchen Sie auch für kürzere Touren eine vollwertige

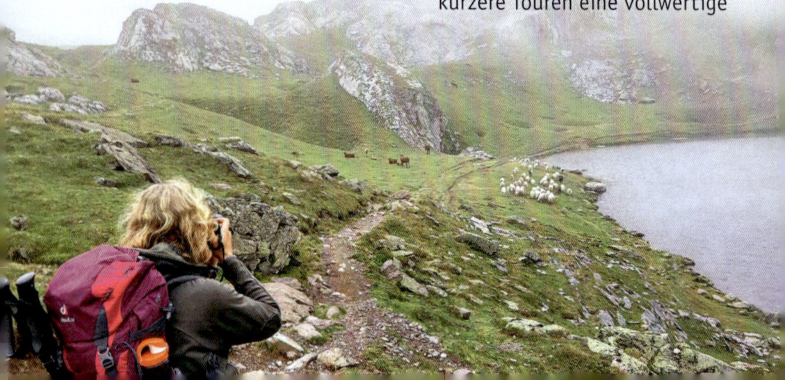

Ausrüstung. Dazu gehören gut passende, eingelaufene Wanderschuhe, eine wasserdichte Jacke, ein Pullover, Sonnenschutz und möglichst auch ein kleines Erste-Hilfe-Set. Hütten zur Einkehr sind in den Pyrenäen längst nicht so verbreitet wie in den Alpen, Sie sollten also zumindest einen Snack und mindestens einen Liter Trinkwasser pro Person einpacken.

Gehzeiten

Die im Buch angegeben Zeiten sind großzügig am Tempo eines Erwachsenen gemessen. Es handelt sich um reine Gehzeiten, Pausen und Zeit für Besichtigungen müssen zusätzlich eingeplant werden.

Orientierung

Wanderwege sind meist mit Farbpunkten an Bäumen, Steinen und Steinmännchen markiert. Dabei erkennt man die Grandes Randonnées (GR) genannten Fernwanderwege an der üblichen Markierung mit einem weiß-roten Balken. Abzweigungen werden durch eine Markierung mit Winkel angezeigt, gekreuzte Farbbalken markieren überall in Frankreich einen falschen Wegabzweig.

Die Markierungen in Spanien funktionieren auf dieselbe Art und Weise, sie sind nur meist etwas farbenfroher gehalten.

Die Wanderungen in diesem Buch führen alle über markierte Wanderwege. Normalerweise sollte die Beschreibung und die Karte im Buch zusammen mit der Markierung vor Ort ausreichen, um den Weg sicher zu finden. Zusätzliche Karten sind nicht notwendig.

GPS-Daten

Um den Parkplatz an einer Wanderroute zu lokalisieren, können die in der Anfahrtsbeschreibung genannten GPS-Daten in jede Navigations-App oder ein herkömmliches PKW-Navi eingegeben werden.

Außerdem stellen wir zu allen Wanderungen unter www.natur-zeit-verlag.de auch GPS-Tracks zur Verfügung, die kostenlos heruntergeladen werden können. Die Daten unterstützen mit Hilfe von GPS-Gerät oder Handy-App die Orientierung unterwegs.

Passwort: GPX523PY428

Höhenprofile

Höhenprofile eignen sich ganz besonders gut, um sich einen schnellen Überblick über eine Tour zu verschaffen. Wenn Sie oder ihre Kinder unterwegs genau wissen wollen, wie weit es noch ist, wo sie gerade sind, und ob es noch lange bergauf geht, findet sich hier schnell die passende Auskunft.

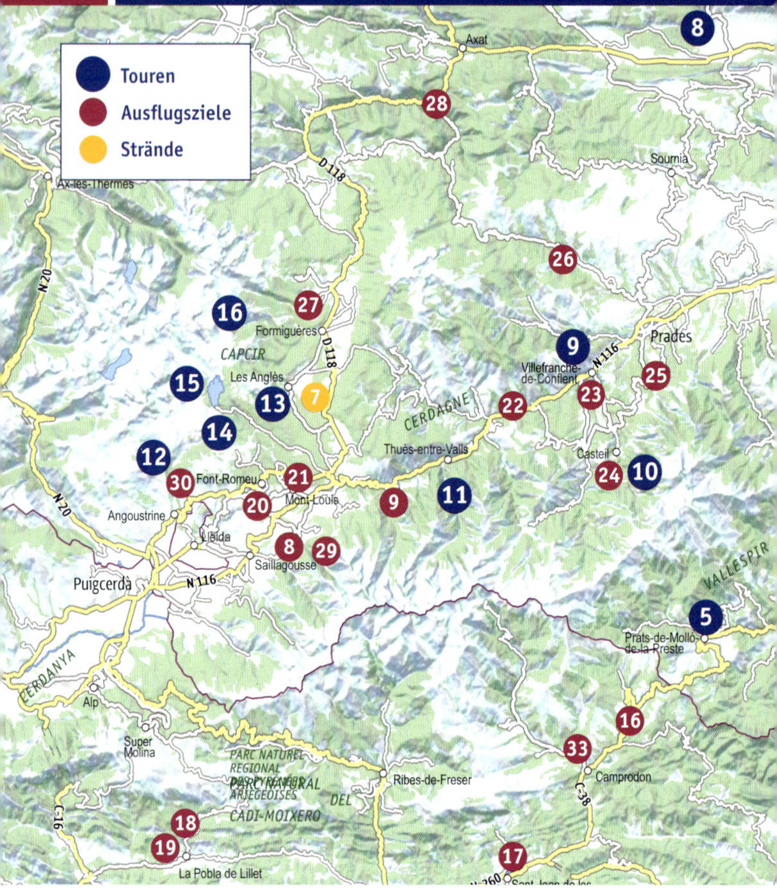

Die ersten Ausläufer der Pyrenäen machen sich schon an der Küste bemerkbar. Während die Landschaft bei Perpignan noch völlig platt daherkommt, wird die Küste nahe der Grenze schroffer. Südlich des Badeortes Argelès-sur-Mer beginnt die Steilküste der Côte Vermeille, in der sich einige idyllische Badebuchten verstecken. Eine besondere Perle ist das Künstlerdorf Collioure. Auch auf der spanischen Seite der Grenze hat die Costa Brava mit Port de la Selva und Cadaqués idyllische Küstenorte zu bieten. In Port Lligat bei Cadaqués steht das ehemalige Wohnhaus des exzentrischen Malers Salvador Dalí, im nahen Figueres ist seinem Werk ein ganz besonderes Museum gewidmet.

Von der Küste ziehen sich an den Flüssen Tech und Têt die Täler des Vallespir und der Cerdagne zwischen die höher werdenden Berge. Der markanteste Gipfel ist der 2785 Meter hohe Pic du Canigou, an dessen Fuß zwei besonders sehenswerte Klöster stehen. Mit dem mittelalterlichen Örtchen Villefranche-de-Conflent, einer knallgelben Schmalspurbahn und dem traumhaft schönen Wandergebiet am Lac des Bouillouses und im angrenzenden Capcir mit besonders vielen tiefblauen Bergseen hat die Region viele lohnende Ziele.

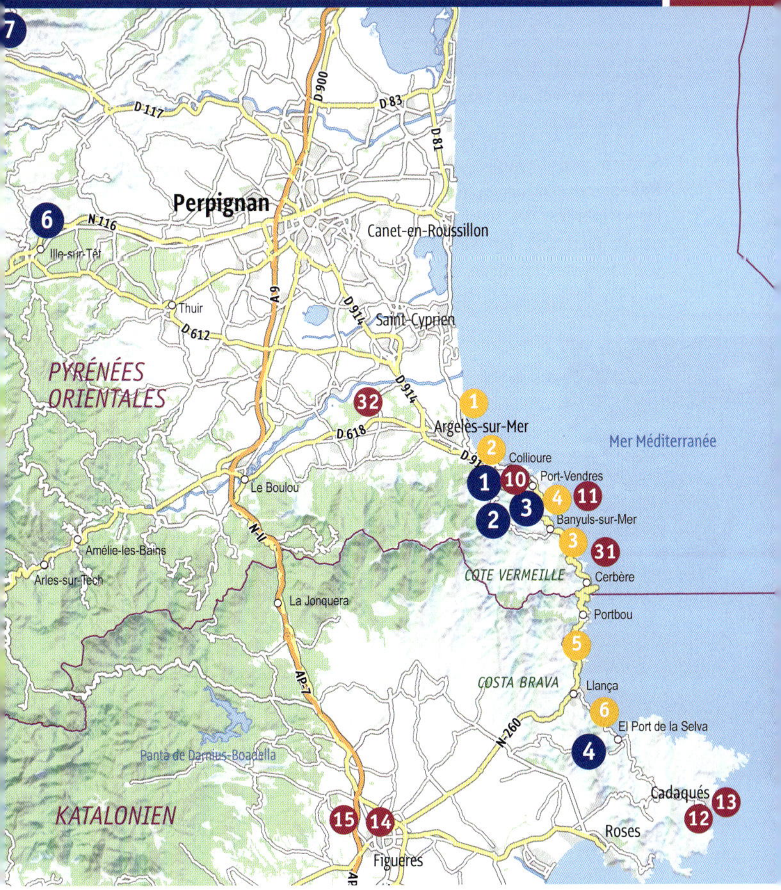

Baden

1 Le Racou
Vor dem quirligen Badeort Argelès zieht sich ein langer Sandstreifen die Küste entlang. An seinem südlichen Ende findet man einen Ort mit nostalgischem Charme. Le Racou besteht aus einem mit Cafés und Restaurants gesäumten Sträßchen. Die erste Häuserreihe steht davor mitten im Sand der hübschen Bucht.

2 Plage de La Quille
Größere Kiesbucht mit glasklarem Wasser und tollen Schnorchelstellen. Zugang oder zu Fuß von Collioure oder Le Racou über den Küstenweg.

3 Banyuls sur Mer
Kleinerer Badeort mit guter Infrastruktur und drei kleinen Sand-Kies-Buchten direkt vor den Häusern und neben dem Jachthafen.

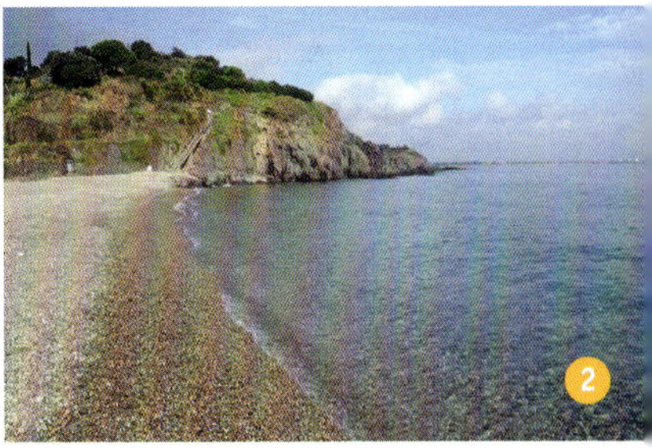

4 Plage de Bernadi
Von der Küstenstraße D 914 erreichbare schöne Sandbucht. [› Tour 3]

5 Platja de Garbet
Breite Sand-Kiesbucht, abseits jedes Ortes an der Küstenstraße gelegen. Großer Parkplatz für PKW mit Höhenschranke neben der Straße.

6 Platja Port de la Selva
Weiß getünchte Häuser staffeln sich um den Jachthafen und die halbrunde

Bucht von Port de la Selva. Der Strand liegt direkt vor der Promenade und der Uferstraße.

Südlich von Cadaqués folgen bei **Roses** und dem ungewöhnlichen Ort **Empuriabrava**, der an einem Sumpfgebiet liegt und von Kanälen statt von Straßen durchzogen ist, die langen Sandstrände der Costa Brava.

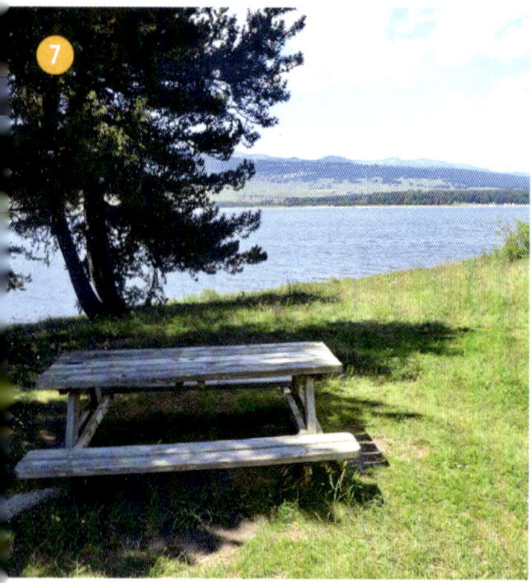

Baden im Landesinneren

7 Lac de Matemale

Ein größeres Strandbad mit Liegewiese, Strandbar und Kajakverleih gibt es am Nordufer des Stausees.

8 Die Thermen von Llo

Angenehmes kleines Thermalbad mit drei 35°C warmen Außen- und zwei Innenbecken, Sauna, Hammam und Massage.
Geöffnet täglich 10–19.30 Uhr, Mitte Juli bis Ende August bis 20 Uhr. Geschlossen von Anfang November bis Anfang Dezember. Eintritt €14,50 (Aufpreis in den Ferien und am WE), Familie €45. bains-de-llo.com

9 Therme Saint-Thomas

Kleines Thermalbad mit drei warmen Außenbecken und Massageangebot in Fontpédrouse (der Ort ist auch eine Station des Train Jaune).
Geöffnet täglich 10–19.40 Uhr, im Juli und August bis 20.40 Uhr. Eintritt €7,50, Kinder 4 bis 11 Jahre €6. www.bains-saint-thomas.fr

Ausflugsziele

Collioure

Collioure hat eine lange Geschichte als Künstlerort. In den Altstadtgassen reiht sich in bunten Häuschen eine Galerie an die andere. Auch wenn Sie sich wenig für Kunst interessieren, lohnt der Bummel durch die steilen Gassen. Heute sind in den bunt gestrichenen Häusern viele kleine Läden zu finden, die neben Gemälden meist anspruchsvolles Kunsthandwerk anbieten. Dazwischen gibt es auch einige typische Souvenirshops, etliche Eisdielen, Crèperien, Restaurants und Cafés. Das Ortszentrum befindet sich unten am Hafen. Rechts ragen die Mauern des Château Royal malerisch aus dem Wasser, links ist es der Turm der Wehrkirche Notre-Dame-des-Anges, der ursprünglich auch als Leuchtturm genutzt wurde. Hinter dem Château kann man an einem schmalen Sandstreifen baden, und im Hafen ankern Ausflugsboote. Ein Fußweg führt vom hinauf zu einer zweiten Burganlage. [› Tour 2]

10 Das Château Royale

Eine Burg steht schon seit dem Jahr 672 am Hafen von Collioure, im 12. Jahrhundert wurde sie zur Sommerresidenz der Könige von Mallorca und im 17. Jahrhundert von Vauban zur Festung ausgebaut. Seitdem wurde der Bau nicht mehr verändert. Beim Besuch des Château Royale können wir die unterirdischen Gänge, den Exerzierplatz, eine Kapelle aus dem 13. Jahrhundert, das Gefängnis aus dem 16. Jahrhundert sowie das ehemalige Schlafzimmer der Königin besichtigen.
Geöffnet November bis März 10–17 Uhr, April bis Juni und September, Oktober bis 18 Uhr, Juli und August 19.30–18.30 Uhr. Eintritt €7,50.

11 Site de Paulilles

An der Ruine des ehemaligen Dynamitwerkes gibt es ein kleines Museum und zwei lange Strände. [› Tour 3]

12 Cadaqués

Der weiße Turm der gotischen Kirche Santa Maria überragt die roten Dächer des Ortes, dessen Häuser sich fotogen rund um den Hafen am Hang hinaufziehen. Auch dieses ehemalige Fischerdorf zog im letzten Jahrhundert viele Künstler an. Salvador Dali verbrachte hier die Sommer seiner Kindheit im Ferienhaus seiner Eltern und ließ sich hier nieder, als er nach dem Zweiten Weltkrieg aus dem New Yorker Exil nach Spanien zurückkehrte. Sein Haus an der Bucht von Portlligat ist heute eine der wichtigsten Sehenswürdigkeiten des Dorfes.

13 Casa Salvator Dalí / Cadaqués

Die Casa Dalí, die der Künstler und seine Frau Gala von 1948 bis zu Galas Tod im Jahr 1982 bewohnten, wird in kleinen Gruppen von maximal acht Personen besichtigt.
Eintritt für die Besichtigung von Haus und Garten €14–18, im Sommer unbedingt rechtzeitig (einige Tage vorher) unter www.salvador-dali.org reservieren!

Figueres

Mit knapp 50.000 Einwohnern ist Figueres eine der größeren Städte der Region. Die interessantesten Ziele in der Geburtsstadt Dalís sind sein Museum im ehemaligen Theater und die riesige Festung von Sant Ferran oberhalb der Stadt – auch wenn die nette Altstadt durchaus auch einen Bummel lohnt.

14 Dali Museum Figueres

Das Museum in Figueres ist keine Ausstellung über Dalí, sondern ein Gesamtkunstwerk, das der Künstler in seinen letzten Lebensjahren selbst konzipiert hat. »Ich möchte, dass mein Museum ein großes surrealistisches Objekt wird, in dem die Leute das Gefühl haben, einen theatralischen Traum gehabt zu haben« – das war seine Idee. Das Museum wurde 1970 auf der Ruine des abgebrannten ehemaligen Theaters von Figueres erbaut. Hier fand 1918 bereits die erste Ausstellung des mit 14 Jahren noch sehr jungen Salvator Dalí statt. In den Räumen sind heute Arbeiten aus allen Schaffensphasen zu sehen: von der Lithografie bis zur surrealistischen Installation.

Wie kein anderes Museum über Dalís Werk ist dieses mit seinem Leben verbunden. Im Turm neben dem Museum verbrachte der Künstler seine letzten Lebensstunden und sein Körper liegt einbalsamiert in der Krypta unter der Glaskuppel des Museums. Von der ersten Ausstellung bis in den Tod – das Teatre in Figueres spielte eine besondere Rolle im Leben Dalís.
Geöffnet September bis Juni 10.30–18 Uhr, Juli, August 9–20 Uhr, Eintritt €15–20, Kinder bis 8 Jahre kostenlos. www.salvador-dali.org

15 Castell de Sant Ferran

Das 1753 erbaute Castell ist eine der größten Festungsanlagen Europas. Mit seiner doppelten Wehrmauer und sechs Bastionen hat die Anlage einen Durchmesser von drei Kilometern und beansprucht eine Fläche von mehr als 32 Hektar. Die Festung verfügt über vier voneinander unabhängige Trinkwasserzisternen mit je zehn Millionen Liter Fassungsvermögen und war für 6000 Soldaten und 500 Pferde ausgelegt. Der riesige Pferdestall gehört zu den Gebäuden, die man heute besuchen kann. Das Castell wird seit 1960 nicht mehr militärisch genutzt und diente noch bis 1991 als Gefängnis. Seit 1997 ist die Anlage, die teilweise

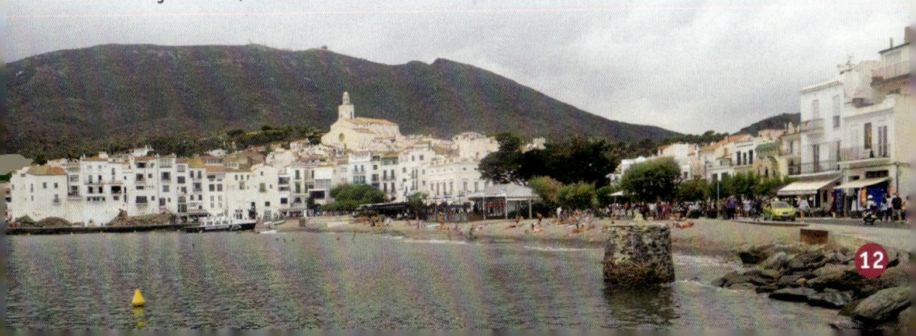
12

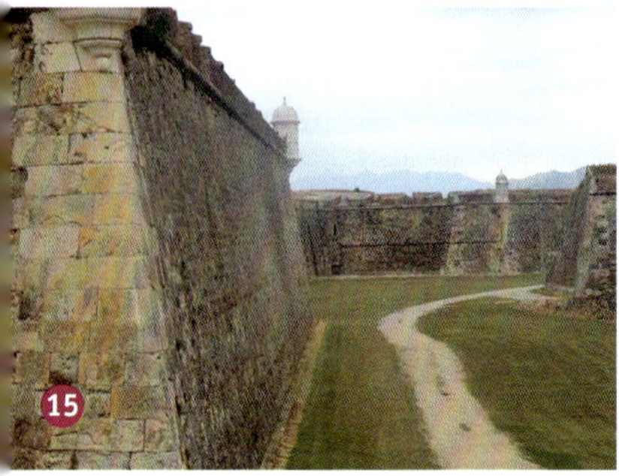

15

noch restauriert wird, für Besucher geöffnet.
Geöffnet Di bis So 10.30–18 Uhr, Juli bis September bis 20 Uhr, im Winter bis 15 Uhr. Die Festung kann entweder mit Audioguide besichtigt werden (Eintritt €3) oder mit einer geführten Tour, die für €15 eine Rundfahrt im Pickup und eine Bootsfahrt in einer der Zisternen beinhaltet. lesfortalesescatalanes.info

16 Mollo Parc dels Pirineus

Eine Kombination aus kleinem Hochseilgarten mit vier Parcours und einem Tierpark mit Pyrenäentieren wie Wolf, Luchs, Mufflon, Braunbär und Murmeltier finden Sie direkt an der Nationalstraße auf der spanischen Seite des Col d'Ares.
Geöffnet täglich 10.30–18 Uhr, Juli und August 10–20 Uhr. Eintritt Tierpark €16, Kinder 3 bis 13 Jahre €12. www.molloparc.com

Ripoll

Die Kleinstadt mit 10.000 Einwohnern ist aus einer im 9. Jahrhundert gegründeten Benediktinerabtei entstanden. Das Kloster **Santa Maria de Ripoll** war berühmt für seine Buchmalerei. Architektonisch besonders interessant ist das romanische Portal aus dem 12. Jahrhundert.
Geöffnet April bis September Mo bis Sa 10–14 und 16–19 Uhr, im Winterhalbjahr 10–13.30 und 15.30–18 Uhr, So immer 10–14 Uhr. Eintritt €6,80, Kinder €2,75. www.monestirderipoll.cat

17 Ein weiteres Kloster aus dem 12. Jahrhundert ist im Nachbarort **San Joan de les Abadesses** zu sehen. San Joan war das erste Nonnenkloster in Spanien und fällt durch die reiche Figurenwelt seiner Fassaden und Kapitelle auf, die teilweise arabisch inspiriert scheint. An den Kapitellen der äußeren Apsis sind zum Beispiel Elefanten zu finden. Aus dem 16. Jahrhundert und im Stil gotisch ist der Kreuzgang im Haus der Äbte.

La Pobla de Lillet und der Zement

Der kleine Ort liegt etwas abseits der gängigen Routen und erfordert eine kurvenreiche Anfahrt. Dass es hier heute etwas zu besichtigen gibt, ist einem schon lange stillgelegten Industriebetrieb zu verdanken:

18 Museo und Tren del Ciment

In La Pobla de Lillet hat man 2005 für Touristen die Schmalspurbahn der ortsansässigen Zementfabrik wieder in Betrieb genommen. Sie verbindet auf einer drei Kilometer langen Strecke den Ort mit dem Zementmuseum. Ein Teil des alten Industriegebäudes ist zerfallen, im renovierten vorderen Teil informiert eine Ausstellung über die industrielle Vergangenheit des Tales des Llobregat, die Zementherstellung und die Asland Zementfabrik.
Geöffnet Mitte Juli und August 11–15 Uhr und 16–18.30 Uhr, ansonsten von Mai bis Oktober nur an den Wochenenden von 11–15 und 16–18.30 Uhr. Eintritt €6, Jugend 16 bis 25 Jahre €4, Kinder bis 15 Jahre frei. Einen Kalender mit den genauen Daten finden Sie unter museuciment.cat.

19 Les Jardins Artigas

Die Gartenanlage befindet sich neben einer ehemaligen Textilfabrik nördlich von La Pobla de Lillet. Kein geringerer als Gaudi legte sie für die Familie Artigas an. Lange Zeit kaum beachtet, wurde der Garten vor einigen Jahren wiederentdeckt und renoviert. Zwischen vielen Pflanzen erschuf Gaudi hier eine kleine Traumwelt mit Türmchen, Brücken und Steinfiguren.
Geöffnet April bis Mitte Juni Sa und So 10–14 und 15–17.30 Uhr, Mitte Juni bis Mitte September täglich 10–14 Uhr und 15.15–18.30 Uhr. Eintritt

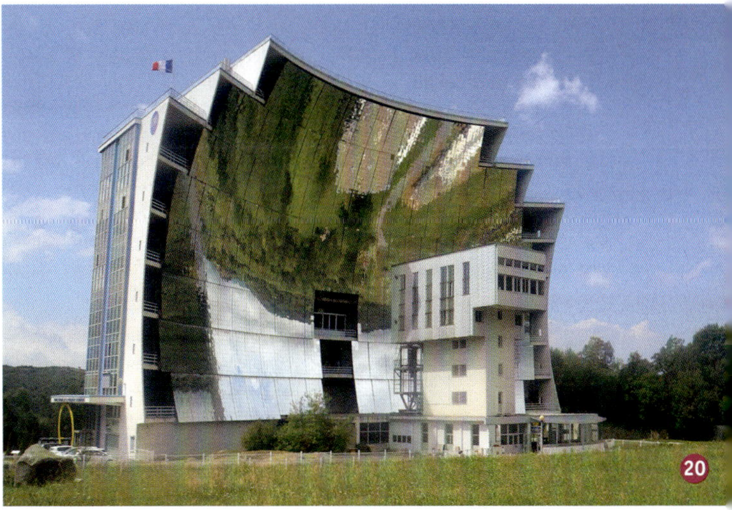

€4,50, Kinder 6 bis 13 Jahre €2,20. Außerhalb der Saison ist es möglich, einen Besichtigungstermin in der Information zu vereinbaren. turismelillet.cat

Puigcerda

Zwischen der französischen Cerdagne und der spanischen Cerdagna liegt noch auf der spanischen Seite die Kleinstadt Puigcerda mit einem hübschen Stadtkern.

Die komplette Region war lange spanisch und der östliche Teil kam erst durch den Pyrenäenfrieden im Jahr 1659 zu Frankreich. Auf der spanischen Seite der Grenze wird überall Katalanisch gesprochen, aber auch auf der französischen Seite ist »catalan« die zweite offizielle Sprache.

Llivia

Die Kleinstadt ist eine spanische Enklave umgeben von französischen Orten. Die etwas kuriose Grenze ist ebenfalls ein Relikt des Pyrenäenfriedens. Der Vertrag sah vor, dass Spanien die 33 Dörfer östlich von Puigcerda an Frankreich abzugeben habe. Llivia konnte Stadtrechte vorweisen, was man übersehen hatte. So blieb der Ort bis heute ein Teil von Spanien. Wenn man es nicht weiß, fällt das aber nicht auf – Grenzkontrollen gibt es natürlich auch hier nicht.

20 Der Sonnenofen von Odeillo

Der riesige Parabolspiegel, der die Sonnenstrahlen reflektiert und bündelt, ist fast so groß wie ein Fußballfeld. Ihm gegenüber lenken auf acht Terrassen 83 bewegliche Planspiegel die Sonnenstrahlen auf die gebogene Spiegelfläche, die die Energie bündelt und konzentriert. Dabei entstehen Temperaturen bis 3300 Grad, mit denen man nicht nur Metall schmelzen kann. So wurden in der Anlage zuerst hauptsächlich Materialtests durchgeführt – viele davon für die Luft- und Raumfahrt, zum Beispiel, um den Wiedereintritt einer Rakete in die Atmosphäre zu simulieren.

Erst mit der Ölkrise begann man, die Sonnenenergie auch zur Stromerzeugung einzusetzen – zuerst indem man mit der Hitze Dampf erzeugte, der dann eine Turbine antrieb. 1977 wurde das erste Versuchskraftwerk in Odeillo eingeweiht. Das Kraftwerk Themis im nahen Targasonne war dann einer der ersten Versuche, mit thermischer Sonnenenergie Strom zu produzieren, die zu diesem Zeitpunkt im Vergleich aber noch zu teuer war.

Heute gibt es weltweit etwa 100 solarthermische Kraftwerke. Der erzeugte Strom ist aber immer noch überdurchschnittlich teuer und die

Technik nur für wirklich heiße, trockene Standorte geeignet. In Odeillo arbeitet man auch heute weiter an der Effizienz dieser Technik. Die Ausstellung im Kraftwerk ist leider zur Zeit geschlossen und die Anlage kann nicht besucht werden, eine Neugestaltung ist aber geplant. Aktuelle Infos gibt es auf der Website.
www.foursolaire-fontromeu.fr

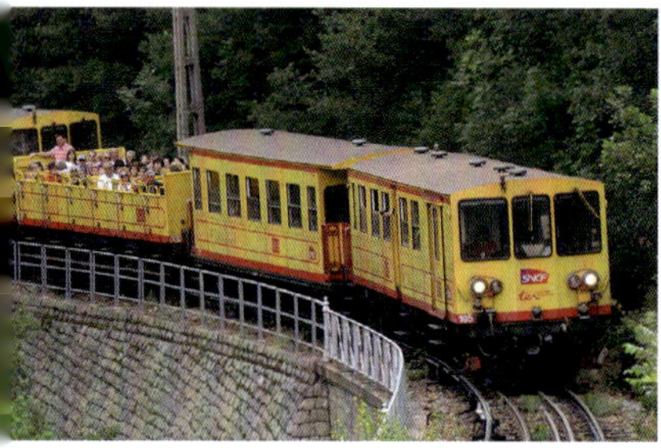

21 Mont-Louis

Die Festungsanlage gehört zum UNESCO-Weltkulturerbe und ist ein weiteres Werk des allgegenwärtigen Monsieur Vauban. Die befestigte Stadt unterhalb des Forts, hinter deren wehrhaftem Äußerem sich recht gemütliche Gassen verstecken, ist jederzeit frei zugänglich. Das Fort selbst wird noch militärisch genutzt. Man kann deshalb nur auf einem markierten Weg einmal um die Mauern laufen. Wer Erklärungen möchte, sollte an einer Führung teilnehmen, die dann auch den Zutritt zu einigen Innenbereichen ermöglicht.

22 Petit Train Jaune

Bei dem kleinen Zug mit seinen gelben Wagen handelt es sich um eine historische Schmalspurbahn, die 1910 in Betrieb genommen wurde. Sie setzte die von Perpignan kommende Normalspurlinie fort und schloss das ehemals recht abgelegene Tal der Cerdagne an die Zivilisation an. Sein ungewöhnliches Antriebssystem brachte dem Zug im europäischen Kontext den Spitznamen Pyrenäenmetro ein. Um ohne Zahnräder die nicht unerheblichen Höhenunterschiede der 62 Kilometer langen Strecke zu bewältigen, setzte man auf die Energieversorgung durch eine Seitenstromschiene, wie sie sonst eher bei der städtischen Straßenbahn anzutreffen ist. Der zum Betrieb notwendige Strom kommt auch heute noch aus den Wasserkraftwerken des Tales. Der Zug hat aber noch einen weiteren Kosenamen, der uns noch deutlich besser gefällt: Die Einheimischen nennen ihn wegen der Farbe seiner Wagen »Canari« – Kanarienvogel.

Von Villefranche führt die Bahntrasse kontinuierlich bergan bis zum Scheitelpunkt kurz vor Font-Romeu, und dann geht es bis Bourg-Madame bei Puigcerda wieder hinunter. In den 20er Jahren baute man die Strecke weiter bis Latour de Carol, sodass im Bahnhof des kleinen Ortes Schienen in drei verschiedenen Spurweiten liegen: Neben der Normalspurlinie der französischen SNCF und der Schmalspur des Petit Train beginnt hier auch noch ein Schienenweg in iberischer Breitspur, der nach Barcelona führt.

Der Canari ist heute vorrangig eine Touristenbahn. Neben den historischen Zügen, die im Sommer mit offenen Aussichtswagen bestückt werden können, fahren seit 2004 auch zwei neuere Züge der Schweizer Firma Stadler auf der Strecke. Der Schienenweg führt zeitweise weit abseits der Straße mitten durchs Gebirge und rattert dabei durch 19 Tunnel und über mehrere hohe Brücken. Die spektakulärste ist die Pont de Cassagne, auch nach ihrem Baumeister Pont Gisclard genannt. Die Schrägseilbrücke überspannt das Tal des Têt in beeindruckenden 80 Metern Höhe. letrainjaune.fr

23 Les Grottes des Canalettes

Canalettes ist eigentlich eine ganz gewöhnliche, aber recht große Tropfsteinhöhle. Ungewöhnlich ist, dass man sich alleine auf den Weg in die Grotte machen kann. Ein 500 Meter langer Steg führt durch die Grotte des Grandes Canalettes. Die Beleuchtung funktioniert per Bewegungsmelder und Tafeln informieren auf mehreren Sprachen über die Tropf-

steinbildungen. Das Ganze wird von Musik untermalt. Die Grotte hat eine außergewöhnlich gute Akustik, sodass hier im Sommer auch Konzerte stattfinden. Nur im Juli und August ist ein weiterer Teil des Höhlensystemes mit Führung zu besichtigen. Die Besuche können einzeln oder komplett gebucht werden.
Geöffnet April bis Juni 10–17 Uhr, Juli, August bis 17.30 Uhr, September und Oktober 11–16 Uhr.
Eintritt €11, Kinder 5 bis 12 Jahre €6. Die Temperatur liegt in den Grottes de Canalettes ganzjährig bei 14°C. Jacke oder Pulli nicht vergessen!
www.grottescanalettes.com

24 Parc animalier de Casteil

Die Gehege von Löwe, Wolf, Bär, Steinbock, Mufflon, Kamel, Affe und vielen kleineren Tierarten verteilen sich am bewaldeten Hang und können auf einem 3,5 Kilometer langen Rundweg entdeckt werden. Dabei ist ein Höhenunterschied von 150 Metern zu überwinden, sodass die Besucher schon fast eine kleine Tierpark-Wanderung erwartet. Mindestens zwei Stunden einplanen!
Geöffnet Mitte April bis Oktober 10–19 Uhr, Mitte Juli und August bis 20 Uhr, außerhalb dieser Zeit nur an Wochenenden. Eintritt €15, Kinder 3 bis 12 Jahre €11. Für €30 kann man ein kleines Elektro-Fahrzeug mieten.
www.parcanimaliercasteil.com

25 Saint-Michel-de-Cuxa

Das Kloster Saint-Michel-de-Cuxa wurde im Jahr 879 gegründet und ist damit eines der ältesten Klöster Frankreichs. Die ab 974 erbaute Kirche gehört in die Epoche der Präromanik. Der Innenraum wirkt erst einmal recht puristisch. Das Mittelschiff wurde im 16. Jahrhundert umgebaut, ursprünglich besaß die Kirche kein Deckengewölbe, sondern eine Holzdecke. In den Seitenschiffen sind jedoch noch die hufeisenförmigen Bögen der ursprünglichen Kirche erhalten. Experten ordneten sie wegen dieser auf arabische Einflüsse hinweisenden Bögen lange als von den Mauren inspiriertes, mozarabisches Bauwerk ein. Heute geht man davon aus, dass die Bögen eher dem westgotischen Stil entspringen, der sich an antiken Formen orientierte, die auch ein Vorbild für die typisch arabische Bauweise waren. Man schöpfte quasi aus der gleichen Quelle.

Vom ersten Kirchenbau bis heute ging das Kloster durch eine bewegte Geschichte. Im 11. und 12. Jahrhundert war Cuxa das wichtigste und einflussreichste Kloster der Region und galt als Vertreter des heiligen Stuhles in Katalonien. Gegen Ende des 11. Jahrhunderts gewann der Jakobsweg an Bedeutung und Cuxa, günstig dort gelegen, wo mehrere beliebte Pilgerrouten aus Frankreich kommend die Pyrenäen überqueren, profitierte vom Pilgerstrom. Das Kloster konnte ausgebaut werden, und in dieser Zeit wurden dann auch die Kreuzgänge fertiggestellt.

Nach der Französischen Revolution wurde das Kloster verlassen, und bald war Saint-Michel nur noch eine Ruine mit eingestürztem Dach. 1839 brach in einem Sturm der Nordturm der Kirche zusammen, in dem sich auch die Glocken befanden. So ging das Kloster ins 20. Jahrhundert. Ein amerikanischer Kunstsammler nutzte die

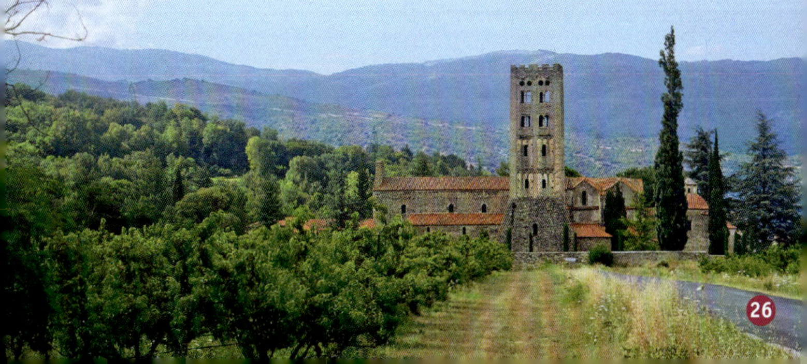
26

Gunst der Stunde und kaufte 1907 einen Teil des antiken Kreuzganges, der heute im Metropolitan Museum in New York die europäische Klosterarchitektur des Mittelalters illustriert.

Erst 1919 stoppte man den Verfall. Die Kirche erhielt ein neues Dach, der Kreuzgang konnte, nachdem ein Teil der alten Kapitelle wieder auftauchte, teilweise wiederhergestellt werden. Besucher können die Kirche mit Krypta und Kreuzgang mit seinen figurengeschmückten Kapitellen besichtigen. Untypisch für die romanische Bildhauerkunst der Pyrenäen erzählen die Figuren der Kapitelle keine Geschichten, sondern zeigen vor allem symbolische Motive und ein fantasievolles Bestiarium mit Löwen, Affen, Monstern und verbindenden Ornamenten.
Geöffnet April bis September 9.30–11.50 und 14–18 Uhr, Oktober bis März 9.30–11.50 und 14–17 Uhr, Eintritt €6, Jugend 12 bis 18 Jahre €3,50. abbaye-cuxa.com

26 Eselwandern Altipyr
Wer gleich mehrere Tage mit Zelt und Kocher durch die Berge ziehen möchte, kann das auch in Begleitung eines Packesels tun. Alternativ sind auch Touren mit Übernachtungen in Gite d'Etappes möglich. Sie bekommen bei allen Touren eine ausführliche Einführung und wandern dann alleine los. Französische Sprachkenntnisse sind hier notwendig!
www.altipyr.com

Formiguères und das Capcir
Capcir nennt man die Region nördlich von Font-Romeu. Das Hochtal liegt auf rund 1500 Metern und hat mit dem Lac de Matemale eine der wenigen Bademöglichkeiten der Region zu bieten. Der Hauptort im Tal ist Formiguères. In den Bergen des Capcir gibt es besonders viele schöne Seen. Neben dem gut besuchten Wandergebiet am Lac des Bouillouses **[› Tour 14 und 15]** lockt nebenan die einsamere Seenwelt von Camporells **[› Tour 16]**.

27 Tropfsteinhöhle Fontrabiouse
Nette Tropfsteinhöhle abseits der großen Aufmerksamkeit. Die Führung durch die Höhle dauert etwa eine Stunde und ist auch an Regentagen ein guter Programmpunkt. Führung auf Französisch, Audioguides auch auf Deutsch.
Führungen im Juli und August 10–19 Uhr, Mai, Juni und September 10–12.30 und 14–17 Uhr, im Winter weniger, im November geschlossen. Eintritt €13,50, Jugend 13 bis 17 Jahre €12, Kinder 5 bis 12 Jahre €7,80. Die Temperatur in der Höhle beträgt 6 °C! www.grotte-de-fontrabiouse.com

Gorges de Galamus
Die tiefe Schlucht, durch die das Flüsschen Agly plätschert, ist ein beliebtes Ziel für Canyoningtouren, kann aber auch mit dem Auto durchfahren werden. **[› Tour 8]**

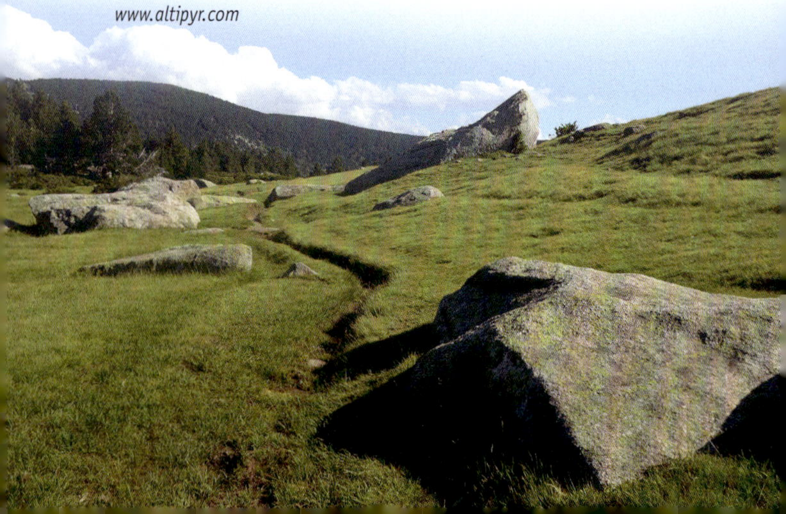

Outdoorsport

28 Axat und die Aude-Schluchten

Axat ist eine Hochburg des Kanusports. Neben den kleinen wendigen Wildwasserkajaks schwimmen aber auch Raftingboote die Aude hinunter und durch die Schlucht – ein feuchtes Vergnügen, das durchaus auch für furchtlose Wildwasseranfänger zu machen ist. Eine einfache Einsteigerfahrt kostet zwischen 30 und 35 Euro pro Person. Weiter unten kann man die Aude auch mit Kanus befahren.

Empfehlenswerte Anbieter bei Axat:
- www.rocaqua.com
- www.eauvivepassion.fr
- crazyraft.fr
- pyrene-rafting-hydrospeed-canyoning.business.site

Die Guides der gleichen Unternehmen begleiten Sie auch beim Canyoning in den Gorges de Galamus oder auf einen Klettersteig.

Exploration Pyrenénne
In den Pyrenäen gibt es etliche Höhlen, die nicht für Besucher erschlossen sind. Unter den zehn geführten Höhlenwanderungen, die Jérome Durbet anbietet, sind harmlose Ausflüge in eine Tropfsteinhöhle, aber auch ziemlich abenteuerliche Touren mit Abseilpassagen durch Engstellen, mit Leitern und Seilsicherung. www.canyon66.com

Canyoning im warmen Wasser
Der Abstieg durch eine Schlucht mit Thermalwasser ist in Thués-entre-Valls möglich. Außerdem bietet **Extreme CTP** Canyoning für Einsteiger in den Gorges de Galamus und Wasserwanderungen durch die Gorges del la Caranca an.
www.extremectp.fr

29 Via Ferrata de Llo Les Escadilles

Unterhalb des Dörfchens Llo in direkter Nachbarschaft zur Therme gibt es einen Klettersteig mit Ausrüstungsverleih. Die einfachste der drei Routen ist nur 300 Meter lang, eignet sich auch für Familien und ist für Kinder ab fünf Jahren freigegeben. Der Einsteigertarif liegt inklusive Leihausrüstung bei €19 pro Person.
www.via-ferrata-de-llo.com

30 Kletterspaß an der Angoustrine

Eine Mischung aus Hochseilgarten und Klettersteig hat **Roc Line** an einem felsigen Hügel mitten im Tal der Angoustrine angelegt. Es gibt einen kurzen Einsteigerparcours für Kinder ab sechs Jahren, die erste längere Route durch den Fels ist ab acht Jahren freigegeben. Zwei weitere schwierigere Strecken und fünf lange Seilrutschen bieten auch für sportliche Erwachsene Herausforderungen. Zugang zum Park haben Sie vom Wanderparkplatz der [› Tour 12].
Juli und August täglich von 10–18 Uhr, April bis Juni und September nach Voranmeldung. Kurze Kinderparcours €7–13, längeren Routen €25. www.roc-line.fr

31 Kajaktouren auf dem Meer

Aus dem Hafen von Banyuls starten die geführten Kajaktouren von **Aléoutes kayak mer**. Es geht die felsige Küste entlang zu Höhlen und tollen Felsformationen.
1,5 Stunden für Einsteiger €20, Halbtagestour mit Schnorchelpause €30. kayakmer.net

Reiten

32 Rando et Chariot

Attraktive Ritte zum Fluss für Anfänger und fortgeschrittene Reiter mit Pause und Bad mit Pferd bietet der Stall im Hinterland von Argelès. Es werden auch mehrtägige Treks an der Küste entlang von Collioure bis Cadaqués oder in die Berge organisiert.
Chemin d'Ortaffa, Palau. Ausritt zwei Stunden €32, Halbtagesritt €48. www.randoetchariot.com

33 Centre Hipic Aventures a Cavall

Vom Ponyreiten für Kinder über einstündige Ausritte bis zu Tagesritten in die Berge reicht das Angebot des Stalles bei Camprodon. Ponyreiten 15 Minuten €10, Ausritt für geübte Reiter ab 10 Jahren 1 h €25, 4 h €80.
centrehipicaventuresacavall.es

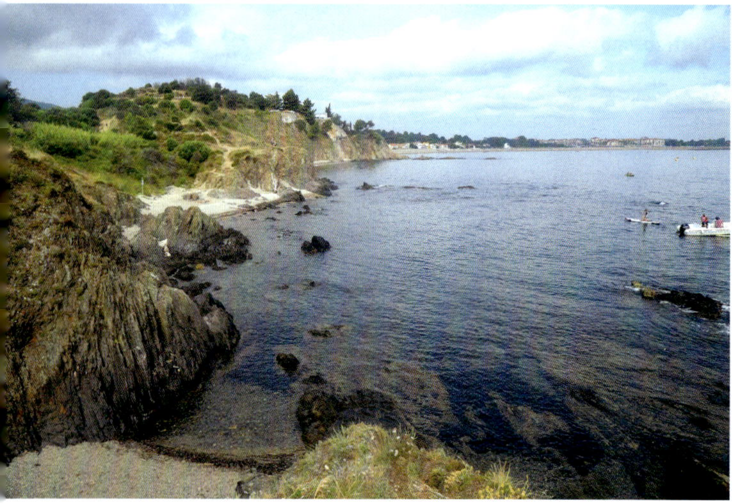

120 m

STRECKE 9 km

3 h

ab 6

Tour 1: Über die Klippen nach Collioure

Eine Wanderung vom Sandstrand zur Steilküste

Der lange Sandstrand des Badeortes Argelès geht hinter der urigen Strandsiedlung von Le Racou in eine felsige Steilküste über. Unser Weg führt mit schönem Panoramablick auf der Klippe entlang und durchquert mehrere nette Kiesbuchten, an denen man ebenfalls baden kann. Wir laufen weiter bis ins ehemalige Fischerdorf Collioure, das mit seiner alten Festung, der kleinen Kirche an der Mole und einer verschachtelten Altstadt ganz sicher der schönste Ort an der Côte Vermeille ist.

Wanderung: Vom großen Parkplatz am Ortsrand von Le Racou biegen wir rechts in die hinter dem Strand entlangführende **Rue Principale** ein, die von Cafés und Restaurants gesäumt ist. Sie könnten also vor dem Start erst einmal gemütlich frühstücken. Die beiden Häuserreihen, die noch zwischen dieser Straße und dem Meer liegen, stehen bereits mitten im Sand und die dazwischen verlaufenden »Straßen« sind nur Sandwege. Biegen Sie unbedingt in eine der Stichstraßen ein, um einen Blick auf die ungewöhnliche Ansiedlung zu werfen und um den einzigen **Sandstrand** ① unserer Wanderung zu besuchen, bevor es richtig losgeht.

Dann laufen wir bis zum Ende der Straße, an der auch schon die **Wegweiser des Sentier Littoral** ② zu sehen sind. Der Weg ist durchgängig gelb markiert und führt zuerst auf einem Asphaltweg bergan. Oben angekommen geht es auf einem Fußweg weiter, der wenig später zum steinigen Pfad wird.

TOUREN-STECKBRIEF

Anfahrt: Auf der D114a von Norden kommend Argelès umfahren und an der Ausfahrt 13 in Richtung Le Racou Plage fahren. Der Strandparkplatz Le Racou liegt bei **GPS N 42°32'20.2", E 3°03'06.2"** am Kreisel vor dem Meer und gegenüber dem Feriendorf Bois de Valmarie. Kostenpflichtiger Parkplatz mit Höhenschranke.
Charakter: Schöne, abwechslungsreiche Küstenwanderung, zeitweise auf breiten Wegen, aber meist auf einem schmalen Küstenpfad.
Mit Kindern: Unterwegs viele Plätze zum Baden und Spielen, Kletterwege an der Küste und etliche Eisdielen am Ziel – hier gibt es viele interessante Zwischenziele für Kinder.
Einkehr: Cafés in Le Racou und große Auswahl an Restaurants, Snacks und Eisdielen in Collioure.
Unterkunft:
Hotel: Bois de Valmarie, Le Racou.
Camping: Les Criques de Portails, ALMA-Glamping.
Wohnmobil: Stellplatz Cap Durats in Collioure bei N 42°31'33.9", E 3°04'09.2" mit Busverbindung in den Ort.
In der Nähe: Château Royale, Fort Saint-Elme.

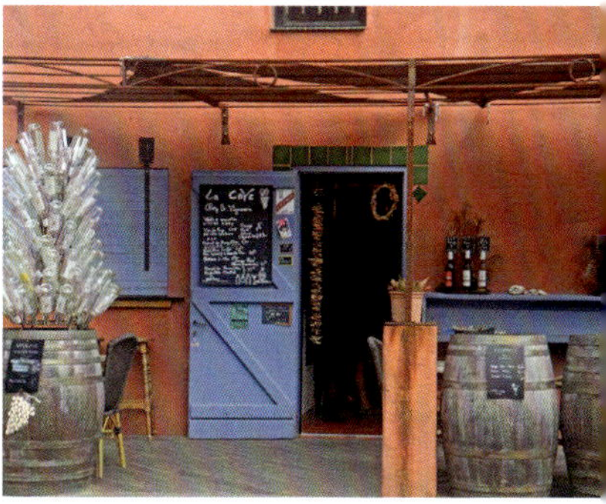

Von hier oben hat man schon einen schönen Blick über die zerklüftete Küste. An der ersten längeren **Kiesbucht** klettern wir zum Strand hinunter, durchqueren die Bucht und steigen anschließend an der anderen Seite wieder hinauf. Am Campingplatz **Les Criques de Portail** ③ führt der Weg vorne am Meer vor dem Zaun entlang, steigt dann noch einmal an und endet an einer langen Treppe, die uns zur schönen Kiesbucht **Plage de l'Ouille** ④ hinunterbringt. Der Strand eignet sich gut für einen Badestopp und im Sommer ist auch die Strandbar geöffnet.

Wir überqueren den Kiesstrand und steigen auf der in der Steilwand sichtbaren **Felsentreppe** hinauf. Das Schild unten am Strand, das vor dem gefährlichen Weg warnt, können Sie getrost ignorieren, wenn Sie nicht gerade in Flip-Flops unterwegs sind. Es geht hier wohl auch um den Haftungsausschluss seitens der Gemeinde. Der Weg ist steil und uneben, aber ansonsten in gutem Zustand und bleibt immer in gehörigem Sicherheitsab-

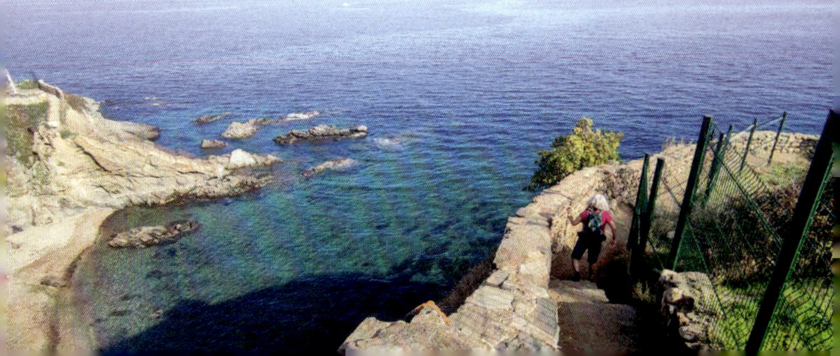

stand zur abbruchgefährdeten Klippenkante. Viele Stufen helfen hinauf. Dann laufen wir durch eine Senke und vom zweiten Hügel können wir Collioure schon sehen. Das Fort, das wir zuerst in Blick haben, ist historisch, es wird aber noch militärisch genutzt. Unser markierter Weg biegt deshalb an der **Kreuzung vor dem Fort** ⑤ rechts ab und führt zum **Parkplatz 5**, der oberhalb des Dorfes liegt. Wir folgen der Straße von hier aus nach links hinunter, durchwandern eine **Rechtskurve** und kommen zu den ersten **Altstadtgassen** ⑥.

Zuerst reiht sich eine Galerie an die andere. Collioure war der Wohnort der Künstler Henry Matisse und Alain Derain und die Wiege des Fauvismus, einer Kunstrichtung, die am Übergang zwischen Impressionismus und Expressionismus stand. Heute sind in den malerischen Gassen mit den bunt gestrichenen Häusern viele kleine Läden zu finden, die meist anspruchsvolles Kunsthandwerk anbieten. Dazwischen gibt es auch einige klassische Souvenirshops, etliche Eisdielen, Crèperien, Restaurants und Cafés. Verhungern muss hier sicher niemand.

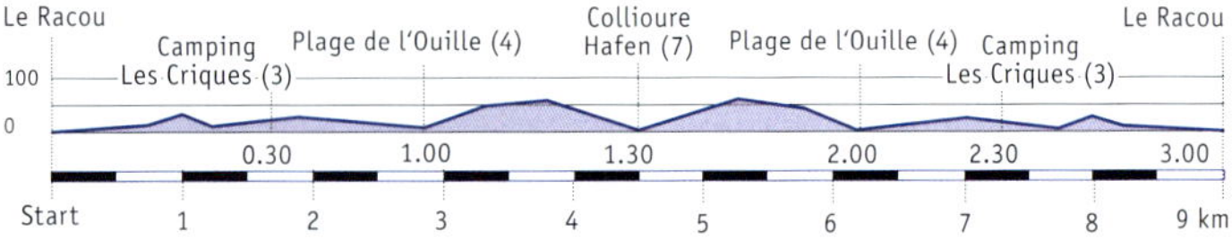

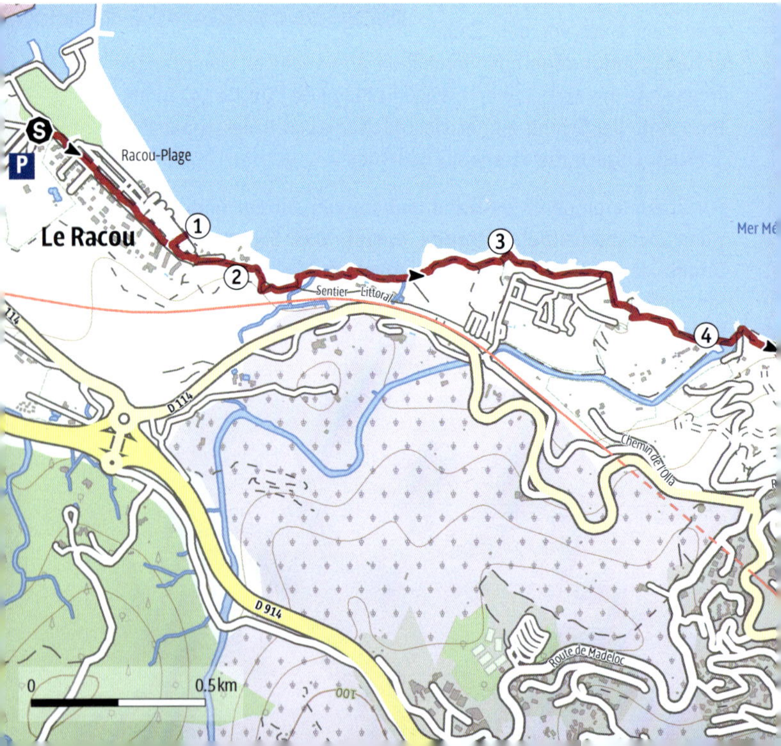

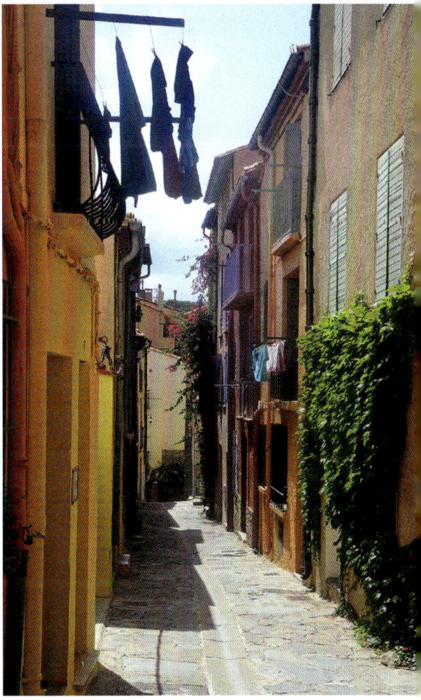

Läuft man weiter bergab, sieht man irgendwann zwischen den Häusern das Meer glitzern und steht am **Hafen** ⑦. Links ragt der Turm der Kirche Notre-Dame-des-Anges malerisch aus dem Wasser, die zwischenzeitlich auch einmal ein Leuchtum war. Rechts beeindrucken die trutzigen Mauern des Chateau Royale. Weit oben auf einem Berg hinter dem Ort sieht man noch eine zweite Burg, das Fort Saint-Elme, dass wir in **[› Tour 2]** besuchen, die man bei ausreichender Kondition auch gut hier anhängen kann.

Nach dem Besuch der Altstadt geht es entweder auf dem gleichen Weg zurück, oder Sie fahren mit dem Bus nach Le Racou. Die Bushaltestelle finden Sie auf der Westseite des Chateau Royale in der Nähe des Parkplatzes 4.

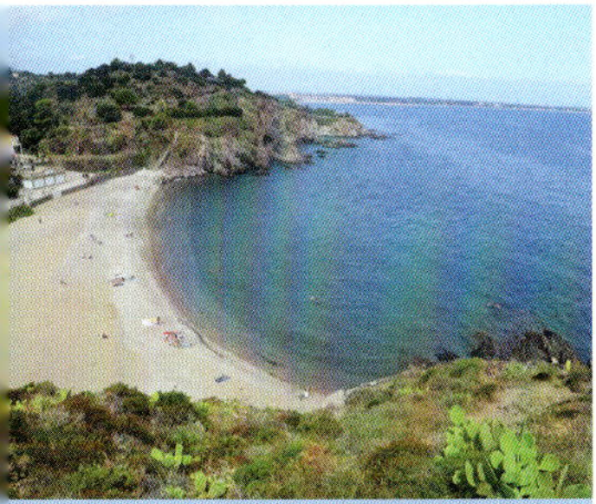

Badeplatz auf halbem Weg: die Kiesbucht von Ouille.

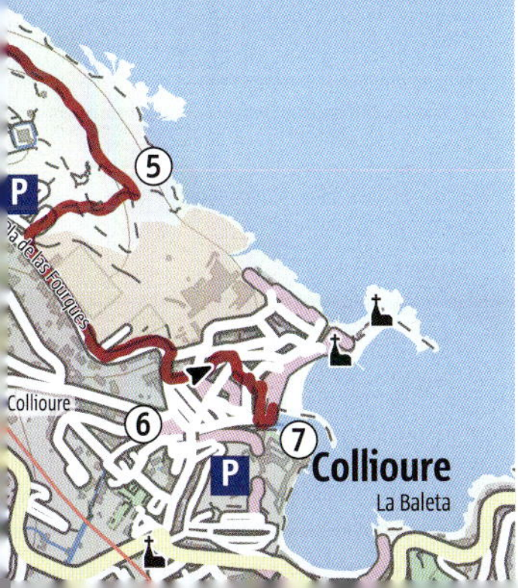

Collioure und die Kunst

Henri Matisse und André Derain entdeckten das malerische Fischerdorf Anfang des letzten Jahrhunderts auf einer Reise und machten es mit ihren hier entstandenen Werken zur Wiege des Fauvismus. Vielleicht waren es die intensiven Farben des Mittelmeeres, die sie zu diesem neuen Malstil inspirierten, jedenfalls spielt Farbe in den Bildern eine wichtige Rolle. Die Motive sind durchaus noch erkennbar, bestehen aber aus mehr oder weniger grob kombinierten Farbflächen, die nicht immer den realen Farbton eines Motives wiedergeben. Les Fauves – die Wilden – wurden die Künstler betitelt, als sie ihre Werke 1905 im renommierten Salon d'Automne vorstellen. Der Fauvismus gilt als erste Bewegung der künstlerischen Moderne und Wegbereiter des Expressionismus. Zum ersten Mal geht es den Malern nicht um die illusionistische Darstellung der Realität.

In Collioure ist ein Rundweg markiert, der zu 20 Plätzen führt, an denen die Künstler gerne ihre Staffeleien platzierten.

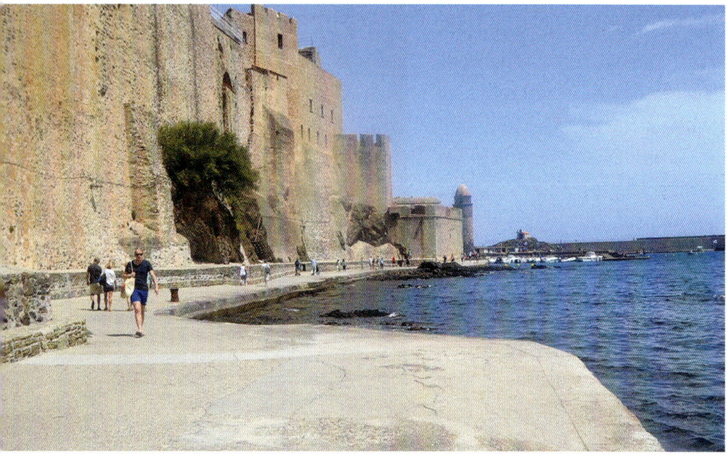

160 m

STRECKE 4 km

1 h30

ab 6

Tour 2: Collioure und das Fort Saint-Elme

Eine Wanderrunde von Burg zu Burg

Hoch über Collioure thront das Fort Saint-Elme. Von hier oben hat man das Meer und die ganze Bucht im Blick. Niemand konnte sich ungesehen dem königlichen Schloss unten im Hafen nähern. Wegen genau diesem Weitblick, und natürlich zum Besuch der alten Burganlage, lohnt auch heute noch der Aufstieg vom Hafen auf den Mühlenberg und weiter hinauf zum Fort.

Wanderung: Vom Parkplatz 4 gehen wir hinunter zur kleinen **Badebucht** ⑦, an deren Beginn ein schattig gelegener **Spielplatz** und eine Strandbar zu finden sind. Wir folgen der Prome-

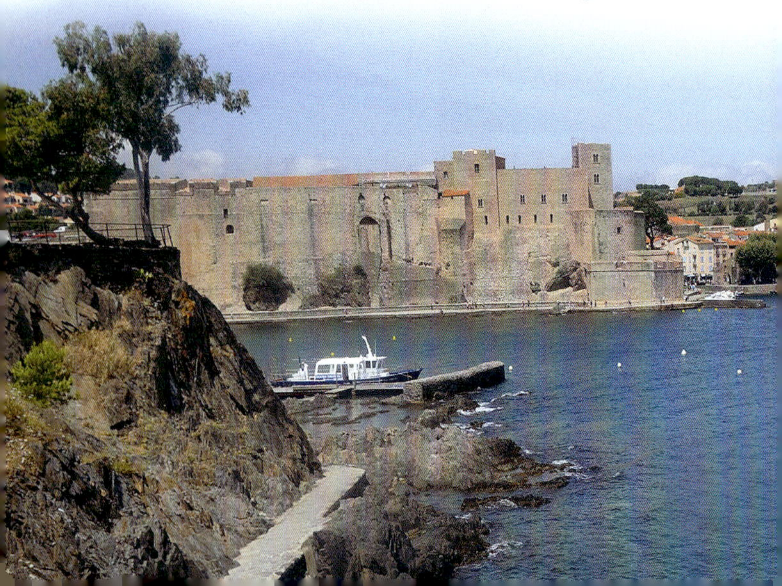

TOUREN-STECKBRIEF

Anfahrt: Der beste Ausgangspunkt für die Wanderung ist der Parkplatz 4 bei **GPS N 42°31'28.6", E 3°04'58.4"** am Château Royale. In der Hochsaison wählen Sie allerdings besser geich einen weniger zentralen Parkplatz. Gute Chancen haben Sie auf dem P5 am Ortsrand bei GPS N 42°31'46.4", E 3°04'45.1". Von hier aus laufen Sie etwa 15 Minuten ins Ortszentum am Hafen.

Charakter: Kurzer Wegabschnitt auf schmaler Straße, dann geht es auf einem guten Wanderpfad weiter hinauf.

Mit Kindern: Pause am schön schattigem Platz mit Weitblick an der Mühle, in die man auch hineinschauen kann, Besuch der Burg mit alten Rüstungen, Baden und Eisessen nach der Tour in Collioure.

Einkehr: Cafés und Restaurants in Collioure, kalte Getränke gibt es auch oben an der Burg.

Unterkunft:
Hotel: La Fregate, Casa Pairal.
Camping: Les Criques de Portails, ALMA-Glamping.
Wohnmobil: Stellplatz Cap Durats in Collioure bei N 42°31'23.4", E 3°04'02.8" mit Busverbindung in den Ort.

In der Nähe: Château Royale und Altstadt von Collioure.

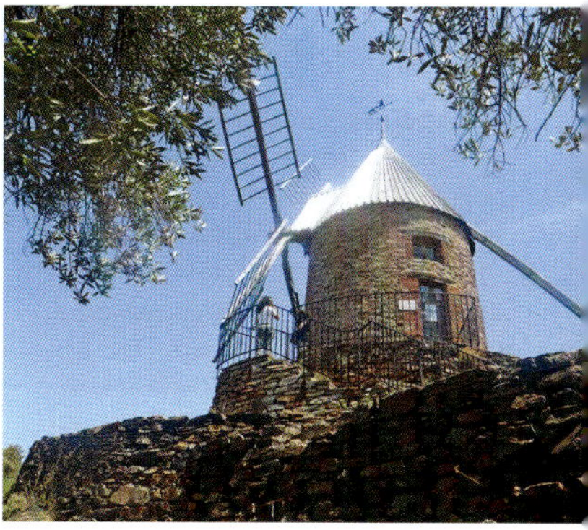

nade hinter dem Strand, biegen an dessen oberem Ende links ab und laufen weiter am Wasser entlang. Der Weg führt als schmaler Steig über dem Wasser weiter und dann eine **Treppe** hinauf bis **zur Hauptstraße** ②. Diese überqueren wir und suchen schräg links gegenüber die schmale Asphaltstraße, die mit einem **Schild »Fort Saint-Elme«** und einem Wander-Symbol markiert ist, und steigen an einem Hotel vorbei hinauf. Nach etwa 500 Metern biegt rechts ein Pfad ab, der zu einem sehr schönen Platz an einer gut restaurierten **Windmühle** ③ führt.

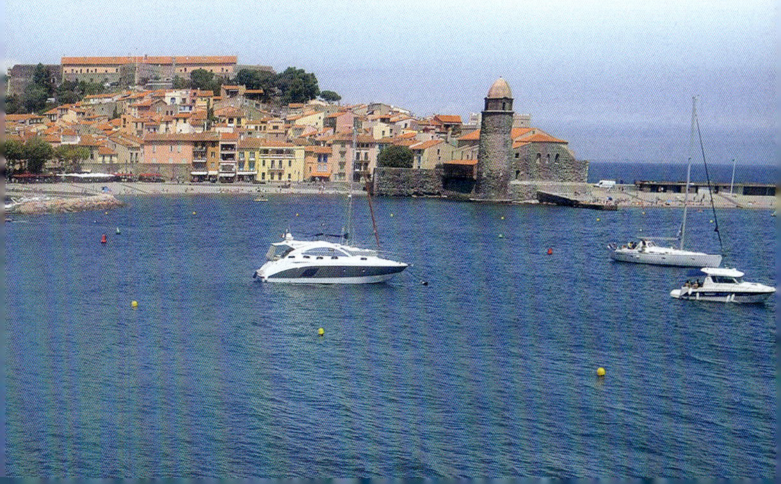

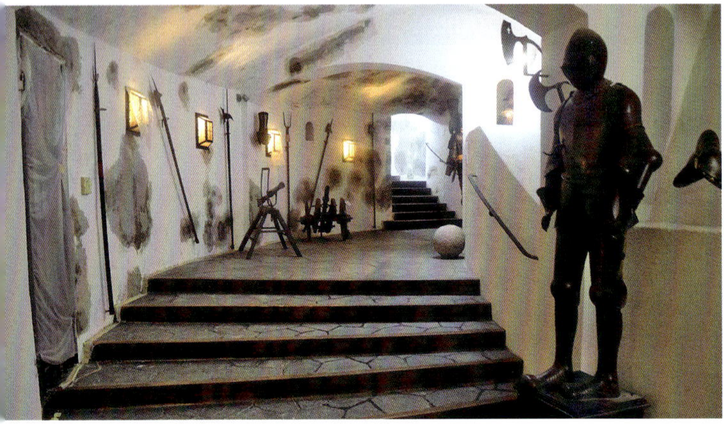

Besuch im Fort Saint-Elme

Das Fort Saint-Elme wurde 1538 errichtet. Vorher stand auf diesem Platz ein Wachturm. Auch später blieb die Festung zuallererst ein Ausguck über dem Palais Royal und den Häfen von Collioure und Port-Vendres. Bei der Besichtigung marschieren Sie zuerst um die Festung herum, dann führt eine Treppe in das verwinkelte Innere mit einigen schmalen Gängen und Treppen. Einige Aussichtsplätze hinter den Mauern zeigen fast den gleichen grandiosen Ausblick, den Sie auch schon vor dem Tor haben und der leicht erklärt, warum die Festung an diesem Platz erbaut wurde. In den Vitrinen des kleinen Museums stehen dann vor allem kunstvoll geschmiedete mittelalterliche Waffen und Rüstungen.
Geöffnet täglich 10.30 bis 17 Uhr, April bis September bis 19 Uhr.
Eintritt €7, Kinder 6 bis 18 Jahre €3.
www.fortsaintelme.fr

Im Schatten hinter der Mühle steht ein Picknicktisch. Der Pfad führt zurück auf unseren Aufstiegsweg. Der Asphalt ist verschwunden und es geht über Fels und Schotter weiter bergan. Dreht man sich um, wird der Ausblick jedes Mal besser. **Kurz vor dem Fort** ④ zweigt ein unmarkierter Pfad links ab und hält auf die Burg zu. Wir steigen hier hinauf und stehen wenig später am **Fuß der Burganlage** ⑤.

Um nicht auf dem gleichen Weg zurückzugehen, können Sie sich jetzt an der ersten **Kreuzung** ④ geradeaus halten und dem Pfad immer auf einer Höhe am Hang entlang folgen, bis dieser auf einen breiteren Weg stößt. Hier geht es rechts zwischen Weinreben auf der anderen Seite des Tales hinunter. Der Weg mündet in eine schmale **Straße** ⑥ auf der wir

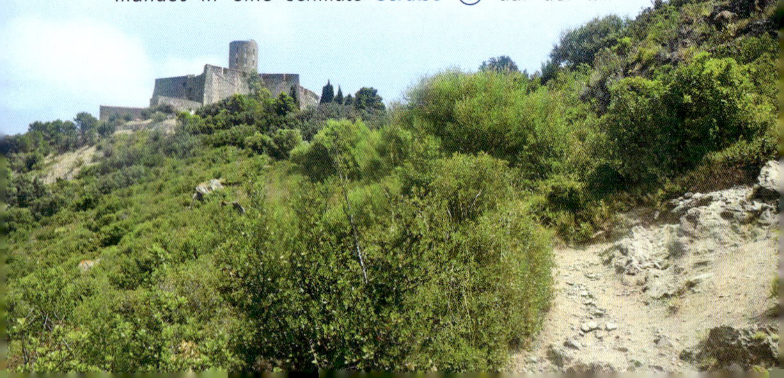

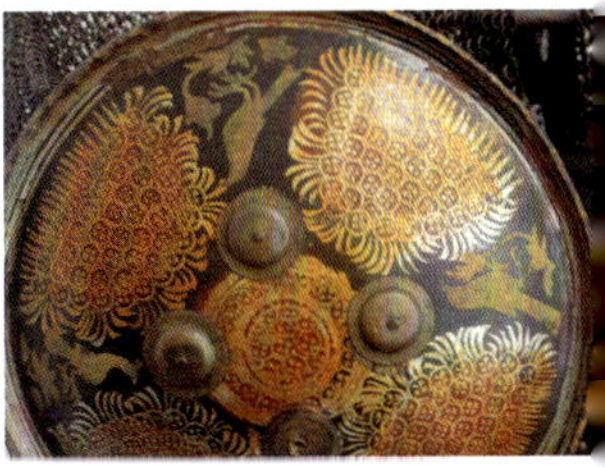

rechts weiter hinunter gehen. Wir unterqueren zwei **Steinbrücken** ⑦ und stehen wieder am **Strand**. Links geht es zurück zum Parkplatz und zur Strandbar.

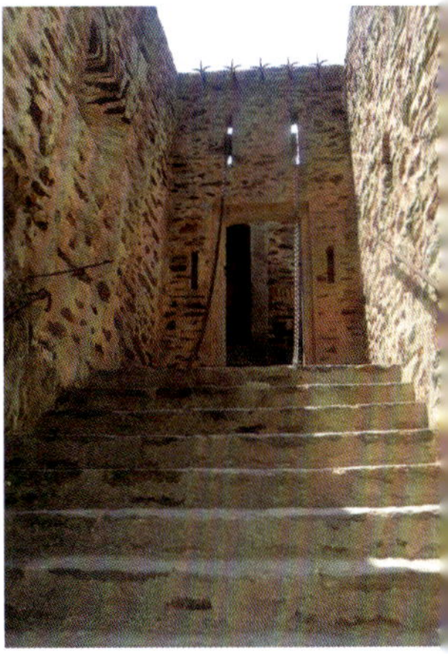

Zum Abschluss sollten Sie jetzt unbedingt vor der Mauer des Schlosses rechts zur Altstadt von Collioure hinüberspazieren und eine Runde durch die schmalen Gassen mit ihren vielen kleinen Läden drehen. An der Mole warten Cafés, Eisdielen und Restaurants auf Gäste. Ebenfalls lohnenswert ist ein Besuch des Chateau Royale.

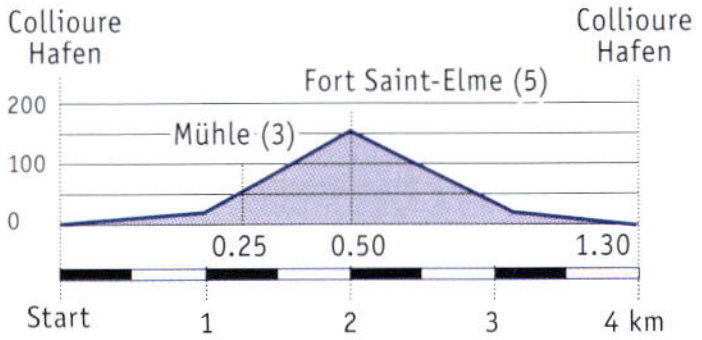

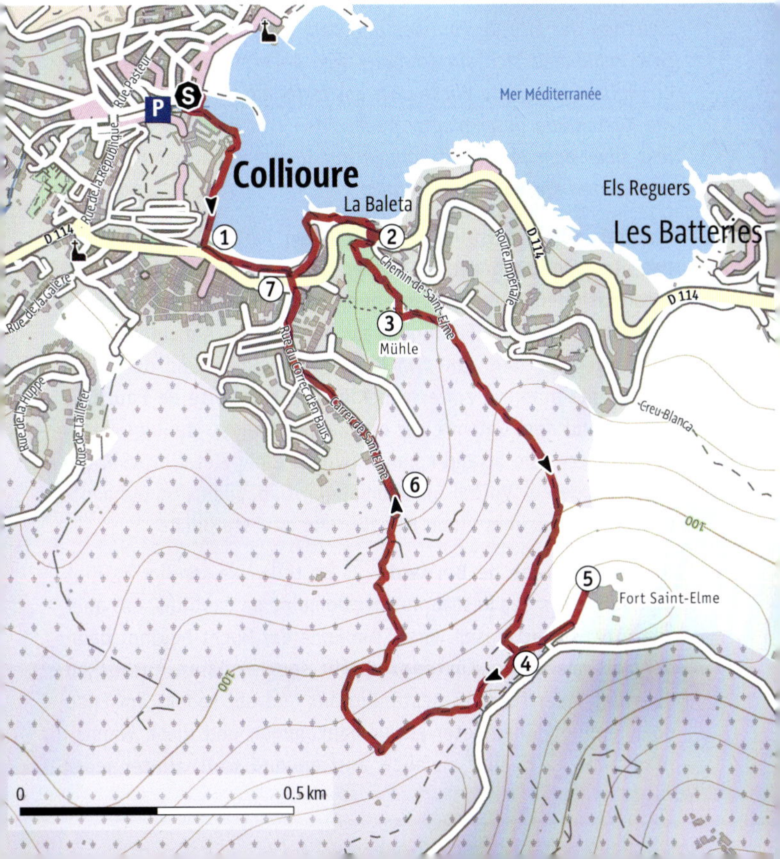

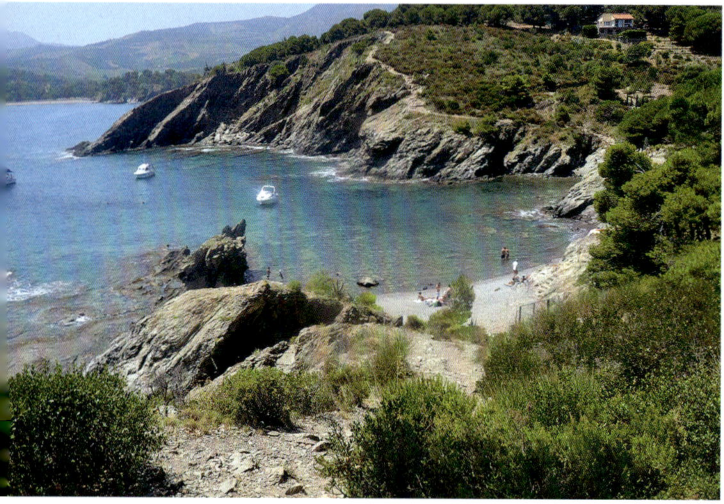

150 m

STRECKE 6 km

2 h

ab 8

Tour 3: Küstenweg zum Leuchtturm

Von der Site de Paulilles zum Cap de Béar

Zwischen der Site de Paulilles und dem Leuchtturm auf dem Cap Béar schlängelt sich ein schmaler Weg an der Küste entlang und ermöglicht grandiose Blicke über das tiefblaue Meer und etliche in die Küstenlinie geschmiegte Minibuchten. Wir wandern immer direkt über dem Meer und steigen auf unserem Weg zu mehreren versteckten Kiesbuchten hinunter.

Wanderung: Wir beginnen die Tour am Parkplatz der Site de Paulilles und folgen der Beschilderung zur Maison de Site, wo Sie Informationen über die Ausstellung im ehemaligen Dynamitwerk bekommen und auch Führungen buchen können. Am Eingangsgebäude geht es dann links in Richtung »plages« und durch die Parkanlage hinunter zur ersten **Kiesbucht der Site de Paulilles** (1), die auf dem Gelände der ehemaligen Industrieanlage liegt. Links hinter dem Strand kommen wir zu einer Metallbrücke, die wir überqueren. Vorbei an ehemaligen Gebäuden des Dynamitwerkes geht es über einen Hügel in die nächste Bucht.

Die zweite **Plage de Bernardi** (2) ist teilweise sandig. Es gibt hier außerdem das Restaurant der Domaine de Paulilles, das aber eher etwas spartanisch wirkt. Am Ende der Bucht beginnt dann der gelb markierte **Küstenpfad**. Mit spektakulären Ausblicken über das Meer führt er beständig auf und ab, sodass am Ende doch einige Höhenmeter zusammenkommen und diese Wanderung zwar kurz, aber ziemlich anstrengend wird. Hinter jeder

TOUREN-STECKBRIEF

Anfahrt: Die Site de Paulilles befindet sich in der ersten Bucht südlich von Port Vendres. Ein großer, kostenpflichtiger Parkplatz liegt bei **GPS N 42°29'57.0", E 3°07'05.1"** von Port Vendres kommend rechts direkt an der D914.

Charakter: Schattenloser Küstenpfad mit grandiosem Ausblick und einigen deftigen Steigungen. Technisch unkompliziert, aber vor allem an heißen Tagen anstrengend zu gehen.

Mit Kindern: Kinder brauchen für diesem Weg schon ein bisschen Durchhaltevermögen. Es lohnt aber auch eine der kleineren Buchten am Weg als Ziel, man muss nicht bis zum Leuchtturm wandern.

Einkehr: Domaine de Paulille an der zweiten Bucht oder besser Picknick mitnehmen.

Unterkunft:
Hotel: La Fregate und Casa Pairal in Collioure.
Camping: Camping Municipal de Cerbère.
Wohnmobil: Stellplatz in Port Vendres bei GPS N 42°31'04.0", E 3°06'47.3".

In der Nähe: Site de Paulilles.

Landzunge verbirgt sich eine neue kleine Kiesbucht und wir steigen zum Meer hinab. Im Sommer wird hier auch gebadet. Dann geht es über die nächste Landzunge in eine letzte **Bucht** ③. Hinter dieser erblicken wir dann zum ersten Mal den **Leuchtturm**. Hier geht es noch einmal kräftig bergauf. Am **höchsten Punkt** ④ sollten wir uns unbedingt zur Orientierung gründlich umsehen. Der markierte Pfad führt hier rechts hinab in die Bucht unterhalb des Leuchtturmes. Links zweigt ein unmarkierter Pfad ab. Das ist unser Rückweg! Wer noch ausreichend Puste hat, stattet zuerst noch dem **Leuchtturm am Cap Béar** einen Besuch ab und kommt dann hierher zurück.

Wir folgen nun dem undeutlichen Pfad, der kurz darauf links abbiegt und jetzt gut erkennbar immer auf der Höhe nur leicht ansteigend am Hang entlang führt. Nach kurzer Zeit mündet er in einen breiteren Weg, dem wir nach rechts folgen. Links unten sehen wir jetzt den Küstenpfad. Unser Weg schlägt weiter oben einen großen Bogen.

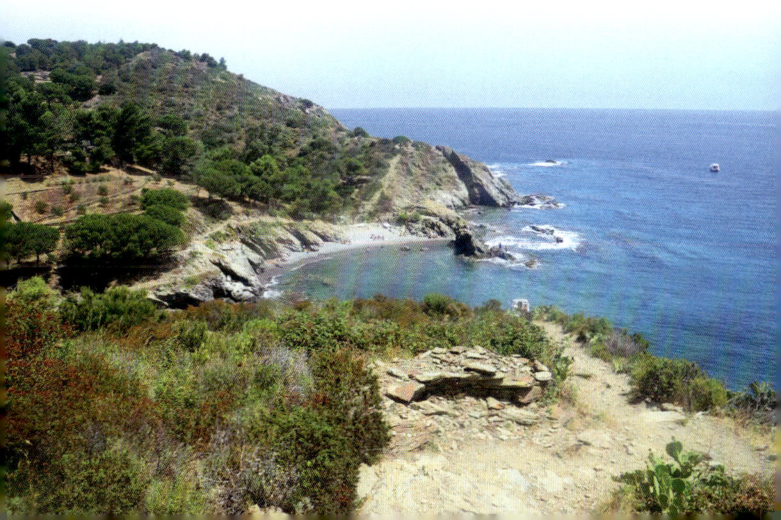

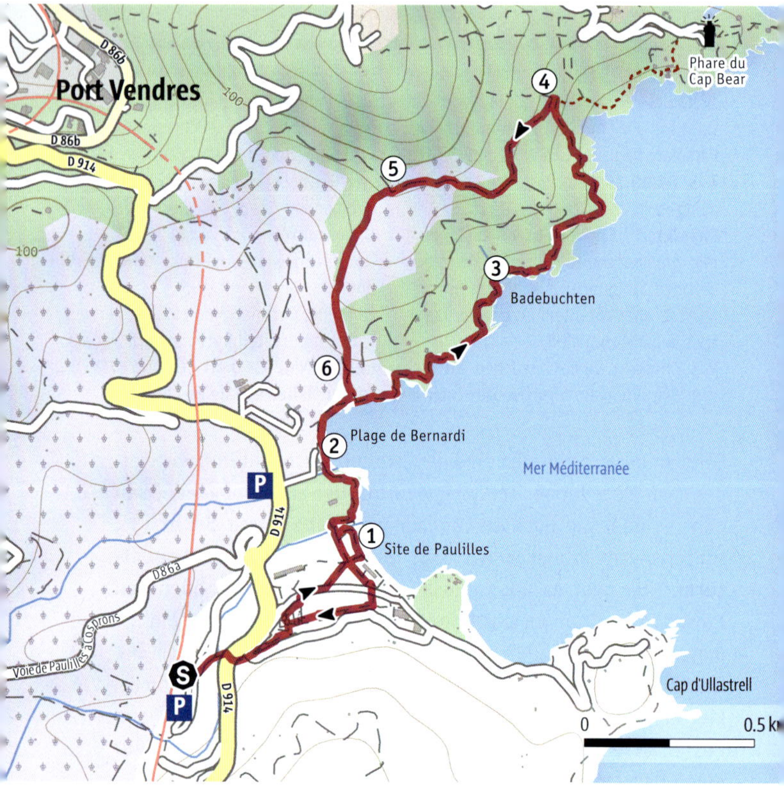

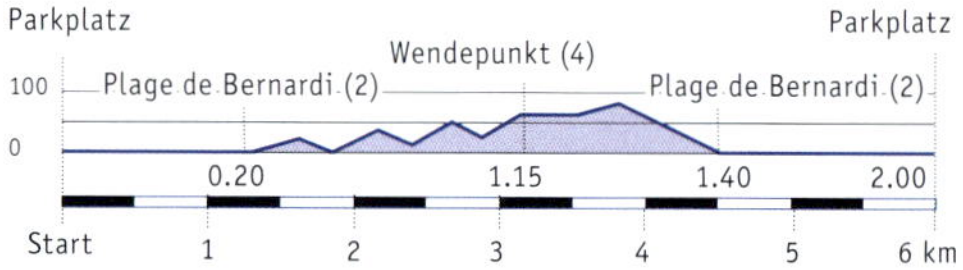

An der einzigen **Kreuzung** ⑤ wählen wir den etwas schmaleren Weg, der links bergab führt und auf die Plage de Bernadi zuhält. Kurz bevor wir unten ankommen **verzweigt sich der Weg** ⑥ noch einmal und wir folgen dem Schild zur Domaine de Paulilles geradeaus hinunter. Der Weg endet kurz vor der Bucht auf dem Küstenpfad und wir wandern von hier aus auf dem vertrauten Hinweg zurück.

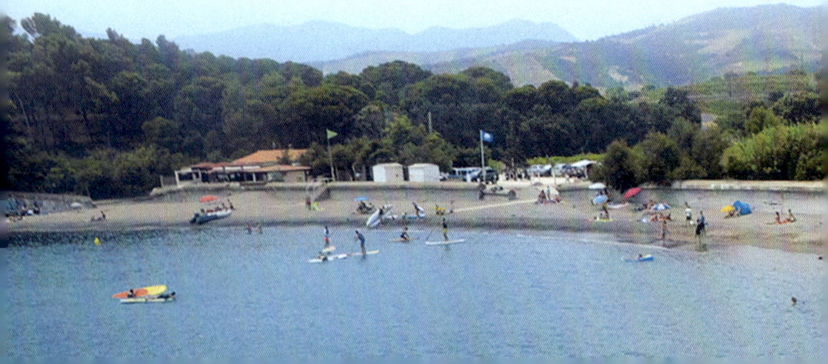

Dynamit und Badestrand – ein Besuch in Paulilles

1866 gelingt dem schwedischen Physiker Alfred Nobel im deutschen Geesthacht eine im wahrsten Sinne des Wortes bahnbrechende Entwicklung: In seinem Labor auf einem Elbedampfer vermischt er den gefährlichen, hochexplosiven Sprengstoff Nitroglyzerin, bei dessen Einsatz es immer wieder zu katastrophalen Unfällen kam, mit Kieselgur, einem Algenmehl. Dabei wird aus der gefährlichen Flüssigkeit ein knetbares, deutlich unempfindlicheres Material, das gezielter zur Explosion gebracht werden kann.

Nobel nennt seine Erfindung Dynamit und gründet die Dynamit Nobel AG, die den Stoff in Fabriken in ganz Europa produziert. Das macht ihn zu einem reichen Mann und das verschlafene Fischerdorf Paulilles zu einem Industriebetrieb. Hier entsteht im Jahr 1870 das französische Sprengstoffwerk der Nobel AG mit über 400 Mitarbeitern, die auf dem Gelände nicht nur arbeiten, sondern auch wohnen.

Die Produktion wurde hier erst 1984 eingestellt und die Einheimischen wehrten sich erfolgreich gegen Pläne, die Bucht in eine gigantische Ferienanlage mit Jachthafen umzubauen. So steht das Gebiet heute unter Naturschutz. Ein großer Teil der Fabrik- und Wohngebäude wurde 2005 rückgebaut. Nur das Haus des Direktors, heute die Maison du Site mit Ausstellung, Café und Informationsbereich, und wenige Gebäude der Fabrik stehen noch und werden als Freilichtmuseum genutzt. In einem der Gebäude werden Boote restauriert und der ehemalige Wasserturm ist ein beliebter Ausguck.

Ansonsten ist Paulilles heute vor allem ein Freizeitgelände. Die meisten Besucher kommen zum Baden an die beiden langen Sandbuchten und werfen nebenbei einen Blick auf die Gebäude der ehemaligen Fabrik, besuchen den Turm oder spazieren durch die Gartenanlage mit vielen exotischen Pflanzen.

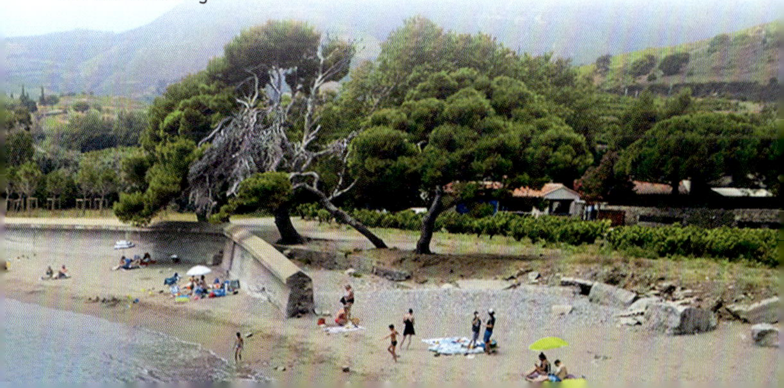

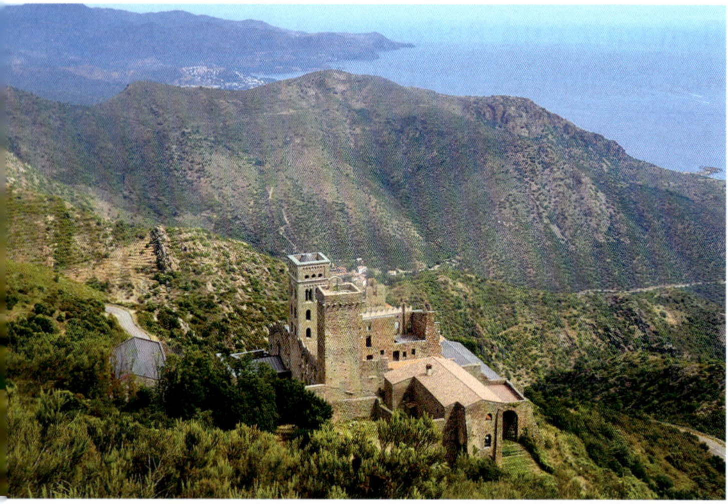

180 m

STRECKE 4 km

1 h 45

ab 8

Tour 4: Burgruine, Kirche und Kloster

Ein Rundweg mit kulturellen und geografischen Höhepunkten

Das alte Kloster Sant Pere de Rodez wurde im 11. Jahrhundert in den Hügeln über Port de la Selva erbaut. Auf einem Felssporn noch etwas weiter oben bewachte die Burg Castell Sant Salvador de Verdera das Klostergebäude. Wenige hundert Meter entfernt steht die Wallfahrtskirche Sant Helena de Rodez. Ein abwechslungsreicher Rundweg verbindet die drei sehenswerten Gebäude.

Wanderung: Vom unteren Parkplatz folgen wir der schmalen, für Autos gesperrten Asphaltstraße, bis kurz vor dem Kloster ein

TOUREN-STECKBRIEF

Anfahrt: Am Ortseingang von Port de la Selva führt rechts eine schmale Straße durch ein Wohngebiet hinauf. Sant Pere de Rodez ist hier bereits ausgeschildert. Dann geht es weitere sechs Kilometer Kurve um Kurve durch grüne Hügel hinauf bis zum Parkplatz Llevant bei **GPS N 42°19'25.5", E 3°10'17.5"**, der unterhalb des weithin sichtbaren Klosters liegt.

Charakter: Steiler, schmaler Pfad hinauf zur Ruine, ab dort gut begehbare Wege. Vorsicht oben an der Burgruine: Der Platz ist wirklich aufregend, aber es geht in mehreren Richtungen steil hinunter. Nur mit zuverlässigen, sicher wandernden Kindern gehen und die Kids oben unter Aufsicht halten!

Mit Kindern: Aufstieg zur Burgruine nur mit wandererprobten Kindern, die Wege zwischen Kloster und der Kirche Sant Helena sind dagegen unkompliziert. Mit jüngeren Kids lohnt sich vor allem der Platz an der Kirchenruine.

Unterkunft:
Hotel: Hotels in Port de la Selva oder Cadaqués.
Camping: Camping Port de la Vall, Camping Port de la Selva.
Wohnmobil: Campingplätze.

In der Nähe: Strand in Port de la Selva.

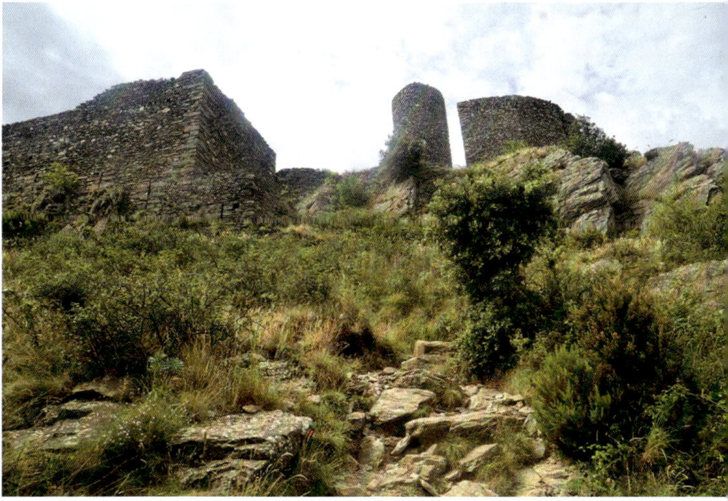

Naturweg links abzweigt und direkt kräftig ansteigt. Er führt zu einem Platz oberhalb der Klostermauern, wo der **Serpentinenpfad zur Ruine Verbère** ① beginnt. Dieser ist mit rot-grünen Farbstreifen markiert. In etlichen Kehren zieht er sich den Hang hinauf. Nach etwa zwei Dritteln des Aufstieges zweigt rechts ein **orange markierter Pfad** ② ab, auf dem wir später weitergehen. Jetzt geht es erst einmal links weiter hinauf. Wir folgen den rot-grünen Markierungen, bis wir unterhalb der Burgmauern stehen. Hier geht es dann rechts über die Felsen hinauf zu den letzten Mauerresten, die spektakulär dicht am Abgrund kleben. Nur ein schmales Plateau bietet Platz für eine **Burg** ③. Der Blick geht in alle Richtungen und ist wirklich atemberaubend. Sind Kinder mit von der Partie, muss man hier oben gut aufpassen.

Zuerst steigen wir dann auf dem vertrauten Aufstiegsweg hinunter zur **Kreuzung** ②, dann folgen wir der orangen Markierung geradeaus am Hang entlang. Der Weg steigt leicht an und bringt uns auf den Grat hinauf. Hier wechseln wir die Bergseite, und

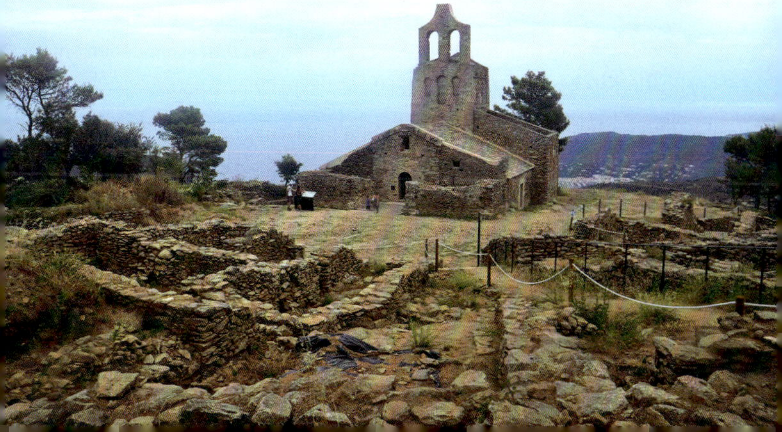

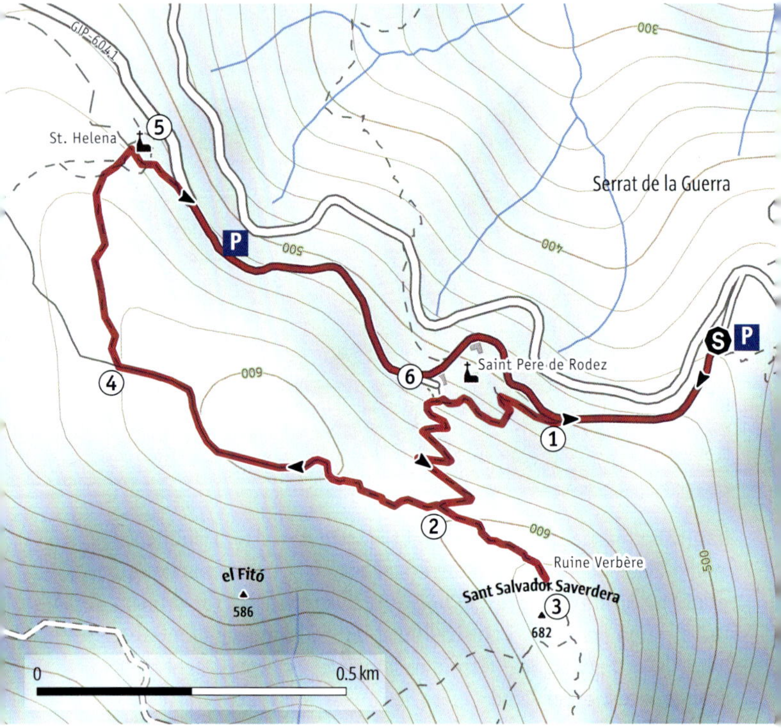

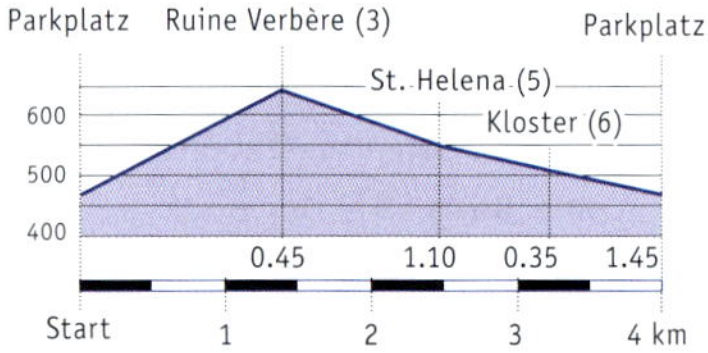

wenig später wird aus unserem Pfad ein breiter Naturweg, der zwischen üppig grünen, kugeligen kleinen Kiefern bergab führt. Dann müssen wir noch einmal gut aufpassen, damit wir den **Abzweig** ④ nach rechts zur **Kirche Sant Helena** nicht verpassen. Etwas oberhalb unseres Weges zweigt rechts ein schmaler Weg ab, der mit dem Schild »Menhir« und »Sant Helena« markiert ist. Etwas kratzig windet er sich durch niedrige Macchiasträucher und dicke Felsbrocken. Die Landschaft ist durchaus malerisch. Dann blicken wir von oben auf die kleine Steinkirche, die von den Grundmauern eines ehemaligen Dorfes umgeben ist. Die **Kirche** ⑤ ist meist offen für Besucher.

Ein breiter Weg führt weiter hinab. Dann spazieren wir über den oberen Parkplatz und auf einem weiteren asphaltierten Sträßchen zum Kloster hinüber und stehen bald am **Eingangstor mit Ticketschalter** ⑥. Auch das Kloster kann besichtigt werden. Neben der alten Kirche sind auch die Weinkeller, der Innenhof mit Kreuzgang und die Krypta zugänglich. Links vor dem Kloster hinab geht es dann zurück zum unteren Parkplatz.

Im Kloster Sant Pere de Rodes

Das Benediktinerkloster wurde bereits im Jahr 878 gegründet. Die Legende erzählt, dass sich hier eine Gruppe Mönche aus Rom niederließ, die geflohen war, um wertvolle Reliquien in Sicherheit zu bringen. Bei den Reliquien soll es sich um den rechten Arm und den Kopf des Petrus gehandelt haben. Sie versteckten sie in einer Höhle und bauten eine Kapelle. Das Kloster, das später aus der Kapelle entstand, hatte seine Blütezeit im 11. und 12. Jahrhundert. Aus dieser Zeit stammt auch das heutige Klostergebäude, das wenig verändert erhalten ist und zwischen 1998 und 1999 restauriert wurde. Das Gemäuer ist im Stil der katalanischen Romanik erbaut, zeigt aber Einflüsse aus mehreren Regionen Europas. Das hohe Gewölbe folgt römischen Vorbildern, Säulen und Kapitelle sind eher andalusisch-arabisch inspiriert. Der Chorumgang entspricht der französischen Romanik und die Türme baute man im lombardischen Stil. Die Anlage wurde 1835 zum letzten Mal von Mönchen bewohnt und ist heute eine gut erhaltene Ruine, die Sie mit Audioguide besichtigen können. Das Klostergebäude ist innen leer. Wenn Sie durch das ehemalige Refektorium, die Kirche, den Weinkeller und den zweistöckigen Kreuzgang flanieren, betrachten Sie pure, karge Mauern. Es wirkt hier die reine Form der Architektur.

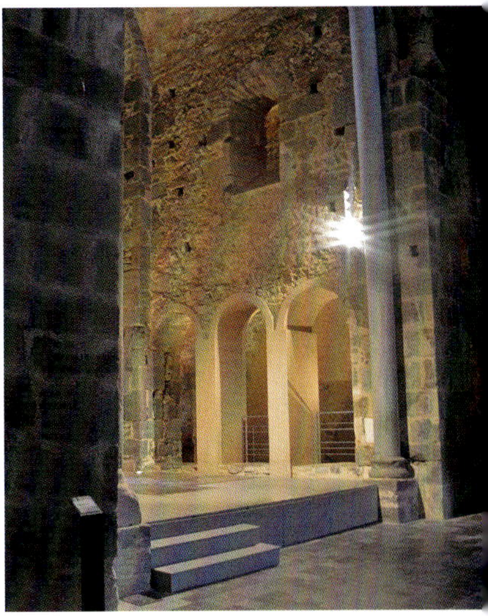

Geöffnet Juni bis September 10–20 Uhr, Oktober bis Mai Mo 10–17.30 Uhr, Fr bis So 10–19 Uhr. Eintritt €6.

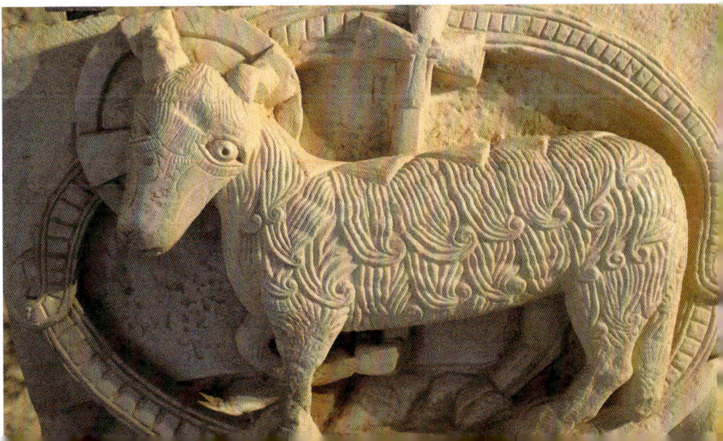

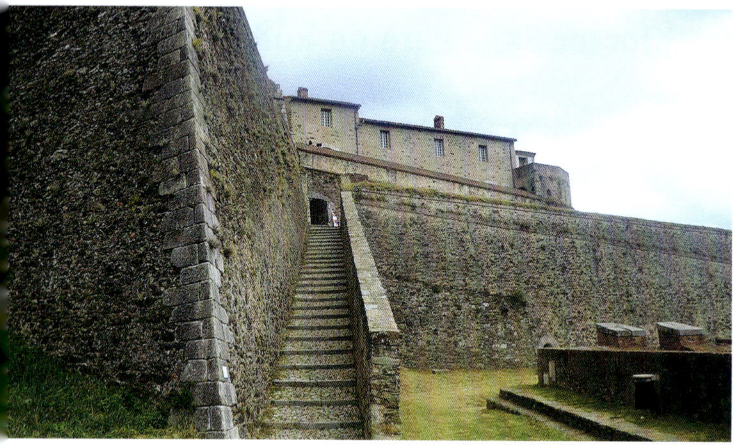

120 m

STRECKE 1,6 km

45 min

ab 4

Tour 5: Prats-de-Molló und das Fort von Lagarde

Durch den Wehrgang zur Burg

Prats-de-Molló ist eines der charmantesten Dörfer im Vallespir und ein Bummel durch die Gassen würde sich auch ohne das imposante Fort auf dem Hügel hinter den Steinhäusern lohnen. Ein weiteres Bauwerks des genialen Strategen Vauban wacht hier über das Dorf und die ehemalige Grenze zu Spanien.

Im 17. Jahrhundert diente die Festungsanlage dem Schutz des Col d'Ares, einem der natürlichen Übergänge nach Spanien. Die Anlage wurde rund um einen älteren Wachturm errichtet – den Tour de la Guardia. Er war zusammen mit dem ebenfalls noch existenten Tour de Mir, der nahe der Grenze auf einem Gipfel thront, und dem inzwischen zerstörten Tour de Cos, der in der Nähe des Dorfes Tech weiter im Landesinneren stand, Teil eines Informations- und Beobachtungssystems, mit dem man vor Gefahren warnte. Der alte Turm steht noch im Zentrum des sternförmigen Donjons und wurde mit der Festung umbaut. Das beeindruckendste Detail der Festungsanlage ist aber für die meisten Besucher der deutlich neuere überdachte, tunnelartige Treppengang, über den man vom Dorf hinaufsteigt. Er wurde im 18. Jahrhundert ergänzt und führt zuerst zum Vorbau »Tour Carrée« und dann weiter hinauf zur Burg.

Auch die **Kirche Saintes Juste et Ruffine** kann man täglich von 10.30–12.30 Uhr und 14.30–18.30 Uhr besichtigen. Der ursprünglich romanische Kirchenbau wurde im 17. Jahrhundert im gotischen Stil umgebaut. Besonders bemerkenswert sind das schmiedeeiserne Tor sowie das barocke Mobiliar und ein großes Altarbild von Josep Sunyer (1693) in ihrem Inneren.

TOUREN-STECKBRIEF

Anfahrt: Wir folgen der D 115 von Amelie-les-Bains bis kurz vor die spanische Grenze zum Ort Prats-de-Molló-la-Preste. Im Ort rechts nach La Preste abbiegen und hinter der Brücke über den Tech rechts zum Parkplatz am Flussufer hinunterfahren.

Öffnungszeiten Fort: Täglich 11 – 13 und 14 – 18 Uhr. Eintritt in die Festung € 3,50.

Charakter: Bummel durch verschachtelte Altstadtgassen und Aufstieg zum Fort durch einen Tunnel.

Mit Kindern: Die Tour ist kurz und spannend und für Kinder gut geeignet.

Einkehr: Mehrere gute Restaurants in der Altstadt, zum Beispiel Bellavista, Le Temps de Cerises und Le Sud.

Unterkunft:
Hotel: Parc Mont Oz' Arbres, Hotel Ribes
Camping: Camping Can Nadal.
Wohnmobil: Auf dem Parkplatz vor dem Ort stehen immer ein paar Wohnmobile. Keine Einrichtungen und kein offizieller Platz!

In der Nähe: Hochseilgarten Parc Mont Oz' Arbres, Tierpark Camprodon.

Der Weg zur Burg: Über die Brücke kommen wir in den Ort mit zentralem Bouleplatz, an dem rechts auch die Tourismusinformation liegt. Ein Besuch in der Info lohnt besonders, wenn Sie die Festung besichtigen möchten, da zu wechselnden Zeiten geführte Touren angeboten werden.

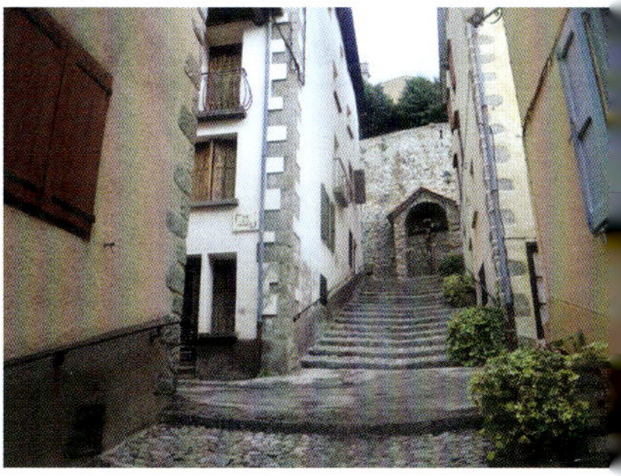

Links vom Bouleplatz geht es dann in die Altstadt. Steigt man zwischen den Häusern hinauf zur Kirche und geht rechts an dieser vorbei, trifft man auf den **Eingang des Tunnels** ① zum Fort. Der Aufstieg lohnt auch für den Ausblick, sollten Sie außerhalb der Öffnungszeiten des Forts hier eintreffen. Der gedeckte Gang zur Burg und die Außenanlagen sind ohne Eintritt zugänglich.

Den Rückweg können wir dann auch an der frischen Luft antreten. Vor der **Burg** ② beginnt ein Pfad, der durch ein Wäldchen wieder hinunter zum Ort und zur Kirche führt.

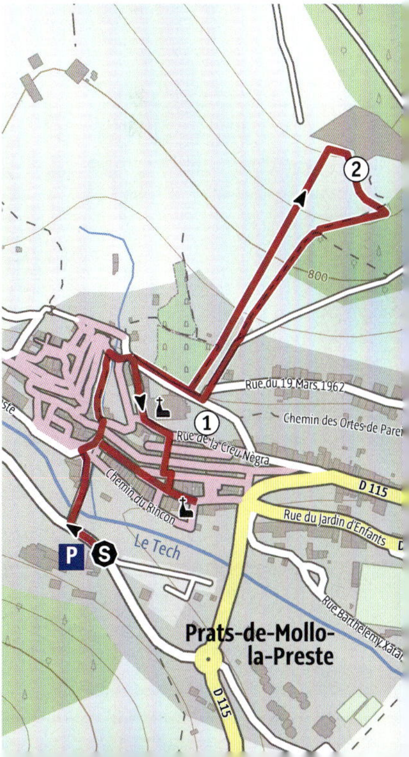

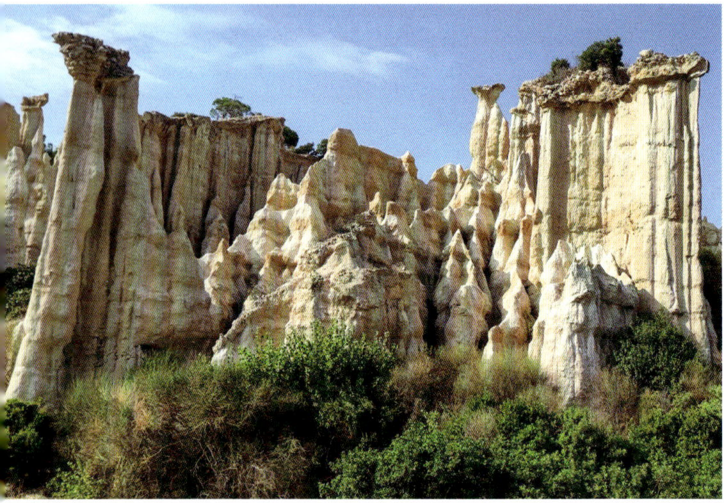

40 m

STRECKE 2 km

1 h

ab 4

Tour 6: Die »Feenkamine«

Das natürliche Amphitheater von Ille-sur-Têt

Rund um einen großen, in Terrassen gestaffelten Sandplatz entfaltet sich nördlich von Ille-sur-Tet eine magisch wirkende Landschaft. Ockerfarbene, bis zu zwölf Meter hohe Säulen umrunden einen Ort, der wie ein natürliches Amphitheater wirkt.

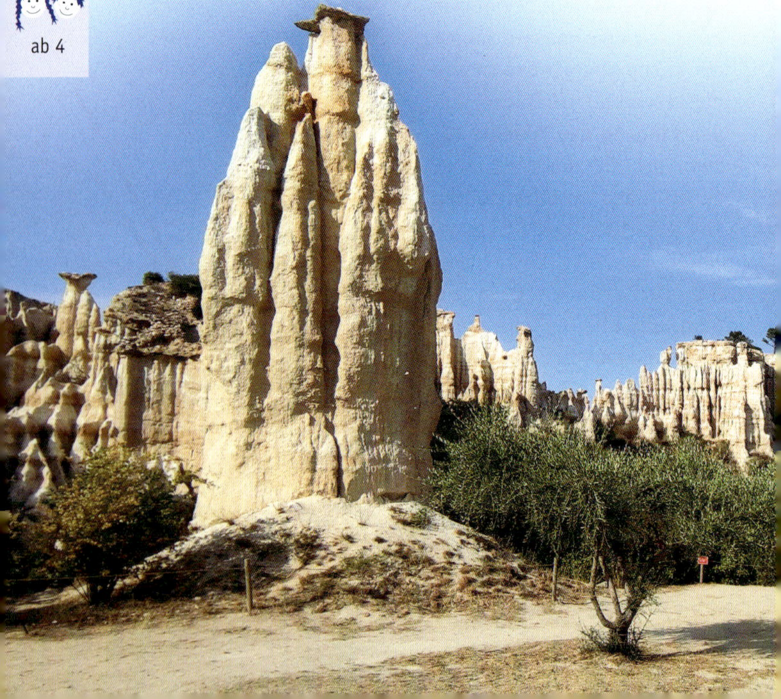

TOUREN-STECKBRIEF

Anfahrt: Die Orgues befinden sich wenige Kilometer nördlich von Ille-sur-Tet. Die Zufahrt ist im Ort beschildert und erfolgt über die D 2, auf der wir zuerst die Nationalstraße überqueren. Am ersten Kreisel geht es geradeaus, an der nächsten Kreuzung rechts zum Parkplatz bei **GPS N 42°40'53.2", E 2°37'18.8"** .

Site des Orgues: €5, Kinder 10 bis 13 Jahre €3,50. Ganzjährig geöffnet von 10–18 Uhr. April bis Mitte Oktober 9.30–19 Uhr, im Hochsommer bis 20 Uhr. Mitte November bis Januar 14–16.30 Uhr. borgues.netinfo.pro

Charakter: Spaziergang auf breitem Weg zum Platz um den sich die Säulen gruppieren.

Mit Kindern: Der Ausflug ist kurz und spannend und auch für Kinder geeignet.

Einkehr: Snack-Bar und Eis am Eingang.

Unterkunft:
Hotel: Casa Mia in Ille-sur-Têt.
Camping: Camping Lac de Vinça.
Wohnmobil: Stellplatz für Besucher neben dem Parkplatz der Anlage.

In der Nähe: Château de Quéribus.

Die Bezeichnung »Orgues« (Orgeln), wie die Felsen vor Ort genannt werden, ist übrigens geologisch nicht richtig. Als »Orgeln« bezeichnet man wissenschaftlich korrekt nur die kantigen Säulenstrukturen aus Basalt. Die Feenkamine von Ille-sur-Tet sind aber nicht vulkanischen Ursprungs.

Die gigantischen Erdsäulen bestehen aus Ton und Sandstein und verändern sich ständig. Wasser, Wind und Temperaturunterschiede sorgen dafür, dass der Sand aus den scheinbar so massiven Felsen bröckelt. Die Furchen werden ständig tiefer und die Spitzen der Säulen niedriger. Einige der Formationen tragen Kappen, welche die Erosion einige Zeit aufhalten können. Aber auch diese werden eines Tages herunterfallen und die Säule wird Stück für Stück verschwinden. Da die Felsformationen aber bereits im Tertiär, vor etwa fünf Millionen Jahren entstanden sind, wird uns der faszinierende Ort, der so sehr an Bilder aus Kappadokien erinnert, wohl noch einige Zeit erhalten bleiben.

Vom Parkplatz führt ein breiter Fußweg ins Rondell mit den Felsen, das nur während der Öffnungszeiten zugänglich ist.

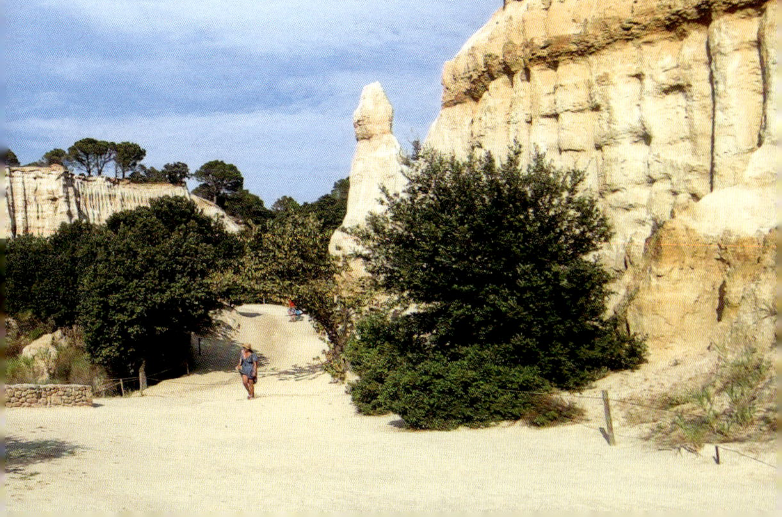

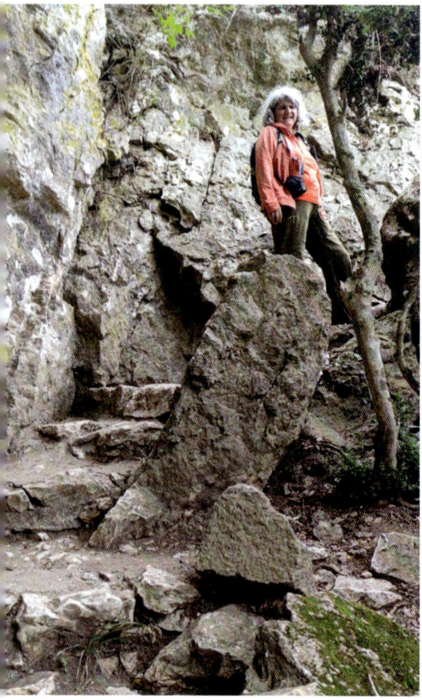

Tour 7: Château de Peyrepertuse

Festung auf dem Felssporn

Peyrepertuse ist die größte der drei Katharerburgen am Rand der Pyrenäen. Sie spielt in der Geschichte der Glaubensgemeinschaft keine entscheidende Rolle, weil sie früh aufgegeben wurde. Der Besuch der Ruine ist aber besonders spannend, denn die Burganlage ist weitläufig. Sie besteht aus zwei Teilen, die mit vielen Treppen und Felsstufen verbunden sind. Sie zu erforschen, ist ein kleines Abenteuer.

140 m

STRECKE 1,6 km

1 h

ab 6

Vom Eingang führt ein schmaler Fußweg am Hang entlang und hinauf zur unteren Burg. Hier steht noch der eindrucksvolle Burgturm und zwischen den Mauerresten gibt es viele versteckte Winkel zu erkunden. Dieser untere Teil der Anlage ist die eigentliche Katharerburg und wurde im 11. Jahrhundert erbaut.

1240 ging die Burg, die vorher zu Aragon gehörte, an die französische Krone. In den folgenden Jahren wurde dann der Donjon Sant Jordi oben auf dem Felsen ergänzt. Über einen Pfad und eine lange Treppe können auch dort hinaufsteigen. Dabei wird der Blick von Stufe zu Stufe besser. Oben angekommen schauen wir aus der Vogelperspektive auf den unteren Teil der Burg und weit über die Berge. Von diesem perfekten Ausguck entgeht

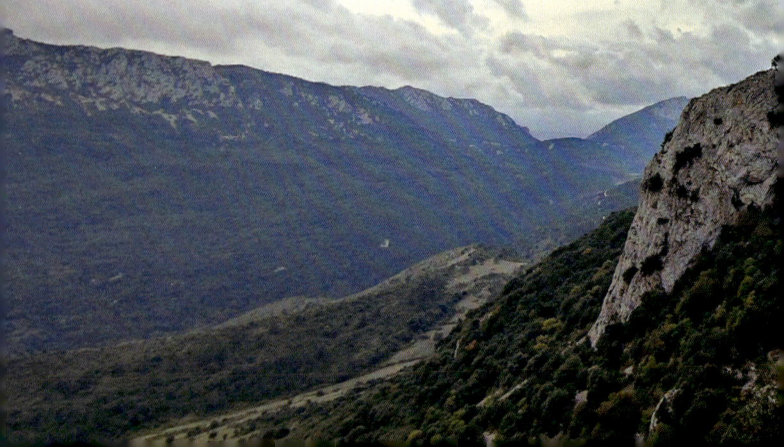

TOUREN-STECKBRIEF

Anfahrt: Von der D117 rechts über Cucugnan nach Deilhac fahren. Von hier führt ein schmales Sträßchen hinauf zum Parkplatz bei **GPS N 42°52'12.5", E 2°33'31.3"**. Wer mit dem Wohnmobil reist, muss zumindest im Sommer etwas weiter unten parken und den letzten Kilometer zu Fuß hinaufsteigen.

Burganlage: Geöffnet ganzjährig, im Sommer 9–19 Uhr (Juli und August bis 20 Uhr), im Winterhalbjahr erst ab 10 Uhr und bis zum Einbruch der Dunkelheit. €7, Kinder 6–12 Jahre €4.

Charakter: Ein steiniger, steiler Weg mit vielen Stufen führt vom unteren Teil der Burg nach oben zur zweiten Festung, von der wir einen perfekten 360-Grad-Blick genießen.

Mit Kindern: Spannende Pfade und viele Felsen zum Klettern machen die Burganlage für Kinder besonders spannend. Alledings sind viele Stellen nicht gesichert. Auf jüngere Kids sollten Eltern hier sehr gut aufpassen.

Einkehr: Auberge la Batteuse, Auberge du Moulin und Pizzeria Ortuani Glawdys unten im Ort.

Unterkunft:
Camping: Camping de Cucugnan, es gibt auch eingerichtete Zirkuswagen und eine Jurte.
Wohnmobil: Kostenloser Stellplatz der Gemeinde Deilhac-sous-Peyrepertuse am unteren Parkplatz bei GPS N 42°51'41.7", E 2°33'54.1".

In der Nähe: Badeplatz in den Gorges de Verdouble, Katharerburg Château de Queribus.

einem kaum eine Bewegung im Tal und das war dann auch der Sinn der Sache. Peyrepertuse war bis ins 17. Jahrhundert eine wichtige Grenzfestung in der Verteidigungslinie zum benachbarten Spanien.

Gorges de Verdouble
Östlich von Peyrepertuse zweigt von der D14 eine schmale Straße zu einem schönen Badeplatz am Verdouble ab. Sie endet am kostenpflichtigen Parkplatz bei GPS N 42°51'43.4", E 2°35'12.6".

Mit dem Rad von Burg zu Burg
Zwischen den Burgen Queribus und Peyrepertuse kann man auf eine Fahrradrunde starten und dabei auch die hübschen Orte der Region und den Badeplatz an den Gorges de Verdouble kennenlernen. Die Bikes müssen vorab reserviert werden. *Tagestarif für ein e-Bike €45. www.aude-cathare-evasion.com*

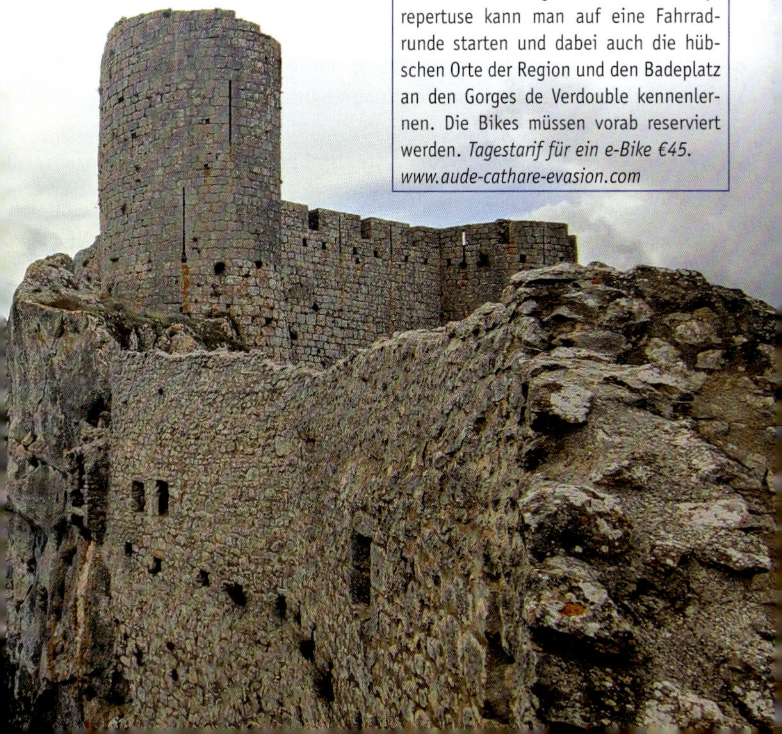

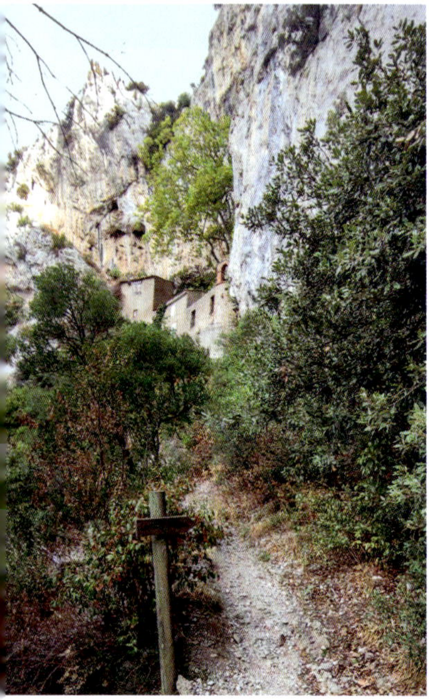

Tour 8: Gorges de Galamus

Felsenkirche in der Schlucht

In den steilen Felswänden der der Gorges de Galamus klebt eine kleine Kirche. Die Ermitage Saint-Antoine wurde im Jahr 1782 erbaut – als Dank für die Genesung der Einwohner des nahen Dorfes Saint-Paul-de-Fenouillet von einer Seuche. In der Ermitage gibt es eine urige Höhlenkirche und ein kleines Café. Oberhalb windet sich ein schmales Sträßchen durch Engpässe und unter überhängenden Felsen hindurch.

50 m

STRECKE 3 km

1 h

ab 6

Die Straße durch die Schlucht ist nur mit Fahrzeugen bis 2,70 Metern Höhe und zwei Meter Breite passierbar und wird im Sommer, wenn auch noch viele Fußgänger und Fahrradfahrer dort unterwegs sind, zur Einbahnstraße. Es ist aber sowieso empfehlenswert, die Schlucht zu Fuß zu erkunden. So können wir auf der Straße jederzeit anhalten, um über das halbhohe Mäuerchen in die schwindelerregende Tiefe zu gucken. Im Sommer sind dort unten häufig Menschen im Neoprenanzug zu sehen. Die Gorges sind eine beliebte Canyoningstrecke, die sich gut für Menschen eignet, die Canyoning zum ersten Mal ausprobieren möchten.

Um die Gorges zu Fuß zu erkunden, kommen wir am besten von der Südseite, denn dann ist der Parkplatz am Belvedère erreich-

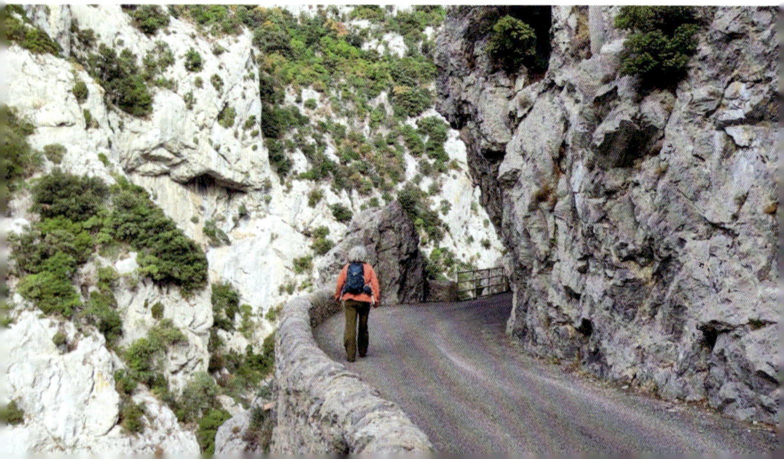

TOUREN-STECKBRIEF

Anfahrt: Von Saint Paul-de-Fenouillett der D7 in Richtung Gorges de Galamus folgen bis zum Parkplatz an der Snack-Bar bei **GPS N 42°50'8.5", E 2°28'49.5"**. Wohnmobile müssen einen guten Kilometer weiter unten auf dem Parkplatz »Las Ribes« geparkt werden. Von dort fährt im Sommer ein Elektrobus zum oberen Parkplatz am Belvédère.

Öffnungszeiten Ermitage: 9–17 Uhr, Eintritt frei, www.gorgesdegalamus.fr.

Charakter: Kurze spannende Runde auf einem schmalen Bergsteig und der wenig befahrenen Straße durch die Schlucht.

Mit Kindern: Kurz und knackig und daher auch für trittsichere Kinder eine spannende kleine Tour.

Einkehr: Café in der Felsenkirche.

Unterkunft:

Camping: Camping de Cucugnan, es gibt auch eingerichtete Zirkuswagen und eine Jurte.

Wohnmobil: Auf dem Parkplatz Las Ribes bei GPS N 42°50'8.2", E 2°29'25.8' sind einige Plätze für Wohnmobile markiert.

In der Nähe: Château de Queribus, Gorges de Verdouble.

bar, ohne durch die Schlucht zu fahren. Dort beginnt der kurze Fußweg zur Ermitage Saint-Antoine. Er startet in der hinteren Ecke des Parkplatzes, führt auf halber Höhe an der Felswand entlang und endet am **Eingang zur Kirche** ①.

Während der Öffnungszeiten geht ein Weg durch das Gebäude und das Café. Wir stoßen auf einen Felsentunnel, durch den es hinauf auf die **Straße** ② geht. Es lohnt sich unbedingt, dieser noch ein Stück nach links in die Schlucht zu folgen, bevor wir umdrehen und zurück zum Parkplatz spazieren.

Canyoning in den Gorges de Galamus
Eine spielerische Wasserwanderung mit Abseilen am Wasserfall, durch Wassergumpen schwimmen, rutschen und kleinen Sprüngen – perfekt für den ersten Versuch und auch für Kids kann man buchen bei:
www.oxygen-aventure.com
www.manawa.com

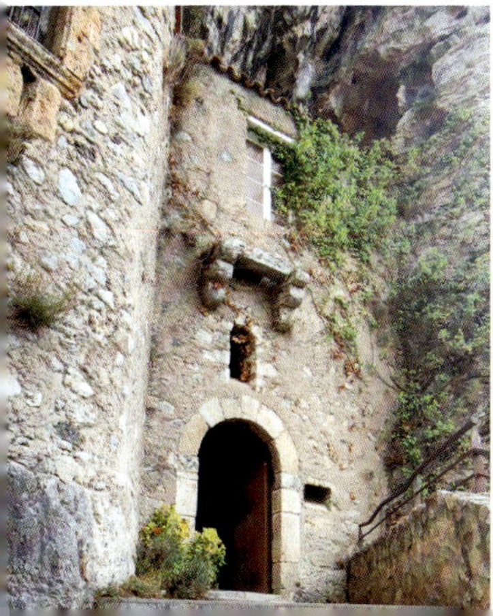

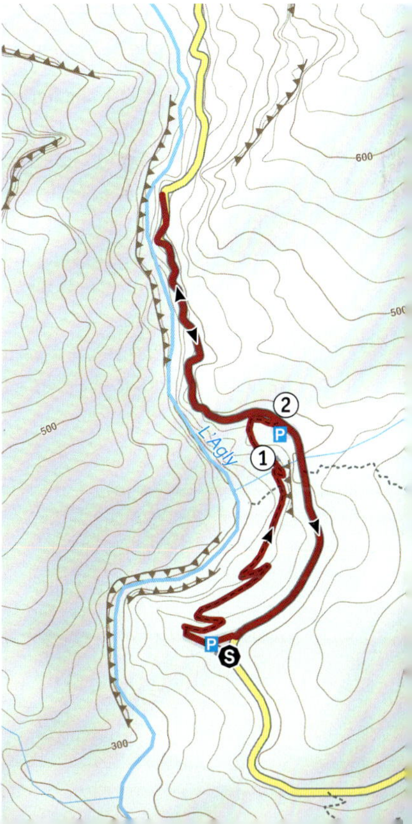

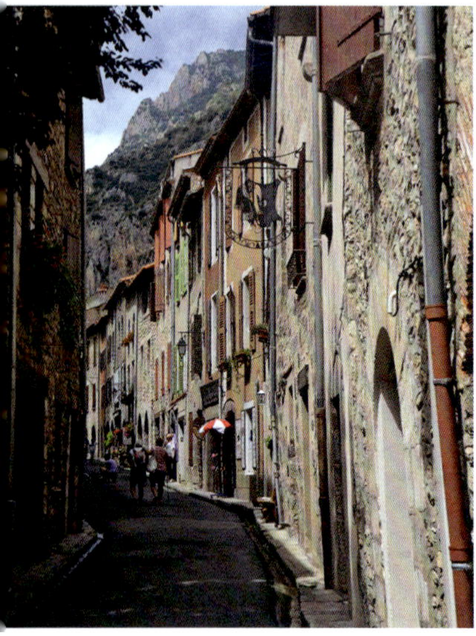

Tour 9: Ausflug ins Mittelalter

Villefranche-de-Conflent und das Fort Libéria

Villefranche wurde im Jahr 1092 gegründet und war von Anfang an eine militärische Siedlung, die das Tal der Têt gegen Invasionen sichern sollte. Die Stadtmauern stammen aus dem 11. Jahrhundert, die acht Türme in der Stadtbefestigung wurden im 12. Jahrhundert ergänzt. Vila Franca, wie der Ort damals hieß, war die Hauptstadt des Conflent. Die Stadt innerhalb der Mauer sieht noch fast so aus wie einst im Mittelalter und trägt das Prädikat, eines der »Plus Beaux Villages de France« zu sein. Sie besteht aus zwei parallel verlaufenden, von mehrstöckigen Steinhäusern gesäumten Gassen. In etlichen kleinen Läden werden Kunsthandwerk und Souvenirs verkauft. Eis gibt es an jeder Ecke und außerdem auch einige Restaurants.

200 m

STRECKE 3 km

1 h 30

ab 6

Wanderung: Im Ort spazieren wir durch die rechte Gasse hinauf und durch die linke wieder hinunter und kommen dann rechts zu einem **Durchgang** ① in Richtung Stadtmauer. Es geht hier über die Schienen der kanariengelben Schmalspurbahn des »Petit Train Jaune« und zum Infotisch, der vor dem Eingang zu einem Tunnel steht. Hier bekommt man **Tickets** ② für die Festung. Dann gibt es gleich drei Wege hinauf: geradeaus durch den finsteren Tunnel über 734 Stufen, rechts und außen herum auf einem guten Fußweg mit vielen Kehren oder mit den Jeeps der Navette, wenn wir ein paar Euro mehr pro Ticket investieren.

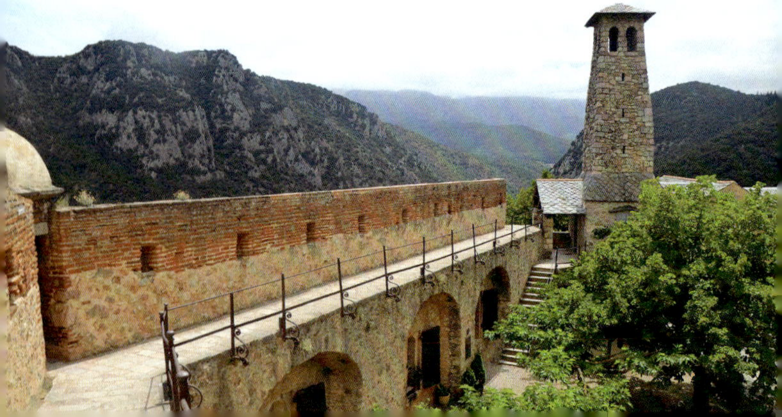

TOUREN-STECKBRIEF

Anfahrt: Auf der N116 nach Villefranche-de-Conflent. Größerer gebührenpflichtiger Parkplatz am westlichen Stadttor bei **GPS N 42°35'10.0", E 2°21'52.1".** Weitere Parkplätze gibt es am anderen Ende des Ortes am Bahnhof.

Öffnungszeiten Fort Libéria: Mai, Juni, September 10–19 Uhr, Juli und August 9–20 Uhr, Oktober bis Dezember 10–17 Uhr. Eintritt €7, Kinder 5 bis 10 Jahre €4,50. Mit Jeep-Taxi (Navette) buchbar in der Information €12, Kinder €5,50. www.fort-liberia.com

Charakter: Rundweg durch die mittelalterlich geprägte Stadt und durch die unterirdischen Gänge der Burganlage. Steiler, an heißen Tagen anstregender, da beinahe schattenfreier Aufstieg zur Burg. Wasser nicht vergessen!

Mit Kindern: Die Festung ist mit ihren vielen unterirdischen Gängen für Kinder besonders spannend und in den Gassen von Villefranche ist hinterher auch noch ein Eis zu bekommen. Ein perfektes Kinderevent also!

Einkehr: Restaurants und Cafés in Villefranche.

Unterkunft:
Hotel: Chambre d'Hôtes l'Ancienne Poste in Villefranche.
Camping: Mas de Lastourg.
Wohnmobil: Für Wohnmobile gekennzeichnete Plätze am Bahnhof bei GPS N 42°35'24.0", E 2°22'11.4".

In der Nähe: Grotte de Canalettes, Petit Train Jaune.

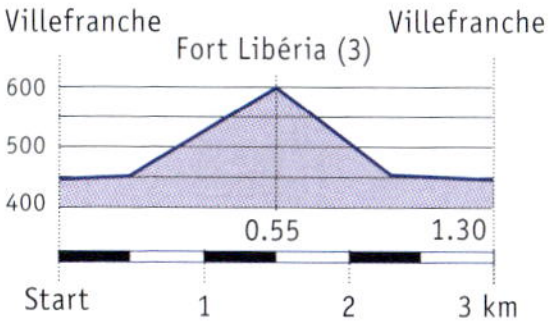

Wir wählen zuerst den Weg außen herum, folgen den Schienen nach rechts und dann der Beschilderung nach links und steigen auf einem Fußweg in vielen Kehren den Berg hinauf.

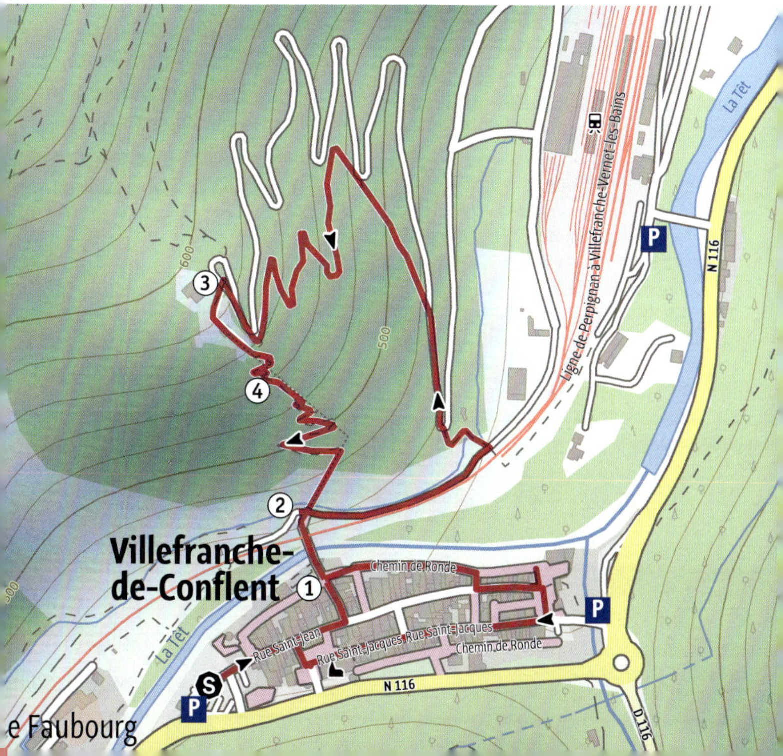

An der **Festung** ③ angekommen und mit einem Faltblatt mit deutschen Erläuterungen versorgt, spazieren wir erwartungsvoll durch den Burghof, über die Mauern, in den Burggarten mit Bäckerei und dann in den ersten Tunnel hinab. Nein, wir sind noch nicht auf dem Abstiegsweg. In den Mauern des Forts verstecken sich lange Gänge mit Schießscharten. Es dauert eine Weile bis uns die Stufen wieder an die frische Luft bringen.

Ein Abstecher führt noch ins **Frauengefängnis**, das so heißt, weil hier zu Zeiten Ludwig XIV. acht adelige Frauen einsaßen, die man wohl bei Hof aus dem Weg räumte, um einen Skandal zu verhindern. Eine von ihnen wurde der schwarzem Magie bezichtigt, den anderen warf man vor, deren Dienste in Anspruch genommen zu haben. Als im Rahmen des Prozesses die Spuren bis zur Marquise de Montespan, der Favoritin des Königs, führten, wurden die Damen schnell und ohne Prozess beseitigt. Zwei von ihnen überlebten etliche Jahre in ihrem Kerker in der Burg.

In der Regierungszeit des Sonnenkönigs Ludwigs XIV. kam es mehrfach zu Kriegen zwischen Frankreich und Spanien, bis 1659 mit dem **Pyrenäenfrieden** neue Grenzen gezogen wurden. Villefranche wurde zum Grenzort auf der französischen Seite. Nach Entwürfen des Hofbaumeisters Vauban baute man damals das Fort. Die Mauern der Stadt wurden mit Bastionen ergänzt, um Villefranche gegen den Beschuss mit neu entwickelten Waffen wie zum Beispiel Kanonen zu sichern. Dabei bekam der Ort auch eine doppelte Stadtmauer mit Wehrgang, die wir heute noch besichtigen können.
Öffnungszeiten Stadtmauer: Juni bis September 10 – 19 Uhr, Juli und August bis 20 Uhr, April, Mai, Oktober 11 – 18 Uhr, im Winter 13 – 17 Uhr. Eintritt €5, Kinder 5 bis 10 Jahre €2. www.villefranchedeconflent.fr

Dann stehen wir wieder im Burghof. Durch den **unterirdischen Gang mit vielen Treppen** ④ steigen wir jetzt wieder hinunter nach Villefranche. Kurz vor dem Tal weitet sich unser Gang noch einmal zu einer Verteidigungsanlage, die noch im zweiten Weltkrieg erweitert wurde. Bei einem zweiten Bummel durch die Gassen kann man Hunger und Durst stillen, dann geht es zurück zum Parkplatz.

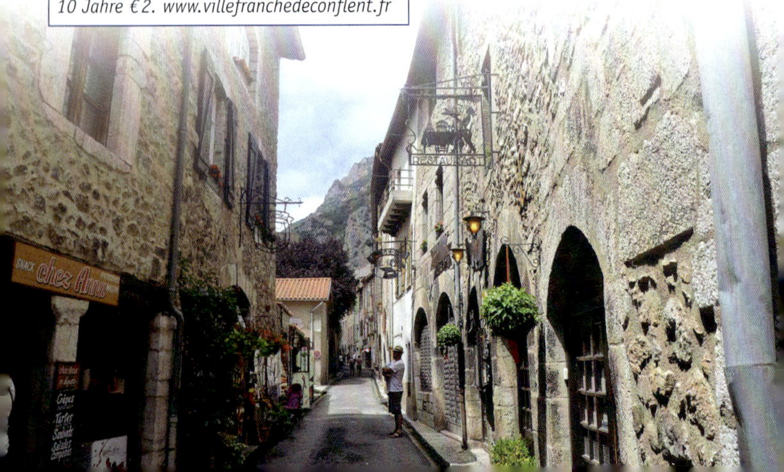

Tour 10: Aufstieg zum Kloster

Von Casteil zur Abbaye Saint-Martin du Canigou

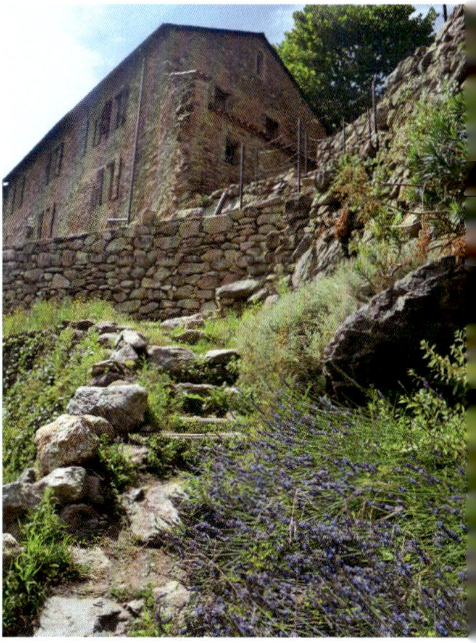

Am Hang des Canigou, des höchsten Berges der Region, wächst das alte Kloster Saint-Martin förmlich aus dem Fels. Auch heute ist es nur zu Fuß zu erreichen – oder mit einem der Jeep-Taxis, deren Fahrer unerschrocken durch die engen Serpentinen hinaufturnen.

270 m

STRECKE 3,5 km

1 h 45

ab 6

Wanderung: Vom Parkplatz am Ortseingang spazieren wir zunächst die Straße hinauf, bis links eine Gasse zwischen die Häuser führt. Sie endet an einer **Querstraße** ①. Links hinauf geht es zum beschilderten Hauptweg. Er ist durchgängig asphaltiert, da dort auch die kleinen Jeeps der Navette hinaufdüsen, bietet aber besonders schöne Blicke über das Tal. Hier kommen wir später wieder herunter.

Zum Aufstieg wählen wir sozusagen die Hintertür und wandern auf einem minimal längeren Waldpfad zur Abtei hinauf. Dazu gehen wir an der Kreuzung rechts und biegen dann links in die nächste Straße ein. Sie führt zu einem kleinen **Parkplatz am Ortsrand** ②. In der Kurve gehen wir die Betonrampe zu einem Haus hinauf. Oben beginnt ein Waldweg und gut 100 Meter wei-

TOUREN-STECKBRIEF

Anfahrt: Von Vernet-les-Bains der schmalen Straße nach Casteil folgen. Schattiger Parkplatz links vor dem Ort bei **GPS N 42°31'58.6", E 2°23'32.7"**.
Öffnungszeiten des Klosters: Besichtigung nur mit Führung. Juni bis September täglich 10 – 17 Uhr jeweils zur vollen Stunde, Sonntag eingeschränkt. Februar bis Mai und Oktober bis Dezember nur Di bis So 10 – 16 Uhr, Sonntag 12.30 Uhr statt 11 Uhr. € 6. www.stmartinducanigou.org
Charakter: Aufstieg auf einem steilen, bei Nässe schnell rutschigen Waldpfad, hinab geht es dann auf einem schmalen, asphaltierten Fahrweg mit hinreißendem Bergblick.
Markierung: Aufstieg gelb-weiß.
Mit Kindern: Technisch unkompliziert aber das Ziel ist für Kinder nicht ganz so spannend.
Einkehr: Eis oben am Kiosk.
Unterkunft:
Hotel: La Mirabelle, Maison 225 Prades.
Camping: Domaine Saint Martin.
Wohnmobil: Kostenloser Stellplatz für 5 Mobile am Ortseingang rechts bei GPS N 42°31'59.9", E 2°23'31.4".
In der Nähe: Wildtierpark in Casteil.

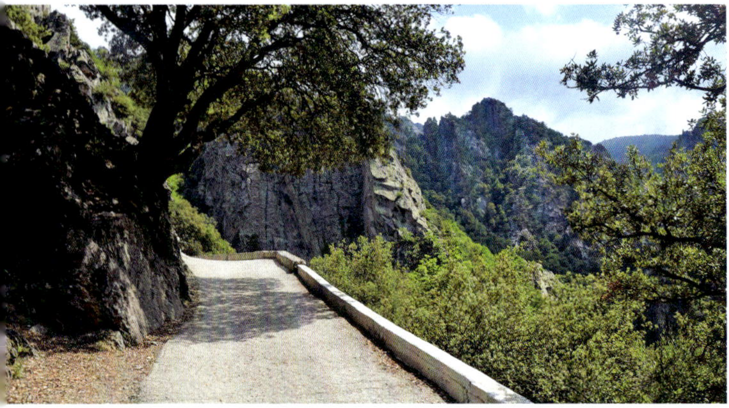

ter zweigt links ein **Waldpfad** ab, der mit »Abbaye Saint-Martin« beschildert ist. Er ist gelb-weiß markiert und führt von hier aus in Serpentinen durch den Wald bergauf. Man sieht das Kloster bereits kurz vor dem Ziel weit oben an der Felswand kleben.

Wer das **Kloster** ④ besichtigen möchte, muss jetzt rechts zum Ticketoffice. Von hier lohnt unbedingt der Abstecher zum **Aussichtspunkt** ⑤ mit Picknicktisch an einer kleinen Kapelle.

Dann spazieren wir auf dem schmalen Asphaltweg wieder hinunter. Auf halber Strecke treffen wir auf die **Kapelle Saint-Martin-le-Vieux** ⑥, hinter der sich ein weiterer schöner Platz mit Picknicktisch versteckt. Unten im Dorf angekommen, biegen wir rechts in die bereits bekannte Straße ein und stehen kurz darauf wieder am Parkplatz.

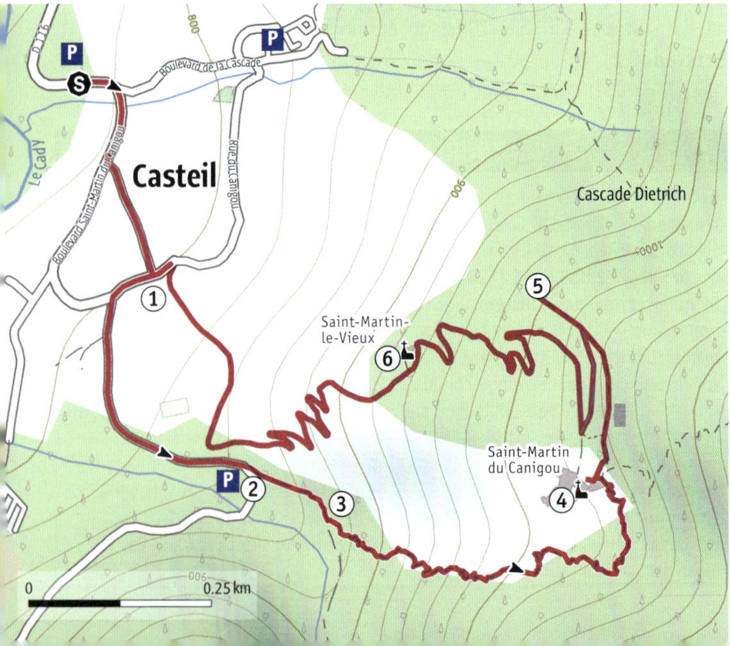

Saint-Martin du Canígou

Das Kloster liegt auf gut 100 Metern Höhe und ist in den felsigen Westhang des 2000 Meter hohen Pic de Canígou gebaut. In den Hang ist dabei wörtlich zu nehmen, das Kloster wächst förmlich aus dem Felsen, was einen guten Teil seines optischen Reizes ausmacht. Mit dem Bau der Kirche wurde 997 begonnen und im November 1009 wurde das Kloster geweiht. Seine Blütezeit erlebte es im 11. und 12. Jahrhundert. Dann verließen die muslimischen Mauren Spanien und viele Bewohner der Bergregionen, die einst vor den Mauren hierher geflohen waren, kehrten in ihre Heimatorte in den Ebenen zurück.

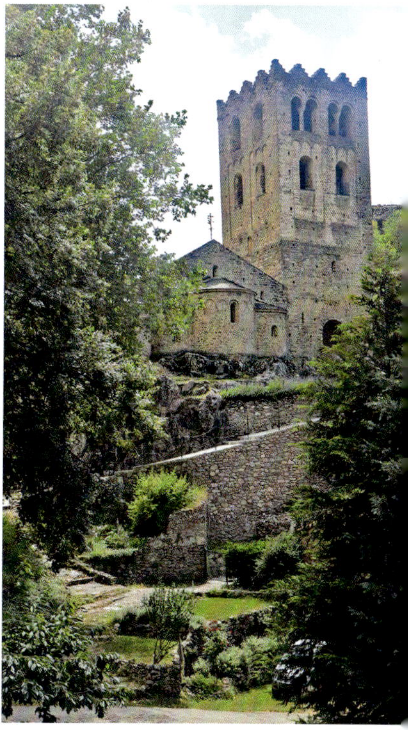

Das Kloster existierte mit Unterbrechungen bis 1781 und wurde dann geschlossen. Die wenigen Mönche, die auf dem Berg ausgeharrt hatten, kehrten ins weltliche Leben zurück. Das Klostergebäude verfiel und wurde zur romantischen Ruine, die 1902 den Bischof von Perpignan so faszinierte, dass er sie kaufte und mit dem Wiederaufbau begann. Denkmalschutz war dabei nicht die allererste Priorität, denn das wiederhergestellte Gebäude sollte genutzt werden und brauchte als Exerzitium vor allem auch Unterkünfte für die Teilnehmer.

Das Kloster ist heute also nicht mehr so ganz im Originalzustand, beeindruckt aber schon durch seine ungewöhnliche Lage. Besonders bemerkenswert sind ansonsten die Kapitelle der Säulen im alten Teil des Kreuzganges. Auch ein längerer Aufenthalt ist hier möglich. Saint Martin ist auch heute noch ein Ort der Exerzitien. Nach Anmel (4) dung ist es für getaufte Christen möglich, für zwei bis sechs Tage mit den Mönchen zu leben, zu beten und zu arbeiten.

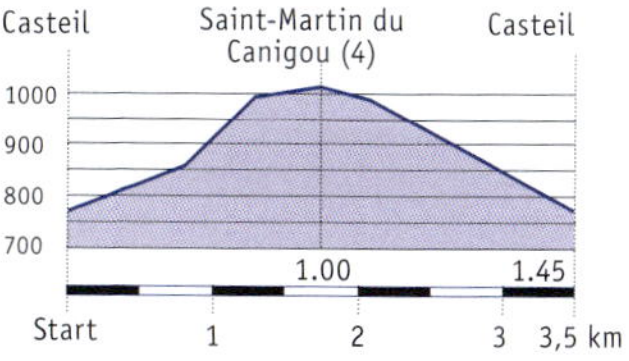

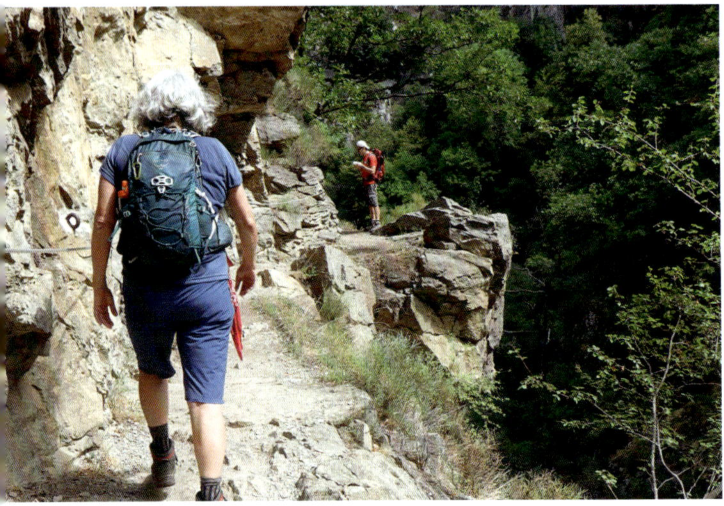

516 m

STRECKE

5,5 km

3 h

ab 10

Tour 11: Gorges de la Carança

Auf dem Felsenweg hoch über der Schlucht

Die spektakulär in den Fels geschlagenen Galeriewege, in Frankreich Corniche genannt und in Spanien als Faya bezeichnet, gibt es in den Pyrenäen häufiger. Die Corniche durch die Gorges de la Carança ist eher kurz und optimal für einen ersten Selbstversuch geeignet. Zusätzlich ist der Weg mit einer lustigen Hängebrücke und einigen luftigen Stegen über dem Bach gewürzt und so auch gerade recht für junge, abenteuerlustige Wandernde.

Wanderung: Vom Parkplatz geht es hinauf zur weithin sichtbaren Brücke der Bahnstrecke und durch ein **Felsentor** direkt in die Schlucht. Die Wände ragen steil auf und der Weg führt erst einmal ziemlich eben bis zu einer **Brücke** ①. Wir überqueren den Fluss nicht und wählen für den Hinweg den Wanderweg am linken Ufer. Die spektakuläre, in den Fels geschlagene Corniche sparen wir uns für den Rückweg auf.

Hinter der Brücke beginnt unser Pfad zu steigen. In Serpentinen geht es den Hang hinauf und bald erhaschen wir den ersten Blick auf den über uns in die Felsen geschlagenen Rückweg, der hinterher viel bequemer zu laufen ist als unser Aufstiegsweg auf der linken Seite. Kaum sind wir dort oben angelangt, geht es auch schon wieder hinunter. Dabei sind einige ausgesetzte Stellen mit Seilsicherung zu überwinden und auch Felsen zu überklettern. Dann geht es nur noch bergab und wir erreichen den **Fluss** ②. Hier teilt sich der Weg: Rechts geht es zur Corniche

TOUREN-STECKBRIEF

Anfahrt: Am Ortseingang von Thuès-entre-Valls rechts der Ausschilderung zum kostenpflichtigen Wanderparkplatz Carança bei **GPS N 42°31'21.1", E 2°13'18.8"**, durch schmale und steil aufwärts führende Straßen zwischen den Häusern folgen.

Charakter: Nur für schwindelfreie und trittsichere Wanderer! Wanderschuhe sind unbedingt notwendig, Stöcke sind beim Abstieg nützlich, auf der Corniche aber, selbst am Rucksack befestigt, wegen der niedrigen Felsen im Weg.

Mit Kindern: Nur mit wandererprobten, trittsicheren Kindern ab 10 Jahre.

Einkehr: Snack-Bar am Parkplatz.

Unterkunft:
Hotel: Chambre d'Hôtes l'Ancienne Poste.
Camping: Mas de Lastourg.
Wohnmobil: Schöner Stellplatz im oberen Bereich des Wanderparkplatzes, April bis Oktober.

In der Nähe: Der Parkplatz ist Haltestelle der Schmalspurbahn Petit Train Jaune.

und zurück zum Parkplatz, links führt ein Pfad am und über dem Fluss weiter hinauf. Läuft man ein Stück in diese Richtung, trifft man bald auf die erste **Metallleiter**. Dann geht es auf einem schmalen Metallsteg weiter. Rechts am Fels gibt es ein Seil, links geht es hinunter. Dann folgt die erste Flussüberquerung auf einer **Hängebrücke** ②, die nicht nur so aussieht, als würde sie schaukeln. Das Ganze erinnert ein bisschen an Hochseilgarten light und geht noch eine Weile

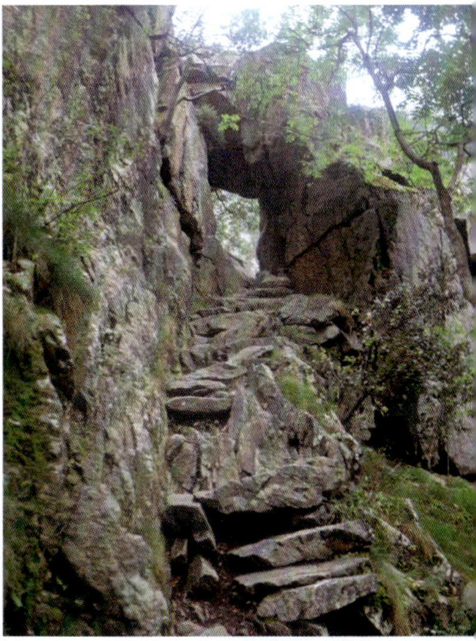

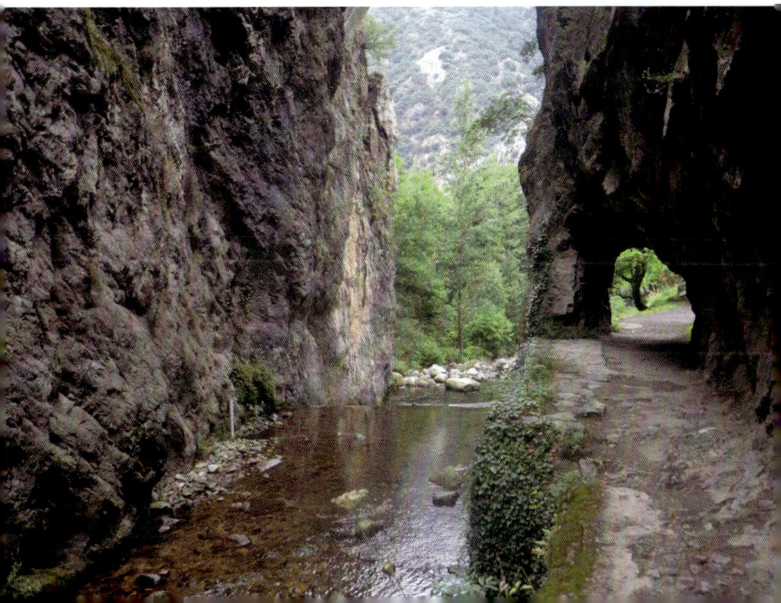

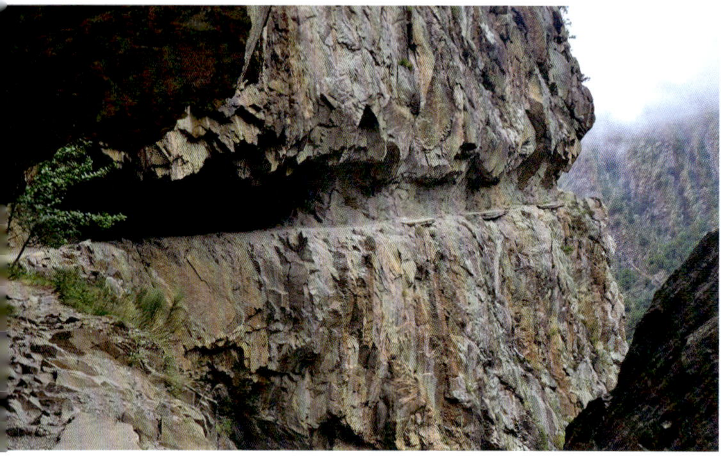

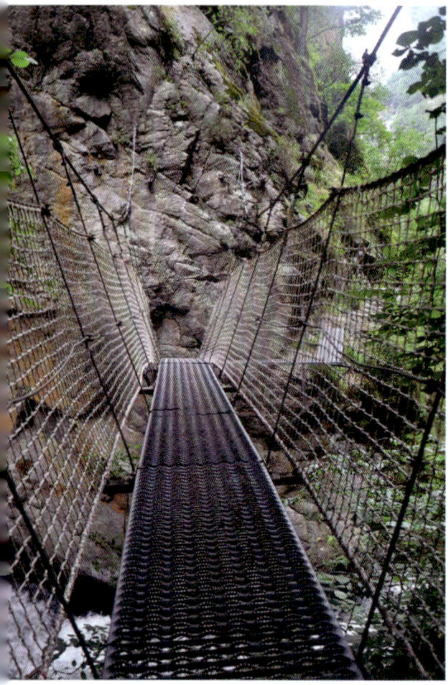

so weiter. Wer noch gute sechs Kilometer am Bach hinaufsteigt, kommt zur Refuge de la Carança, die am GR 10 liegt. Wir drehen hier um, kehren zur Kreuzung zurück und sind jetzt schon gut auf die Überquerung der nächsten **Seilbrücke** ④ vorbereitet, denn auch auf dem Weg zur Corniche ist eine zu überwinden. Wer langsam und immer schön in der Mitte läuft schaukelt am wenigsten. Auf der anderen Brückenseite führt eine Metallleiter hinunter. Dann geht es direkt am Gebäude eines Stauwehres entlang auf einen letzten Metallsteg.

Danach ist unser Weg zuerst kurzzeitig ein ganz normaler **Waldweg** am Hang bis der spektakuläre **Felsenabschnitt** ④ folgt. An der Felsseite gibt ein durchlaufendes Seil mental Sicherheit, das man auf dem weitgehend ebenen Weg eigentlich nicht braucht. Wenn es schwierig wird, schauen Sie einfach auf den Boden und geradeaus, konzentrieren sich auf den Weg und sehen nicht hinunter. Schon bald ist die Galerie zu Ende und die Corniche mutiert wieder zu einem Waldweg.

Die nächste **Kreuzung** ⑥ fordert dann eine Entscheidung. Rechts geht es steil hinunter zum Fluss und auf den bekannten, aber auch besonders schönen Hinweg am Grund der Schlucht.

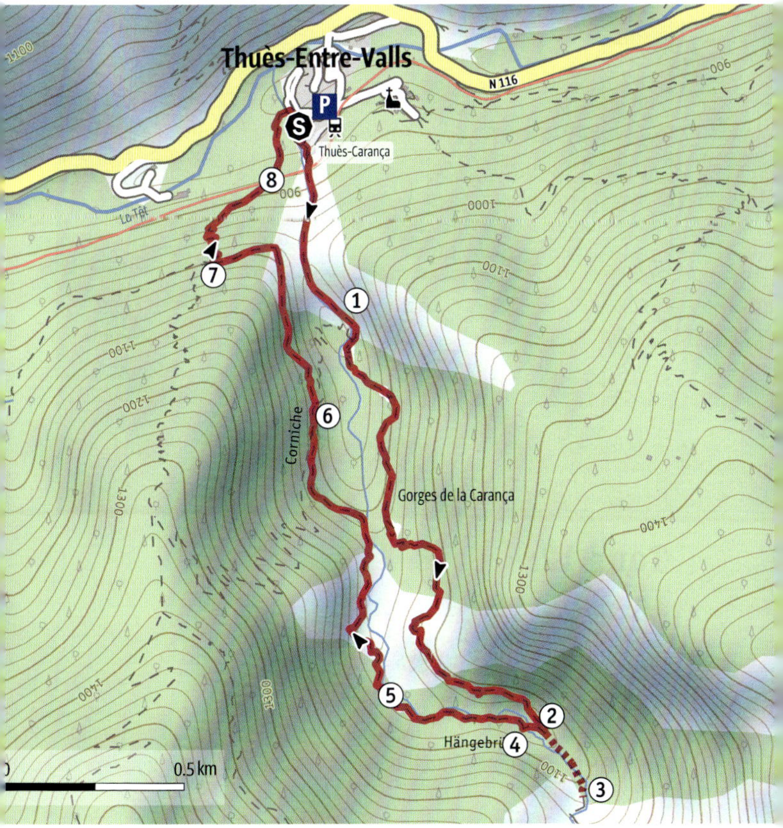

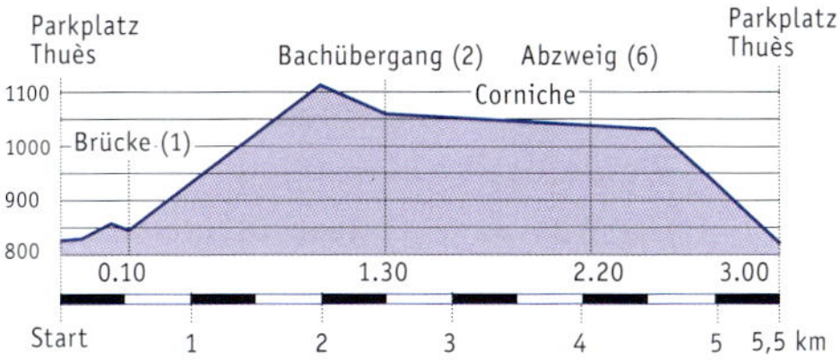

Geradeaus kommt man ebenfalls zurück zum Parkplatz. Hier folgt noch einmal ein Stück **Felsengalerie** – allerdings diesmal ohne Sicherungsseil. Der Weg bleibt breit genug und der Unterschied ist eher mental. Am Ende des Felsenwegs schauen wir ziemlich tief zum Parkplatz hinunter und fragen uns, wie man da jetzt wohl wieder hinunterkommt. Kommt man, sogar ziemlich unspektakulär. Erst einmal biegt der Weg links ab und führt weiter eben am Hang entlang. An einem **Gebäude** ⑦ geht es dann im großem Bogen rechts hinab. Der Blick fällt dabei schon auf die Straße.

Etliche Kehren später überqueren wir auf einer Brücke die **Eisenbahntrasse** ⑧ und freuen uns, wenn gerade das Pfeifen des Train Jaune zu hören ist. Wenig später stehen wir wieder am Parkplatz. Diese Variante ist ein bisschen länger als der direkte Abstieg in die Schlucht, verlängert aber das Corniche-Erlebnis.

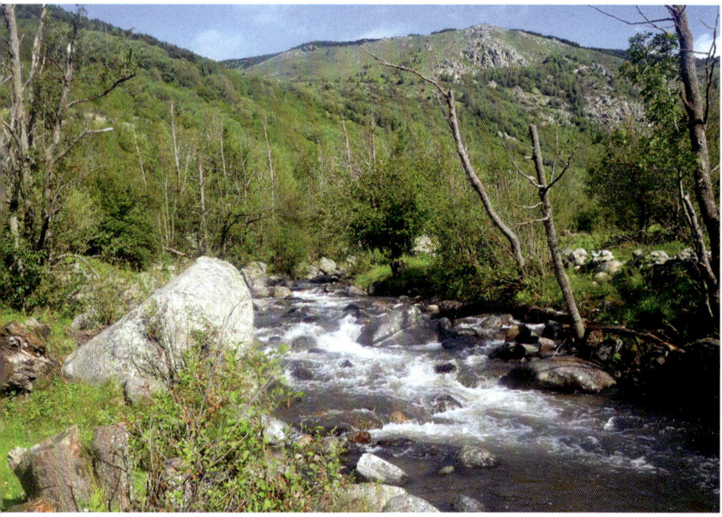

220 m

STRECKE 6,5 km

2 h 30

ab 6

Tour 12: Im Tal der Angoustrine

Grüne Berge und ein plätschernder Bach

Der Rundweg durch das liebliche Bachtal ist nicht spektakulär, führt aber durch eine stille, üppig grüne Landschaft und zu schönen Plätzen am Bach vor einer sanften Bergkulisse.

Wanderung: Vom Parkplatz folgen wir dem gelb markierten Fahrweg, der oberhalb des Flusses sanft ansteigend ins Tal führt. Nach einer knappen Viertelstunde kommen wir zu einem **Weiderost** im Boden und zum Beginn des Naturschutzgebietes. Der Weg ist jetzt geschottert, aber immer noch bequem zu laufen. Ein **Abzweig** ① nach rechts geht zum Fluss hinunter, der

TOUREN-STECKBRIEF

Anfahrt: Von Puigcerda kommend ist die Zufahrt zum Tal im Ort Angoustrine mit einem großen braunen Schild und dem Hinweis »1ière à gauche« (erste Straße links) beschildert. An der darauf folgenden Kreuzung steht kein Schild, die schmale Straße ist aber trotzdem richtig. Ab hier noch zwei Kilometer Zufahrt auf einer schmalen, holperigen Asphaltstraße, an deren Ende es per Spitzkehre in den Parkplatz bei **GPS N 42°29′49.0″, E 1°57′35.0″** geht.
Charakter: Hinweg ins Tal auf breitem Fahrweg, Rückweg auf schmalem, etwas zugewachsenem Pfad.
Markierung: Gelbe Farbbalken.
Mit Kindern: Sowohl der Platz an der Bachbrücke auf halbem Weg, als auch der Picknickplatz an der Kapelle eigenen sich wunderbar als Ausflugsziel mit Kindern. Proviant für ein Picknick nicht vergessen!
Unterkunft:
Hotel: L'Ancienne Auberge in Bolquere.
Camping: Camping Puigcerda.
Wohnmobil: Stellplatz Dorres.
In der Nähe: Hochseilgarten Roc Line.

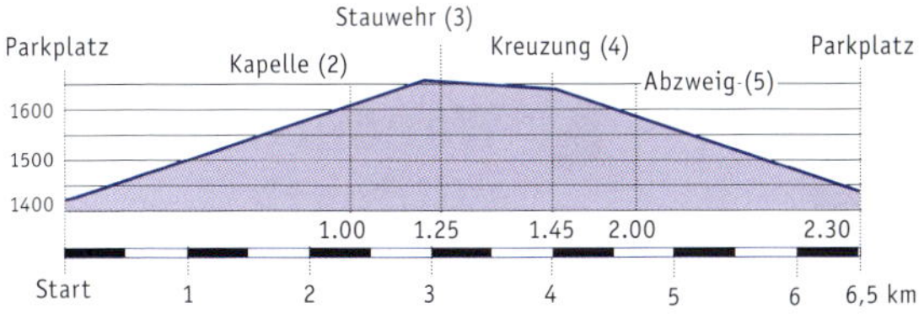

markierte Weg führt jedoch geradeaus ins Tal und steigt jetzt stärker an. Nach einem weiteren Kilometer sehen wir links eine alte **Kapelle** ②, davor befindet sich ein Picknickplatz. Wenig später überqueren wir an einem **Stauwehr** ③ mit grauem Häuschen den Fluss. Auf der anderen Seite ignorieren wir die gelbe Markierung des längeren »Chemin des Estives«, die links den Berg hinaufführt, und folgen dem breiten Weg unten am Bach.

Der Weg steigt an und entfernt sich vom Bach. An der nächsten **Kreuzung** ④ geht es rechts hinab und wenig später, kurz bevor wir den Fluss erreichen, zweigt links ein schmaler, mit einem gelben Wanderer **markierter Weg** ⑤ ab, der aber inzwischen streckenweise leicht zugewachsen ist. Er führt zur **Holzhütte des Parcours Aventure** ⑥ und von dort aus zurück zum Parkplatz.

Einfacher zu finden ist der Weg, der bei ⑤ geradeaus weitergeht. Wir überqueren dann den Bach auf einer Brücke, treffen kurz darauf wieder auf den Hinweg und folgen ihm nach links zurück zum Parkplatz.

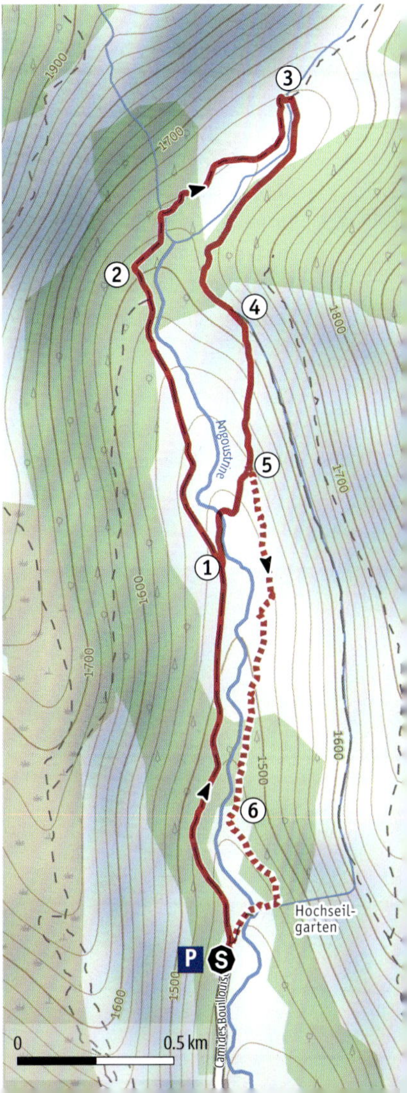

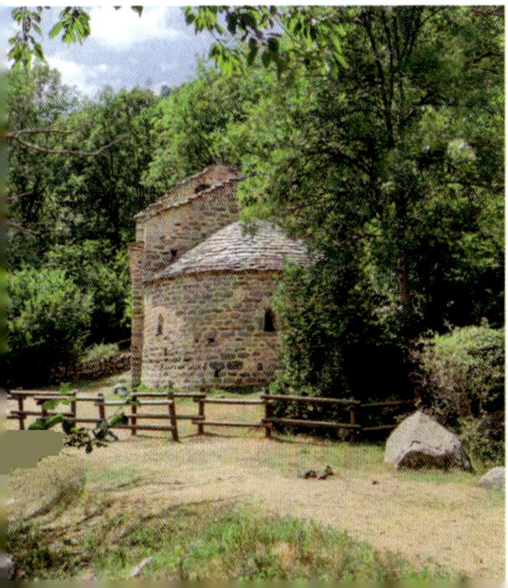

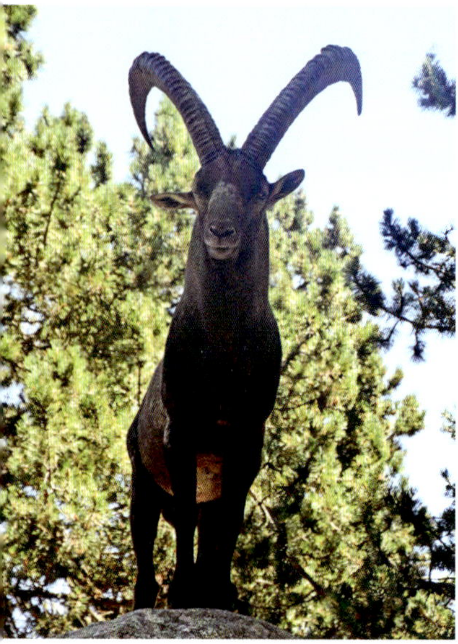

Tour 13: Wandern im Wildpark

Steinbock, Gams und Bär im Wildpark von Les Anglès

Fast alle in den Pyrenäen heimischen Wildtiere kann man im »Parc animalier« kennenlernen. Den ungefährlichen Pyrenäentieren kommen wir bei einem Besuch sogar ganz nahe. Der vier Kilometer lange Waldpfad durch den Park führt nämlich durch die Gehege von Steinwild, Mufflon und Gämsen.

100 m
STRECKE 4 km
1 h 30
ab 4

Braunbär, Wolf, Fuchs, Bison, Wildschwein, Rot- und Damwild, Steinbock, Gams, Mufflon und Murmeltier leben in großen, naturnahen Gehegen. So kann es schon mal passieren, dass man hinter einem Zaun oder von einer der hölzernen Aussichtsplattformen nur Bäume und Gestrüpp erspähen kann. Die Tiere danken die guten Lebensbedingungen mit regelmäßigem Nachwuchs.

Der Rundweg: Wir gehen am Eingang rechts auf den langen Rundweg und kommen zuerst zum Gehege von Mufflon, Steinbock und Gämsen – an allen drei Gehegen führt der Weg durch ein Tor hinter den Zaun und man begegnet den Tieren ohne Gitter wie bei einem Waldspaziergang. Besonders die Steinböcke

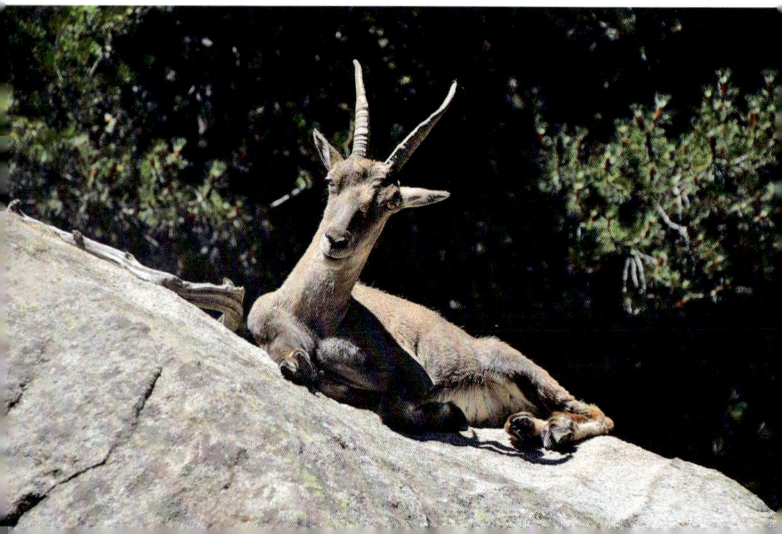

TOUREN-STECKBRIEF

Anfahrt: In Les Angles am südlichen Ortsende auf der Route de Pla del Mir zum großen Parkplatz oberhalb des Ortes bei **GPS N 42°33'48.2", E 2° 03'59.7"** hinaufkurven.

Öffnungszeiten Tierpark: Täglich 9–17 Uhr, Juli und August bis 18 Uhr, im November geschlossen. Eintritt €14, Kinder ab 4 Jahre €12. Hunde sind im Park verboten.
parc-animalier.faune-pyreneenne.fr

Ausrüstung: Der Weg ist weitgehend schattig, aber meist uneben und teilweise auch etwas steiler. Gute Schuhe mit rutschfesten Sohlen, eine Flasche Wasser und vielleicht auch ein Picknick mitnehmen.

Charakter: Schmaler Waldpfad mit deutlichen Höhenunterschieden, der teilweise durch die Gehege führt.

Mit Kindern: Perfektes Kinderziel, um Wandern mit dem Beobachten von heimischen Tieren zu verbinden.

Einkehr: Keine.

Unterkunft:
Hotel: L'Ancienne Auberge in Bolquere.
Camping: Lac de Matemale.
Wohnmobil: Gebührenpflichtiger Stellplatz mit Stromsäulen im rechten Bereich des Parkplatzes.

In der Nähe: Badestrand am Lac de Matemale.

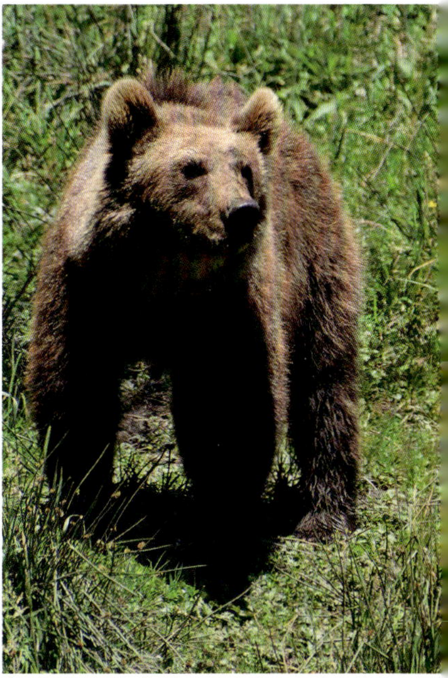

sind an Besucher gewöhnt und beobachten von ihren Aussichtsplätzen auf den großen Steinblöcken die vorbei spazierenden Menschen interessiert und selbstbewusst. Gämsen und Mufflons sind eher scheu und man muss sich vorsichtig nähern, damit sie sich nicht in den Wald verdrücken. Die Besucher dürfen den Pfad nicht verlassen, die Tiere können sich also jederzeit zurückziehen.

Hinter dem Steinbockgehege schlägt der Weg einen Bogen durch den Wald hinunter. Rechts übersieht man hier leicht das Gehege der Murmeltiere, dann folgt links die Aussichtsplattform, von der man im Wald nach Wölfen Ausschau halten kann. Leichter zu entdecken sind die Bisons auf der rechten Seite. Dann führt ein kurzer botanischer Lehrpfad in vielen Kurven ordentlich ansteigend durch den Wald hinauf zum Rotwild und zu einem letzten Höhepunkt des Besuches. Die Braunbären leben in einem tiefer liegenden Gelände, dass man vom Weg gut überblicken kann. Es ist also ziemlich sicher, dass wir den einen oder anderen zu sehen bekommen. Von hier aus sind es nur noch wenige Schritte bis zum Ausgang.

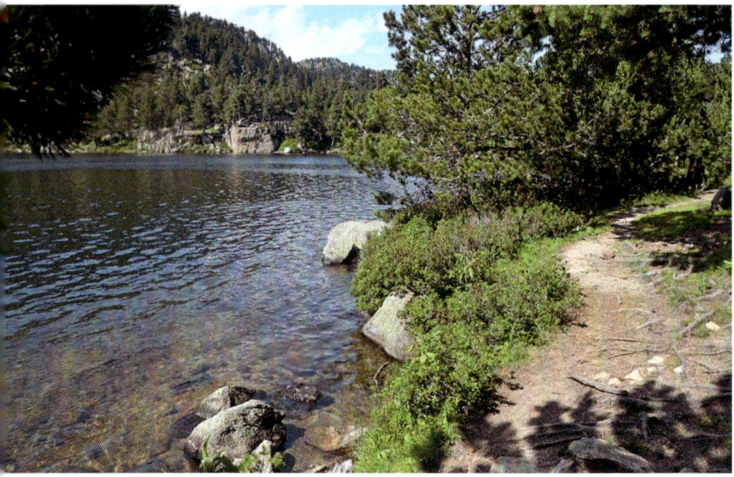

350 m

STRECKE 11,5 km

4 h

ab 8

Tour 14: Von See zu See

Auf dem Sentier des Trois Lacs

Jeder der drei Seen am Rundweg ist ein wenig anders im Charakter und auch der Weg ist besonders abwechslungsreich: Mal geht es durch den Wald, steil bergauf und wieder hinunter, mal gemütlich am Seeufer entlang. Später laufen wir über eine Hochebene, auf der Kühe und Pferde grasen und die in ihrer Weite fast ein wenig an Kanada erinnert. Kaum zu glauben, dass so viele Eindrücke in eine kurze Wanderrunde passen.

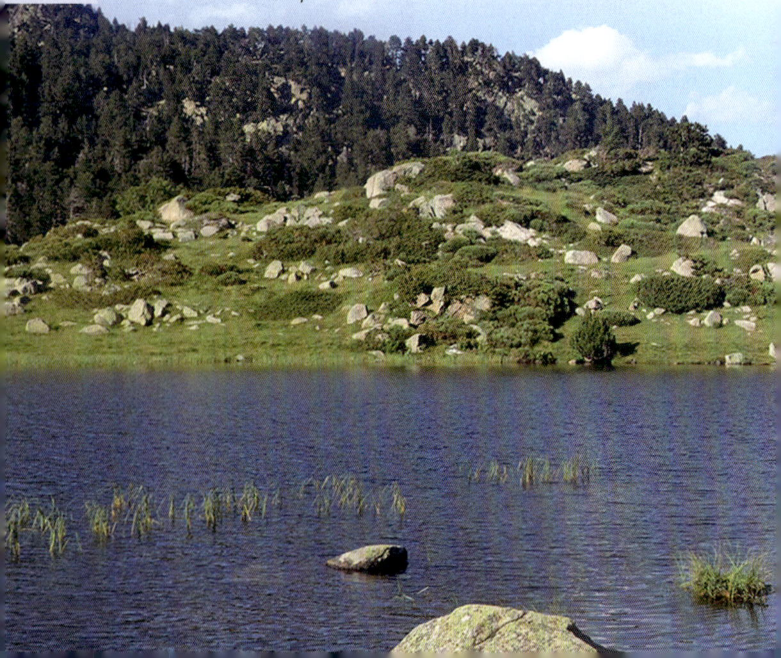

Wanderung: Vom Wanderparkplatz an der Bergbahn Belvedère folgen wir dem an der Station beginnenden Wanderweg in Richtung Bouillouses. Der Weg ist durchgängig **gelb markiert**. Auf einem breiten Schotterweg geht es mit guter Aussicht zuerst eben und dann steil bergab gut voran. Unter der **Trasse eines Sesselliftes** hindurch kommen wir dann zum **Beginn eines Pfades** ①, der links in den Wald abbiegt.

Über Stock und Stein geht es weiter hinunter und durch das Bett zweier kleiner **Bäche**. Dann steigt der Weg wieder an und trifft wenig später auf eine breite **Schneise** ②, die wir links weiter hinaufsteigen. An der Kreuzung lohnt ein Blick zurück, damit wir hier später unseren Rückweg finden. Jetzt geht es erstmal steil bergauf, was auf dem breiten Weg nicht ganz so viel Spaß macht.

TOUREN-STECKBRIEF

Anfahrt: Am östlichen Ortsende des Skiortes Font Romeu führt von einem Kreisel mit Gämsen die Zufahrt zu mehreren Skiliften hinauf. Wir folgen der Straße vorbei an einem Picknickplatz zum Parkplatz der ersten Seilbahn und wählen dort an der Gabelung die rechte Straße. Sie endet am Skilift Belvedere auf einem großen Parkplatz bei **GPS N 42°32'00.6", E 2°02'32.3"**.
Charakter: Steiler Aufstieg zum ersten See, teilweise auf einer breiten Schneise, dann schmaler, anspruchsvoller Waldpfad mit einigen felsigen Stellen und Blocksteinen und kurzen steilen Aufstiegen. Landschaftlich sehr abwechslungsreich. Baden ist in den Seen verboten.
Markierung: Gelbe Farbbalken.
Mit Kindern: Die Tour lässt sich gut kürzen, indem wir mit dem Bus (Juli und August) oder mit dem PKW zum Lac des Bouillouses fahren. So läuft man nur den schönsten Teil der Runde und spart sich die Hälfte der Strecke sowie gut 200 Höhenmeter. Spannende Wege mit vielen Kraxelstellen (dann ab 6 Jahren).
Einkehr: Picknick mitnehmen.
Unterkunft:
Hotel: Hotel Les Bones Hores, Auberge de Carlit.
Camping: Camping les Bouillouses.
Wohnmobil: Übernachtung auf dem Parkplatz oder weiter unten am Picknickplatz wird toleriert, offizieller Stellplatz in Mont-Louis an der Stadtmauer bei GPS N 42°30'27.4", E 2°07'23.0".
In der Nähe: Festung Mont-Louis.

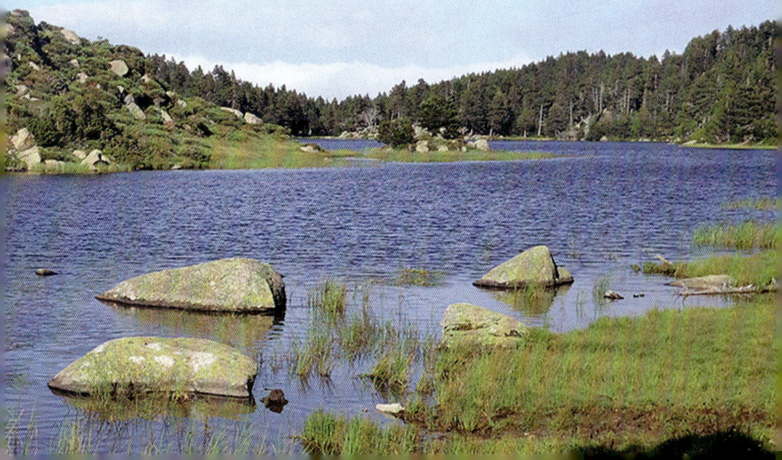

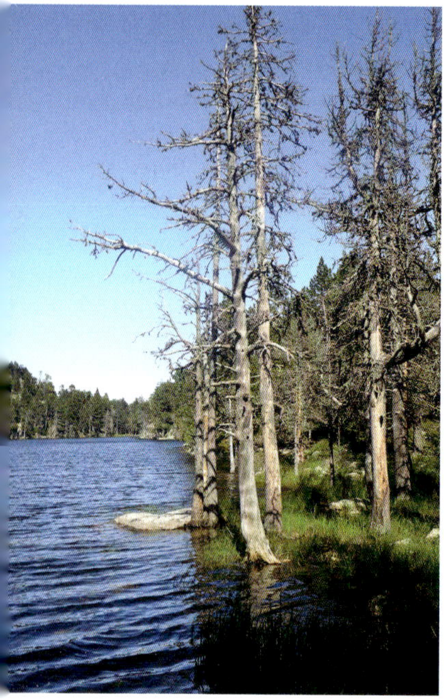

Oben angekommen, liegt vor uns der erste von drei Seen und entschädigt reichlich für die Anstrengung. Der **Étang de Pradeilles** ③ ist der größte See an der Runde und eigentlich auch der schönste, allerdings kann es hier im Sommer ganz schön voll werden. Wir können hier eine erste Pause einlegen, bevor es rechts, immer am Seeufer entlang, zu weiteren versteckten Buchten geht. Es gibt so viele schöne Plätze am Wasser, dass wir bestimmt auch einen ruhigen Platz finden, wenn hier ein bisschen mehr los ist.

Kaum haben wir das Ufer des ersten Sees verlassen, sehen wir schon den zweiten See zwischen den Bäumen hindurch glitzern. Er heißt **Estany Negre** ④ (oder étang noir) – schwarzer See. Die Wasserfläche ist umgeben von Wald und Felsen und wirkt etwas finster und geheimnisvoll. Unser Pfad führt links am Ufer weiter, ist aber schwer zu erkennen. Hier ist die **gelbe Markierung** besonders hilfreich. Wir klettern einige Zeit am See entlang und steigen dann vor einer Felswand in vielen Kehren steil hinauf. Über die Felsbarriere geht es nach links und weit unter uns liegt der dritte **See** unserer Runde. Der Pfad an seinem Ufer ist von Anfang an steinig und wird dann zeitweilig zu einem Felschaos, durch das man sich seinen Weg suchen muss. Hier ist der Weg besonders spannend, aber auch entsprechend anstrengend.

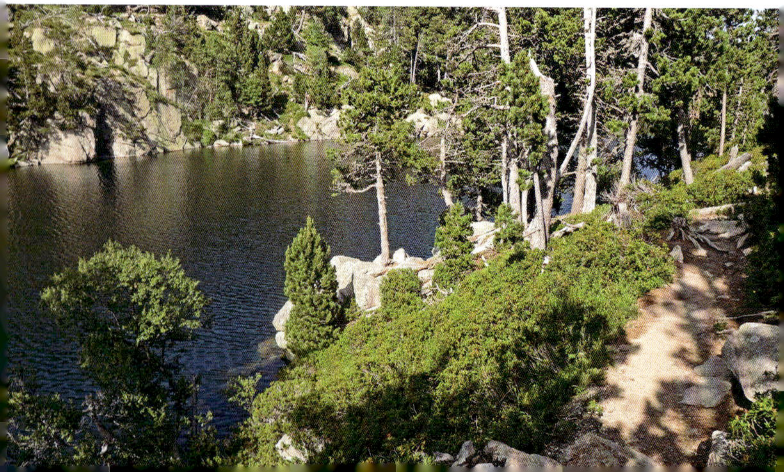

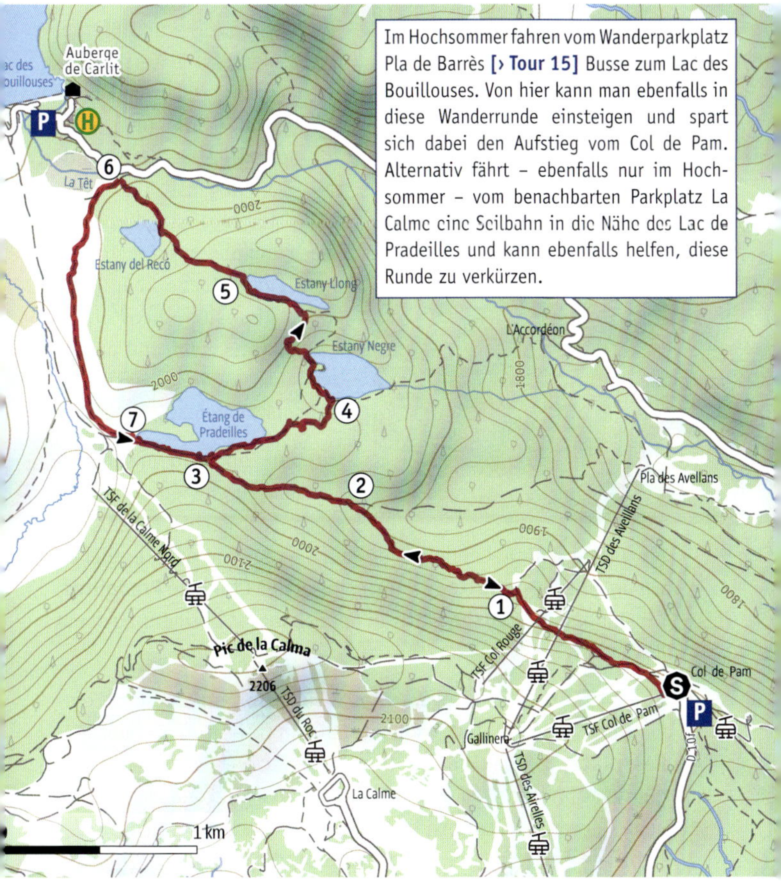

Im Hochsommer fahren vom Wanderparkplatz Pla de Barrès **[› Tour 15]** Busse zum Lac des Bouillouses. Von hier kann man ebenfalls in diese Wanderrunde einsteigen und spart sich dabei den Aufstieg vom Col de Pam. Alternativ fährt – ebenfalls nur im Hochsommer – vom benachbarten Parkplatz La Calme eine Seilbahn in die Nähe des Lac de Pradeilles und kann ebenfalls helfen, diese Runde zu verkürzen.

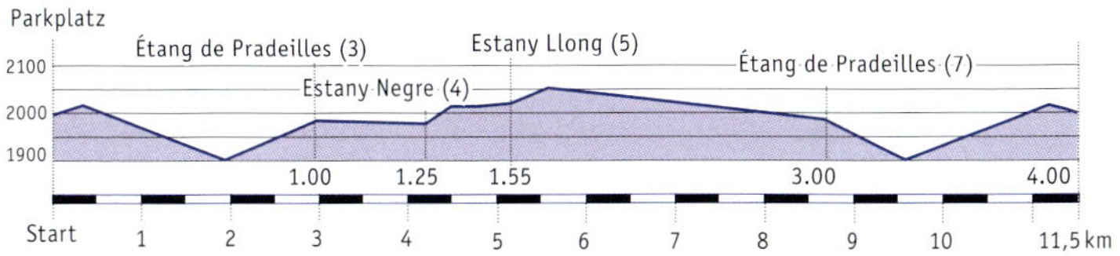

Am oberen Ende des Sees befindet sich ein **Biwakplatz** ⑤ (Übernachtung im Zelt von 19 bis 9 Uhr erlaubt). Die Markierungen führen uns jetzt von der Wiese durch dicke Steine steil hinauf. Wir suchen uns einen passierbaren Weg nach oben und befinden uns dann wieder auf einem »gesitteten« **Wanderweg**, was dafür sorgt, dass wir etwas flotter vorwärts kommen.

Es geht jetzt immer geradeaus, bis wir vor uns zwischen den Bäumen die **Straße zum Stausee** sehen. Kurz davor kommen wir an eine **Kreuzung** ⑥ und folgen dem hier links abbiegenden Weg. Er führt zuerst im Wald oberhalb eines Wasserlaufes entlang. Dann geht es hinaus in die Wiese, die mit wasserführenden Gräben durchzogen und mit dicken Steinbrocken gesprenkelt ist.

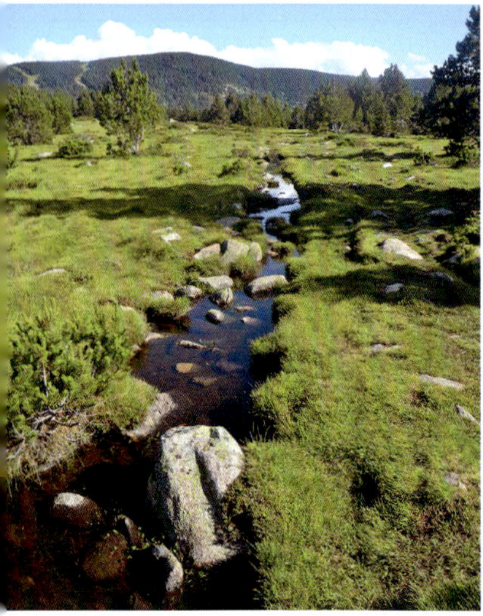

Hier weiden Kühe und Pferde. Die Szenerie ist äußerst malerisch, sodass wir vor lauter Schauen die Markierung nicht aus dem Blick verlieren sollten. Der Weg ist hier kaum mehr als eine Spur durch die Wiese und überquert mehrfach die kleinen Bäche über Trittsteine. Da sind die Markierungen (hier gelb und außerdem auch rot-weiß) noch einmal sehr hilfreich.

Mit der Zeit wird unser Weg trockener und wieder deutlich erkennbar. Rechts taucht unter uns der parallel verlaufende Fahrweg auf und dann erreichen wir an einer **Steinhütte** ⑦ noch einmal den **Étang de Pradeilles**. Der äußerst malerische Platz an der Cabane ist übrigens auch ein Biwakplatz.

Ab hier führt ein breiter Weg am Seeufer entlang und noch einmal zu idyllischen kleinen Buchten. Dann treffen wir auf unseren **Rastplatz** ③ vom Hinweg. Hier verlassen wir den See und folgen dem breiten Weg geradeaus. Wir sind jetzt auf der bereits vom Hinweg vertrauten Strecke und müssen nur noch an der richtigen Stelle rechts in den **Waldpfad** ② abbiegen. Ausgeschildert ist hier **Col du Pam**.

Bald haben wir die Talsohle erreicht und es geht noch einmal hinauf: im Wald recht sanft, auf dem dann folgenden Schotterweg unangenehm steil. Endspurt sozusagen. Die letzten Meter spazieren wird dann auf ebenem Weg zurück zum Auto.

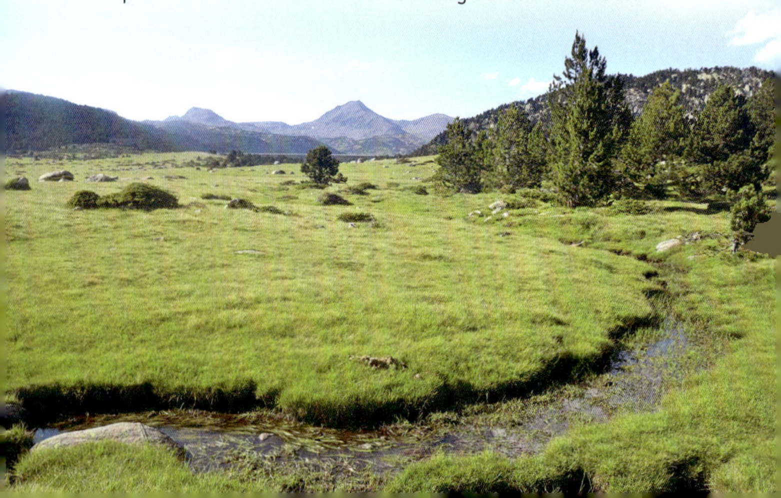

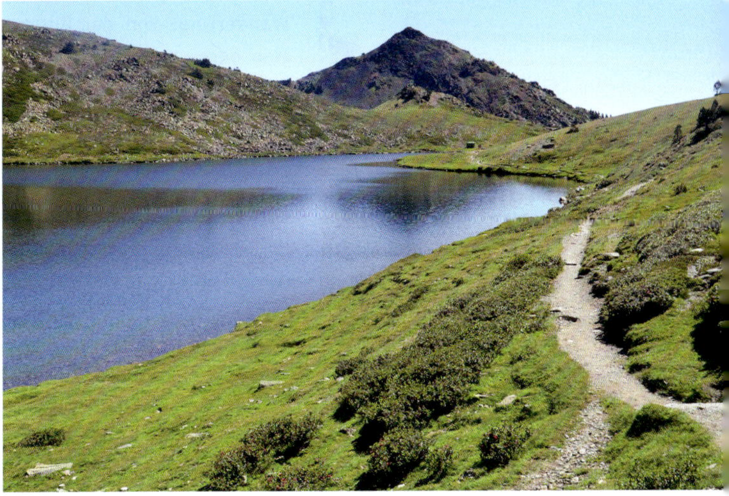

Tour 15:
Les Étangs de Carlit

350 m

STRECKE 10,5 km

4 h

ab 8

Zwölf Seen über dem Lac des Bouillouses

Zwölf Seen liegen hier so dicht beieinander, dass man nur kurz laufen muss, um von einem zum anderen zu gelangen. Die unteren Seen sind eingebettet in kleine Wäldchen und Bergwiesen, und ein Bachlauf plätschert von einem zum anderen. Die oberen drei liegen bereits über der Baumgrenze und die Landschaft ist hier noch einmal ganz anders. Dazwischen grasen Pferde und Kühe, und mehrere Biwakplätze erlauben auch eine Übernachtung im eigenen Zelt.

TOUREN-STECKBRIEF

Anfahrt: Von Mont Louis auf die D118 und gleich darauf links in Richtung Lac des Bouillouses abbiegen. Links liegt der Camping Pla de Barrès, rechts bei **GPS N 42°31'14.9", E 2°05'50.5"** ein Wanderparklatz. Im Juli und August ist die Straße nach Bouillouses für den Individualverkehr gesperrt und wird ab hier mit Shuttle-Bussen (Navette) befahren. Der Bus fährt im 15-Minuten-Takt und abends bis etwa 21 Uhr. Fahrpreis €6 für Erwachsene und €3 für Kinder. Außerhalb der Saison dürfen Sie die 11 km lange, schmale Straße bis zum Stausee mit dem PKW fahren und oben unterhalb der Staumauer parken.

Charakter: Gut markierter Rundweg von See zu See auf gut ausgebauten Wanderpfaden. Aufstieg teilweise felsig.

Markierung: Gelbe Farbbalken.

Mit Kindern: Spannender kann ein Rundweg kaum sein, sobald ein See verschwunden ist, taucht schon der nächste auf. Auf den Bergweiden grasen Pferde und Kühe. Die kürzere Runde, die die oberen drei Seen auslässt, ist auch mit Kindern ab 6 Jahren gut machbar.

Einkehr: Picknick und ausreichend Wasser mitnehmen. Einkehr nur am Start der Wanderung.

Unterkunft:
Hotel: Hotel Les Bones Hores, Auberge de Carlit am Lac des Bouillouses.
Camping: Camping les Bouillouses.
Wohnmobil: Offizieller Stellplatz in Mont-Louis an der Stadtmauer bei GPS N 42°30'27.4", E 2°07'23.0" oder Camping les Bouillouses.

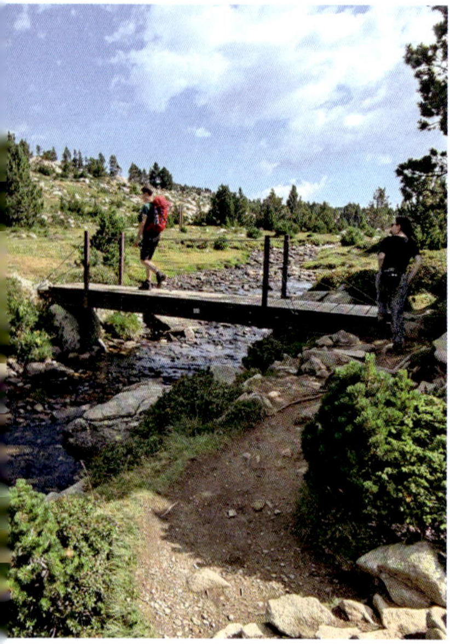

Wanderung: Von der Busstation oder vom Parkplatz spazieren wir entweder über die Mauer des Stausees oder auf der unterhalb verlaufenden Straße bis zum **Infopunkt** ①. Hier kann man nicht nur Wanderkarten kaufen, es gibt auch ein WC und Trinkwasser. Vorbei am Hotel geht es hinauf zum Einstieg unseres Weges. Hier beginnen zwei Rundwege: der kürzere »Sentier de neuf Lacs« und die längere Version mit zwölf Seen, der oberhalb des kürzeren Weges noch zu drei weiteren Seen in der kargen Region über der Baumgrenze hinaufführt. Wir beschreiben hier den langen Weg, und zwar in der entgegengesetzten Richtung. Das hat den Vorteil, dass wir zuerst einmal zügig den Aufstieg hinter uns bringen und dann auf dem Rückweg einen See nach dem anderen genießen können.

Bis wir den ersten See erreichen, sind 150 Höhenmeter zu überwinden, und so geht es jetzt erst einmal bergauf. Der Pfad windet sich durch den Wald und unterwegs überklettern wir etliche Felsstufen, bis wir nach rund 45 Minuten an einer **Kreuzung** ②

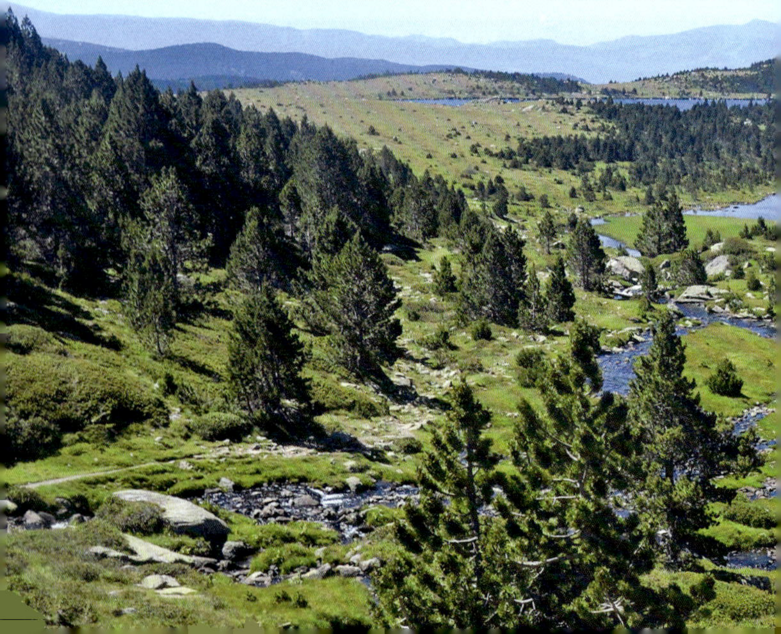

zwischen den beiden ersten Seen stehen. Die Seenrunde ist hier nach links markiert. Wir entfernen uns vom, im Sommer durchaus vorhandenen, Pulk und wenden uns zuerst rechts dem **Estany Vive** zu, der schon von weitem durch die Bäume glitzert.

Dahinter geht es erstmal wieder ein ganzes Stück bergauf, bis wir zum **Estany de la Dugues** ③ kommen, der ganz anders aussieht. Hier oben ist es schon etwas karger und ein Wasserlauf führt vom See zum unterhalb liegenden Lac Beilleul, den wir von der Brücke am Bach schon gut sehen können. Die kurze Runde führt jetzt hier links hinunter. Um zu den drei oberen Seen zu kommen, steigen wir hinter der Brücke geradeaus den Hang hinauf. Nach weiteren 100 Metern sind wir dann schon ganz oben angekommen und befinden uns jetzt über der Baumgrenze, was den Seen einen ganz anderen Charakter gibt. Die Wasserflächen liegen zwischen hellgrünen Bergkuppen und unser Weg schlängelt sich an ihren Ufern entlang. Hier oben grasen ebenfalls Kühe und Pferde.

Wir betrachten den **dritten See** von oben und treffen am Estany de Trebens auf einen **Biwakplatz** ④ mit einer grünen Schutzhütte aus Metall. Dann überqueren dann noch einmal eine **Kuppe** ⑤. Von oben sieht man weit über die untere Seenplatte und kann den jetzt folgenden Weg überblicken. Links kürzt hier ein Pfad den gelb markierten Weg ab.

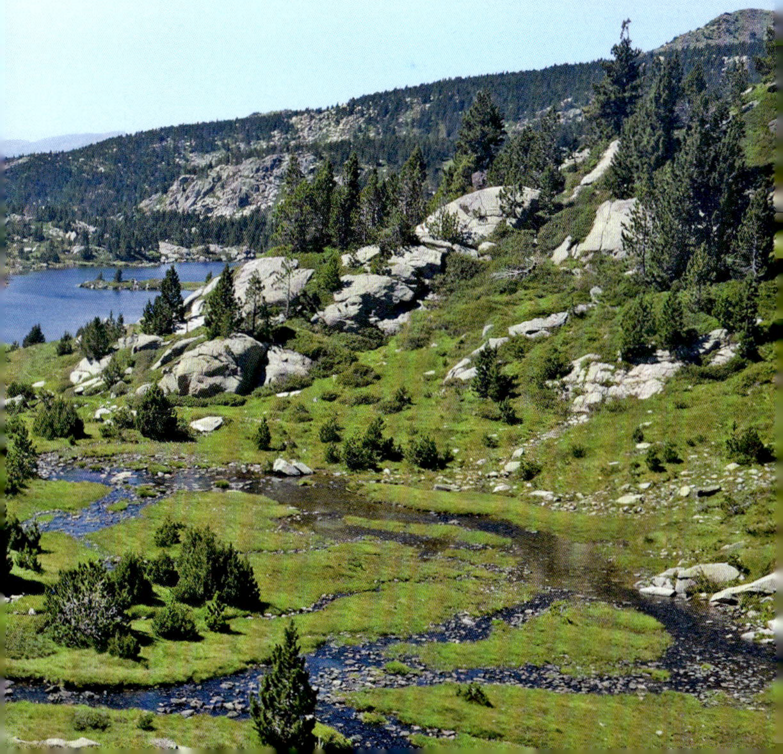

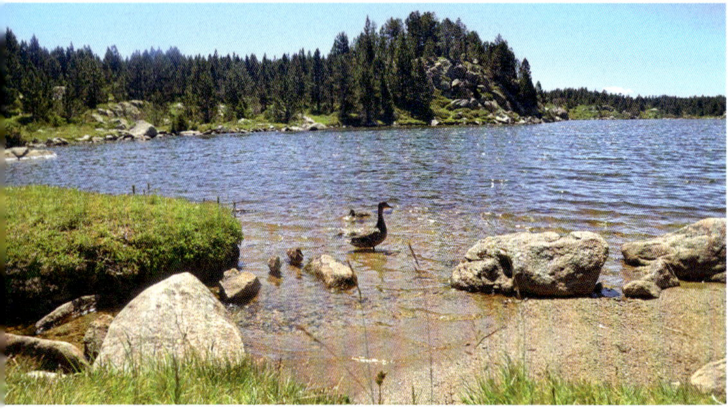

Ab jetzt geht es wieder hinunter. Gleich zum Beginn liegt ein etwas steilerer Abstieg vor uns. Er endet an einer **Brücke** ⑥ über einen munter sprudelnden Bach. Hier haben wir wieder den kurzen Seenweg erreicht und es wird entsprechend voller. Hinter der Brücke führt der markierte Weg geradeaus steil den Hang hinauf. Es gibt aber auch einen Pfad rechts am Bach hinunter. Dieser Stichweg bringt uns zum sehr schönen **Estany Llong**. Da dieser eigentlich nicht am Rundweg liegt, ist es hier auch an belebten Tagen recht ruhig und der Abstieg lohnt sich durchaus.

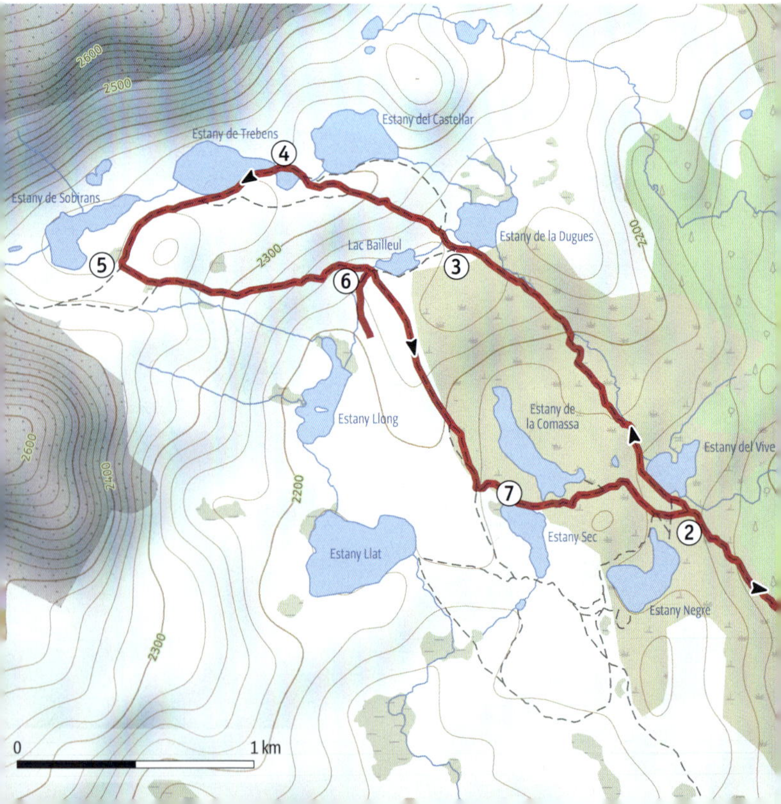

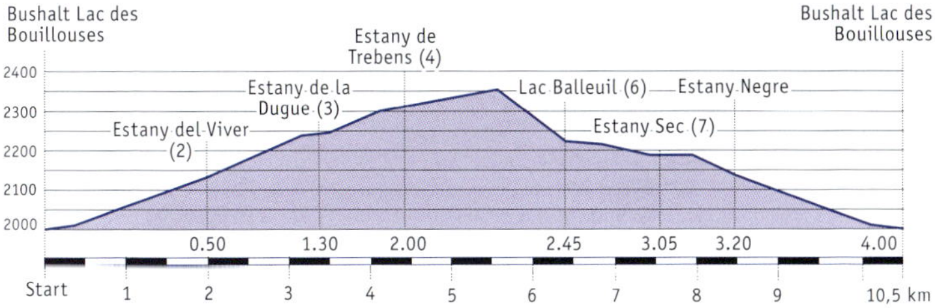

Folgen wir dem markierten Weg, geht es kurz bergauf und dann mit Blick auf die nächsten beiden Seen auf dem Bergrücken entlang. Die gelbe Markierung führt uns zwischen dem **Estany Sec** und **dem Estany de la Comassa** ⑦ hindurch. An beiden Seen gibt es schöne Rastplätze. Besonders nett fanden wir es an der Mündung des schmalen Baches in den Estany Sec. Dort gibt es einen winzigen Sandstrand, und im Bereich der Bachmündung schwammen hunderte kleiner Fische – bis eine forsche Ente sie kurzzeitig vertrieb.

Etwas später führt rechts ein Stichweg zum **Estany Negre**, an dem die Pferdeherden gerne im Schatten stehen, und dann kommen wir schon wieder zur bekannten Kreuzung. Rechts geht es nun wieder stetig abwärts bis zum Stausee.

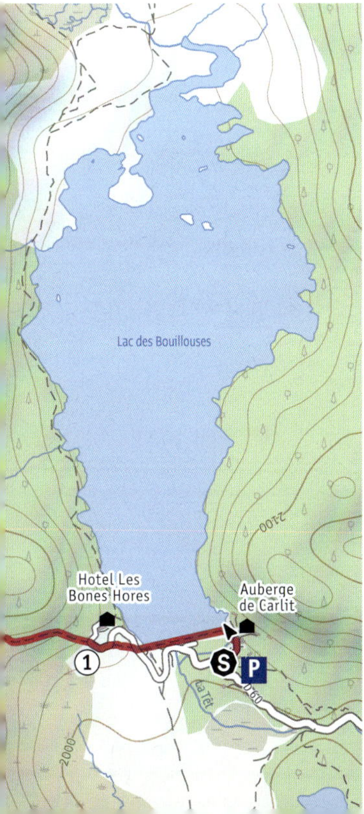

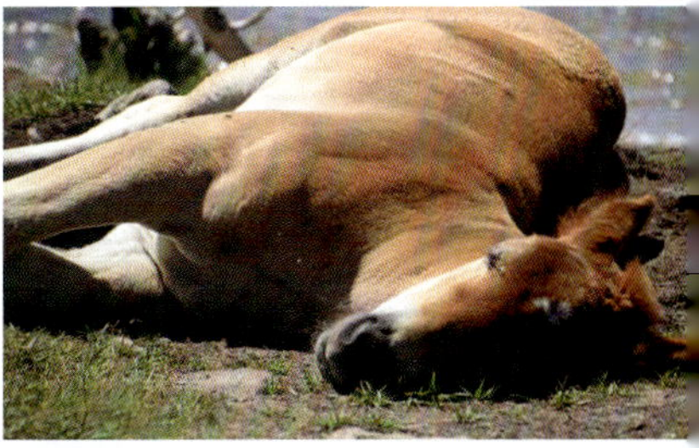

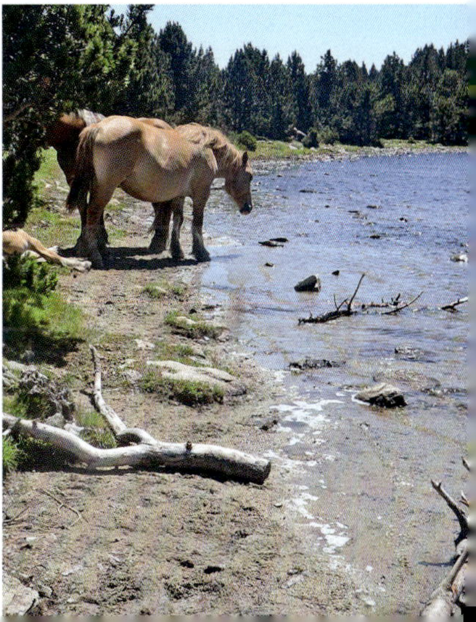

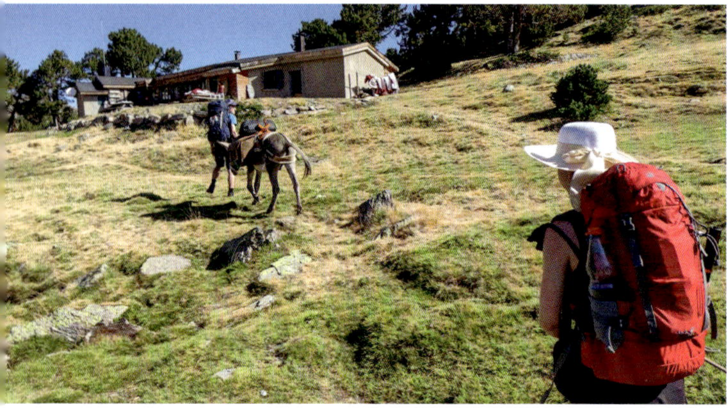

880 m

STRECKE 21,6 km

9 h

ab 10

Tour 16: Lacs des Camporells

Zweitagestour zum Biwakplatz am See

Die Seenplatte von Camporells steht den Seen rund um Bouillouses in Sachen Schönheit kaum nach. Da sie aber nur mit einer längeren Wanderung erreichbar ist, bleibt es hier oben auch im Sommer vergleichsweise ruhig. Die kleine bewirtschaftete Berghütte Refuge des Camporells ermöglicht eine Übernachtung. Am Seeufer rund um die Hütte dürfen Sie über Nacht aber auch ihr Zelt aufstellen.

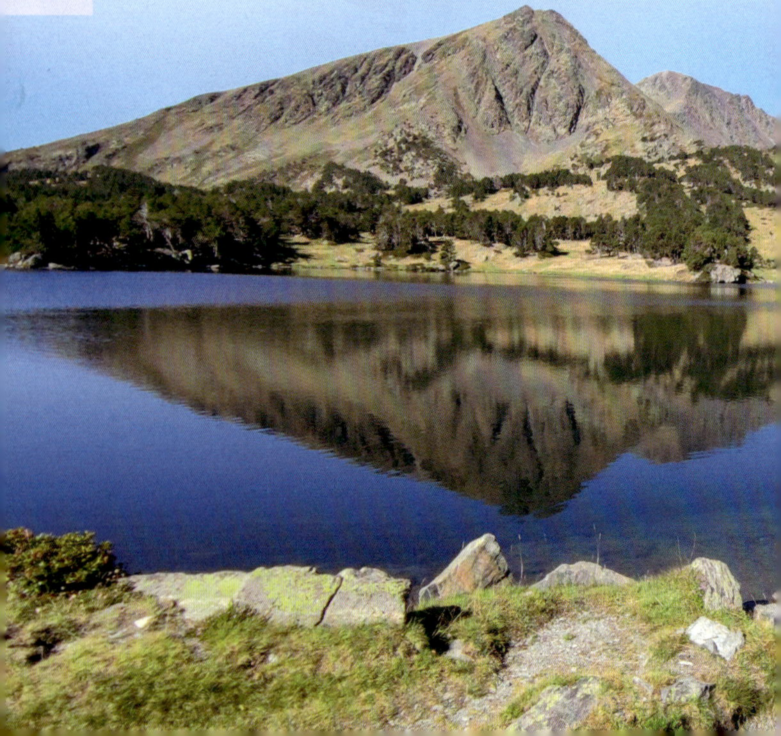

TOUREN-STECKBRIEF

Anfahrt: Von Puyvalador der schmalen D32D ins Dörfchen Esposolla folgen und im Dorfzentrum links zum Parkplatz bei **GPS N 42°37'24.5", E 2°05'46.2"** abbiegen. Die Tour lässt sich kürzen, wenn man bis zum oberen Parkplatz weiterfährt, der aber nur über einen geschotterten Waldweg erreichbar ist. Dazu fährt man vom unteren Parkplatz über die Brücke und folgt dem Schotterweg rechts in den Wald bis zum Waldparkplatz bei GPS N 42°38'05.0", E 2°03'22.5"

Charakter: Schmale steinige Wanderpfade mit einigen sehr steilen Abschnitten. Trittsicherheit erforderlich!

Markierung: Hinweg auf der gut markierten Route der Tour du Capcir (gelb-rot), Rückweg teilweise gelb markiert.

Mit Kindern: Von Esposolla kann man über einen Waldweg zum oberen Parkplatz im Galbetal fahren. Alternativ ist auch die Skistation Formiguères ein guter Ausgangspunkt, um die Wanderung zu kürzen.

Einkehr: Abendessen auf Vorbestellung (am Nachmittag) in der Refuge de Camporells.

Unterkunft:
Refuge de Camporells: 18 Plätze und 12 Plätze in Leihzelten (Pop-Up-Zelte). Nur mit vorheriger Reservierung unter refuge-camporells.com.
Biwakplatz: Mit eigenem Zelt ist die Benutzug des Biwakplatzes kostenlos. WC und Trinkwasser an der Hütte.

Wanderung: Vom Parkplatz laufen wir zurück in den Ort und folgen dem rot-gelb markierten Weg der »Tour du Capcir« durch das Tal der Galbe. An sehr heißen Tagen kann es ratsam sein, diesen ersten Abschnitt auf dem schattigeren Weg auf anderen Flussseite zu laufen. Auf beiden Seiten bleibt der Weg breit und gut befestigt bis wir den oberen **Parkplatz** ① erreichen. Hier gibt es auch eine üppig sprudelnde **Quelle**.

Hinter dem Parkplatz verhindert eine **Schranke** die Weiterfahrt von PKWs und der Weg wird langsam rauer. Rechts am Weg steht einen guten Kilometer weiter die **Cabane de la Jaceta** ② eine

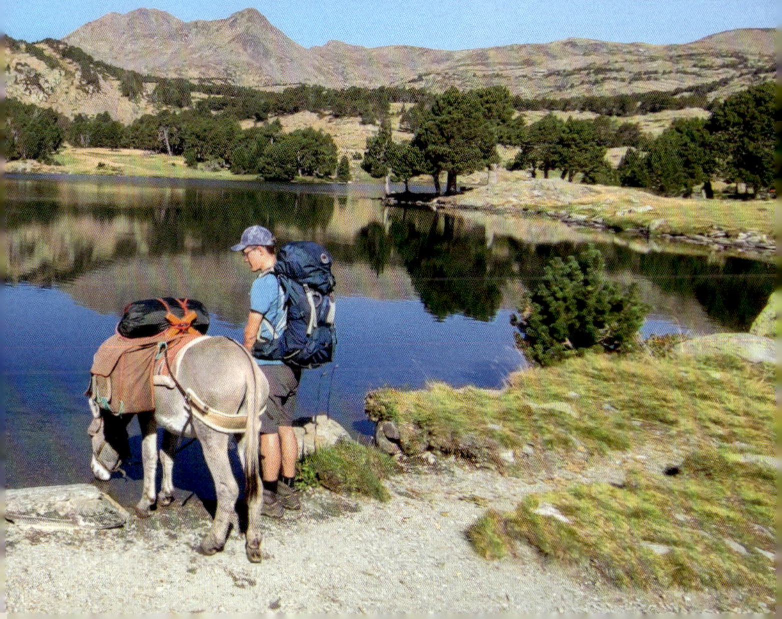

einfache Steinhütte, in der man ohne Voranmeldung übernachten kann. Ab hier führt der Weg kontinuierlich bergan. Noch einmal einen guten Kilometer weiter treffen wir auf die **Cabane de la Jaca de Llosa** ③, die etwas kleiner ausgefallen ist als die erste Hütte.

Sanft geht es weiter bergan bis zu einer ersten **Verzweigung** ④, an der wir unserer Markierung auf den linken Weg folgen. Kurz darauf überqueren wir eine Brücke. Dahinter steigt der Weg zum ersten Mal richtig steil an, bis wir eine **Hochebene** ⑤ erreichen. Hier zweigen rechts Trampelpfade ab, die zum benachbarten Bergkessel führen.

Wir halten uns links und haben jetzt einen längeren Aufstieg von gut 400 Höhenmetern vor uns. Unterbrochen wird er nur kurz von einem **malerischen Bachtal** ⑥, in dem im Sommer viele Kühe weiden. Dahinter wird es rau und felsig und wir klettern schnaufend aufwärts, bis wir den **Sattel** ⑦ oberhalb der Seen erreicht haben.

Hier halten wir uns links und folgen weiterhin dem markierten Weg über eine weite Hochebene. Bald kommt rechts unter uns der erste See in Sicht. Ein Pfad führt hinunter zu seinem Ufer und zu besonders schönen **Rastplätzen** ⑧.

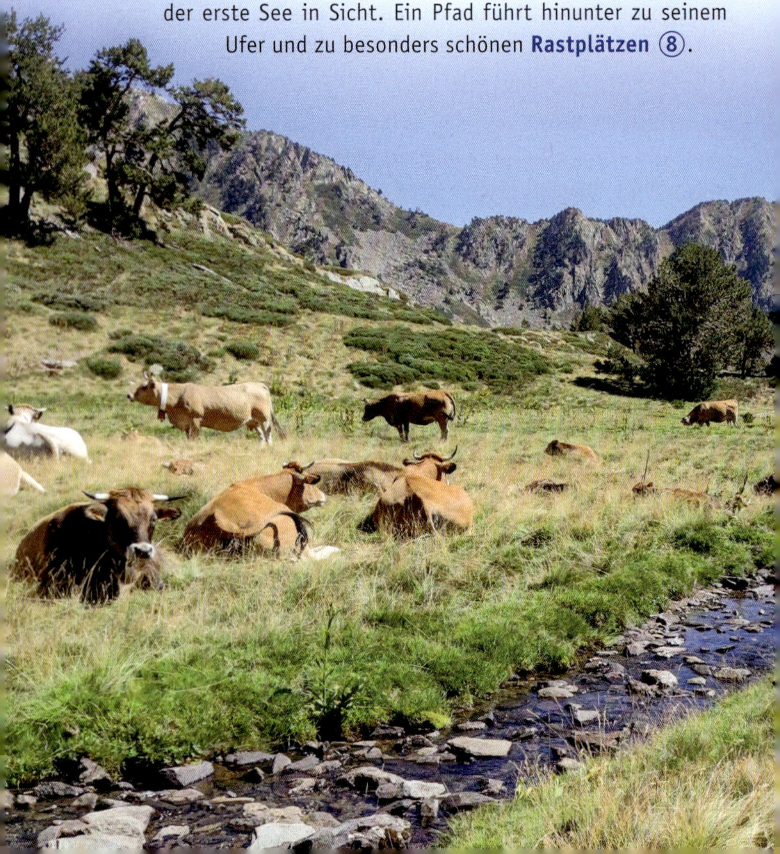

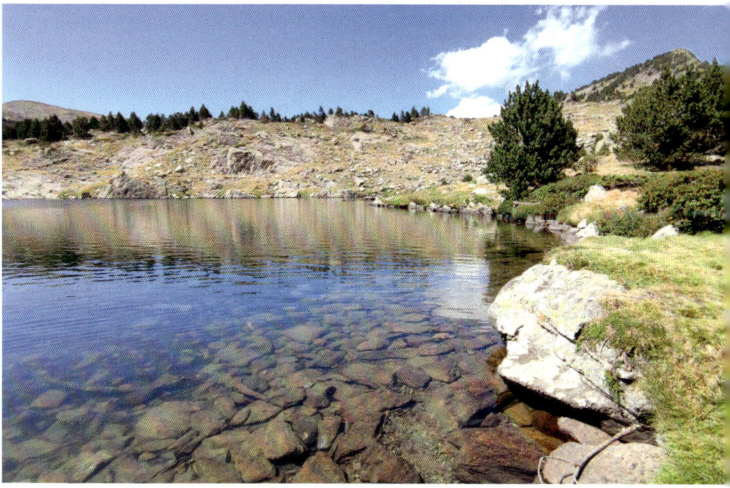

Kurz darauf treffen wir auf eine **Quelle**, an der wir schon vor der Hütte unsere Flaschen mit eiskaltem Wasser auffüllen können. Vor dem einzigen Wasserhahn am Refuge des Camporells bildet sich in Stoßzeiten schon mal eine Schlange.

Nach einem steilen Abstieg über eine kleine Felsstufe stehen wir dann am Ufer des Estany del Mig und auf dem ersten Teil des Biwakplatzes. Der zweite Teil folgt auf der anderen Seite der **Hütte** ⑨, die vor uns auf einem Hügel steht. Wer abends dort essen möchte, muss bei der Ankunft vorbestellen.

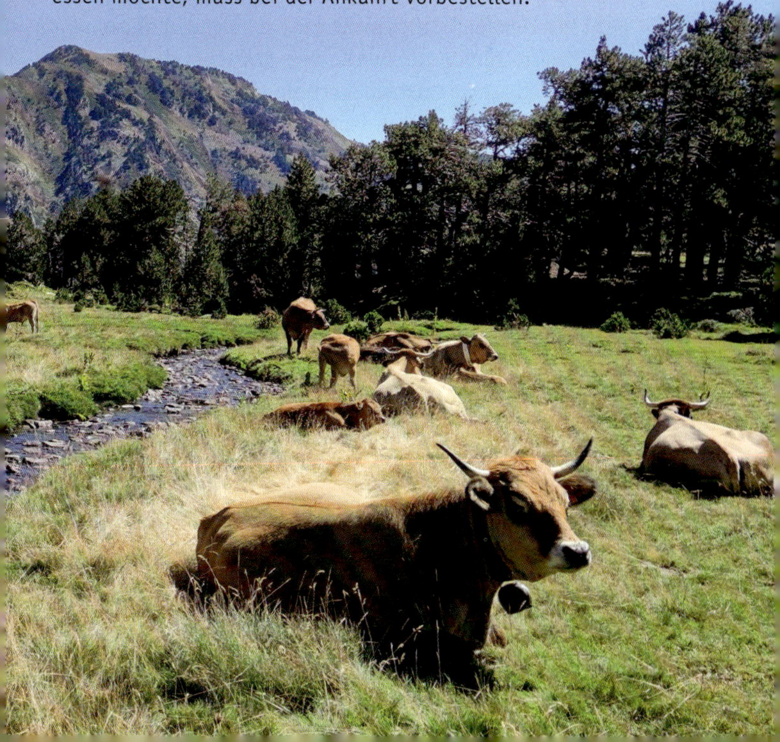

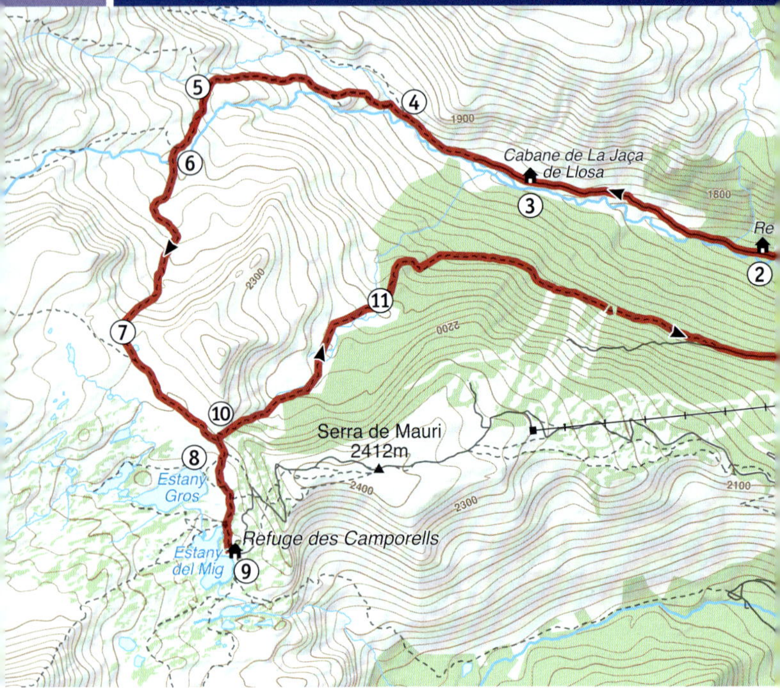

Rückweg über die Skistation Formiguères

Um nicht auf dem gleichen Weg zurückzuwandern, wählen wir diesmal einen schmalen Pfad, der weiter oben im Galbetal am Hang entlang zur Skistation von Formiguères führt. Der Einstieg ist nicht markiert und daher nicht ganz so leicht zu finden. Wir wandern zuerst zurück zur **Quelle** und passieren den Abzweig hinunter zum See. Kurz darauf führt ein unauffälliger **Pfad** ⑩ rechts hinauf auf einen Hügel. Im Sommer geht es hier durch ein Tor im Elektrozaun.

Dahinter beginnt ein deutlich erkennbarer Wanderpfad, der in vielen Kurven abwärts führt. Er bringt uns hinunter in ein idyllisches **Bachtal**, in dem man leicht den Weg verlieren kann. Dort, wo wir den Bach überqueren, ist links eine kleine **Steinhütte** ⑪ zu sehen. Zu dieser steigen wir hinauf.

Auf dem Hügel ist der weitere Weg wieder klar erkennbar. Er führt jetzt immer am Hang entlang und fällt nur noch sanft ab. Die schmale Trittspur führt zeitweise nahe am Abgrund entlang und erfordert aufmerksames Gehen. Wir durchqueren noch einmal ein Tor in einem Weidezaun und befinden uns dann auf einem breiten Waldweg, der uns in weiten Serpentinen hinunter zur **Skistation von Formiguères** ⑫ bringt.

Am Parkplatz halten wir uns links und folgen dem breiten Waldweg, der parallel zur Straße verläuft, bis wir eine große **Kreu-**

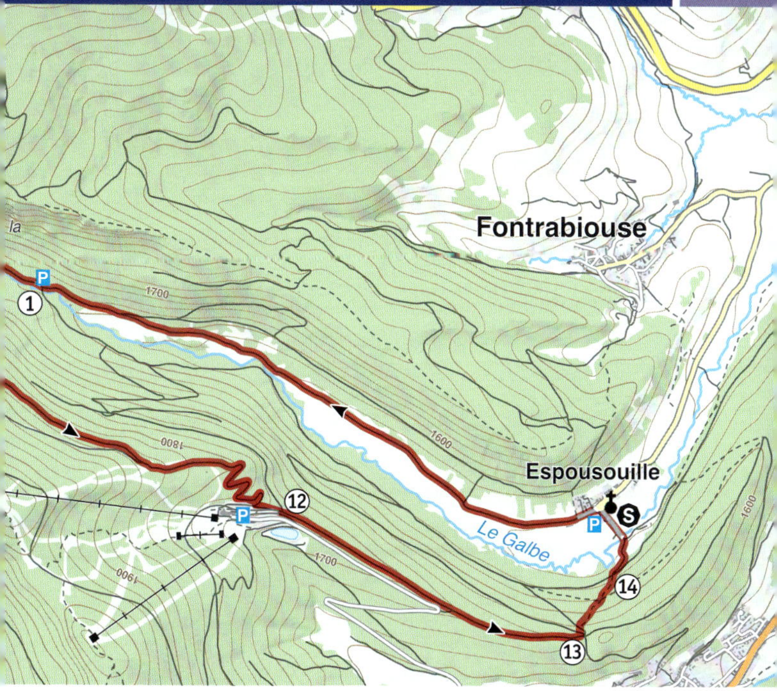

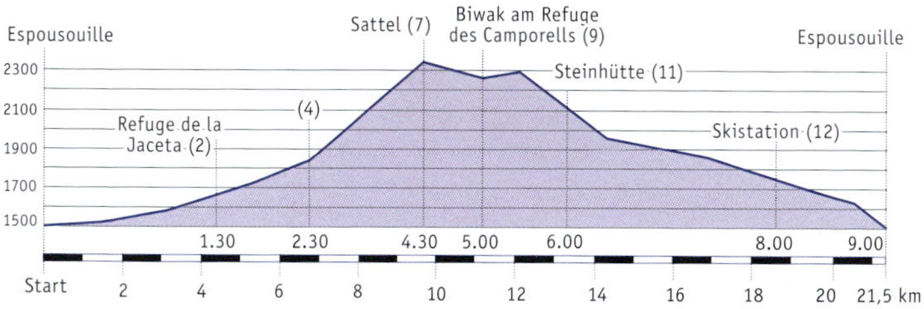

zung ⑬ erreichen. Hier geht es links hinunter und nach wenigen Schritten wieder rechts auf einen steil abfallenden Pfad. Wir überqueren einen breiteren Weg und steigen weiter abwärts, bis wir auf einem **Schotterweg** ⑭ landen. Hier biegen wir rechts ab und stehen gleich darauf wieder am Dörfchen Espousouille und an unserem Parkplatz.

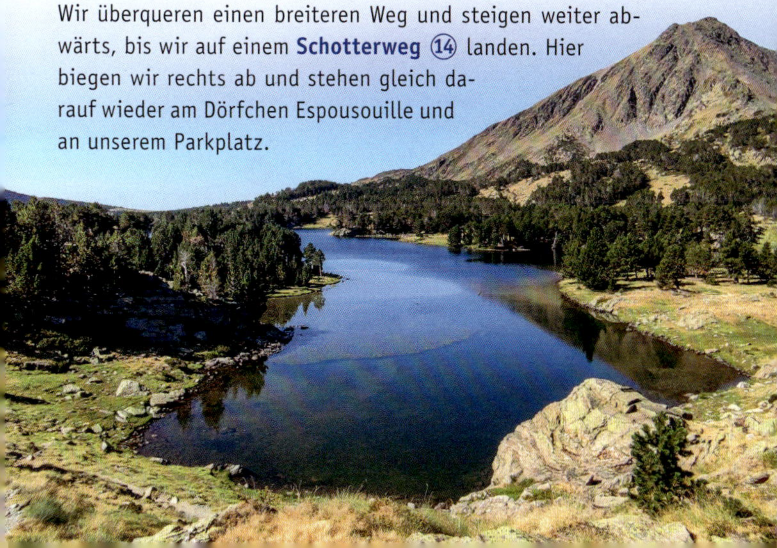

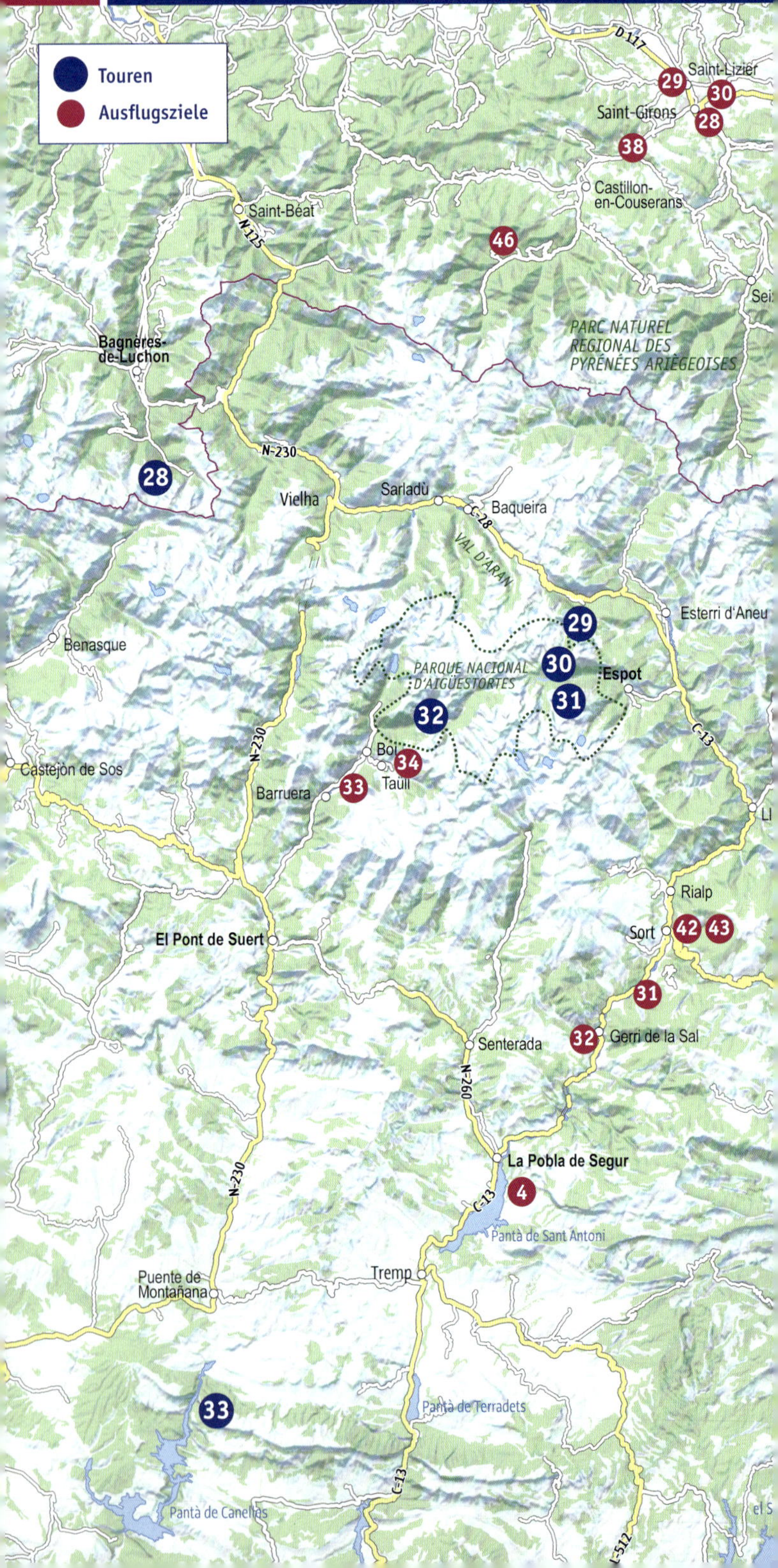
Touren
Ausflugsziele
D 117
Saint-Lizier
Saint-Girons
Castillon-en-Couserans
Saint-Béat
N 125
Bagnères-de-Luchon
PARC NATUREL REGIONAL DES PYRÉNÉES ARIÈGEOISES
N-230
Vielha
Sarladù
Baqueira
C-28
VAL D'ARAN
Esterri d'Aneu
Benasque
PARQUE NACIONAL D'AIGÜESTORTES
Espot
C-13
Boí
Taüll
Barruera
Castejón de Sos
Rialp
Sort
El Pont de Suert
Senterada
Gerri de la Sal
N-260
La Pobla de Segur
Pantà de Sant Antoni
Tremp
Puente de Montañana
Pantà de Terradets
Pantà de Canelles
C-13
L-512

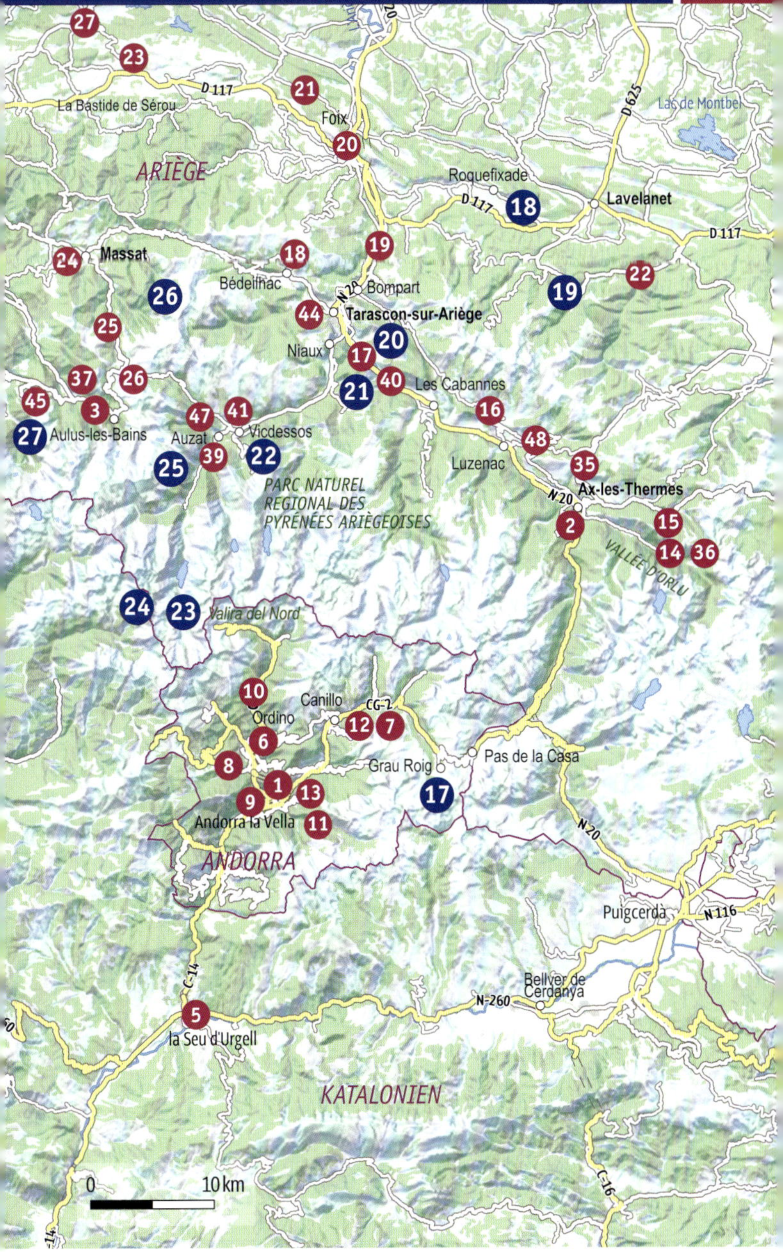

Westlich von Puigcerda nähern wir uns dem Zentralmassiv der Pyrenäen und die Berge werden höher und schroffer. Die Region auf der Nordseite der Berge ist nach dem Fluss Ariège benannt und gehört zu den ursprünglichsten Regionen der Pyrenäen, im Süden liegt mit dem Parc Nacional d'Aigüestortes der erste und kleinste der drei Nationalparks. Eingebettet zwischen Frankreich und Spanien ist hier Andorra, einer der europäischen Zwergstaaten zu finden.

Baden

1 Therme Caldea

Hypermoderner Wellness-Badetempel in Encaldes mit mehreren warmen Becken, Sauna und Hamman.
Eintritt zwischen €31 und 41 für 3 Stunden, es gibt auch Spezialanwendungen für €66, verschiedene Familienkarten oder ein Dreitage-Abo für €76. Vormittags ist es günstiger. www.caldea.com

2 Die Thermen von Ax

Die bis zu 77°C heißen Quellen von Ax werden schon seit dem 13. Jahrhundert genutzt. Sie lindern rheumatische Beschwerden und Atemwegserkrankungen. Mit den Bains du Couloubret gibt es auch ein für Tagesgäste zugängliches Thermalbad mit mehreren Becken, Sauna und Hammam. Kinder dürfen ab fünf Jahren mit hinein.
Geöffnet in den französischen Ferien täglich 10–19.30 Uhr, Fr und Sa bis 20.30 Uhr, außerhalb der Ferien Mo bis Fr erst ab 14 Uhr. Eintritt 2h €20, 5h €35, Kinder 5 bis 15 Jahre €16. www.bains-couloubret.com

3 Therme Aulus-les-Bains

Das Thermalbad ist nicht besonders groß und eher auf Kuren ausgerichtet, kann aber auch von Touristen besucht werden. Im Innenbereich gibt es ein 30–32°C warmes Becken und Sie können auch Anwendungen, wie zum Beispiel Massage buchen.
Geöffnet Juli und August und in den Schulferien Mo, Di, Mi, Fr 15.30–18.45 Uhr, Do und Sa 15.30–17.45 Uhr, So geschlossen. Außerhalb der Ferien Di und So geschlossen. Eintritt €9, Kinder 3 bis 14 Jahre €5. www.thermes-aulus.fr

4 Stausee Pànta de Sant Antoni

Am Westufer des Stausees bei **GPS N 42°13'19.5", E 0°58'26.9"** Badeplatz mit Liegebereich und der sympathischen Bar Xiri. Je nach Wasserstand des Stausees mehr oder weniger angenehm zum Baden.
Anfahrt: Den Ort durchqueren, direkt vor der Flussbrücke links und auf der nördlichen Flussseite weiterfahren, geradeaus über den Kreisel und hinter der zweiten Brücke rechts in Richtung Aramunt. Nach etwa 2,5 Kilometern rechts zur Bar abbiegen.

Ausflugsziele

La Seu d'Urgell

In den Gassen der Altstadt gibt es kleine Läden und eine gute Auswahl an Restaurants, in denen Sie regionale Spezialitäten kosten können. Empfehlenswert sind zum Beispiel das El Menjador gegenüber der Kathedrale und die Coquetteria Piktus im Carrer Capdevilla unweit des Zentrums. Am Dienstag- und Samstagvormittag werden auf dem Platz um die Kathedrale die Stände des Wochenmarktes aufgebaut. Das Angebot reicht von regionalen Lebensmitteln bis zur Kleidung. Architektonisch Interessierte sollten außerdem einen Blick auf die Bibliothek der Stadt werfen, die in die Ruine der Klosterkirche Sant Augustine gebaut wurde. Hier trifft moderne Architektur mit Metall und viel Glas auf Relikte aus dem Mittelalter. Am südlichen Rand der Altstadt treffen wir dann auf den Olympiapark am Sègre mit einer Wildwasserstrecke für Kanuten.

5 Kathedrale Santa Maria

839 wurde in La Seu d'Urgell die erste Kathedrale geweiht. Die heutige Kirche stammt aus dem Jahr 1040, wurde aber im 12. Jahrhundert umfänglich restauriert und verändert. Während der Albigenserkriege am Ende des 12. Jahrhunderts diente die Kathedrale als Zuflucht für die Bewohner der Stadt und wurde befestigt. Der Grundriss von Santa Maria ist kreuzförmig mit dreischiffigem Langhaus. Besonders sehenswert ist das reich verzierte Südportal, eines von fünf Kirchenportalen, und der Kreuzgang zum Kloster mit seinen figurengeschmückten Kapitellen. Die Kapitelle des Kreuzganges in La Seu d'Urgell sind vor allem von Menschen und Tieren bevölkert, zeigen aber keine biblischen Szenen. An der Gegenseite

des Kreuzganges steht eine weitere, deutliche kleinere Kirche. Sant Miquel ist einschiffig mit drei Apsiden und 100 Jahre älter als die Kathedrale.
Das Portal der Kirche öffnet von 10–13.30 Uhr und von 16–18 Uhr. Letzter Einlass 30 Minuten vor dem jeweiligen Kassenschluss. Der Besuch der Kathedrale und des zugehörigen Museums kostet €4 pro Person. www.museudiocesaurgell.org

6 Ordino

Der alte Teil des Dorfes besteht eigentlich nur aus einer Gasse, in der aber mehrere nette Möglichkeiten zur Einkehr zu finden sind. Außerdem hat man aus dem original ausgestatteten alten **Herrenhaus der Familie Areny Plandolit** ein Museum gemacht, in dem Besucher heute in die Welt einer adeligen andorranischen Familie des letzten und vorletzten Jahrhunderts eintauchen können.
Geöffnet Mai bis Oktober Di bis Sa 10–14 Uhr und 15–18 Uhr geöffnet, So 10–14 Uhr. Eintritt €5.

7 Museo de la Moto

80 Jahre Motorradgeschichte sind in den Ausstellungsräumen des Museums zu sehen. Hier stehen Maschinen, die zwischen 1900 und 1980 gebaut wurden. Die ältesten Fahrzeuge der Firmen Diamant, Le Reve und Peugeot erinnern lebhaft an heutige eBikes, erst die Ausstellungsstücke aus den 30er Jahren sehen nach Motorrad aus.
Geöffnet Mo, Di, Fr 10–17.30 Uhr, Sa, So bis 18 Uhr. Eintritt €9, Kinder unter 8 Jahre frei. www.museumoto.com

8 Andorras romanische Kirchen

Fast 30 kleine romanische Kirchen und Kapellen gibt es in Andorra. Über den Baustil und die einzelnen Gotteshäuser können Sie sich im **Centre d'Interpretació Andorra Romànica** in Pal bei La Massana informieren. In Pal steht außerdem eine der ältesten Kirchen Andorras. Sant Climent stammt aus dem 11. Jahrhundert.
Geöffnet Juni bis Oktober von 9–14 und von 17–19 Uhr. Im Juli und August bis 19 Uhr. Eintritt €5.

9 Santa Colloma

Die kleine Steinkirche mit ihrem ungewöhnlichen runden Glockenturm ziert die 20-Cent-Münzen Andorras. Sie steht im Norden der Hauptstadt Andorra-la-Vella.

10 Sant Marti de la Cortinada

Im Hochsommer ist die Tür zeitweise geöffnet und es ist jemand da, der Sie durch die Kirche führen kann. Im Inneren sind noch Reste von Fresken aus dem 12. Jahrhundert zu sehen. Die Kirche steht im Valira del Nord am nördlich von Ordino.

11 Sant Miquel d'Engolasters

Eine besonders hübsche Kirche mit einem mit 17 Metern ungewöhnlich hohen Glockenturm. Sie ist oberhalb von Les Escaldes etwas abseits der Hauptrouten gelegen. Die Fahrt lohnt aber wegen der schönen Umgebung.

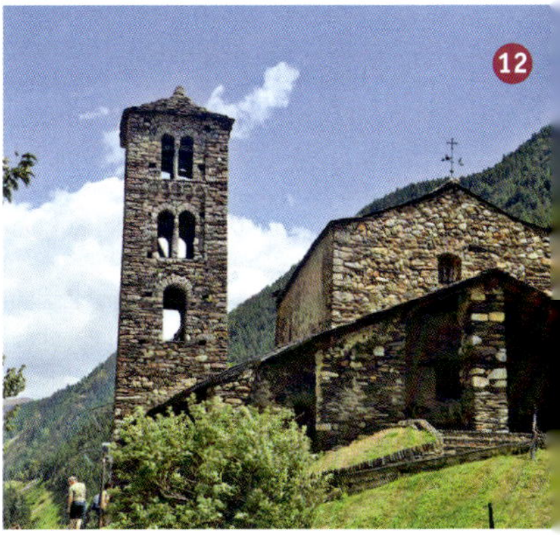

12 Hinter dem Ort Canillo steht rechts an der Straße die **Eglesia Sant Joan de Caselles**. Mit rechteckigem Kirchenschiff, halbrunder Apsis, einem Holzdach und dem Turm im lombardischen Stil ist sie ein weiteres typisches Beispiel der Romanik in Andorra. Die beiden Terrassen wurden wahrscheinlich im 16. und 17. Jahrhundert angebaut. Im Inneren zeigt ein Wandgemälde die Kreuzigung, und am Altar sind Szenen aus dem Leben des heiligen Johannes zu sehen.

Sämtliche Kirchen Andorras werden unter visitandorra.com vorgestellt.

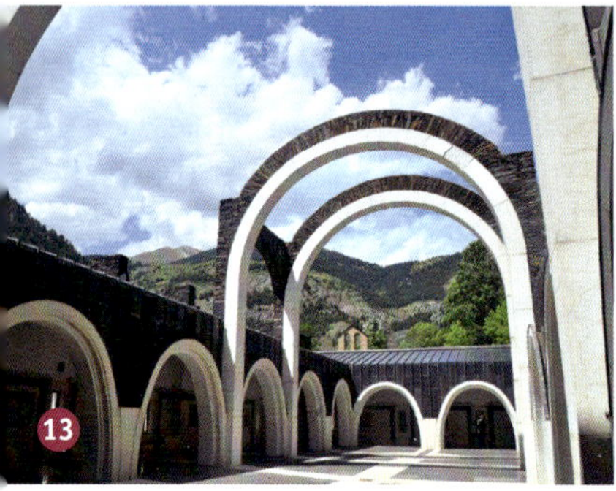

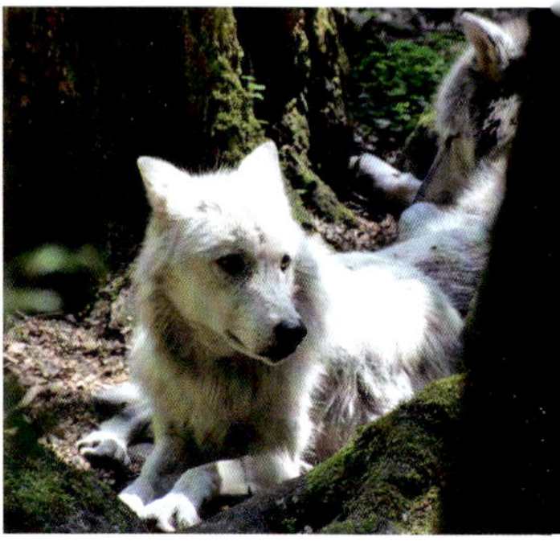

13 Santuario de Meritxell

Die alte Kirche von Meritxell wurde 1792 von einem Feuer zerstört und mit ihr eine ebenso alte romanische Marienstatue, die Verge de Meritxell, die die Schutzpatronin Andorras darstellte und für die Menschen in Andorra große Bedeutung hatte. Die Statue wurde dem historischen Vorbild entsprechend neu nachgebildet. Bei der Kirche ging man anders vor. Nach den Plänen des spanischen Architekten Ricardo Bofill entstand, die Reste der alten Kirche integrierend, ein viel größeres, komplett neues Heiligtum. Es war der Wunsch des Architekten, eine moderne Hommage an den romanischen Stil zu schaffen. Herausgekommen ist ein wirklich ungewöhnlicher Kirchenbau, dessen hohe Bögen offen in den Himmel ragen. Das verwendete Material verbindet die Kirche mit ihrer natürlichen Umgebung. Der schwarze Schiefer ist der typische Stein der Region, das stark kontrastierende Weiß steht für den winterlichen Schnee. Das Gebäude ist frei zugänglich und kostet keinen Eintritt.

Ax-les Thermes

Heiße Quellen sind die Lebensadern von Ax-les-Thermes, dem Hauptort der Haute-Ariège. Auf den allerersten Blick ist der Ort keine Schönheit, schaut man genauer hin, ist Ax dagegen wirklich sympathisch. Zwei öffentliche Warmwasserbecken laden mitten im Ort zum Fußbad ein und schicken bei kühlem Wetter Wasserdampfschwaden über den Platz. Dazwischen liegt eine autofreie Straße, in der man für den täglichen Bedarf einkaufen oder im Café sitzen kann und die Place Roussel, auf der Dienstag, Donnerstag und Samstag Vormittag Marktstände aufgebaut werden.

14 Maison des Loups

Auf dem Gelände des Parkes werden in vier verschiedenen Gehegen europäische, kanadische, arktische und Tundrawölfe gehalten. Wege am Zaun entlang und Aussichtsplateaus ermöglichen den Blick in die Gehege. Besonders menschenzugewandt und meist gut zu sehen sind die kanadischen Wölfe, bei denen auch die regelmäßigen Schaufütterungen stattfinden. Während der Fütterung stellt ein Mitarbeiter des Parkes die einzelnen Tiere der Gruppe vor und erzählt Interessantes über das Verhalten der hier lebenden Gruppe und das Verhalten der Wölfe im Allgemeinen. Eine ganz besondere Attraktion ist der Tunnel, in dem Besucher bei der Fütterung wenige Meter vor den Wölfen sitzen, ohne von diesen gesehen zu werden. Die Fütterungszeiten und auch die Öffnungszeiten des Tunnels variieren im Laufe des Jahres, Infos auf der Website.

Geöffnet April bis Juni 10.15–17 Uhr (Mo und Mi geschlossen), Juli und August täglich 10.15–19 Uhr mit Fütterung der Wölfe um 12, 15 und 17 Uhr, September und Oktober nur Sa und So 10.15–17 Uhr mit Fütterung um 12 und 15.30 Uhr. Eintritt €10,80, Kinder 3 bis 12 Jahre €8,80. Zugang zum Tunnel während der Fütterung €4 pro

Person. Die Karten für den Tunnel sind limitiert. Im Sommer ist der Tunnel oft schon früh ausgebucht. Alle Erklärungen bei den Fütterungen auf Französisch.
www.maisondesloups.com

15 Observatoire de la Montagne

Das Team des Museums bietet im Juli und August geführte Wanderung an. Zwei davon führen zu den Murmeltieren, die im Naturpark des Tales häufig anzutreffen sind. Das aktuelle Programm finden Sie auf der Website unter. Das zugehörige Museum, das über Fauna und Flora der Pyrenäen informiert, ist vorübergehend geschlossen.
www.observatoire-montagne.com

16 Route des Corniches

Es gibt mehrere beschilderte Zufahrten zur Corniche, die sich in vielen Kurven am Hang über dem Tal der Ariège entlangschlängelt. Es geht dabei durch die Dörfer Bestiac, Axiat, Appy und Chaychax und zur **Burgruine von Lordat**, die man besichtigen kann. Wenn Sie dann genug haben, fahren Sie hinter Senconac links nach Verdun hinunter. Geradeaus geht es weiter am Hang entlang bis Bompas. Dieser Teil der Route ist streckenweise einspurig, aber ebenfalls gut zu fahren.

Tarascon

Besonders hübsch ist das Ortszentrum an der Brücke über die Ariège. Am Hang steht ein alter Uhrenturm und unten auf dem Wasser treiben bunte Kanus vorbei. Die **Grotte de Niaux** [› Tour 21] mit ihren Steinzeichnungen ist nicht weit entfernt. Ergänzend gibt es am Ortsrand von Tarascon einen schön gestalteten **Parc de la Préhistoire.** **[› Seite 119]**

In der näheren Umgebung sind drei weitere große Höhlen zu besichtigen.

17 Grotte de Lombrive

Die Grotte de Lombrive gilt als die größte Höhle Europas. Sie können zwischen der einfachen Führung mit ein oder zwei Stunden Dauer oder einer halbtägigen Höhlenexkursion wählen. Der längere Anmarsch zum Höhleneingang kann mit einem Minizug überbrückt werden. In der Höhle selbst sind neben den riesigen Dimensionen Inschriften von Besuchern aus mehreren Jahrhunderten und Tropfsteine zu bestaunen. Tief im Bauch des Berges treffen wir dann auf einen See.
Die Zeiten der Führungen variieren und sind unter grottedelombrives.fr zu finden. Eintritt €12, Kinder 6 bis 12 Jahre €8, Jugend 12 bis 18 Jahre €10, Zugfahrt zur Höhle €2 pro Person. Für die Halbtagsexkursion zahlen Sie €38 pro Person. In der Saison empfiehlt sich ein Besuch am Vormittag oder nach 17 Uhr, dann sind die Gruppen der Führungen deutlich kleiner. Die Temperatur liegt konstant bei 10°C und der Boden der Höhle ist naturbelassen. Pullover oder Jacke nicht vergessen und Wander- oder Turnschuhe anziehen!

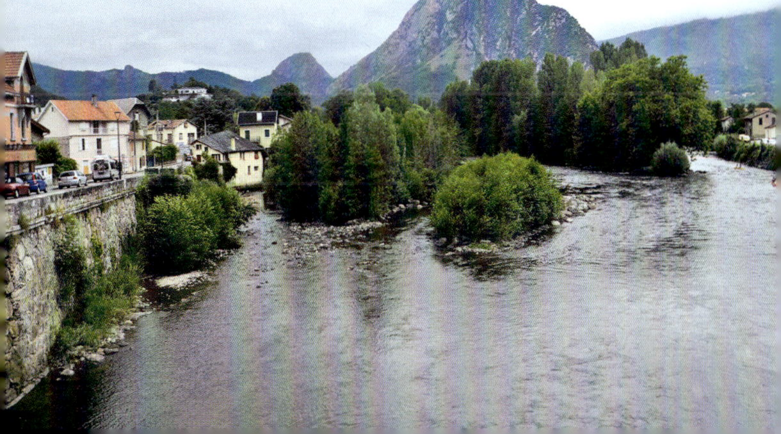

18 Grotte de Bédeilhac

Die Tropfsteinhöhle beeindruckt vor allem durch ihre Größe. Sie wurde im Zweiten Weltkrieg als gut verstecktes Munitionsdepot genutzt. Angeblich starteten sogar Flugzeuge aus der 30 Meter hohen Öffnung im Fels. Die wenigen prähistorischen Zeichnungen, Ritzungen und Reliefs an ihren Wänden sind nicht im besten Zustand.
Geöffnet Juli und August 10–17.30 Uhr, in der Nebensaison meist nur am Wochenende. Eintritt €9, Kinder 5 bis 17 Jahre €5,50. Aktuelle Termine und Reservierung unter www.grotte-de-bedeilhac.org.

19 Pont du Diable

Um die Steinbrücke rankt sich eine Legende, die ihr zu ihrem schaurigen Namen verholfen hat. Für den Bau der Brücke soll ein Handel mit dem Teufel notwendig gewesen sein, dem man die Seele des Ersten versprach, der die Brücke überqueren wird. Weil das natürlich keiner sein wollte, jagte man eine Katze hinüber und der getäuschte Teufel sprang vor Zorn in den Fluss.
Ein Asphaltweg führt vom Parkplatz bei **GPS N 42°54'26.5", E 1°38'30.6"** durch zwei Kehren hinunter zur Brücke, an der man auch zum Fluss hinunterklettern kann. Der Brückenbau mit den beiden Bogenresten soll übrigens aus dem Jahr 1836 stammen. Hier testete ein Unternehmer aus der Region die innovative Konstruktion eines an einer langen Welle befestigten Wasserrades.

20 Die Burg von Foix

Das Wahrzeichen der Stadt Foix ist die Burg der Comtes de Foix, die auf einem Felssporn im Zentrum der Altstadt weithin sichtbar ist. Die Grafen von Foix gewährten in den Albigenserkriegen den Katharern Zuflucht und die Burg wurde während des Kreuzzuges viele Male vergeblich belagert. Selbst Simon de Montfort biss sich an ihren Mauern die Zähne aus. Erst 1229 kapitulierten die Grafen von Foix und wurden zu Vasallen des französischen Königs. Das Museum widmet sich vor allem der Geschichte der Burg und der Grafen von Foix, in den letzten Jahren wurde die Ausstellung modernisiert und mit interaktiven und spielerischen Elementen versehen. Es gibt auch eine Escape-Game-Variante.
Geöffnet Di bis So 10–18 Uhr. Eintritt €11,50, Kinder 5–17 Jahre €8.

21 Rivière Souterraine de Labouiche

In Labouiche können wir eine Tropfsteinhöhle besichtigen, ohne dabei besonders viel zu laufen. Ein unterirdischer Fluss macht es möglich. In einem flachen Kahn geht es langsam von einem Ende der 1½ Kilometer langen Höhle zur andern. Unterwegs gibt es tolle Tropfsteinformationen und unterirdische Wasserfälle zu sehen. Zweimal müssen wir kurz aussteigen, um nicht schiffbare Passagen auf dem Landweg zu umgehen.
Geöffnet April bis Mitte November 10–11 und 14–16.30 Uhr, Juli und August 9–17 Uhr. Oktober bis Mitte November Di bis Fr 14–16 Uhr. Eintritt €14,80, Kinder € 12,80. In der Saison am besten vormittags kommen, um allzu lange Wartezeiten zu vermeiden! Buchung auch unter www.labouiche.com.

22 Fontaine de Fontestorbes

Die Quelle sprudelt direkt neben der Straße unter einem hohen Felsen hervor. Am Straßenrand parken meist einige Autos und Menschen sitzen wartend am Wasser. Fontestorbes ist eine intermittierende Karstquelle und wird aus einem unterirdischen See gespeist. Bei niedrigem Wasserstand, wie er zwischen Juli und Oktober üblich ist, fließt das Wasser nicht gleichmäßig aus der Höhle, sondern strömt etwa 20 Minuten mit voller Kraft, um dann schlagartig komplett zu versiegen. Das Spiel wiederholt sich so ungefähr im Stundenrhythmus.

Was sich hier physikalisch im Berg abspielt, lässt sich folgendermaßen vereinfachen: Der See liegt oberhalb des Tunnels, aus dem das Wasser in die Quelle fließt. Am See existiert ein weiterer Tunnel ins Freie, dessen Ein-

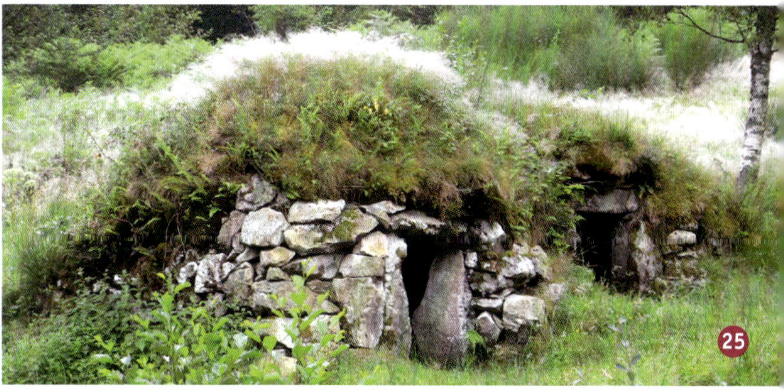

gang aber normalerweise unter dem Wasserspiegel liegt. Im See sammelt sich das abfließende Wasser aus der Umgebung und wird im Sommer weniger. Fällt der Wasserspiegel so weit, dass Luft in die Höhle mit dem See eindringt, entsteht im Quelltunnel Unterdruck und das Wasser kann nicht mehr abfließen. Der See füllt sich jetzt schneller und irgendwann verschwindet der Lufttunnel wieder unter dem Wasser, der Quelltunnel füllt sich mit Wasser und das Spiel beginnt erneut. Das dauert in hochsommerlichen Trockenperioden länger als zum Beginn des Sommers. Die Länge der Phasen von fließendem Wasser und Stillstand variieren also mit der Jahreszeit. Je trockener es wird, desto länger dauert es, bis der See wieder vollläuft und die Quelle wieder sprudelt. Erst im Winter und im Frühjahr oder nach sommerlichen Gewittergüssen bekommt der unterirdische See ausreichend Wasser und die Quelle von Fontestorbes spendet kontinuierlich Wasser.

23 La Ferme des Reptiles

Schildkröten, Schlangen, Leguane und sogar Krokodile sind in der Reptilienfarm in La Bastide de Sèrou zu sehen. Sie können auch einen Blick in die Aufzuchtstation werfen.
Geöffnet Juli bis Mitte September täglich von 10–19 Uhr,
in der restlichen Zeit Mi, Sa, So und Ferinen 14–18 Uhr.
Eintritt €9,50, Kinder von 4 bis 11 Jahre €7. www.lafermedesreptiles.fr

24 Massat

Städtchen mit alternativem Charme, großer Kirche und einem netten Ortskern. In der durch die Landflucht der 50er Jahre beinahe entvölkerten Region fanden ab den 70er Jahren besonders viele aus den Städten kommende Aussteiger eine neue Heimat, darunter auch einige Deutsche.

25 Courtal Peyre Auselère

Etwa sechs Kilometer hinter dem Abzweig von Massat zum Dörfchen **Le Port** liegt rechts an der Straße eine der restaurierten alten Hirtensiedlungen, von denen es in der Region mehrere gibt. Peyre Auselère besteht aus mehreren Orris, wie die runden Steinhäuser mit dem meist grasgewachsenen Dach genannt werden. Von der Parkbucht am Straßenrand bei **GPS N 42°49'33.4", E 1°22'45.4"** kann man ein Stückchen zurück zu einer kleinen Brücke laufen, um den Bach zu überqueren und trockenen Fußes zu den Hütten zu kommen.

26 Etang de Lers

Der Angelsee liegt in schönster Bergkulisse und es gibt einen netten kleinen Gasthof. Am Ufer wird im Sommer gerne gezeltet.

27 Grotte du Mas d'Azil

Schon auf den ersten Blick ist diese Höhle ungewöhnlich, weil man mit dem Auto hindurchfahren kann. Die natürliche Höhle hat tatsächlich zwei Öffnungen, sodass sie auch als Straßentunnel genutzt wird. Noch ungewöhnlicher ist aber die Geschichte

von Mas d'Azil. Die Randbereiche der Grotte waren schon in der Steinzeit bewohnt, tiefer im Berg fand man auch einige einfache Ritzzeichnungen. Viele dieser ganz alten Spuren dürften aber im Laufe der Jahrhunderte verloren gegangen sein. Die Höhle diente in vielen Kriegen als Unterkunft und im Salle du Temple sollen sich die ersten Christen, die Katharer und später die Hugenotten versteckt haben. Im zweiten Weltkrieg wollte man im Schutz der Felswände sogar Flugzeuge bauen. Die Höhle ist riesig und hat mehrere Etagen, die man ebenfalls besuchen kann. Dazu parkt man am Tunneleingang und läuft zum Museum im Berg zurück, in dem auch Fundstücke aus der Höhle gezeigt werden.
Ganzjährig geöffnet. Eintritt €9, Kinder 5 bis 17 Jahre €5,50. Zeiten der Führungen und online-Buchung unter www.sites-touristiques-ariege.fr.

28 Markt von Saint-Girons

Einer der größten und interessantesten Märkte der Region findet jeden Samstag im Zentrum der Kreisstadt Saint-Girons statt. Neben regionalen Spezialiäten steht hier ein halber Flohmarkt. Im Sommer stehen auch Musiker zwischen den Ständen.

29 Saint-Lizier

Saint-Lizier war über 1500 Jahre Sitz des Bischofs der Ariège, was heute noch das Ortsbild prägt. So gibt es in dem doch recht kleinen Ort gleich zwei Kathedralen. Die Kathedrale Notre-Dame-de-la-Sède steht in der alten Bischofsstadt oben auf dem Hügel. Dieser alte Teil von Saint-Lizier ist auch heute noch von einer kompletten Stadtmauer umgeben, die aus gallo-römischer Zeit, also dem dritten Jahrhundert, stammen soll. Innerhalb der alten Mauern kann man durch schmale Gassen schlendern und den ehemaligen Bischofssitz aus dem 17. Jahrhundert besuchen, in dem heute das regionale Museum untergebracht ist.

In der Unterstadt von Saint-Lizier lebten die Bürger der Stadt und hier gibt es eine weitere Kathedrale. Sie ist dem Heiligen Saint Lizier geweiht, stammt aus dem 12. Jahrhundert und steht neben dem zugehörigen Kloster. Aus kunsthistorischer Sicht ist dieses Ensemble die wichtigste Sehenswürdigkeit des Ortes. Herausragend und überregional bekannt ist der schöne Kreuzgang. In der Kirche sind alte Fresken zu sehen. Bei Führungen kann man auch den Kirchenschatz bewundern. In den ersten beiden Augustwochen findet hier außerdem ein Musikfestival statt.
Der Eintritt ins Kloster und die Kathedrale ist frei. Das Museum im Bischofspalais ist im Juli und August von 10.30 – 19 Uhr und in der Nebensaison von 10.30 – 12.30 und von 14 – 18 Uhr geöffnet. Eintritt €7, Kinder €5.

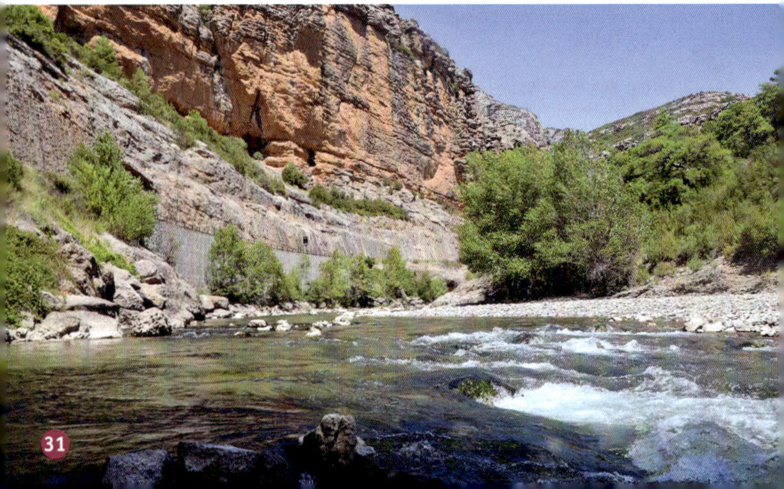

30 Pays des Traces
In diesem ungewöhnlichen Park bei Saint-Lizier geht es um das Grundthema »Spuren deuten« – frische Spuren von Tieren im Sand, aber auch Spuren, die Menschen oder Tiere vor Jahrtausenden hinterlassen haben. Es gibt einen frei zugänglichen Bereich und ein Programm mit angeleiteten »Animationen« zu Themen wie Archäologie, Leben im Gebirge und Tierwelt der Pyrenäen.
Geöffnet im Juli und August täglich 13.30–19 Uhr, sonst eingeschränkt. Eintritt €12, Kinder 3 bis 12 Jahre €10. www.paysdestraces.fr

31 Congost de Collegats
Zwischen Sort und La Pobla de Segur verengt sich das Tal des Noguera Pallaresa zur Schlucht. Früher führte die Straße zwischen den Steilwänden hindurch, inzwischen taucht man mit dem Auto in einen Tunnel nach dem anderen. Die alte Straße existiert noch und führt außen an den Tunneln vorbei, ist aber für motorisierte Fahrzeuge gesperrt. Zu Fuß können Sie weiterhin die Schlucht durchqueren, laufen dabei aber auch immer wieder an der Straße entlang. Ein Parkplatz am oberen und einer am unteren Ende machen den Stopp unkompliziert. Vom oberen Parkplatz bei **GPS N 42°18'01.0", E 1°02'05.0"** kommt man nach kurzem Marsch zum **Roca de l'Argentiera**, einer Felsformation, die Antonio Gaudi zur Gestaltung der Fassade der Kirche Sagrada Familia in Barcelona inspiriert haben soll. Dann geht es noch mal zwischen zwei Tunneln an der Straße entlang und zu einem zweiten Abschnitt der alten Straße. Hier gibt es mehrere Stellen, an denen man gut zum Fluss hinunterklettern kann.

32 Gerri de la Sal
In flachen Becken am Fluss wurde früher Salz gewonnen und Reste dieser Anlage können Sie besichtigen. Aber auch der Ort mit seiner alten Bogenbrücke und einer schönen Kirche lädt zu einem kurzen Aufenthalt ein. Über die Brücke spaziert man in etwa 25 Minuten zu einer Ermita am Fluss, die mit vollem Namen Santuari de la Mare de Déu d'Arbolo heißt. Rechts geht es an einem Café vorbei zur einem schönen gefassten Brunnen und zur gut erhaltenen romanischen **Klosterkirche Santa Maria**, erbaut 1149, die durch eine dreistöckige Glockenwand auffällt. In ihrem Inneren wären Reste barocker Gemälde zu sehen – wenn Sie denn hineinkommen. Meist sind die Türen der Kirche verschlossen und Führungen finden recht sporadisch statt.

La Pobla de Segur
La Pobla de Segur ist ein ehemaliges Flößerdorf. Baumstämme aus den waldreichen Gebieten weiter nördlich am Noguera wurden zu Flößen zusammengebunden und den Fluss hinunter gesteuert. Das »Museu dels Raiers« in der Stadt illustriert diese abenteuerlichen und hochgefährlichen Fahrten. Jedes Jahr am ersten Sonntag im Juli schwimmen beim Fest »Diada dels Raiers« Baumstammflöße durch die Stromschnellen oberhalb des Ortes. In der Altstadt von Pobla de Segur verstecken sich zwei sehenswerte Stadttore: das Orteu- und das Parrau-Tor. In der Calle Mayor sind mehrere alte Herrenhäuser erhalten. Besonders auffällig ist der Torre Mauri, das maurisch inspirierte Rathaus der Stadt.

33 Das Vall de Boí und seine Kirchen
Das Vall de Boí, der westliche Zugang zum Nationalpark Aigüestortes, ist auch für seine sehr alten romanischen Kirchen bekannt, die im 11. und 12. Jahrhundert erbaut und durch die Abgeschiedenheit des Tales im Laufe der Jahrhunderte kaum verändert wurden. In **Erill la Vall** informiert das Romanische Zentrum über Baustil und Geschichte. Unter *www.centreromanic.com* können Sie auch schon mal einen virtuellen Blick ins Innere der Kirchen werfen.

34 Sant Climent in Taüll ist die größte Kirche im Tal. In ihrer Hauptapsis befand sich ein besonders kunstvolles Fresko. Das Original wurde ins

Museum für katalanische Kunst in Barcelona gebracht, in der Kirche ist eine Reproduktion zu sehen. Sant Climent ist eine von neun Kirchen im Tal, die im Jahr 2000 ins UNESCO Welterbe aufgenommen wurden. Wer nur Sant Climent sehen möchte, zahlt dafür €5, ein Kombiticket für das Romanische Zentrum und fünf Kirchen nach Wahl kostet €10. Die beliebteren Kirchen in Taüll, Boí und Erill la Vall sind von 10–14 und 16–19 Uhr zu besichtigen. Das **Museum in Erill la Vall** öffnet von 9–14 und 17–19 Uhr.
www.centreromanic.com

Saint-Bertrand-de-Comminges

Saint-Bertrand gehört zu den »Plus Beaux Villages de France« und sieht aus, als sei es komplett dem Mittelalter entsprungen. Die wenigen Häuser des Ortes stehen auf einem Hügel, in ihrer Mitte ragen die trutzigen Mauern einer gigantischen Kirche in den Himmel. Zwei Tore führen durch die Stadtmauer in schmale Gassen zwischen alten Steinhäusern.

Die Cathédrale Sainte-Marie wurde im 12. Jahrhundert erbaut und ähnelt mit ihren massiven Mauern schon fast einer Festung. Die Prunkstücke im Inneren der Kathedrale sind die große, über Eck gebaute Orgel und das Chorgestühl. Beide stammen aus dem 16. Jahrhundert und sind aus dunklem Holz gearbeitet. Der Zutritt zur Kirche ist frei, nur wer auch das Chorgestühl genauer betrachten möchte, braucht ein Ticket und zahlt Eintritt.

Hochseilgarten und Klettern

35 Baumklettern mit Haut Perché

Gesichert mit Klettergurt und langem Seil werden hier große, alte Bäume rund um Ax-les-Thermes bestiegen, um die Welt aus ihrer Krone aus einer ganz anderen Perspektive zu betrachten. *Schnupperklettern €29 für 2,5h, €50 für einen Tag. Tel 0033 679 842169. www.grimpeariege.com*

36 Parc Aventure AkroBranch d'Orlu

Mit 12 Parcours bietet der Hochseilgarten einiges an Abwechslung und Herausforderungen. Die drei einfachsten der schön in die Natur eingepassten Parcours sind schon für Familien mit Kindern ab 6 Jahren (oder 1,10 Meter Körpergröße) freigegeben. Für Kinder von 2 bis 6 Jahren gibt es außerdem zwei nette Mini-Parcours.
www.akrobranchdorlu.com

37 Parc Aventure Acrolus

Kleiner familienorientierter Hochseilgarten mit sechs Parcours. Der einfachste ist bereits für Kinder ab drei Jahren freigegeben, der Schwierigste ist Erwachsenen vorbehalten.
Eintritt je nach Niveau des Parcours €10–21 pro Person.
www.accrobranche-aulus-ariege.com

38 Roc'Aventures

Der Parcours in den Felsen über den Canyon d'Aubert bei Moulis ist eine Mischung aus Hochseilgarten und Klettersteig und wird in Begleitung eines Guides begangen. Horizon Vertical in Saint-Girons bietet außerdem Kletterkurse, Höhlentouren und Canyoning an. Es wird auch Englisch gesprochen. *www.horizonvertical.net*

39 Accobranche Montcalm Aventure

Der Hochseilgarten in der Nähe von Vicdessos hat elf Parcours und zwei Tyroliennes im Angebot. Es gibt auch eine extra Kinderzone (ab 3 Jahre). Bei Montcalm Adventure kann man auch Canyoning, Höhlenforschung und weiter Outdoor-Abenteuer buchen.
Geöffnet Juli, August täglich 13.30–19 Uhr, sonst nur WE und in den Französischen Ferien.
www.montcalmaventure.com

Kanu und Rafting

Die gängigsten Flüsse für Kanu- und Kajaktouren in dieser Region sind die Ariège **[› Tour 20]** und der Noguera Pallaresa auf der spanischen Seite, der auf einem 52 Kilometer langen befahrbaren Flussabschnitt im Frühjahr Wildwasserstellen bis Klasse IV zu bieten hat. Im Sommer ist der

Fluss etwas sanfter. Zentrum des Wildwassersportes ist die Stadt Sort.

40 Waterploof

Rafting-Touren und SUP-Verleih und Schulung in Sinsat. Außerdem werden auch hier Kanus für die bei [› Tour 20] vorgestellte Strecke auf der Ariège verliehen. *waterploof.com*

41 Bureau des Guides / Ariège

Klettersteigtour für Einsteiger im Tal von Vicdessos, geführte Klettertouren in der Ariège, Canyoning vom einfachen »Rando aqua«, der sich auch für Familien eignet, bis zur ausgewachsenen Canyoningtour.
www.guides-ariege.com

42 Rafting Sort

Die Auswahl an Raftingtouren reicht von der fünf Kilometer langen Fahrt auf dem Noguera für Familien bis zur tagesfüllenden 40 Kilometer-Tour zwischen Llavorsi und der Schlucht von Collegats. Außerdem werden Hidrospeed-, Kanu- und Canyoningtouren für Einsteiger in der Schlucht von Berros angeboten.
Rafting ab €30, Tagestour €85.
www.rubber-river.com

43 La Rafting Company

Die Basis befindet sich in Sort. Wer zum ersten Mal ins Raftingboot steigt, wählt die 14 Kilometer lange Familientour von Arbolo nach Figuereta. Mutigere trauen sich an eine der längeren Touren oder steuern ein eigenes Boot.
www.laraftingcompany.com

44 Wesh Canyon (Tarascon)

Canyoning-Touren in verschiedenen Schluchten der Ariege. Für alle Levels, auch Familienangebote.
www.weshcanyon.fr

Reiten und Eselwandern

45 Guzet-Cheval

Der Stall liegt in Trein d'Ustou mitten in den Bergen der Ariège. Angeboten werden für fortgeschrittene Reiter Tagesritte und mehrtägige Wanderitte in die Berge – mit Übernachtung im Zelt oder in der Gite. Die Pferde des Hofes sind zum großen Teil Castillonais, eine regionale Pferderasse, die hier in den Bergen zu Hause ist.
Tagesritt mit Mittagessen €95, Mehrtagesritte an € 120 pro Tag.
randonnee-equestre-ariege-pyrenees.com

46 Les chevaux de la Spone

Ganz im Westen der Ariège können Sie das abgelegene Tal von Biros im Sattel erkunden. Es gibt kurze Ausritte, aber auch mehrtägige Touren mit Übernachtung. Auch hier wird die kompakte Pferderasse der Castillonais gezüchtet. Der Stall befindet sich im hübschen Dorf Sentein.
Ausritt 1 h €22, ½ Tag €55, Tagesritt €85. Ponyspaziergang für jüngere Kinder €8.
www.leschevauxdelaspone.fr

47 La ferme des Lamas

In den Bergen bei Auzat lebt auf den grünen Pyrenäenweiden eine Gruppe Lamas. Der Hof kann mit einer Führung besichtigt werden – im Juli und August täglich um 17 Uhr. Außerdem gehen die Lamas mit auf Wanderungen und im Hofladen kann Lama- und Alpakawolle erstanden werden.
Besichtigung €5, Kinder €3, begleitete Lamawanderung ½Tag €20, Kinder €15. www.lamasdespyrenees.fr

48 La Ferme aux Ânes

Der Eselstall befindet sich in Unac zwischen Ax-les-Termes und Tarascon bietet aber im Juli und August auch Wanderungen im Vallée d'Orlu an, wo man mit etwa zwei Stunden Gehzeit an einen Platz kommt, an dem man Murmeltiere beobachten kann. Kleinere Kinder können auf dem Esel reiten, größere dürfen ihn führen. In den Satteltaschen hat auf jeden Fall ein üppiges Picknick Platz. Außerhalb der Sommerferien führt die Tagestour von Unac zu einer Burgruine. Die Esel können auch für mehrtägige Touren gemietet werden, je nach Wunsch mit Unterkünften und Verpflegung oder mit dem eigenen Zelt.
Tagesmiete für einen Esel €58.
www.la-ferme-aux-anes.com

Der Zwergstaat Andorra – zwischen Frankreich und Spanien

Andorra ist der größte der sechs europäischen Zwergstaaten und hat sich vor allem als Wintersportziel einen Namen gemacht. Im Sommer kommen die meisten Touristen zum steuerfreien Einkauf – die Preise für Alkoholika, Kosmetik und Elektroartikel sind sensationell günstig. Andorra als Wandergebiet ist dagegen bisher doch eher ein Geheimtipp.

Wandern in Andorra

Eine gute Basis für Touren ins Hochgebirge sind die Parkplätze der Skistationen, die bereits ziemlich hoch in den Bergen liegen, sodass man mit wenig Aufwand und vergleichsweise kurzem Aufstieg in hochalpines Gelände kommt. Besonders gut funktioniert das im Norden Andorras, zum Beispiel im Skigebiet Grau Roig **[› Tour 17]**. Auch vom Parkplatz Arcadis am Ende des Valira del Nord wandern Sie mit wenig Höhenmetern zur traumhaft schönen Seenplatte am Cirq de Tristaina auf 2300 Metern Höhe.

Unterhalb der Baumgrenze und in lieblicherer Landschaft liegen das Wandergebiet im besonders idyllischen Vall d'Incles bei El Tarter und der Quellenweg von Meritxell. Wenn Sie die Berge Andorras ausführlich erkunden möchten, können Sie in der Information in Pas de la Casa für fünf Euro ein Buch mit über 50 Wanderrouten erwerben. Auch mit der App »Turismo Activo Andorra« hat man Zugriff auf viele Outdoorrouten und Karten, die auch offline verwendbar sind. Das ist wichtig, weil Roaming in Andorra in Mobil-

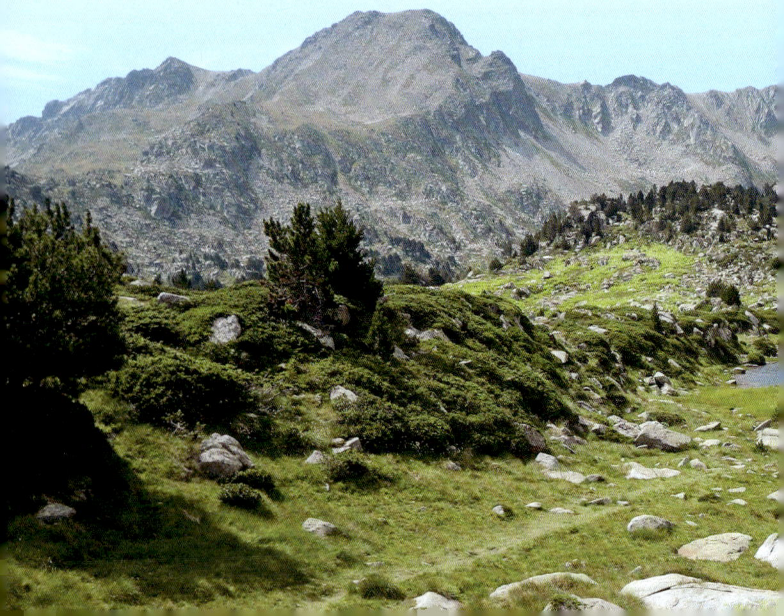

funkverträgen so gut wie nie enthalten ist. Das Ausschalten der mobilen Daten sollte man also besser nicht vergessen, um hohe Kosten zu vermeiden!

Ein Blick in Andorras Geschichte

Die Landessprache Andorras ist Katalanisch, das auch in den umliegenden Regionen Frankreichs und Spaniens gesprochen wird. Andorra hat keine eigene Währung. An die Stelle des Francs und der Peseta, die hier lange beide gültig waren, ist heute unkomplizierterweise der Euro getreten. Andorra hatte aber lange keine eigenen Euromünzen und eigentlich nicht mal einen eigenen Staatschef. Das Land stand bis 1993 unter der Doppelherrschaft des französischen Präsidenten und des Bischofs der spanischen Region Urgell. Diese merkwürdige Regelung geht auf das Jahr 1278 zurück. Damals wurde das Gebiet des heutigen Andorra im Pareatges-Vertrag, der einen Konflikt der Grafen von Foix mit den Bischöfen von Urgell beendete, unter die gemeinsame Herrschaft beider Parteien gestellt. In die Rechtsnachfolge der Grafen von Foix trat der französische König und später der Staatspräsident. Das Amt des Bischofs von Urgell gibt es dagegen immer noch.

Andorra ist seit 1933 eine Demokratie. Das Frauenwahlrecht wurde aber erst 1971 eingeführt. Der gewählte Generalrat der Täler hatte außerdem wenig Befugnisse. Ein echtes parlamentarisch-demokratisches System mit Gewaltenteilung existiert erst seit 1993. Die repräsentativen Aufgaben eines Staatspräsidenten übernehmen aber weiterhin der französische Staatspräsident und der Bischof von Urgell.

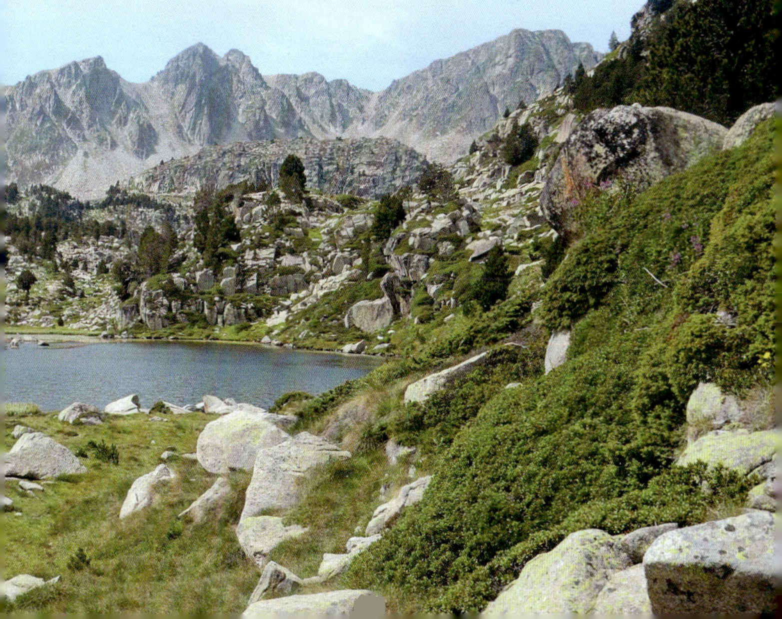

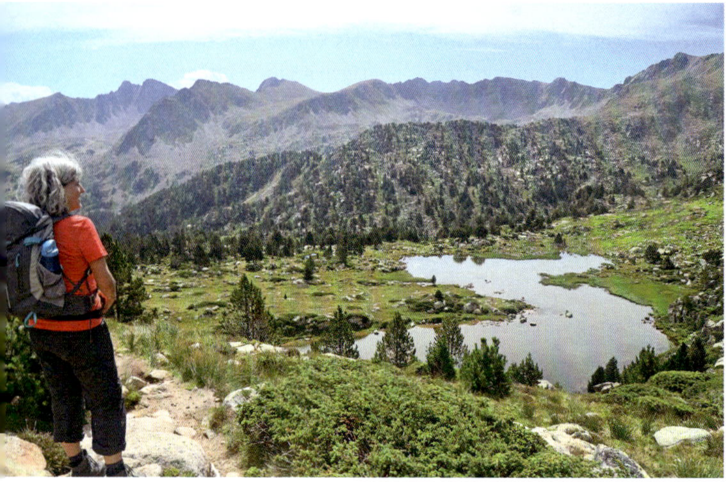

415 m

STRECKE 8 km

3 h 45

ab 10

Tour 17: Camí del Cercle dels Pessons

Seenrunde bei Grau Roig

Zugegeben, der erste Impuls, als wir auf den Parkplatz der Skistation Grau Roig rollten, war es, Kehrt zu machen und zügig das Weite zu suchen. Das wäre jedoch eindeutig ein Fehler gewesen, denn mit läppischen 200 Metern Aufstieg kommen wir hier zu einer bildschönen, unerwartet wilden und naturbelassenen Seenplatte in Hochgebirgslage. Die unschönen, mit Liftanlagen gespickten Hänge am Start sind unterwegs schnell vergessen.

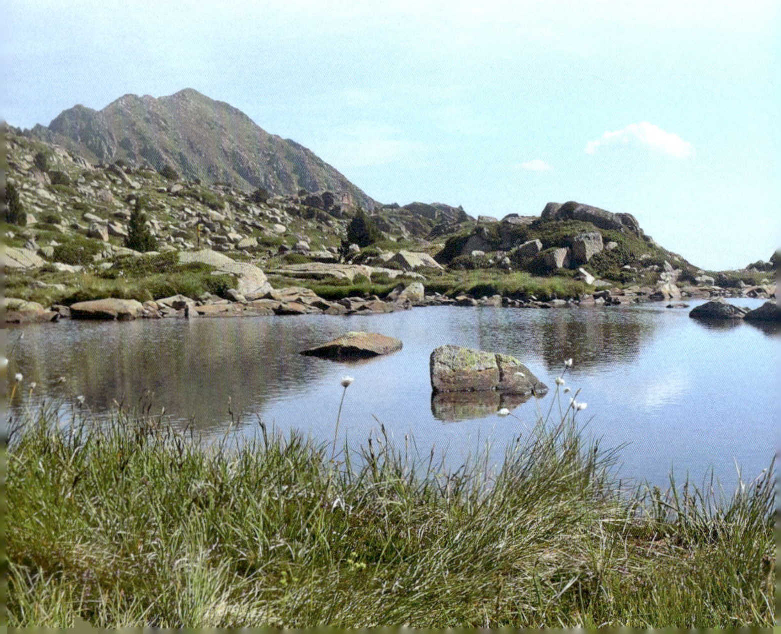

TOUREN-STECKBRIEF

Anfahrt: Von Pas de la Casa in Richtung Soldeu fahren und dabei auf der Passstraße bleiben und nicht in den Tunnel fahren. Auf halber Strecke zweigt links eine Straße nach Grau Roig ab. Dort bis zum hinteren Parkplatz durchfahren. Hier gibt es mehrere Gaststätten, die im Sommer alle geschlossen sind, nur das Hotel am oberen Parkplatz ist geöffnet.

Charakter: Konditionell anspruchsvolle Bergwanderung auf steinigen Bergsteigen, Durchquerung mehrerer kleinerer Blocksteinfelder und zu Beginn und am Ende steiler Auf- bzw. Abstieg.

Mit Kindern: Mit trittsicheren Kindern ab sechs Jahren ist der Aufstieg bis zum Restaurant am Estany Primer eine gute Alternative.

Einkehr: Restaurant Pressions.

Unterkunft:
Hotel: Grau Roig Andorra Boutique Hotel.
Camping: Camping Santa Creu / Canillo.
Wohnmobil: Kostenloser Stellplatz ohne Einrichtungen im oberen Bereich des Parkplatzes bei GPS N 42°31'59.9", E 1°42'05.2".

In der Nähe: Eglesia St. Joan de Caselles.

Wanderung: Vom Parkplatz folgen wir der Piste parallel zum Fluss und dem Hinweisschild zum Restaurant Pressions. Nach den ersten zwei Kehren zweigt links ein etwas **schmalerer Schotterweg** ① ab, der ebenfalls recht steil ansteigt. Wir folgen ihm, bis in der Nähe eines Wasserbeckens rechts ein **blau markierter Steig** ② abzweigt.

Jetzt geht es in engen Kehren und über etliche Felsstufen weiter bergan. Nach gut 200 Höhenmetern haben wir dann den ersten See, den **Estany Primer** ③, erreicht. Rechts sehen wir das Restaurant mit einladender Terrasse. Unser Weg führt links am See weiter und ist ab hier doppelt markiert. Die gelben Punkte gehören zu unserem Rundweg Cercle dels Pessons, die rot-weißen Balken zum GR 7, dem wir die nächsten 1½ Stunden bis zum Estany de les Fonts folgen. Einen an einem großen Holzschild links abzweigenden Weg ignorieren wir und dann folgen wir einfach unseren Markierungen. Weitere Abzweigungen gibt es erst wieder am Wendepunkt unserer Runde.

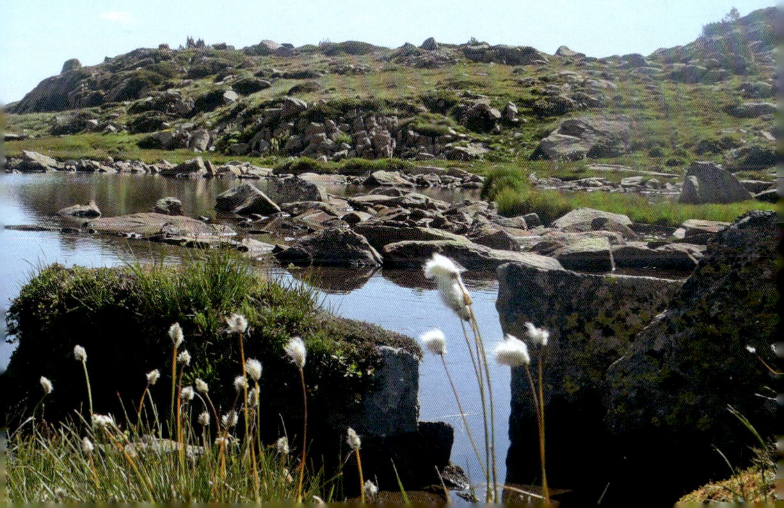

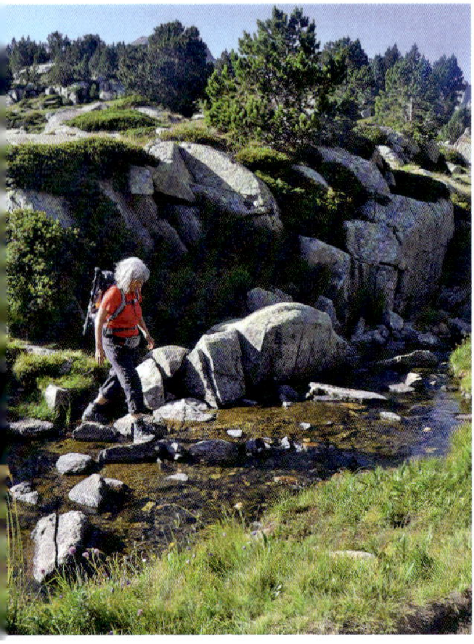

Der steinige Pfad steigt noch einmal kräftig an, dann haben wir schon den zweiten See vor uns. Der **Estany Forcat** ist teilweise mit Schilf zugewachsen und sieht ganz anders aus als der liebliche Estany Primer. An seinem Zufluss entlang geht es zum nur wenig weiter oben liegenden **Estany Rodo**. Kurz vor dem See treffen wir auf einen Teich, dann folgt der See. Die Landschaft ist hier deutlich karger und besteht nur noch aus Gräsern und etlichen Felsblöcken, die sich über das ganz Tal verstreuen.

Dann geht es noch einmal hinauf zum **Estany de Meligar** ④, den wir am rechten Ufer passieren. Er liegt recht geschützt und eignet sich gut für eine kleine Pause. Auch am folgenden **Sisé Estany** sitzt man recht gut am Ufer, dann nähern wir uns den Wänden des Bergkessels und sehen schon von weitem einen **Schilderbaum** ⑤. Hier führt der GR 7 links hinauf auf den Rand des Bergkessels. Unser gelb markierter Rundweg biegt rechts ab, steigt noch einmal an und führt dann durch ein deutlich lieblicheres, etwas oberhalb gelegenes Tal zurück.

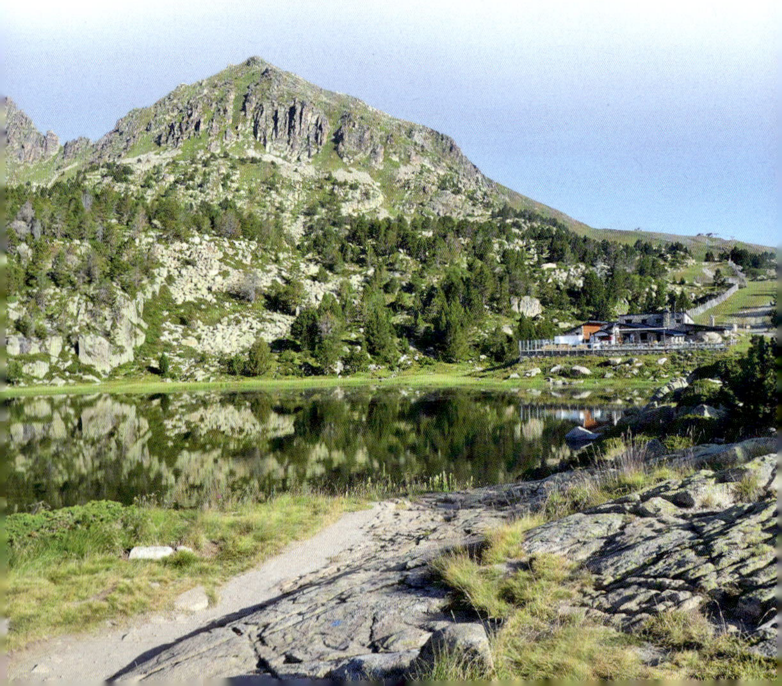

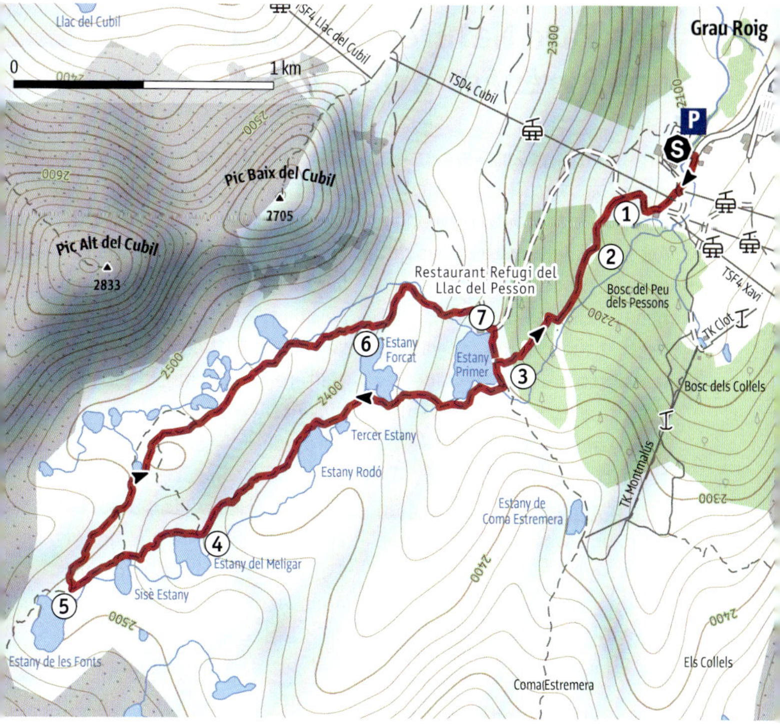

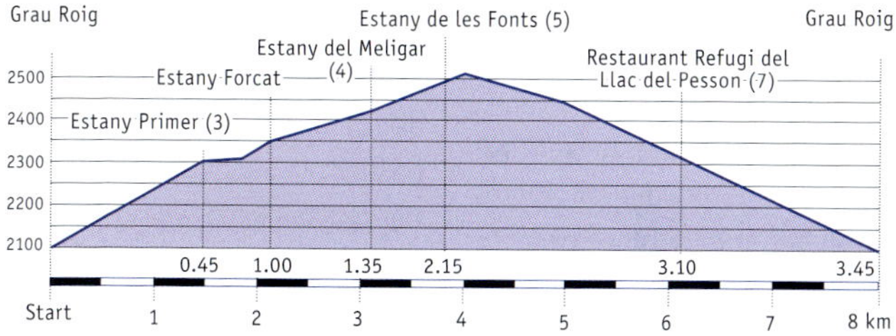

Zuerst kann man noch auf die bekannten Seen schauen, dann verschwindet unser Hinweg hinter einem Hügel. Auch an der oberen Route liegen Seen. Links unter und blicken wir auf eine Reihe kleiner Tümpel, die wie Perlen an einer Schur im grünen Tal liegen. Ab und zu fällt der Blick auf die unschönen Hänge des Skigebietes Grau Roig, aber meist ist unser Rückweg landschaftlich idyllisch und führt über angenehm weichen Wiesenboden.

Kurz vor dem Ziel liegt links unten ein größerer See, und dann taucht rechts wieder der **Estany Forcat** ⑥ auf, der von hier aus ganz anders aussieht. Ein letzter steiler Abstieg bringt uns direkt zum **Restaurant** ⑦ hinunter, auf dessen Terrasse wir bei Kaffee und Kuchen oder einem Bier und einem Sandwich entspannen können. Dann geht es auf dem bekannten Aufstiegsweg wieder zur Skistation hinunter.

Der Parc Naturel Regional des Pyrénées Ariègeoises

Mit ihren grünen, vergleichsweise sanften Bergen ist die Region Ariège auf angenehme Art Tourismusprovinz. Das gilt ganz besonders für ihren westlichen Teil, das Couserans, das auch heute noch vorrangig landwirtschaftlich geprägt ist. Hier findet man nur wenige Unterkünfte und auch wenig touristische Infrastruktur. Auf den Wanderwegen der Region ist man auch mal ganz alleine unterwegs. Hauptort des Couserans ist das geschäftige Saint-Girons mit ganzen 6000 Einwohnern.

Der westliche Teil der Ariège auf dem Gebiet der ehemaligen Grafschaft von Foix ist traditionell eher mediterran ausgerichtet. Die Grafen von Foix unterstützten im Mittelalter die innovativen Ideen der Katharer. Aus deren wehrhaften Burganlagen sind einige besonders spektakuläre Burgruinen entstanden. Die Katharerburg Montségur ist eine der berühmtesten Sehenswürdigkeiten der östlichen Pyrenäen. Weitere klassische Sehenswürdigkeiten wie zu Beispiel die Burg von Foix und die Höhlen bei Tarascon ziehen vergleichsweise viele Besucher an. Auf der Ariège und der etwas weiter nördlich gelegenen Aude kann man paddeln und an Raftingtouren teilnehmen und mit dem verträumten Ax-les-Thermes hat die Region sogar ein Thermalbad zu bieten. Trotzdem bleibt es hier selbst in der Sommersaison deutlich ruhiger als in den viel besuchten Nationalparks. Wer Bergeinsamkeit, wenig began-

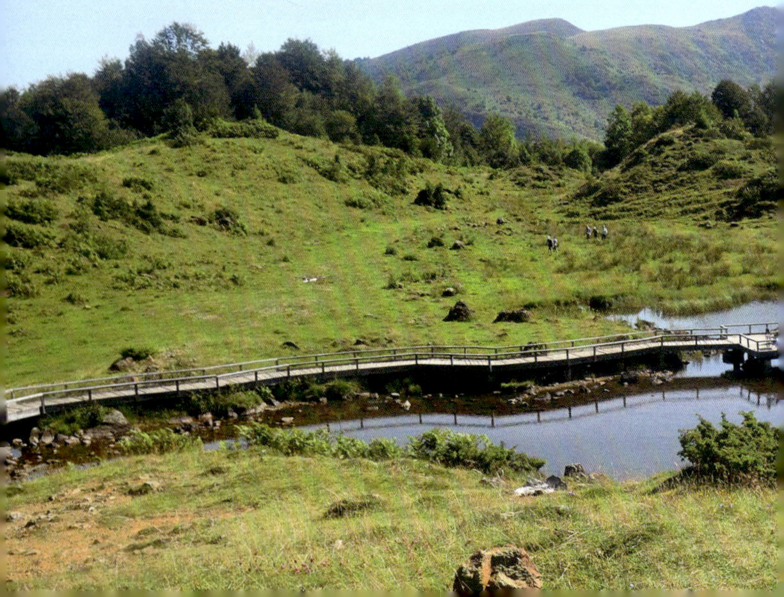

gene Pfade, ursprüngliche Landschaften und Orte sucht, ist in den Pyrenées Arièqeoises ganz richtig.

Zum Naturpark wurde die Bergregion der Arièqe erst 2009 erklärt. Das Zentrum des Parks liegt westlich von Tarascon, wo schmale Straßen zu Dörfern wie Vicdessos, Auzat, zum Wandererdorf Aulus-les-Bains und weiter in die Berge führen. Am Port-de-Lers gehen die Drachenflieger in die Luft und am einsam gelegenen Étang du Lers treffen sich die Angler. Weiter im Westen ist das Vallée de Bethmale für Holzschuhe und guten Käse bekannt. Auf mehrtägigen Trekkingtouren dürfen Sie in dieser Region überall in den Bergen auch im Zelt übernachten. Der GR 10 quert die Berge von Mérens-en-Vals über Auzat und Aulus-les-Bains und streift den Cirque de Cagateille, bevor er hinter Bagnères auf dem Gebiet des französischen Nationalparks ankommt.

Auf den Bergweiden grasen die kleinen schwarzen Pyrenäenpferde, Mérens genannt, und die hübschen dunkelbraunen Pyrenäenesel mit hellem Bauch und cremefarbenem Maul, mit denen man auch zum Wandern gehen kann **[› Tour 26]**. Von Aulus und Les Cabannes werden mehrtägige Ritte in die Berge angeboten **[› Seite 91]**.

Weitere Informationen über Unterkünfte und Aktivitäten im Gebiet des Parc Naturel Regional finden Sie unter www.parc-pyrenees-ariegeoises.fr.

Am Etang de Lers gibt es viele idyllische Plätze

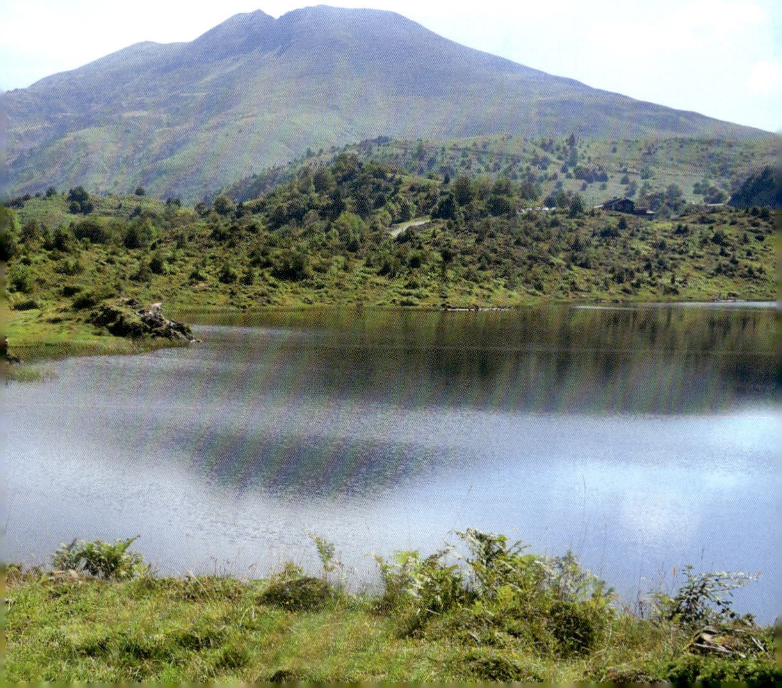

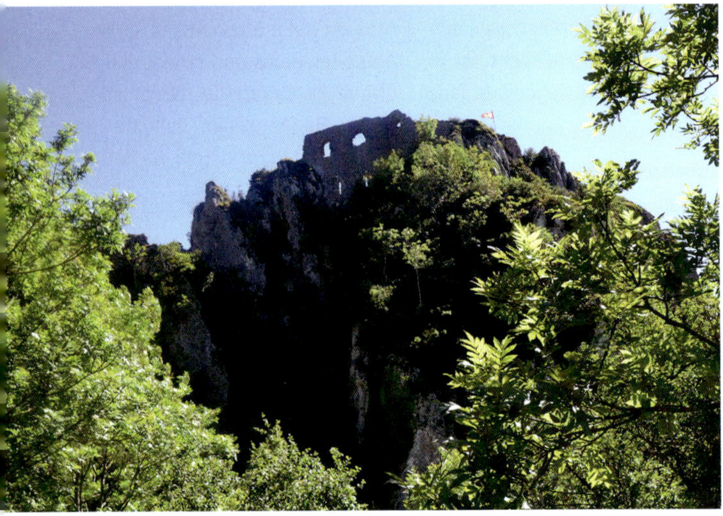

250 m

STRECKE 6,5 km

2 h 15

ab 8

Tour 18: Weitblick vom Schlossberg

Rund um das Dorf und die Schlossruine von Roquefixade

Ein idyllisch vor einer Felswand gelegenes Dorf mit alten Steinhäusern und bunten Fensterläden, eine romantische Burgruine in aussichtsreicher Lage und ein Höhenweg mit Weitblick sind hier in Roquefixade im Hügelland am Rande der Pyrenäen die Basis für eine besonders abwechslungsreiche Wanderrunde.

Wanderung: Vom Parkplatz folgen wir den Wegweisern zum Schloss und überqueren den **Dorfplatz vor der kleinen Kirche**. Dort geht es links hinauf. Zuerst wandern wir auf einem breiten Weg, dann wird ein steiler, steiniger Pfad daraus. Dieser führt außen um den schroffen Fels herum und nähert sich der **Schlossruine** ① von hinten. Oben angekommen führt das letzte Stück des Weges über Felsen und nahe am Abhang entlang. Sind Kinder mit von der Partie, heißt es hier aufpassen. Der hintere Teil der Burg ist aus Sicherheitsgründen mit einer Kette versperrt, was regelmäßig ignoriert wird. Wenn Sie hier weitergehen, tun Sie das auf eigene Gefahr. Im mittleren Teil der Ruine könnte man auf einer großen Wiesenfläche mit bestem Blick picknicken. Außerdem sieht man von hier aus auch den **Pfad**, der auf die nächste Bergkuppe führt und auf dem unsere Wanderung weiter geht.

Dazu müssen wir zuerst zurück zur **Felsbarriere am Zugang zur Ruine**. Hier sorgt eine Reihe Elektrozaun-Stecken mit Kordel dafür, dass die Schlossbesucher den richtigen Weg finden. Wir müs-

TOUREN-STECKBRIEF

Anfahrt: Von der D117 zwischen Foix und Llavelanet zweigt eine parallel und etwas höher am Hang verlaufende Straße ab, die durch das Dorf Roquefixade führt. Der Parkplatz für unsere Tour befindet sich am westlichen Ortsausgang bei **GPS N 42°56'7.1", E 1°45'16.5".**

Charakter: Abwechslungsreiche Rundwanderung mit Weitblick auf schmalen, teilweise steilen Pfaden und einem etwas breiteren bequemen Weg am Hang.

Mit Kindern: Wer kürzen möchte, steigt einfach nur zur Burgruine hinauf. Der Platz davor eignet sich prima für ein Picknick. Es gibt eine leicht ausgesetzte Stelle kurz vor der Ruine, aber mit der entsprechenden Vorsicht eignet sich der kurze Aufstieg auch mit Kindern ab etwa fünf Jahren.

Einkehr: Keine.

Unterkunft:
Hotel: Relais des Trois Châteaux.
Camping: Camping Mercues.
Wohnmobil: Offizieller Stellplatz ohne Einrichtungen in Foix bei GPS N 42°57'39.8", E 1°36'39.6".

In der Nähe: Fontaine de Fontestorbes, Montségur.

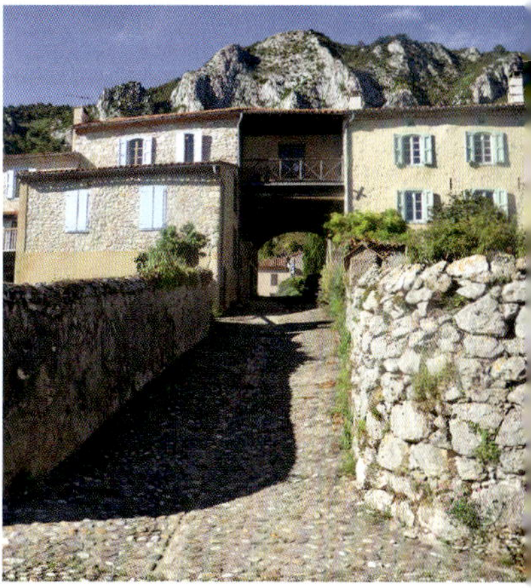

sen jetzt jedoch auf der anderen Seite des provisorischen Zaunes auf dem Pfad, der hier bergan führt, weiter. Weiterhin recht steil geht es hinauf zum benachbarten **Gipfel** ②, der noch einmal ein ganzes Stück höher liegt als die Ruine, die man jetzt von oben sehen kann. Mit 1002 Metern ist der **Roc Marot**, auf dem wir jetzt stehen, zwar kein hoher Berg, an dieser Stelle erlaubt er aber eine 360 Grad Rundumsicht.

Auch die gegenüberliegende Festung von Montségur ist zu sehen. Die Ruine von Roquefixade ist zwar ein romantischer Ort mit erstaunlichem Ausblick, geschichtlich hat sie aber nur wenig Bedeutung. Da hat die Burg auf dem schroffen Felsen gegenüber ein anderes Kaliber – sie war der letzte Rückzugsort der Katharer. Wer mehr wissen möchte, findet die Details bei **[› Tour 19].**

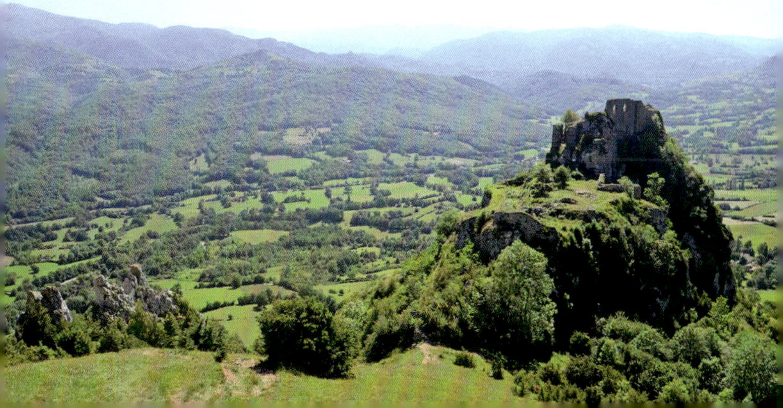

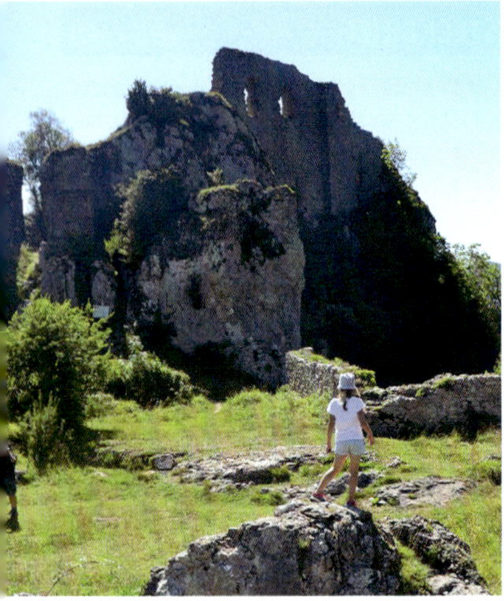

Wir spazieren jetzt recht bequem auf der **Hochebene** weit über dem Dorf entlang. Der Weg ist hier durchgängig gelb markiert, was ab und zu ganz nützlich ist, um herauszufinden, wo es eigentlich weiter geht.

Am letzten Felsköpfchen steigen wir zuerst ein Stück hinunter und dann führt unser Pfad auf der Rückseite des Berges in einen Wald, der mit der Zeit immer dunkler und feuchter wird. Ein Weg zweigt nach links ab, wir gehen aber geradeaus weiter. Wenig später kommen wir noch einmal an eine **Kreuzung** ③. Hier biegen wir links in Richtung **Grotte** ab. Nur wer abkürzen möchte, steigt direkt rechts hinunter.

Von hier aus sind es etwa zehn Minuten bis zum nächsten Abzweig, der als Stichweg zu einem finsteren **Höhleneingang** ④ führt. Man kann vorsichtig ein Stückchen hinuntersteigen und mit einer Taschenlampe in die Höhlung leuchten. Weit kommt man aber nicht, da es schon im Eingangsbereich steil bergab geht.

Hinter der Höhle wird der Wald ein wenig freundlicher. Unser Waldpfad wechselt jetzt die Richtung und führt an einer Lichtung entlang. Wenig später endet er auf einem **breiteren Weg**, ⑤ dem wir nach rechts folgen. Hinter einem **Stallgebäude** trifft er erneut auf einen **breiten Fußweg** ⑥, dem wir noch einmal nach rechts folgen. Dieser Weg ist nicht mehr gelb, sondern rot-weiß markiert und führt mit gutem Ausblick immer auf

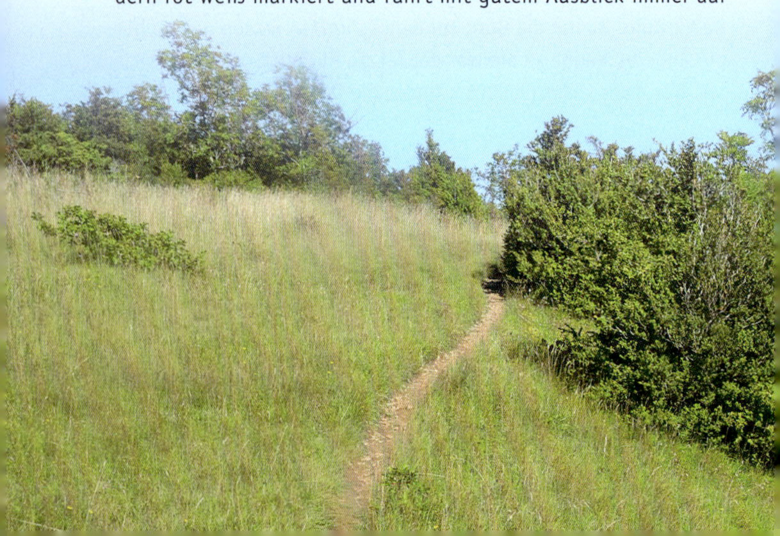

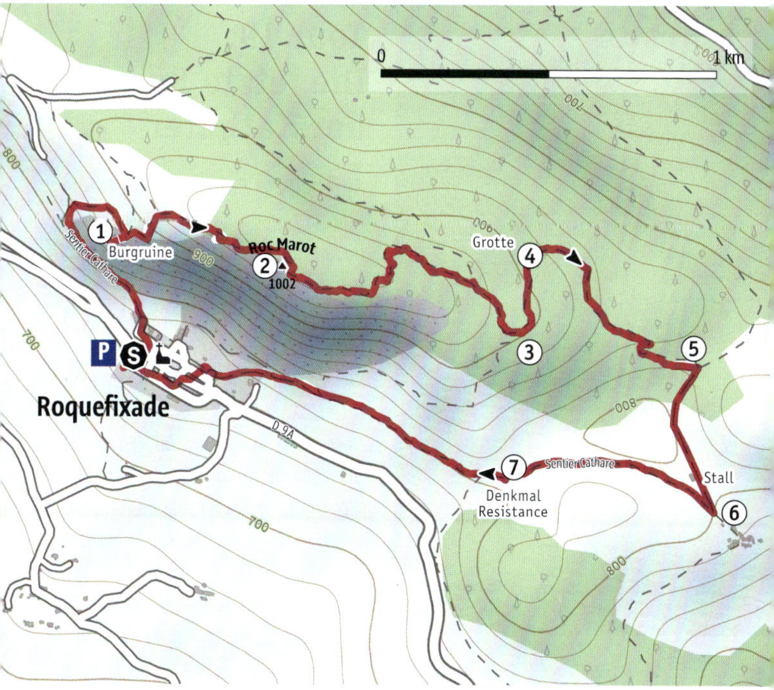

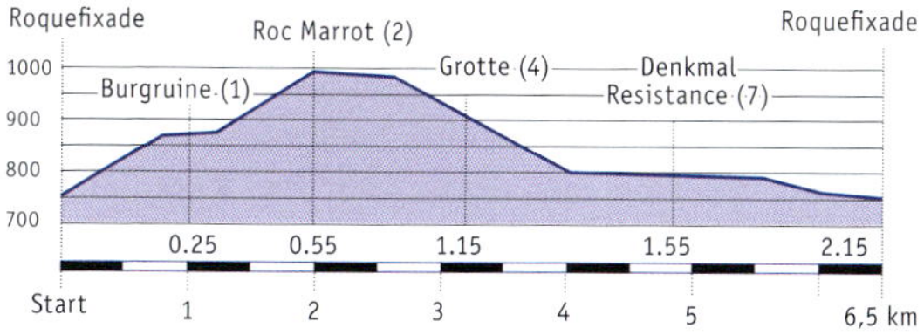

einer Höhe am Hang entlang bis zum Dorf zurück. Auf halber Strecke steht ein **Denkmal** ⑦ für 16 Kämpfer der Resistance, die hier 1944 von Deutschen überrascht und getötet wurden. Dann sehen wir die ersten Häuser des Dorfes. Der Weg teilt sich, wir gehen links hinunter und wählen dann eine der Straßen, die links hinunter durch das Dorf führen, um zurück zum Parkplatz zu kommen.

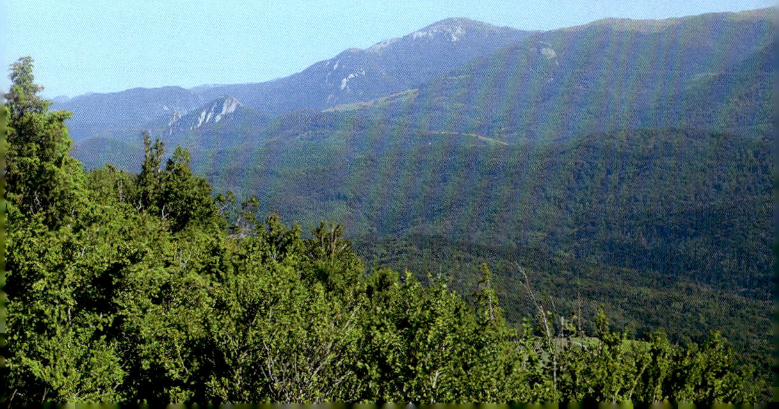

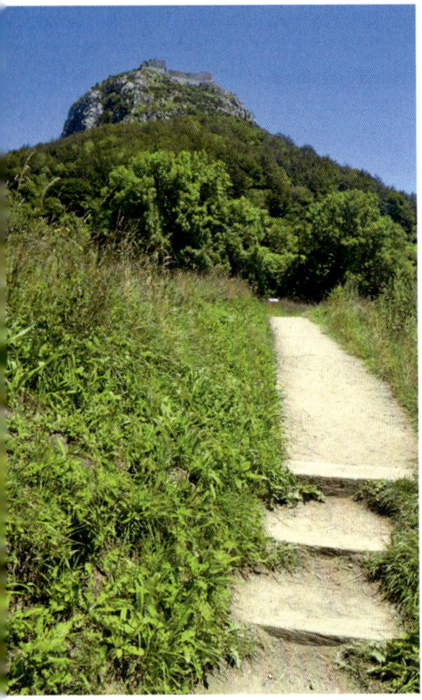

Tour 19: Die letzte Burg der Katharer

Aufstieg zur Ruine von Montségur

Beeindruckt schon Roquefixade durch seine spektakuläre Lage, setzt Montségur da locker noch eins drauf. Weit oben auf einem schroffen Felsen verwachsen die Mauerreste der alten Katharerfestung mit dem Berg. Die Burg galt im Mittelalter als uneinnehmbar, was sich im März 1244 als falsch erwies – auch wenn man es durchaus glauben möchte, wenn man unten vom Parkplatz den schroffen Felsen hinaufblickt. Dort hinauf? Das kann doch gar nicht gehen. Eine Einschätzung, die sich ebenfalls recht schnell als falsch erweist...

180 m

STRECKE 2,5 km

1 h

ab 6

Wanderung: Der Weg vom Parkplatz zur Burg ist einfach, wenn auch anstrengend. Er beginnt als breiter Sandweg am Parkplatz und führt ziemlich steil bergauf. Dann folgt das **Kassenhäuschen** ①. Dahinter geht es auf einem schmalen Serpentinenpfad mit vielen Stufen weiter bergauf, bis wir vor dem Eingangtor der alten Burganlage stehen. Wanderschuhe sind für den Aufstieg durchaus angemessen und zumindest an heißen Tagen auch eine Flasche Wasser im Gepäck. Oben angekommen, können wir an einer kostenlosen Führung teilnehmen (wenn die Zeit passt) oder das historische Gemäuer auf eigene Faust erkunden. Vom

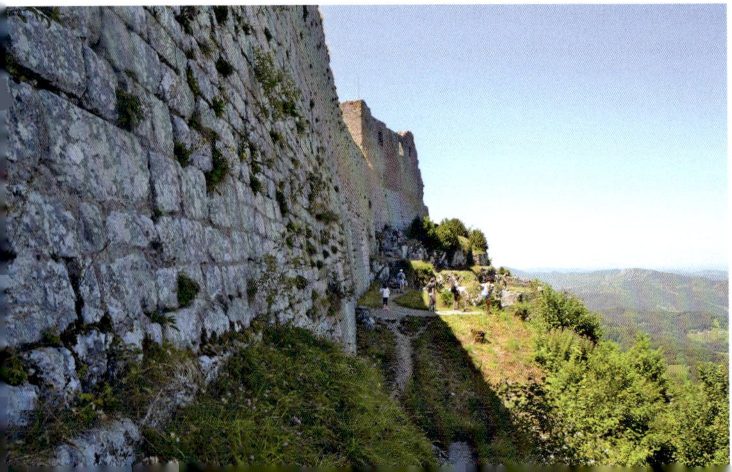

TOUREN-STECKBRIEF

Anfahrt: Von der D 117 zwischen Foix und Llavelanet zweigt kurz nach dem zweiten Abzweig nach Roquefixade rechts die Straße nach Montségur ab. Über Villeneuve und Montferrier geht es in einem großen Bogen nach Montségur. Die Ruine liegt oberhalb des Dorfes und der Parkplatz befindet sich bei **GPS N 42°52'26.5", E 1°49'29.0"** am Fuße des Burgberges.
Charakter: Steiler Aufstieg auf steinigem Pfad zu Burgruine mit grandiosem Ausblick.
Öffnungszeiten: April bis September 10 – 18 Uhr, Juli und August bis 9 – 18 Uhr, März und Oktober 10 – 17 Uhr, im Winter 11 – 16 Uhr. Eintritt € 6,50, Kinder 8 bis 15 Jahre € 3,50. www.montsegur.fr
Mit Kindern: Aufregende Kurztour, die sich für Kinder besonders eignet. Der Aufstieg ist anstrendend aber nicht riskant.
Einkehr: Im Dorf Montségur.
Unterkunft:
Hotel: Relais des Trois Châteaux.
Camping: Camping Mercues oder Plätze bei Tarascon.
Wohnmobil: Stellplatz in Foix.
In der Nähe: Fontaine de Fontestorbes.

Innenhof durchschreiten wir ein Tor und können links zum Turm hinaufsteigen. Der Ausblick vom Berg ist gigantisch.

Besonders groß ist die Festung nicht, vor allem wenn man bedenkt, dass hier bis zu 600 Menschen gelebt haben sollen, von denen etwas über 200 Geschichte schrieben, indem sie »freiwillig« den Scheiterhaufen bestiegen. Aber das ist eigentlich das grausame Ende der Geschichte, die mit dem Kreuzzug der katholischen Kirche gegen die Glaubensgemeinschaft der Katharer begann.

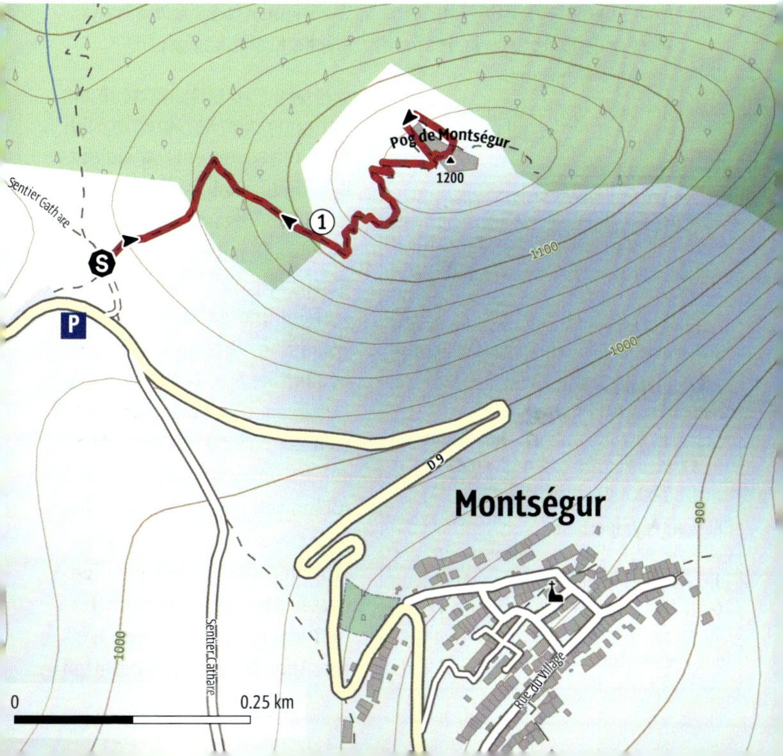

Der Kampf um Montségur oder die Geschichte der Katharer

Die Bewegung der Katharer spaltete sich im 11. Jahrhundert von der katholischen Kirche ab, die im Zuge der sich neu entwickelnden Geld- und Warenwirtschaft danach strebte, mit Steuern und Handel möglichst viel Profit zu machen. Die Katharer betrachteten materiellen Besitz als unmoralisch und lebten ein einfaches, spartanisches Leben. Auch ihre Bibelauslegung entsprach ganz und gar nicht der offiziellen Linie. Die Aufrichtigkeit ihrer Anhänger machte Eindruck und die neue Glaubensrichtung gewann vor allem in Südfrankreich und der Lombardei schnell viele Anhänger. Nach der Stadt Albi, die eine ihrer Hochburgen war, nannte man die Gläubigen auch »Albigenser«. Der erste gleichnamige Kreuzzug begann 1209, denn die katholische Kirche empfand die neue Glaubensgemeinschaft als Bedrohung. Angeführt wurde er von Simon de Montfort, der noch heute für seine Grausamkeit bekannt ist. Zwanzig Jahre später waren die Fürsten des Languedoc, die ehemals die Katharer unterstützen, besiegt und wieder dem französischen König verpflichtet. Eine Gruppe der letzten Katharer um den Bischof Guilhabert de Castres zog sich auf den Montségur zurück und baute die dort vorhandene Festung aus. Bewacht wurde die Burg von den als Faydits (Gesetzlose) bezeichneten Rittern um Pierre Roger de Mirepoix, die gegen die Inquisition und die französische Krone kämpften.

Montségur war das letzte große Refugium der Katharer in Südfrankreich und entzog sich jeder Einflussnahme des Königs. Nachdem Ritter aus Montségur es gewagt hatten, die Chefinquisitoren von Toulouse zu ermorden und dafür von der Bevölkerung gefeiert wurden, begann im Mai 1243 ein neuer Kreuzzug. Ein Heer sammelte sich am Fuß des Berges Montségur, um die Burg von der Außenwelt abzuriegeln. Die Katharer setzten auf die Unterstützung des Grafen von Toulouse, der aber gerade in Italien weilte, und auf den Winter. Aber die Belagerer hielten

Die Burgen der Katharer

Außer der Ruine von Montségur gibt es im Randgebiet der Pyrenäen bei Maury nordwestlich von Perpignan zwei weitere, deutlich besser erhaltene und äußerst beeindruckende Katharerburgen, die nahe beieinander stehen und besichtigt werden können.

Château de Queribus

Geöffnet Mai bis September 9.30 – 19 Uhr, April und Oktober 10 – 18 Uhr, im Winter 10 – 17 Uhr. Eintritt € 7,50, Kinder 6 bis 15 Jahre € 4,50. www.cucugnan.fr

Château Peyrepertuse

Geöffnet April bis September 9 – 19 Uhr, Juli, August bis 20 Uhr, März und Oktober 10 – 18 Uhr, im Winter bis 16.30 Uhr. Eintritt € 7, Kinder 6 bis 12 Jahre € 4, in Duilhac-sous-Peyrepertuse. www.peyrepertuse.com

durch. Der Aufstieg einiger Bewaffneter über die Felsen der schroffe Ostseite war vermutlich eine verzweifelte Aktion angesichts der bevorstehenden Kälte. Aber sie war erfolgreich und brachte für das Heer des französischen Königs die entscheidende Wendung. Die Soldaten überraschten die Besatzung des Roc de la Tour, eines vorgebauten Wachturms, und konnten diesen einnehmen. Aus dem Schutz des Turmes begannen sie die Festung anzugreifen. Mit leeren Vorratskammern und erschöpfter Besatzung mussten Mirepoix und die Katharer am Ende des Winters kapitulieren. Die Faydits erhandelten für sich eine Generalamnestie und zogen ab, alle gläubigen Katharer stellte man vor die Wahl, ihrem Glauben abzuschwören und zur katholischen Kirche zu konvertieren, oder den Tod auf dem Scheiterhaufen zu finden. Der Überlieferung zufolge wählten sie alle den Scheiterhaufen und gingen stolz und aus eigener Kraft über die Leitern ins Feuer. Am Platz, auf dem die Feuer loderten, steht heute ein Gedenkstein.

Die Burg auf dem Berg wurde nach dem Feldzug geschleift und neu aufgebaut. Die Mauern der heutige Ruine wurden also erst nach 1244 errichtet. Die Kapitulation war außerdem das Ende der Glaubensgemeinschaft der Katharer in Südfrankreich. Wenige Mitglieder der Gemeinschaft zogen sich auf die nahe Burg Queribus zurück, aber katharische Gemeinden existierten ab diesem Zeitpunkt nur noch in der Lombardei.

Der Mythos von Montségur

Für viele Menschen ist Montségur heute ein mystischer Ort mit besonderer Kraft, um den sich mehrere Legenden ranken. So soll hier der heilige Gral versteckt sein und vielleicht auch der sagenumwobene Schatz der Katharer, den die Eingeschlossenen vor der Kapitulation in Sicherheit brachten. Wenn zur Sommersonnenwende die Sonne durch die östlichen Schießscharten in die Burg und durch die westlichen wieder hinausfällt, soll der Lichtstrahl den Weg zum sagenhaften Schatz der Katharer weisen.

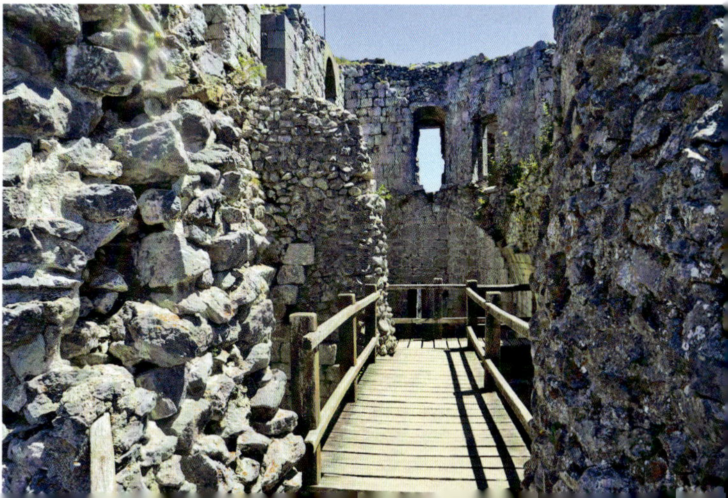

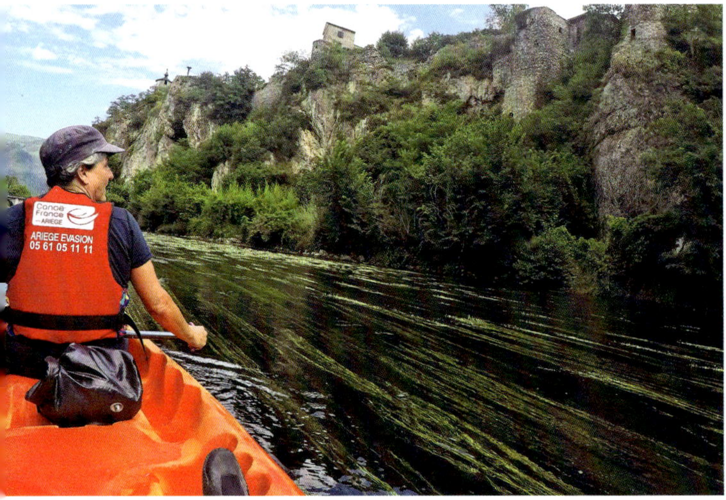

STRECKE 9 km

2 h

ab 10

Tour 20: Mit dem Kanu auf der Ariège

Flotte Flussfahrt zwischen Tarascon und Mercues

Flotte sportliche Kanutour, auf der es immer mal wieder kräftig sprudelt. Am Ufer ist die kleine Altstadt von Tarascon zu sehen und ansonsten nur Natur. Am Ende kann die Flussfahrt mit einer paddelintensiven letzten Fahrt über den Stausee von Mercues verlängert werden. Am Badeplatz von Mercues geht es dann wieder an Land.

Kanutour: Die Kanustrecke »decouverte« beginnt direkt am Verleih, das heißt, wir können dort jederzeit starten, weil kein Transfer mit dem Auto notwendig ist. Nur wirklich fortgeschrittene Paddler sollten die Kanutour oberhalb des Campingplatzes beginnen, dieser Bereich ist mit Wildwasser II klassifiziert.

Zuerst paddeln wir vor einer Steilwand durch ruhiges Wasser, aber das bleibt nicht lange so. Schon nach wenigen Paddelschlägen, dort wo der Fluss schmaler wird, wartet der erste kleine, harmlose Schwall und es geht flott auf das rechte Ufer zu. Genauso geht es dann weiter: Nur auf kurzen Abschnitten ist die Ariège strömungsfrei, immer wieder wird das Wasser flott und sprudelt ein bisschen. Zudem liegen einige dicke Steine im Wasser, sodass man es gut beobachten muss, um nicht auf Kollisionskurs zu geraten. Das Paddeln wird dagegen nie anstrengend. Meist geht es ganz von selbst voran.

Nach etwa einer Stunde munterer Fahrt tauchen am rechten Ufer die Häuschen des **Camping Pré Lombard** auf und mahnen zur Aufmerksamkeit. Wir nähern uns Tarascon und vor uns liegt die

TOUREN-STECKBRIEF

Anfahrt: Der Kanuverleih am Camping Ariège Evasion liegt am Südufer des Flusses 4 km südöstlich von Tarascon. Die Zufahrt ist von der Nationalstraße beschildert. Eine schmale Brücke mit Höhenbegrenzung führt über die Ariège zum Kanuverleih bei **GPS N 42°49'3.0", E 1°38'3.4"**. Mit größeren Fahrzeugen funktioniert nur die Zufahrt über Tarascon. Fahren Sie dort den Hinweisschildern zum Camping Pré Lombard nach und dann rechts am südlichen Flussufer entlang bis zum Campingplatz.

Kanuverleih: Es werden unkompliziert Sit-on-Top-Kanus verliehen, die eigentlich mit einem Doppelpaddel gefahren werden. Es gbt aber auch Stechpaddel. Kanustrecke Eaux Vives (2 h, 9 km) €24 pro Person, Evasion mit Verlängerung bis Mercues (2,5 h, 12 km) €27 pro Person, Kinder bis 16 Jahre €19 bzw. €22. Transfer und Material inklusive. Der Verleih ist von Mai bis Oktober geöffnet. www.ariege-evasion.com

Charakter: Sportlich flotte Kanutour mit mehreren Passagen der Kategorie Wildwasser 1 und einem zu umhebenden Wehr. Nicht ganz optimal für Kanuanfänger.

Mit Kindern: Kinder müssen trotz Schwimmweste für diese Tour bereits sicher schwimmen. Haben die Eltern solide Kanuerfahrung, können auch jüngere Kids mit ins Boot.

Unterkunft:
Hotel: Hotel Confort in Tarascon.
Camping: Ariège Evasion am Kanuverleih, hat auch Häuschen im Angebot.

In der Nähe: Altstadt Tarascon, Grotte de Niaux, Parc de la Préhistoire.

erste Schlüsselstelle (1) der Tour. Kurz nach dem Campingplatz taucht vor uns eine **rosé getönte Brücke** auf. Dahinter steht rechts ein **Uhrenturm** auf einem hohen Felsen. Unterhalb des Turmes zieht die Strömung unter überhängende Bäume und es besteht Kentergefahr. Wir halten uns also hinter der Brücke auf der linken Flussseite. Kurz hinter dem Uhrenturm mündet der **Vicdessos** mit starker Strömung in die Ariège und drückt die Kanus auf die rechte Flussseite. Hier fährt man ganz links in die Strömung und durchquert den Zufluss mit etwas Schwung und leicht nach links gedrehter Kanunase, um nicht ans Ufer geschoben zu werden. Dann befindet man sich auch gleich auf der rich-

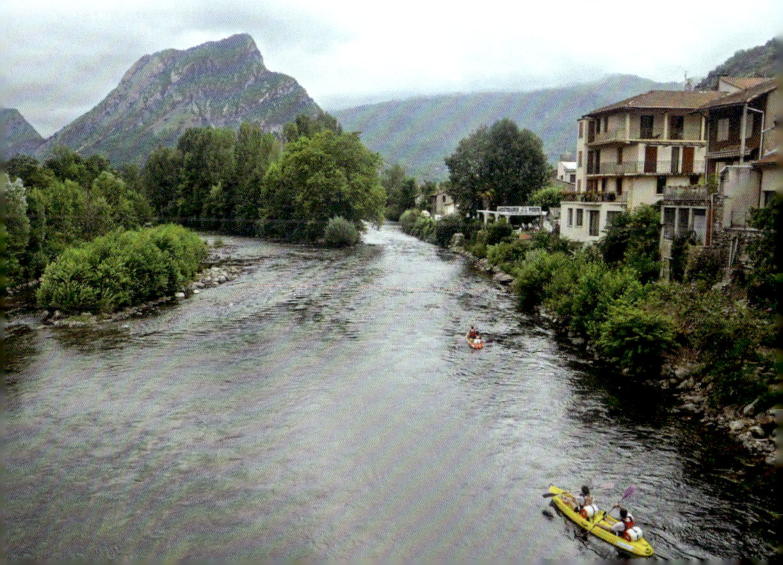

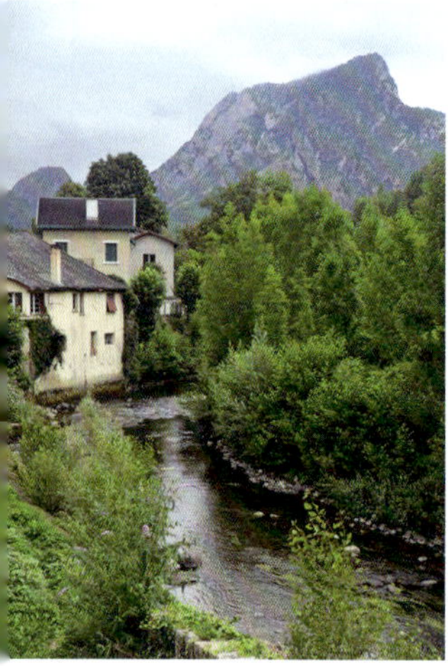

tigen Flussseite. Wir unterqueren die schöne **Bogenbrücke** in der Altstadt von Tarascon. Dahinter teilt sich der Fluss an einer **Insel**. Der linke Arm ist zu flach zum Paddeln, wir steuern also in den **rechten Arm** ②. Hier wird das Wasser eng zusammengedrängt und es geht rasant durch einen Schwall mit recht hohen Wellen. Eine kleine Dusche ist kaum zu vermeiden, und wer nicht komplett baden gehen will, hat hier besser auch ein Auge auf aus dem Wasser ragende Steine.

Hinter der Insel wird das Wasser wieder ruhiger und wir paddeln entspannt bis zu einer **grünen Eisenbahnbrücke**. Hier heißt es nochmal aufpassen. Etwa 500 Meter hinter der Brücke zwingt uns ein zwei Meter hohes **Naturwehr** ③ aus dem Kanu. Vor dem Wehr wird das Wasser ruhig und tief und ein Schild kündigt den bevorstehenden Ausstieg an. Wir halten uns am rechten Ufer, wo wir problemlos an einer kleinen Kiesbank anlegen und das Kanu über eine Betonrutsche in das Wasser unterhalb des Wehres schieben können. Der Wiedereinstieg ist nicht ganz einfach, weil wir unter dem Wehr direkt in starke Strömung einfahren. Wir steuern hier das Kanu geradeaus (fast im rechten Winkel) in die Strömung hinein und rechnen mit dem Rechtsruck, mit dem das Wasser das Kanu in die Strömung drückt.

Das war die letzte anspruchsvolle Stelle der Tour. Einige Kurven später markiert am rechten Ufer ein **hochgestelltes Kanu** ④ den Ausstieg für die kürzere Route. Wer die längere »Evasion«

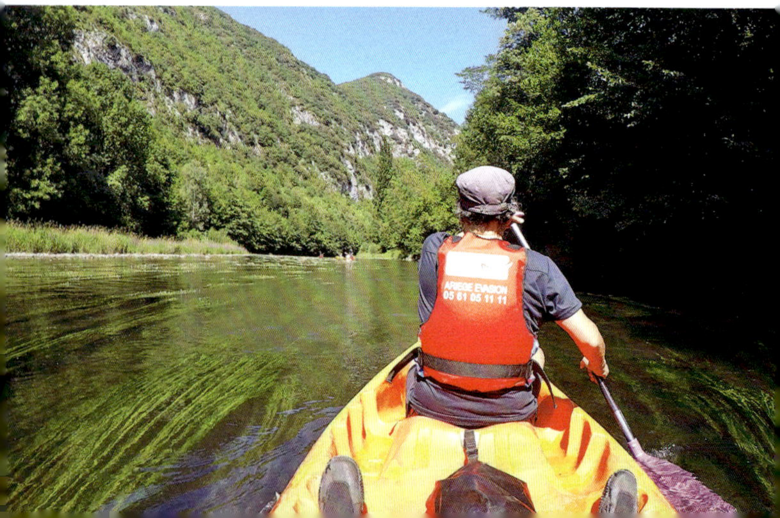

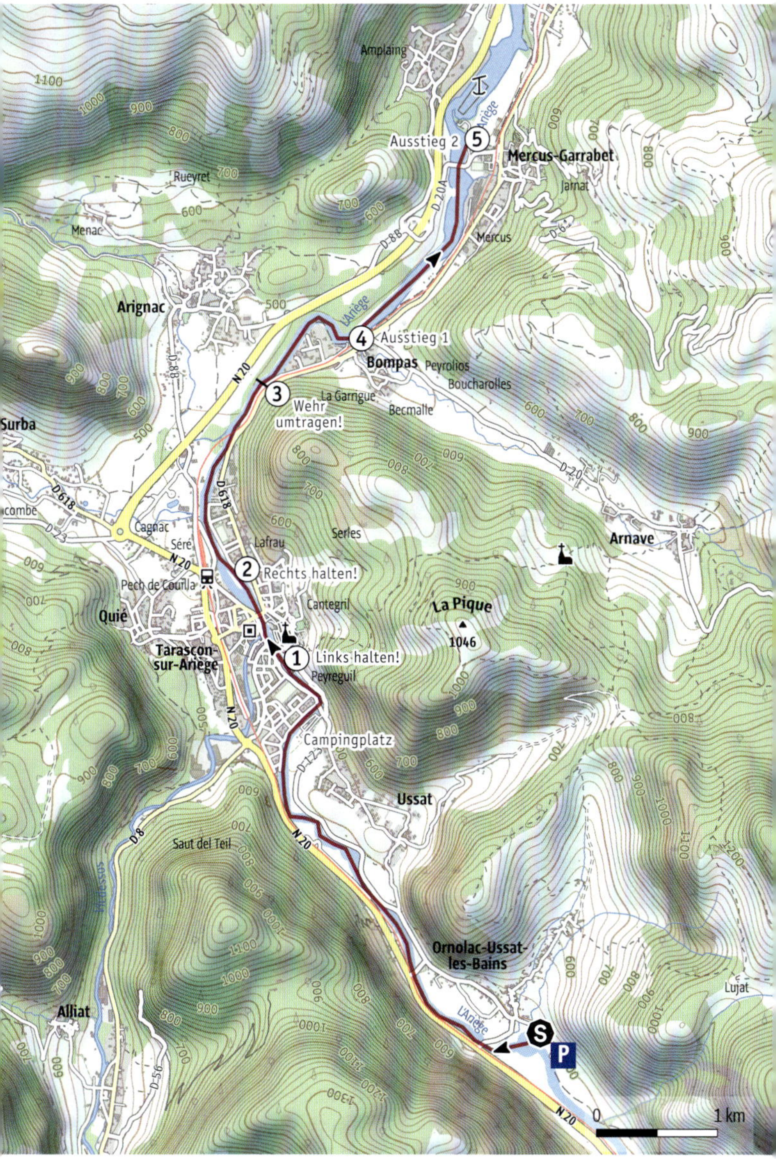

gebucht hat, paddelt jetzt entspannt weitere drei Kilometer über eine seeähnliche aufgestaute Ariège. Landschaftlich ist diese letzte halbe Stunde Paddeltour weniger spektakulär. Am rechten Ufer steht kurz vor dem Ziel ein Industriegebäude. Direkt rechts hinter der **Autobrücke von Mercues** signalisieren dann zwei aufgestellte gelbe Kanus den unteren **Ausstieg** ⑤. Alle 30 Minuten kommt hier der Busshuttle vorbei, der Paddler und Kanus wieder einsammelt und zum Ausgangspunkt zurück transportiert.

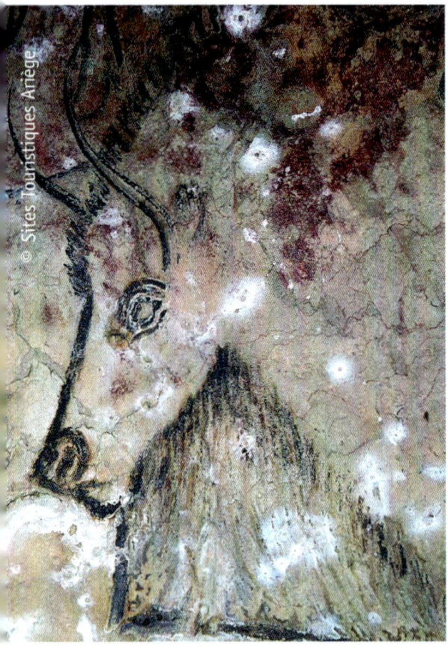

Tour 21: Grotte de Niaux

Der Schwarze Salon von Niaux

Zeichnungen aus der Steinzeit wurden in Südfrankreich und Nordspanien in etlichen Höhlen gefunden. Dargestellt wurden vor allem Tiere. Pferde, Auerochsen und Hirsche springen besonders häufig über die Wände. Hier in Niaux schmücken vor allem Bisons eine große Höhle, deren Akustik an eine Kathedrale erinnert. Niaux ist eine der wenigen Bilderhöhlen des Magdalénien, die man noch im Original besuchen kann. Lascaux, Altamira und die relativ neu für Besucher aufbereitete Höhle von Chauvet, die deutlich bekannter sind als Niaux, kann man nur noch als originalgetreu nachgebildete Replik besichtigen. Atemluft und Licht richteten dort einfach zu große Schäden an.

1 h 30

ab 6

Die Besichtigung: Die Führungen in der Höhle werden auf Französisch und Englisch angeboten und müssen immer vorab reserviert werden. Vom Eingang der Grotte geht es dann durch ein solides Metalltor und im Licht von 25 schaukelnden Grubenlampen in den Berg hinein. Die Gänge sind schmal und das Licht ist

TOUREN-STECKBRIEF

Anfahrt: Die Grotte liegt links an der Straße nach Niaux. Die Zufahrt befindet sich am westlichen Ortsrand und ist beschildert. Eine sehr schmale, einen guten Kilometer lange Bergstraße führt von dort zum Parkplatz vor dem Eingang bei **GPS N 42°49'9.7", E 1°35'37.9".**

Eintritt: Führung € 14 pro Person, Kinder und Jugendliche bis 18 Jahre € 10, Familienkarte € 42. Pro Gruppe dürfen 25 Besucher in die Höhle. Wegen den unebenen Wegen und der Dunkelheit werden für die Besichtigung Wander- oder zumindest Sportschuhe empfohlen. Die Temperatur in der Höhle liegt konstant bei 14°C, im Hochsommer Jacke nicht vergessen. www.sites-touristiques-ariege.fr

Anspruch und Charakter: Weg in die Höhle auf unebenem Boden und im Licht von Grubenlampen. Eine der wenigen Höhlen mit Steinzeitzeichnungen, die tatsächlich im Original zu sehen sind.

Mit Kindern: Grundsätzlich ist es kein Problem, auch Kinder mit in die Höhle zu nehmen, wenn sie sich für die Thematik interessieren. Ergänzend empfiehlt sich dann ein Besuch des Parc de la Préhistoire.

Unterkunft:
Hotel: Hotel Confort, Village de Vacances Marc.
Camping: Les Grottes in Niaux.

In der Nähe: Im Parc de la Préhistoire sind Nachbildungen der Zeichungen des Schwarzen Salons von Niaux und aus mehreren andern Höhlen zu sehen.

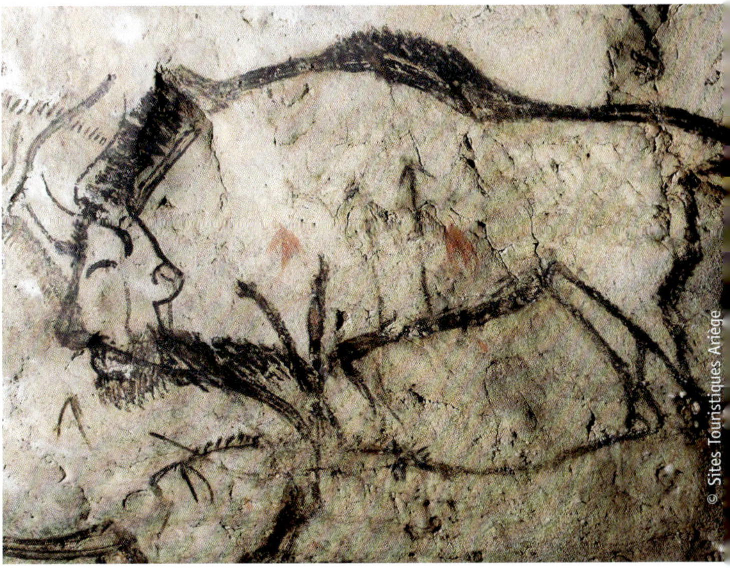

schummrig. Auf dem Weg zum Schwarzen Salon durchqueren wir zwei Engpässe, und da die Besucher zum Schutz der Höhle keinesfalls die Wände berühren sollen, brauchen diese Abschnitte ein bisschen Geschicklichkeit.

Nach einer knappen Viertelstunde erreichen wir eine größere Höhle, dann geht es rechts zum schwarzen Salon, dem Bereich der Grotte de Niaux, in dem 90 Prozent aller Zeichnungen zu finden sind. Hier werden die Grubenlampen abgegeben. Der Begleiter der Gruppe übernimmt die Dramaturgie und lenkt die Besucherblicke ganz gezielt von Tier zu Tier durch die Höhle. Neben den massigen Bisons sind auch mehrere Pferde und ein detailliert gezeichneter Steinbock zu sehen. Im Gegensatz zu Altamira und Lascaux haben die Künstler hier nur mit schwarzem Manganoxid gearbeitet, mit dem alle Tiere gezeichnet sind. Die Zeichnungen konnten mit der Radiokarbonmethode auf etwa 14.000 vor unserer Zeitrechnung datiert werden. In einem Nebengang der Höhle wurden in Niaux auch Fußspuren im Lehmboden gefunden – Spuren eines Erwachsenen und daneben die kleineren Tritte eines Kindes.

Die Grotte ist ganzjährig geöffnet, die Zeiten variieren stark, einen Kalender finden Sie unter www.sites-touristiques-ariege.fr, wo Sie auch reservieren können. In der Nebensaison geht das außerhalb der Wochenenden auch kurzfristig, in den Sommerferien müssen Sie mit mehrtägigen Wartezeiten rechnen, da nur eine limitierte Zahl an Besuchern pro Tag in die Höhle darf, um die Zeichnungen nicht durch zu viele Einflüsse von außen zu gefährden.

Mit viel Glück kann man an ausgebuchten Terminen kurzfristig an Karten kommen, wenn zu Beginn einer Führung nicht alle angemeldeten Besucher erschienen sind. Dazu etwa zehn Minuten vor Führungsbeginn direkt an der Kasse nachfragen.

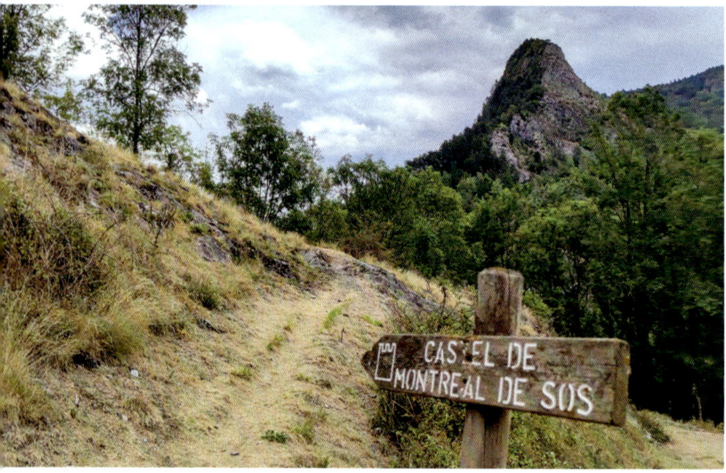

250 m

STRECKE
3,5 km

1 h 30

ab 6

Tour 22:
Castel de Montréal-de-Sos

Durch einen Höhlentunnel zur Burgruine

Spuren verraten, dass der Hügel von Montréal-de-Sos schon in der Bronzezeit besiedelt war. Die Burg, deren Mauerreste heute hier oben zu sehen sind, stammt aus dem Mittelalter. Sie wurde im 12. Jahrhundert erbaut und gehörte bis ins 14. Jahrhundert zu den wichtigsten Festungen der Grafen von Foix. Warum man diesen Hügel als Standort wählte, erklärt sich auch heute noch von selbst, wenn man drauf steht – der Ausblick hier oben ist grandios. Er reicht weit in das Tal und auf die umliegenden Berggipfel.

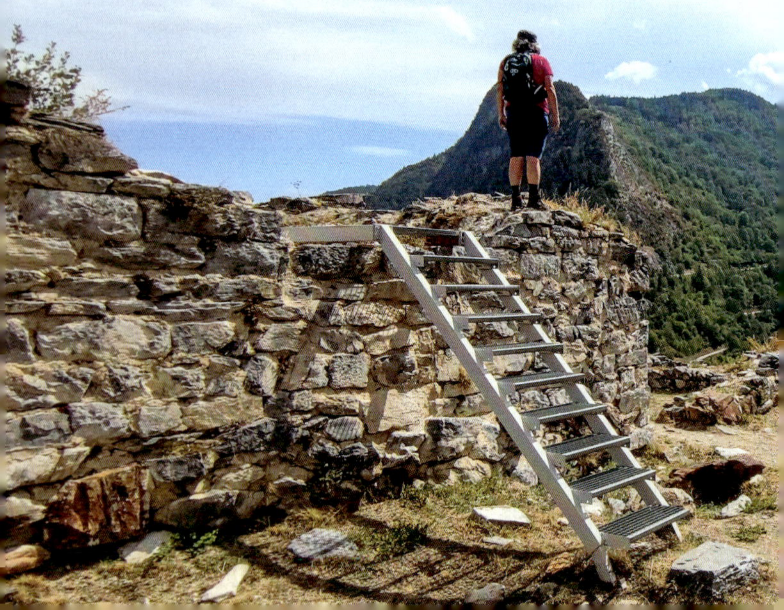

Wanderung: Vom Parkplatz am Hochseilgarten gehen wir zurück zur Straße und folgen rechts neben dem Steinhaus dem gelb markierten Pfad nach Goulier. Durch schattigen Wald steigen wir hinauf bis zum Dorf **Montreal-de-Sos** ①. Kurz vor den ersten Häusern weist rechts ein Schild hinauf zum Château. Hier führt ein alter Maultierweg hinauf, der relativ leicht zu gehen ist. Wir wandern hier vorbei und wählen den steileren Weg auf der anderen Seite des Dorfes für den Aufstieg.

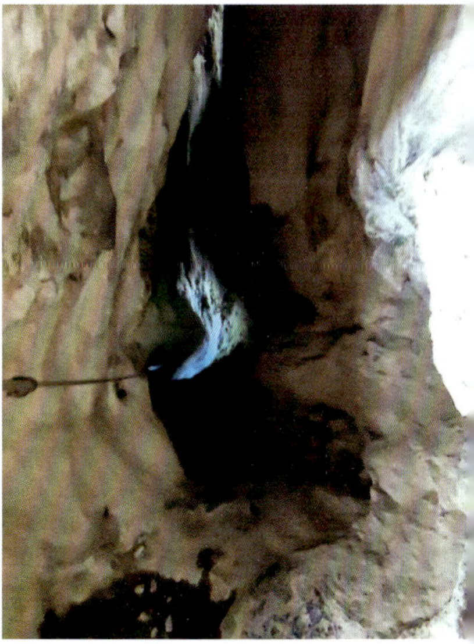

TOUREN-STECKBRIEF

Anfahrt: Von Niaux kommend am Ortseingang von Vicdessos links abbiegen zum Campingplatz. An der Rezeption vorbeifahren bis zum Parkplatz am Hochseilgarten bei **GPS N 42°46'04.9", 1°29'29.1"**.

Charakter: Im oberen Bereich an der Ruine sehr steile Wege mit einer leicht ausgesetzten Stelle. Trittsicherheit erforderlich, Wanderschuhe sind empfehlenswert.

Mit Kindern: Superspannende Tour für trittsichere, wandererfahrene Kids ab etwa sechs Jahren. Wer kürzen möchte, fährt mit dem Auto nach Montréal-de-Sos hinauf. Dort gibt es einen Wanderparkplatz.

Einkehr: Eis an der Snack-Bar am Campingplatz.

Unterkunft:
Hotel: Eau Berges (B & B).
Camping: Camping La Bexanelle direkt am Start der Tour.
Wohnmobil: Offizieller Stellplatz in Vicdessos oder (schöner) Campingplatz.

In der Nähe: Hochseilgarten Vicdessos.

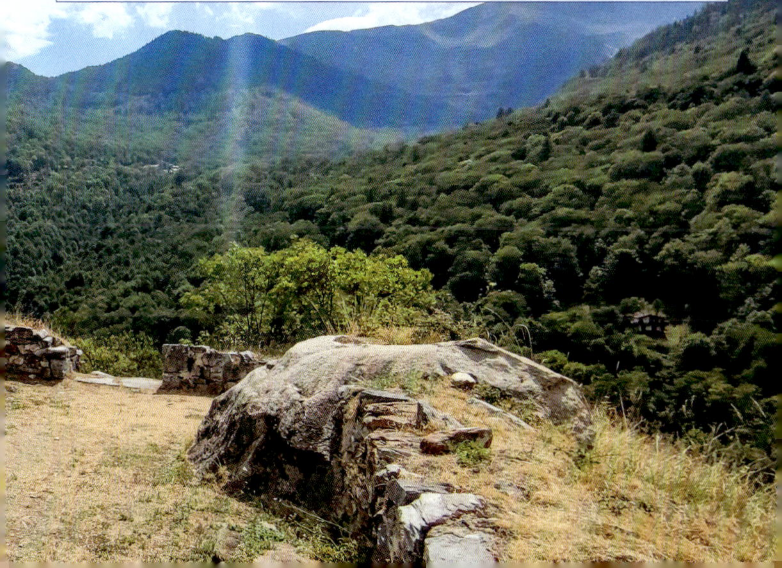

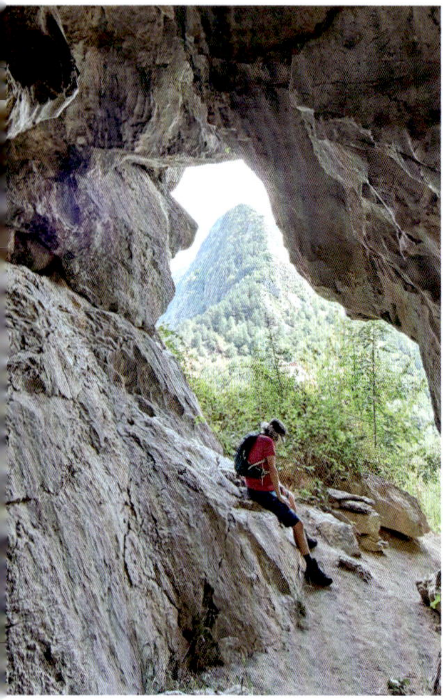

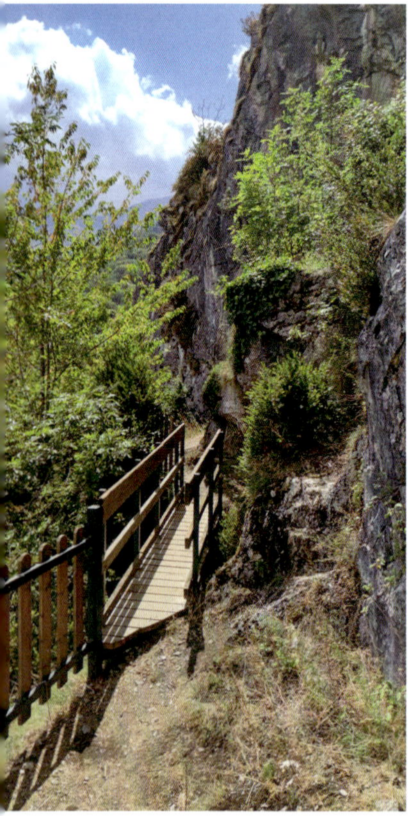

Dazu folgen wir der schmalen Hauptstraße zwischen die Häuser, halten uns an der ersten Verzweigung rechts und gehen immer geradeaus, bis rechts die **Rue du Château** ② abzweigt. Ein Holzschild weist kurz darauf die richtige Richtung. Der Pfad wird sehr steil und hält auf die Felswand zu, in der schon die ersten Höhlen zu sehen sind. Stichwege führen zu den Eingängen hinauf. Dann verschwindet unser Weg komplett in einer **Höhle** ③ mit sehr hohen Wänden, windet sich um mehrere Kurven und führt schließlich wieder ans Tageslicht.

Kurz darauf wird der Pfad sehr schmal und rechts neben uns geht es steil hinunter. Ein Drahtseil gibt hier zusätzliche Sicherheit. An der nächsten Kreuzung geht es links hinauf und noch einige Schritte weiter bis zum ersten Mäuerchen, das zur Außenmauer der Burganlage gehörte. Etwas weiter oben sind noch die **Grundmauern eines Donjon** ④ zu erkennen. Hier oben zwischen den Mauerresten haben wir besten Ausblick in alle Richtungen – der perfekte Platz für ein Picknick.

Nach einer Pause steigen wir auf der anderen Seite des Hügels wieder hinunter. Dazu halten wir uns an der ersten Verzweigung links und folgen den Serpentinen abwärts. Links führt noch einmal ein Abzweig zur **Grotte de Campanal** ⑤,

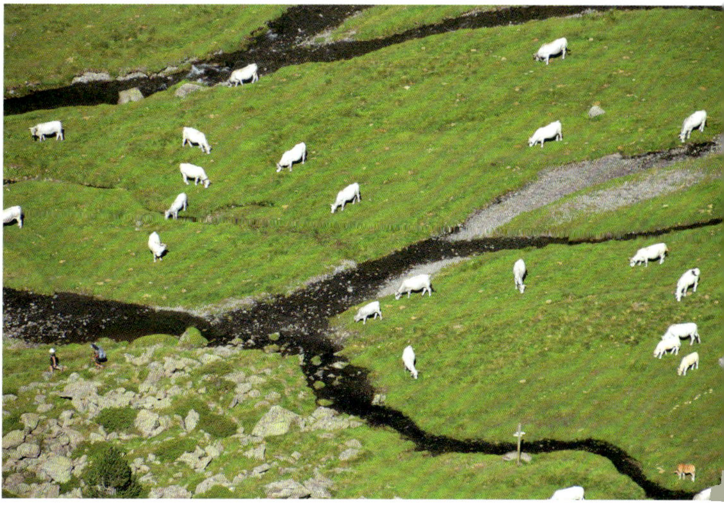

Berg hinauf. Unser Pfad am Fluss ist bald wieder besser erkennbar, und wir wandern hier direkt am Wasser entlang. Je höher wir kommen, desto schmaler wird der Bach neben uns, bis er sich in viele flache Wasserläufe verzweigt. Hier weiden häufig eine Herde weißer Kühe und eine Gruppe der kleinen schwarzen Merens-Pferde. Sind sie im Tal, ist das nicht zu überhören. Kühe und Pferde tragen Glocken.

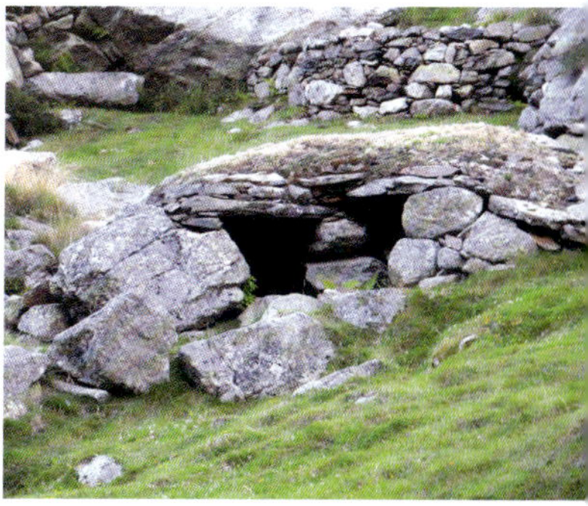

Wir suchen uns jetzt einen trockenen **Übergang** ③ durch die vielen Bachläufe und steuern

TOUREN-STECKBRIEF

Anfahrt: Von Tarascon in Richtung Niaux und weiter nach Auzat und durch den winzigen Ort Marc fahren. An der Verzweigung hinter dem Ort links in Richtung Mounicau und durch Carafa. Dann geht es links hinauf nach Soulcem. Bis zum Stausee ist die Straße eng und kurvig, dann führt sie eben und deutlich breiter am See entlang und endet bei **GPS N 42°39'22.6", E 1°26'53.5"** auf einem Wanderparkplatz.

Charakter: Einfache Wanderung mit wenig Steigungen auf einem steinigen Bergsteig immer am Bach entlang. Rückweg auf breitem Fahrweg.

Mit Kindern: Die Tour ist in der Länge variabel und es gibt unterwegs viele Stellen, an denen man gut ans Wasser kommt. Im hinteren Teil des Tales weiden Pferde und Kühe.

Einkehr: Picknick mitnehmen.

Unterkunft:

Hotel: Hotel Confort Tarascon, Village de Vacances Marc.

Camping: Camping Municipal Auzat oder Camping Bexanelle in Vicdessos.

Wohnmobil: Eine Übernachtung auf dem Wanderparkplatz wird toleriert. Offizieller Stellplatz in Vicdessos bei GPS N 42°46'08.1", E 1°30'09.3".

In der Nähe: Bademöglichkeit am oberen Ende des Stausees.

den **breiteren Fußweg** ④ an, der schon die ganze Zeit in Sichtweite über uns am Hang verläuft. Dort angekommen, wenden wir uns nach links und marschieren recht bequem ein gutes Stück über dem Bach zurück. Wer den Pfad am anderen Ufer vorzieht, kann natürlich auch einfach umkehren und am Wasser zurückgehen. Ein Wechsel auf den Pfad ist auch noch an der oberen Brücke möglich und kürzt dann den Rückweg etwas ab.

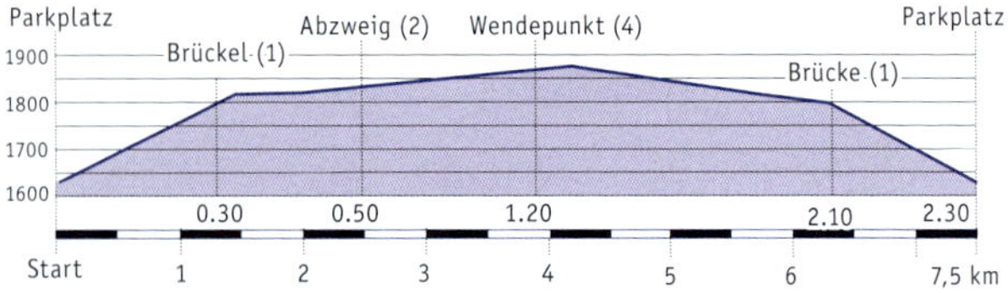

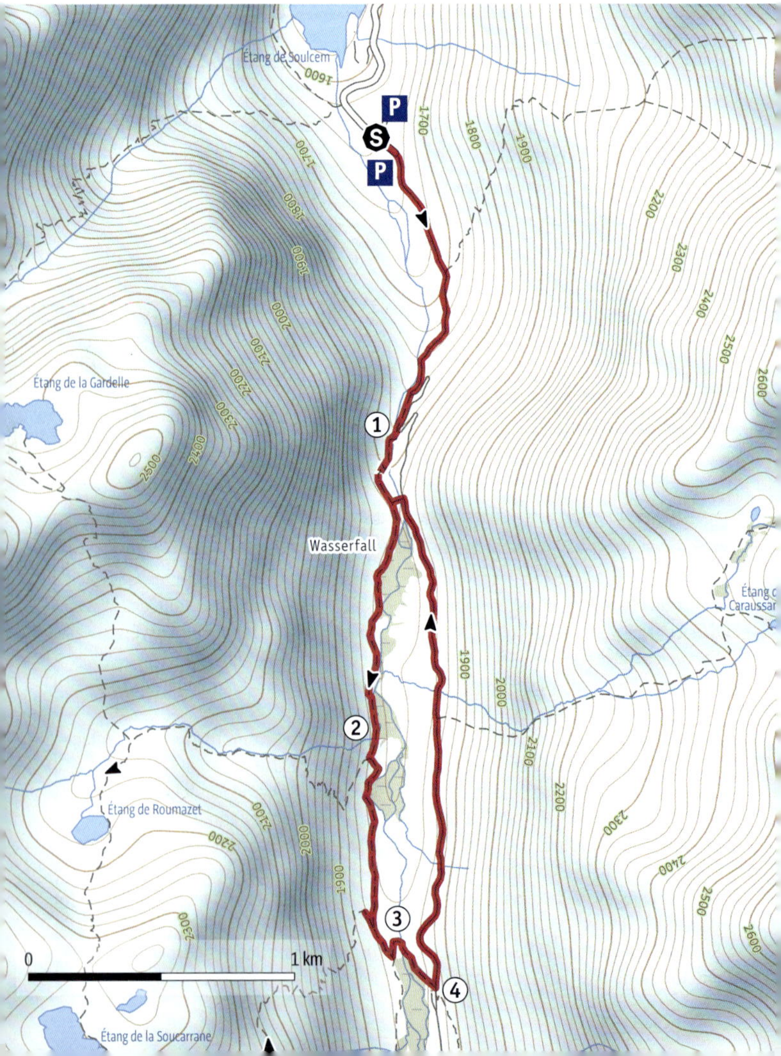

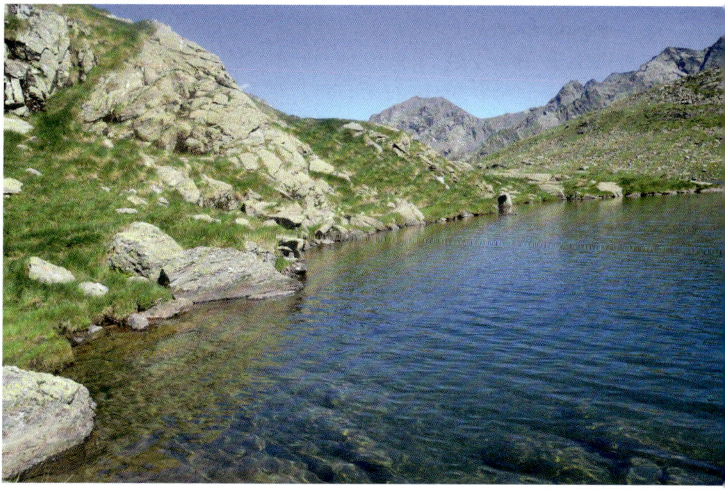

Tour 24:
Bergseeidylle über dem Lac de Soulcem

700 m

STRECKE 10,5 km

4 h 30

ab 10

Auf dem GR 10 vom Étang de Roumazet zum Étang de la Soucarrane

Der Aufstieg aus dem Talkessel von Soulcem ist fordernd und steil, die beiden Bergseen in der kargen Hochgebirgslandschaft lohnen die Anstrengung aber definitiv. Besonders schön ist der Etang de Soucarrane, dessen türkisblau schillernde Wasserfläche sich zwischen grüne Hänge und dicke Felsbrocken schmiegt und dessen Ufer viele idyllische Plätzchen für eine ausgiebige Rast bietet.

TOUREN-STECKBRIEF

Anfahrt: Von Tarascon in Richtung Niaux und weiter nach Auzat und durch den winzigen Ort Marc fahren. An der Verzweigung hinter dem Ort links in Richtung Mounicau und durch Carafa. Dann geht es links hinauf nach Soulcem. Bis zum Stausee ist die Straße eng und kurvig, dann führt sie eben und deutlich breiter am See entlang und endet bei **GPS N 42°39'22.6", E 1°26'53.5"** auf einem Wanderparkplatz.

Charakter: Landschaftlich grandiose Wanderung auf schmalen Bergpfaden. Sehr steiler, konditionell anspruchsvoller Auf- und Abstieg zu zwei schönen Bergseen. Zeltübernachtung oben an den Seen möglich.

Markierung: Aufstieg weiß-rot, Abstieg gelb markiert.

Mit Kindern: Nur für konditionsstarke, trittsichere Wanderkinder geeignet. Mit Übernachtung oben am See (nur bei stabilem Wetter) ist die Wanderung dann aber ein ganz besonderes Abenteuer.

Einkehr: Picknick mitnehmen.

Unterkunft:

Hotel: Hotel Confort Tarascon, Village de Vacances Marc.

Camping: Camping Municipal Auzat oder Camping Bexanelle in Vicdessos.

Wohnmobil: Eine Übernachtung auf dem Wanderparkplatz wird toleriert. Offizieller Stellplatz in Vicdessos bei GPS N 42°46'08.1", E 1°30'09.3".

Wanderung: Wir beginnen die Wanderung auf dem Sentier des Orris [› **Tour 23**]. Gleich am Anfang des Weges auf der linken Seite sind die **Orris** zu finden, die Hirtenhütten, nach denen unser Weg benannt ist. An der Kehre der ersten Serpentine verlassen wir den breiten Weg. Hier zweigt in der Kurve ein **Pfad** ① ab, der leicht ansteigend geradeaus weiter führt. An einer schmalen Brücke wechseln wir auf die andere Flussseite und dann geht es neben einem imposanten **Wasserfall** kräftig bergauf. Danach wird unser Pfad deutlich bequemer und wir spazieren recht entspannt durch ein idyllisches Bachtal mit sattgrünen, mit etlichen Felsbrocken gesprenkelten Wiesen.

Nach einer knappen Stunde kommen wir zu einem **Schilderbaum** ②, hier heißt es aufpassen. Hinter den Schildern überqueren wir zuerst einen seitlich zufließenden Bach, dann erst teilt sich der Weg. Wir müssen uns rechts auf dem deutlicher sichtbaren Weg halten, der gleich darauf den Fluss verlässt und den Hang hinaufführt. Zuerst ist die Steigung moderat, dann wird es schnell ziemlich steil. Der Pfad ist recht eng und der Hang neben uns ziemlich steil, sodass hier nicht nur Kondition, sondern auch Trittsicherheit gefragt ist.

Serpentine für Serpentine gewinnen wir gut 200 Meter an Höhe und blicken ziemlich weit ins Tal hinab. Dann folgt ein sanfterer Abschnitt, der in eine **Senke** hineinführt. Das Bachtal, aus dem wir heraufgestiegen sind, ist jetzt nicht mehr zu sehen. Der Weg macht einen Linksbogen und dann folgt der steile Endspurt zum ersten See. Ziemlich unvermittelt taucht die Wasserfläche des **Étang de Roumazet** ③ hinter einer Kuppe auf. Der See ist nicht groß und liegt wie eine malerische Pfütze in einem grünen Bergkessel.

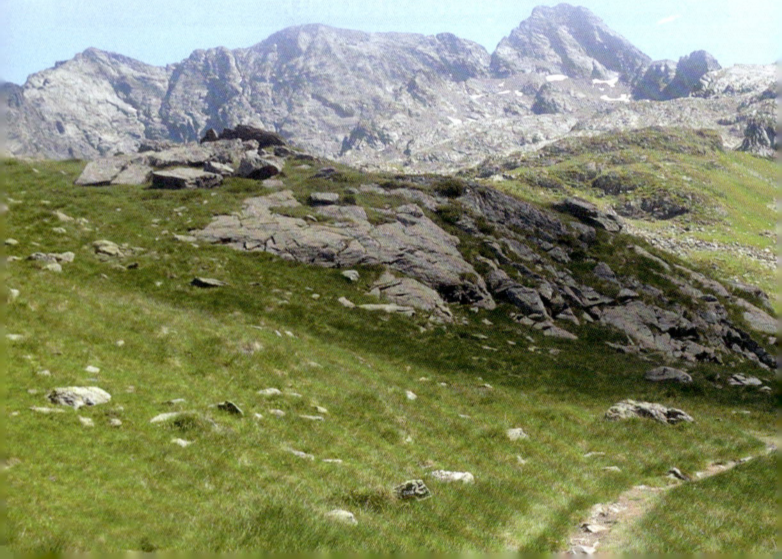

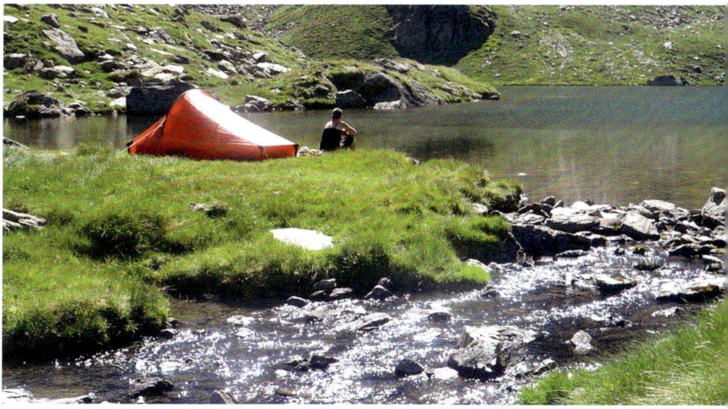

Nach einer Pause gehen wir links am Ufer entlang und folgen den **rot-weißen Markierungen des GR 10**, die uns schon die ganze Zeit begleiten, weiter hinauf. Der größere Étang de la Soucarrane liegt noch einmal 120 Meter höher. Der Weg führt durch ein **Geröllfeld** steil und ohne unnötige Umwege bergan. Oben angekommen erwartet uns die perfekte Bergseeidylle. Oft grasen am **Étang de la Soucarrane** ④ Pferde, und am Seeufer laden mehrere Felsen zum Sitzen ein.

Auf der Wiese am hinteren Ufer stehen im Sommer abends fast immer ein paar Zelte der Wanderer, die auf dem GR 10 unterwegs sind. Aber natürlich muss man nicht tagelang wandern, um hier oben zu zelten. Es hindert uns niemand daran, einen großen Rucksack zu packen und diese Wanderrunde auf zwei Tage zu verteilen. Einen viel schöneren Platz für eine Übernachtung in den Bergen werden Sie so einfach nicht finden.

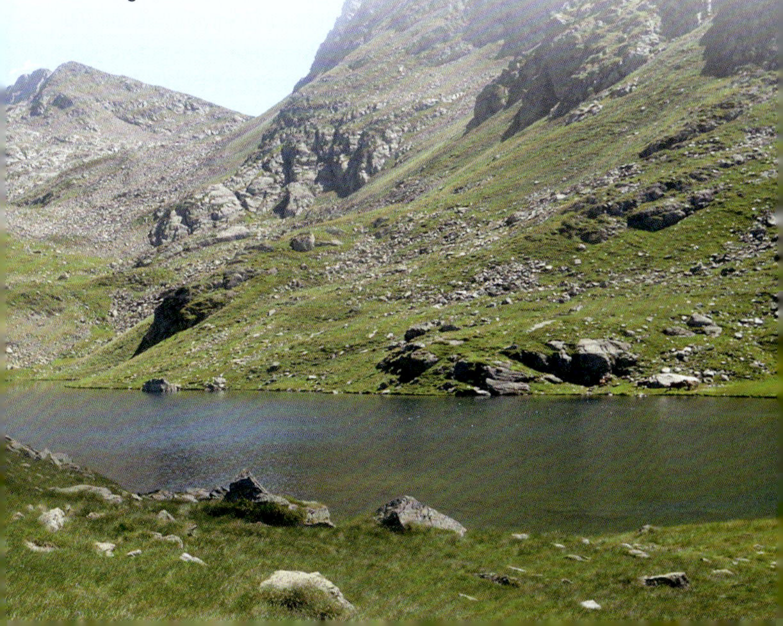

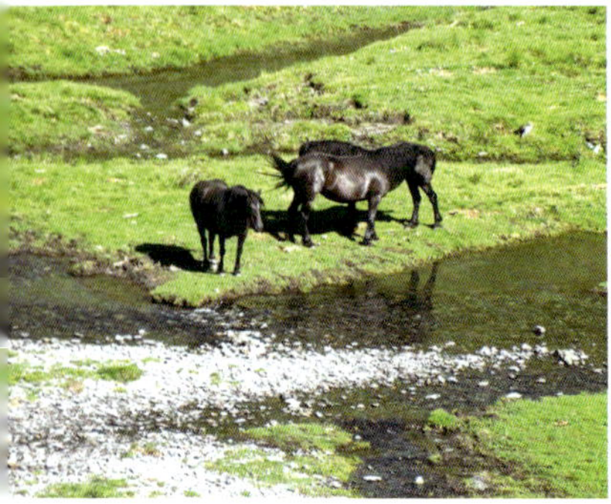

Um zum Parkplatz zurückzukommen, laufen wir am linken Seeufer entlang und treffen kurz vor dem **Seeende** ⑤ auf eine etwas knifflige Stelle mit einer **hohen Felsstufe**. Hier steigt man besser etwas früher zum Wasser hinunter, muss sich dann aber auf einem sehr schmalen Pfad an den Felsen entlang hangeln. Der Abgrund rechts neben uns ist nicht tief und unter uns ist Wasser – kaltes Wasser allerdings. Es empfiehlt sich also, vorsichtig zu sein.

Die schwarzen Pferde der Pyrenäen

Mérens Pferde haben bis zu 1,50 Meter Rückenhöhe und überschreiten damit meist nicht die Grenze zum Großpferd. Alle Pferde dieser Rasse sind schwarz und haben deutlichen Behang an den Fesseln, was ihnen bei uns den Namen Mini-Friesen eingetragen hat. Auch der bei uns beheimatete Friese ist schwarz mit üppigem Kötenbehang, ist aber deutlich größer und ein beliebtes, sehr edles Kutschpferd. Mérens-Pferde sind Bergpferde und daher ausdauernd und trittsicher und mit unwegsamem Terrain vertraut. Während wir in anderen Gebieten der Pyrenäen meist Comtois, französische Kaltblüter, die zur Fleischerzeugung gezüchtet werden, auf den Almweiden antreffen, gibt es hier in der Ariège auch frei weidende Herden der kompakten schwarzen Mérens-Pferde.

Dann stehen wir am Ende des Sees und an einem **Wasserlauf**. Der GR führt rechts am See weiter. Wir verlassen jetzt den Weitwanderweg und die rot-weiße Markierung und überqueren den Bach nicht, sondern wandern auf dessen linker Seite weiter. Der Weg ist jetzt **gelb markiert** und führt sanft abfallend durch ein grünes Tal. Wie auch auf dem Hinweg wird es erst beim Abstieg ins Soulcemtal richtig steil. Der Weg schraubt sich Serpentine um Serpentine tiefer, bis wir wieder am **Flüsschen** ⑥ stehen. Ganz von selbst führt unser Weg uns zum Wasser und links wieder aus dem Tal hinaus. Es geht einige Zeit sehr schön direkt am Bach

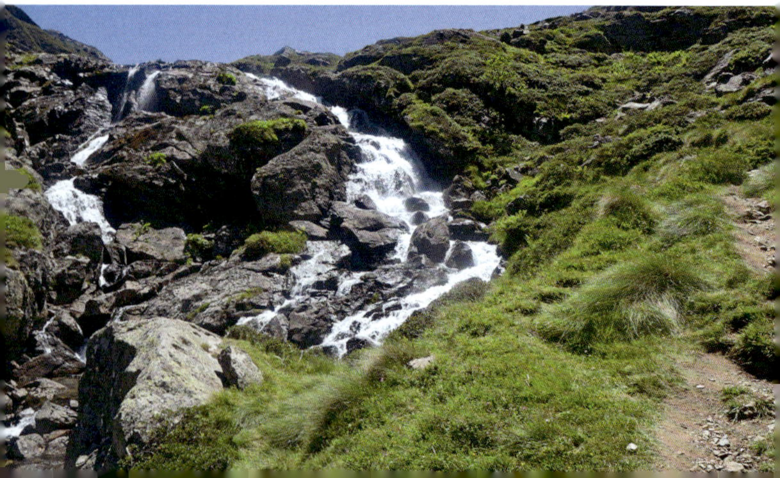

entlang, dann treffen wir wieder auf den **Schilderbaum** ② und wandern auf dem bekannten Pfad durch das Tal zurück zum Parkplatz.

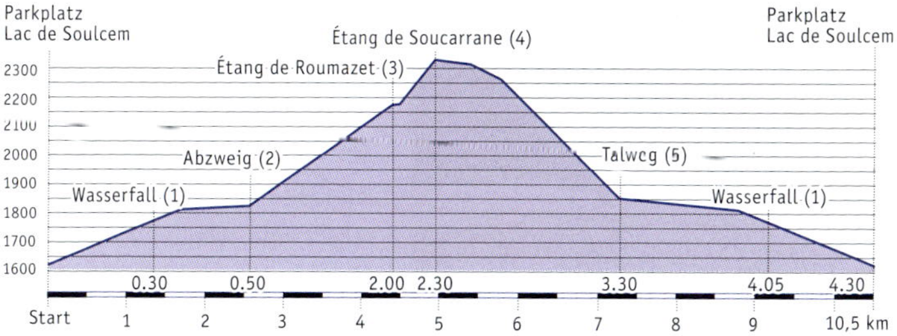

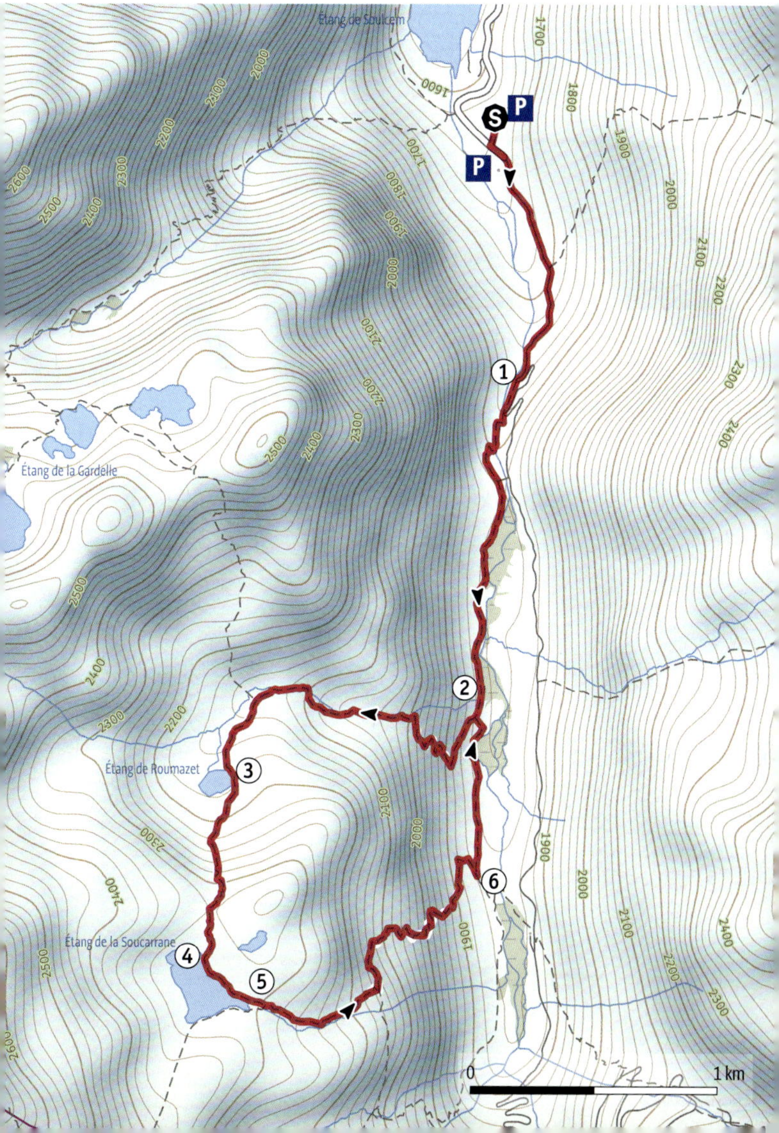

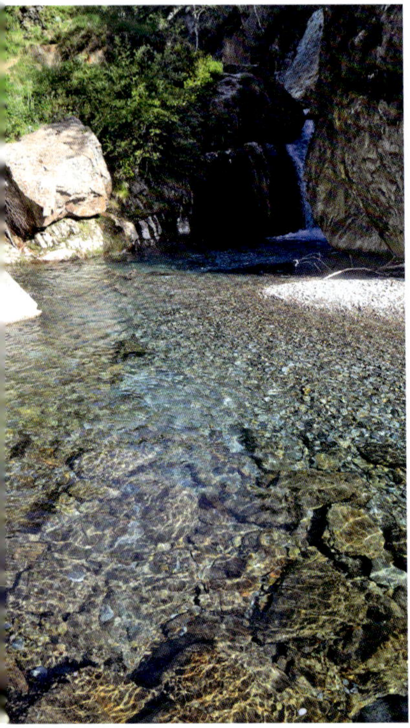

Tour 25: Cascade de l'Artique

Kurzer Weg zum Wasserfall

Am Aufstieg zu einer längeren Wanderunde liegt hier gut versteckt und wenig beachtet ein kleiner Wasserfall mit glasklarem Wasserbecken. Der Weg hinauf ist kurz, aber durchaus anspruchsvoll.

120 m

STRECKE 3 km

1 h 15

ab 8

Wanderung: Am Parkplatz führt ein Pfad vom Fluss hinauf zur Straße und zu einem weiteren **Picknickplatz** mit WC-Häuschen. Hier beginnt der Wanderweg, der auch der Einstieg für einen mehrtägigen Rundweg ist. Daher folgen wir zuerst der rot-weißen **GR-Markierung**. Es geht ein kurzes Stück richtig steil hinauf, dann wird der Weg sanfter. Auf einem Waldpfad wandern wir bis zu einer **Brücke** ① und von hier aus immer an der Artique entlang. Nach wenigen Minuten Gehzeit teilt sich der Weg: Der GR führt links den Berg hinauf, wir bleiben auf dem rechten, **gelb markierten Weg** ② zum Wasserfall. Noch einmal

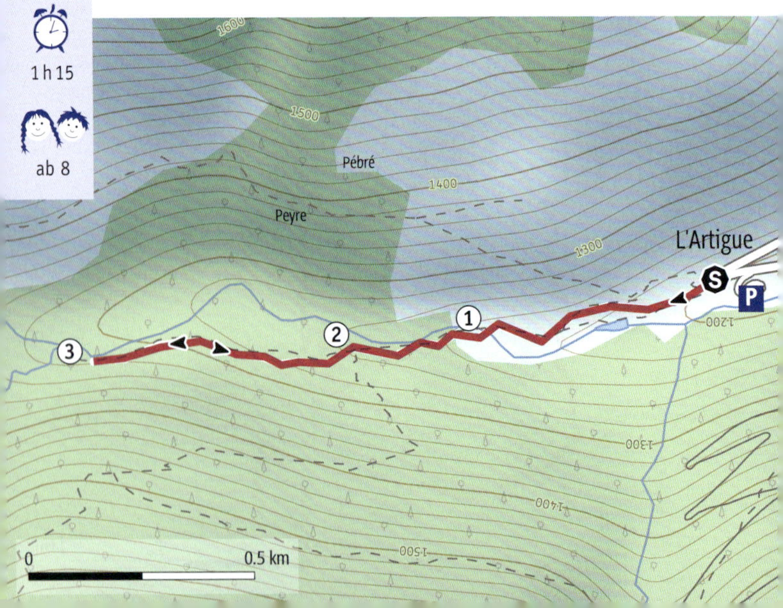

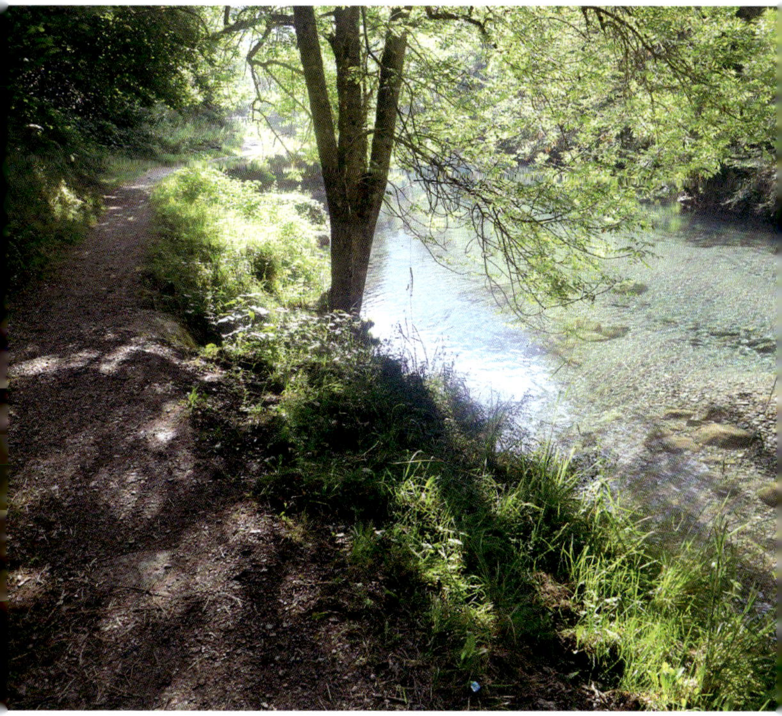

600 Meter weiter haben wir diesen erreicht und können zu einem Badebecken unterhalb der **Kaskade ③** hinabklettern. Zurück zum Parkplatz geht es dann auf dem gleichen Weg.

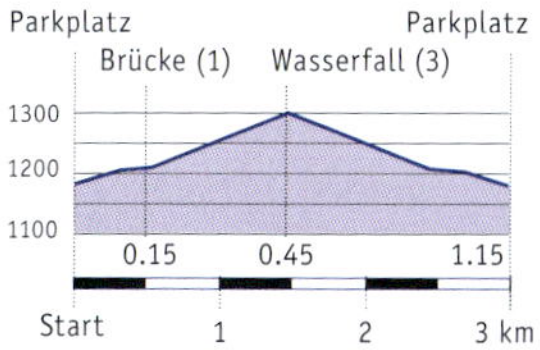

TOUREN-STECKBRIEF

Anfahrt: Von Tarascon in Richtung Niaux und weiter nach Auzat fahren. Kurz hinter dem winzigen Ort Marc geht es rechts nach l'Artique. Wir kommen an einem Picknickplatz rechts der Straße vorbei, überqueren eine schmale Brücke und erreichen einen Kilometer weiter einen Parkplatz bei **GPS N 42°42'37.2", E 1°25'34.0"**. Hinter dem Gebäude des E-Werkes führt die Zufahrt steil hinunter. Vorsicht! An der Zufahrt zum Platz hört der Asphalt mit einem fiesen Hubbel auf, den man leicht übersieht.

Charakter: Kurzer, aber anspruchsvoller Wanderpfad mit einigen sehr steilen Abschnitten und etwas einfacher Kletterei am Wasserfall. Der Weg liegt durchgängig im Schatten.

Mit Kindern: Die Wanderung ist kurz, aber knackig. Trittsicherheit ist erforderlich, daher trotz der Kürze nicht für die ganz Kleinen geeignet.

Einkehr: Keine.

Unterkunft:
Hotel: Hotel Confort Tarascon, Village de Vacances Marc.
Camping: Camping in Vicdessos oder Campingplätze bei Tarascon.
Wohnmobil: Stellplatz in Vicdessos bei GPS N 42°46'08.1", E 1°30'09.3".

In der Nähe: Schöner Picknickplatz mit Bachzugang am Parkplatz, weiterer Picknickplatz am Zufahrtsweg.

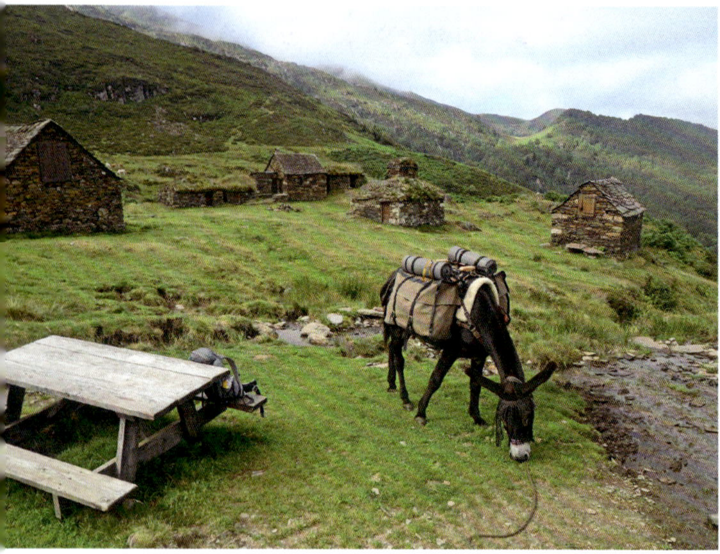

650 m

STRECKE 15 km

5 h 30

ab 6

Tour 26: Mit dem Esel nach Goutets

Eselwandern für Einsteiger

Sie sind sanftmütig und gelassen, mit Familienanschluss aufgewachsen und gut ausgebildet. Die kräftigen und vergleichsweisen großen Pyrenäenesel, die Suzy und Eric vom Eselhof Balad'Âne selbst züchten, sind perfekte Wanderbegleiter. Sie tragen das Gepäck für mehrtägige Wanderungen oder jüngere Kinder, die noch nicht so weit laufen können. Diese Tour führt über wenig begangene Wege zur alten Almsiedlung Goutets. Hier grasen im Sommer Kühe und Schafe, es gibt eine eiskalte, ergiebig sprudelnde Quelle und einen Bach zum Baden und Spielen für die Kinder. Sie können nach einer Pause mit Picknick wieder hinunterlaufen oder hier oben ihr Zelt aufschlagen.

Wanderung: Vom Stall geht es zuerst die schmale, schlecht asphaltierte Zufahrt hinunter bis zur ersten **Wegkreuzung** (1). Hier biegen wir links ab, passieren einen rechts abzweigenden Wanderweg und treffen dann auf die ersten Häuser des Dorfes Trabiet Dessous. Das erste Haus links an der Straße ist die **alte Schule** (2) und vor dieser führt ein schmaler Wiesenpfad durch das Dorf hinauf. Er endet in einer höhergelegenen Kehre der Straße, der wir weiter folgen bis zu den Häusern von **La Foulie** (3). Hier befindet sich links der Straße ein kleiner Wanderparkplatz. Gegenüber beginnt ein **gelb markierter Fußweg** hinauf nach Carol, dem letzten Ort im Tal.

TOUREN-STECKBRIEF

Anfahrt: Von Massat auf die schmale D18 zum Etang de Lers abbiegen und nach etwa 3 km in Le Port links dem Wegweiser »Balad'Ane« folgen, das Dorf Arac durchfahren und kurz hinter dem Dorf links dem Fahrweg zum Eselstall bis zur Parkbucht rechts der Straße bei **GPS N 42°51'31.1", E 1°23'16.2"** folgen.

Eselmiete: Für mehrtägige Touren ist eine rechtzeitige Anmeldung erforderlich, Schnuppertouren bis zu einem halben Tag sind meist auch spontan möglich, müssen aber vorher telefonisch reserviert werden. ½ Tag €35, 1 Tag €60. +33 (0)561 04 41 35, www.baladane.com

Charakter: Einfache Wanderung auf breiten Wegen und einigen Bergpfaden. Als lange Tagestour oder als Zweitagestour mit Übernachtung im eigenen Zelt oder in einer Hirtenhütte auf der Alm Goutets möglich.

Mit Kindern: Kinder mit maximal 40 Kilo Gewicht können auf einem Esel reiten, sodass diese Tour auch mit jüngeren Kindern perfekt ist.

Einkehr: Proviant mitnehmen oder Picknick bei Balad'Ane bestellen!

Unterkunft: Übernachtung im Zimmer, in Jurte, Tipi oder im eigenen Zelt auf dem Hof, auf Wunsch mit Vollpension.

Er führt zwischen den Häusern hindurch und dann links schräg am Hang entlang. Auf halber Strecke passieren wir einen Bach, eine etwas schwierige Stelle für die Esel. Über eine Stufe steigen wir hinauf auf einen kleinen Platz, von dem **Treppen** in das Dorf führen. Die Esel gehen am besten auf der rechten Seite der Treppe, dann schlängeln wir uns zwischen den Häusern hindurch. Vorbei an einem **Waschhaus mit Quellwasser** geht es wieder aus dem Ort hinaus bis zu einer **Wegkreuzung** ④. Hier weist ein Holzschild links hi-

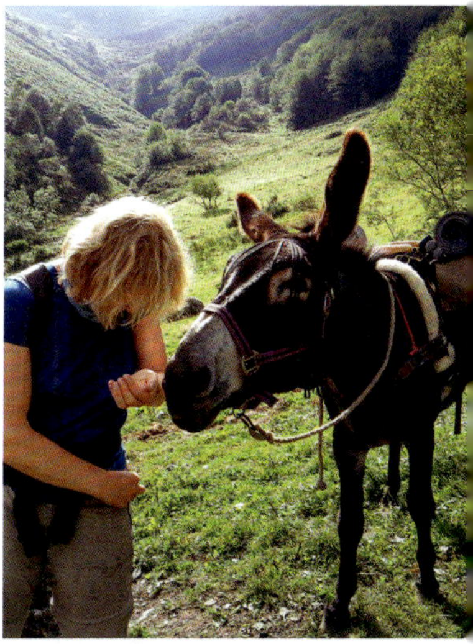

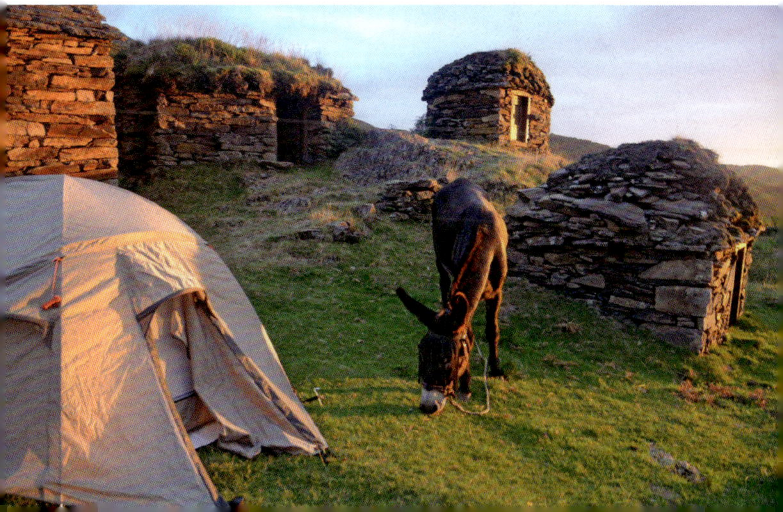

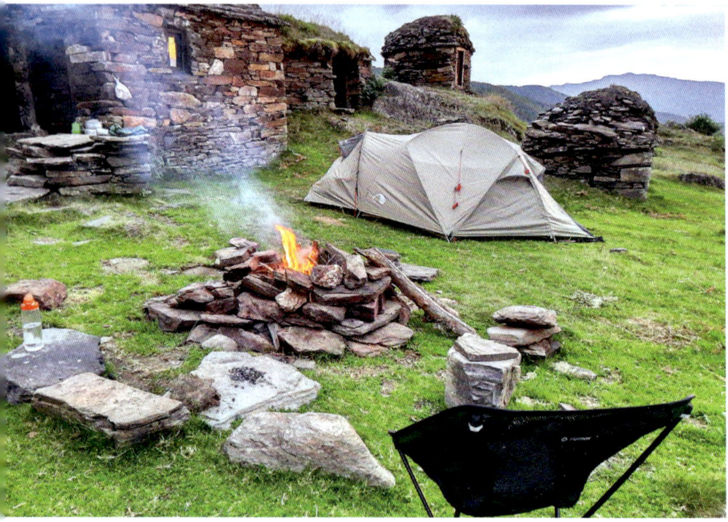

nauf nach Goutets. Dieser Weg ist aber für Esel nicht passierbar! Wir gehen hier deshalb geradeaus weiter durch ein Tor und vor einigen Häusern entlang. Dann führt der Weg sanft ansteigend durch den Wald und später zwischen Weidezäunen hindurch. Hinter einem **Steinhaus** ⑤ geht es dann steil hinauf auf den Fahrweg nach Goutets.

Hier biegen wir links ab und durchqueren hinter der zweiten Kurve ein **Tor**. Dann marschieren wir auf dem bequemen Weg Kurve um Kurve weiter hinauf. Ab und zu geben Bäume noch ein bisschen Schatten, aber meist wandern wir jetzt

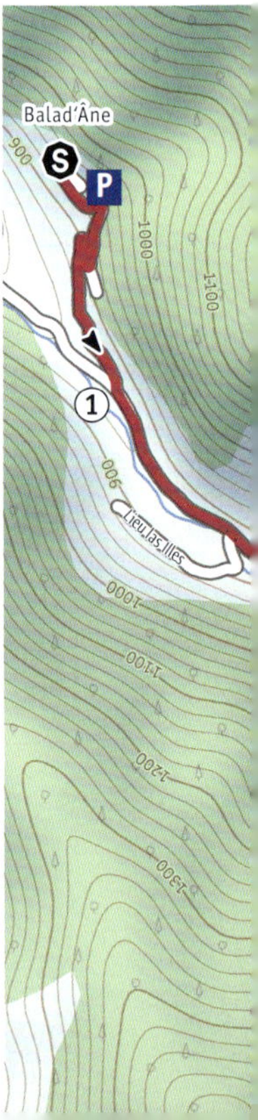

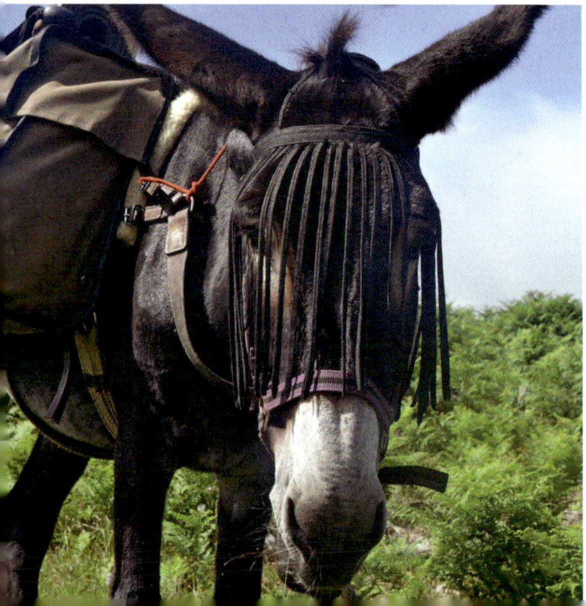

durch Wiesen. Bald sieht man auf halber Höhe viele Bäume in sattgrünen Wiesen. Das ist unser Ziel. Das alte **Almdorf Goutets** liegt oberhalb dieses Bereiches in einem Hochtal. Hinter der letzten Kurve tauchen die **ersten Häuser** ⑥ auf. Sie sind neueren Baudatums und von Hirten bewohnt, die die große Kuhherde und die Schafe betreuen, die hier oben weiden.

Wir gehen an den Häusern vorbei und biegen rechts zum zweiten **Almdorf** ⑦ ab. Die Gruppe einfacher Hirtenunterkünfte, die hier steht, wurde restauriert und in den ehemaligen Zustand zurückversetzt. Es gibt eine gute, **in Stein gefasste Quelle** mit Picknicktisch und zwischen den Hütten mehrere Feuerstellen und flache Bereiche, in denen man gut ein Zelt aufbauen kann. Im Bach hinter der Hütte finden wir auch noch die eine oder andere flache Gumpe.

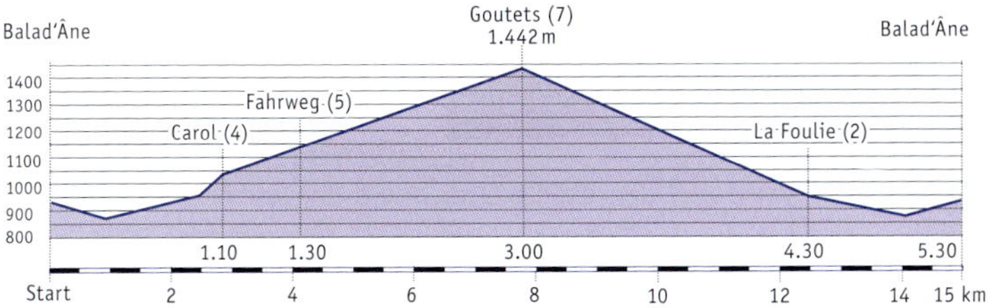

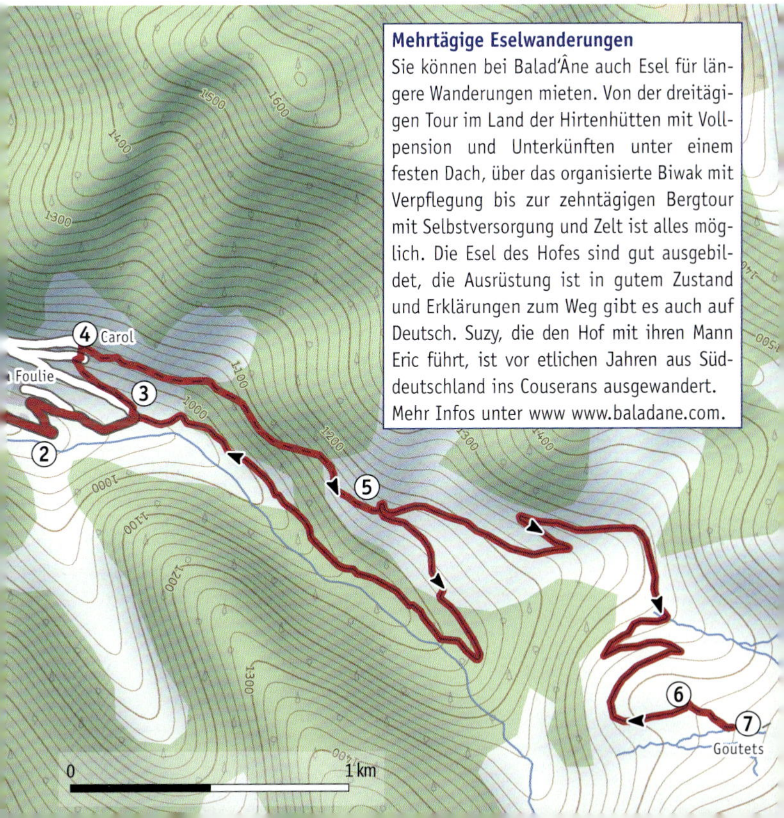

Mehrtägige Eselwanderungen
Sie können bei Balad'Âne auch Esel für längere Wanderungen mieten. Von der dreitägigen Tour im Land der Hirtenhütten mit Vollpension und Unterkünften unter einem festen Dach, über das organisierte Biwak mit Verpflegung bis zur zehntägigen Bergtour mit Selbstversorgung und Zelt ist alles möglich. Die Esel des Hofes sind gut ausgebildet, die Ausrüstung ist in gutem Zustand und Erklärungen zum Weg gibt es auch auf Deutsch. Suzy, die den Hof mit ihren Mann Eric führt, ist vor etlichen Jahren aus Süddeutschland ins Couserans ausgewandert. Mehr Infos unter www www.baladane.com.

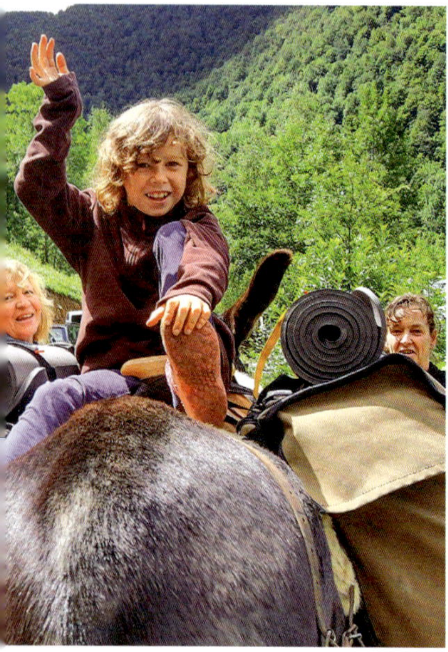

Goutets – Balad'Âne

Auf dem Rückweg folgen wir der Piste, die von Goutets ins Tal führt, bis zum **Wanderparkplatz** ③ unterhalb des Dorfes Carol. Die Route vom Hinweg ist so schmal, dass hier ein entgegenkommender Esel mit Gepäck zu einem echten Problem wird. Diese Strecke ist daher für den Aufstieg reserviert und sozusagen Esel-Einbahnstraße.

Besonders schön ist der Abstieg am Anfang, wenn wir weit in das Tal blicken können. Hinter dem **Metalltor** und dem **Abzweig nach Carol** ⑤ wandern wir durch den Wald weiter hinab, bis wir nach knapp zwei Stunden die Asphaltstraße erreichen. Hier geht es jetzt links hinab bis zu den ersten Häusern des nächsten Dorfes, in das wir geradeaus hinein marschieren. Direkt hinten in der ersten Kurve zweigt dann ein Pfad ab, der geradeaus zwischen den Häusern hindurchführt und eine Kurve der Straße abkürzt, die wir erst hinter der **alten Schule** am Ortsende wieder erreichen.

Wir laufen auf Asphalt weiter und an einem links abzweigenden Wanderweg vorbei. Kurz darauf folgen wir an einer **Verzweigung** ① dem Hinweischild »Balad'Ane« rechts hinauf und sind schon auf der Zufahrtsstraße zum Eselstall. Durch zwei letzte Kurven geht es hinauf und unsere Wanderung ist beendet.

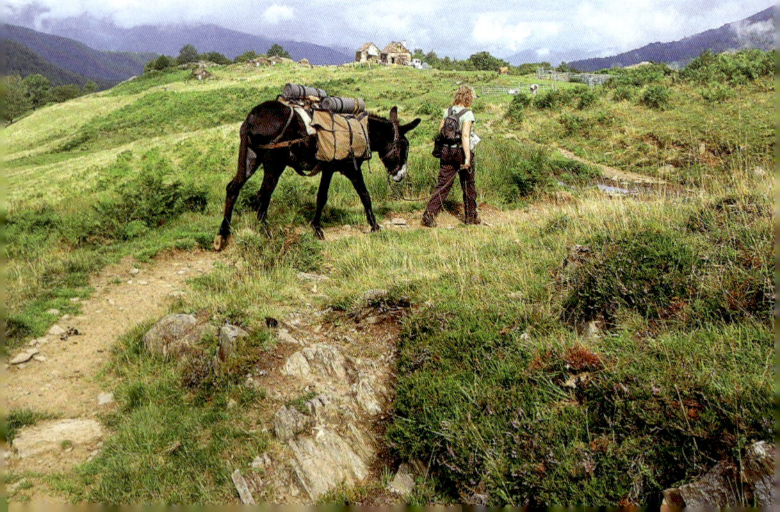

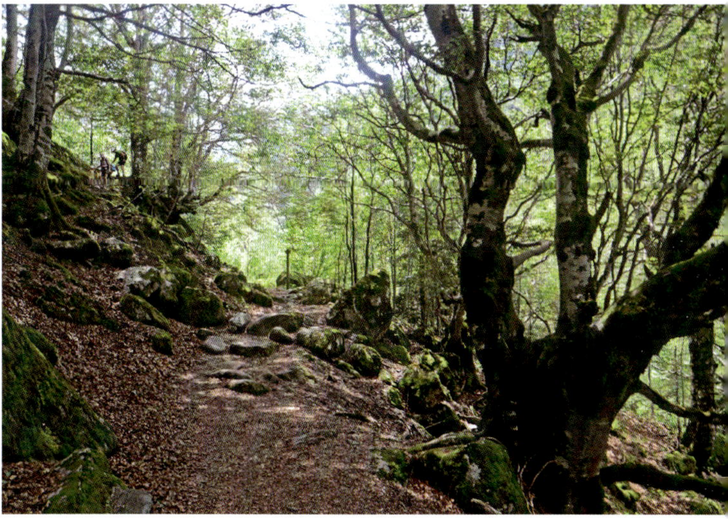

Tour 27: Cirque de Cagateille

200 m

STRECKE 4 km

1 h 30

ab 4

Kurzwanderung zu einem Bergkessel im Haut-Couserans

Der Cirque de Cagateille ist einer der für die französische Seite der Pyrenäen typischen Bergkessel zwischen den Bergriesen des Pyrenäenhauptkamms. Er ist nicht so groß wie der berühmte Cirque de Gavarnie, aber doch recht beeindruckend. Ein Bächlein plätschert recht idyllisch durch das grüne, von schroffen Berghängen begrenzte Tal. Der Pfad, der hineinführt, ist gut markiert und gut zu wandern, auch wenn es dabei ab und zu über Wurzeln und Felsbrocken geht.

TOUREN-STECKBRIEF

Anfahrt: Von Aulus wählen wir die südliche Routen nach Seix. Kurz nach dem Dorf Serac zweigt links die sehr schmale Straße zum malerischen Bergkessel Cirque de Cagateille ab. Wir durchqueren das Dorf Saint-Lizier d'Ustou. Die Ortsdurchfahrt ist kaum breiter als ein PKW und es gibt nur wenige Ausweichmöglichkeiten. Etwas entspannter fahren wir bis Stillon. Hier biegen wir links ab und überqueren eine Brücke. Ab hier ist die Straße für Busse gesperrt. Autobreit geht es noch knapp drei Kilometer weiter bis zu einem schön gelegenen Wanderparkplatz mit WC-Häuschen und Picknickplatz bei **GPS N 42°45'23.5", E 1°17'13.5**

Markierung: Rot-weiße Farbbalken des GR 10.

Charakter: Einfache Wanderung auf einem guten Bergpfad in ein äußerst malerisches Bachtal.

Mit Kindern: Perfekte kurze, aber spannende Kinderwanderung mit vielen Spielmöglichkeiten.

Einkehr: Picknick mitnehmen.

Unterkunft:
Hotel: Les Oussaillès in Aulus-les-Bains.
Camping: Camping Aulus-les-Bains.
Wohnmobil: Stellplatz ohne Einrichtungen in Aulus-les-Bains bei GPS N 42°47'21.3", E 1°20'09.6".

In der Nähe: Therme und Hochseilgarten in Aulus.

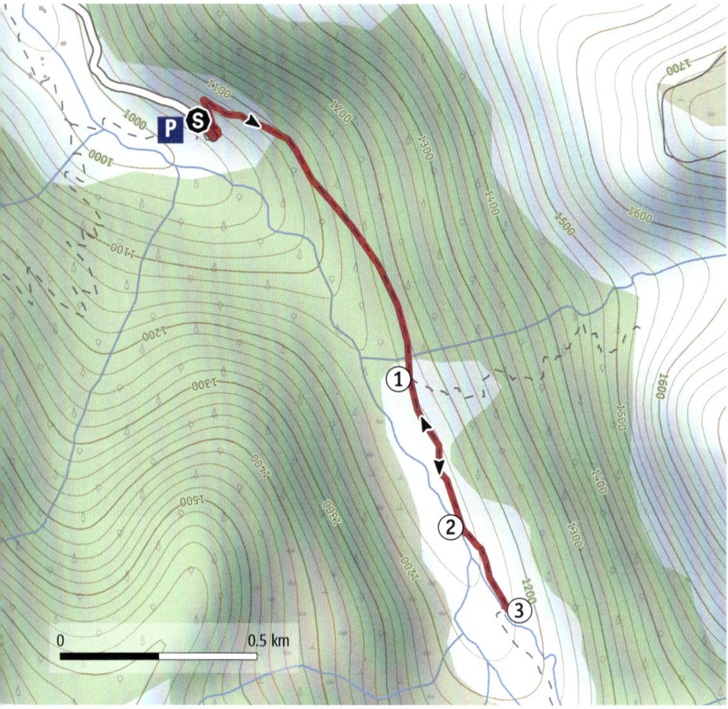
P
S
1
2
3
0
0.5 km

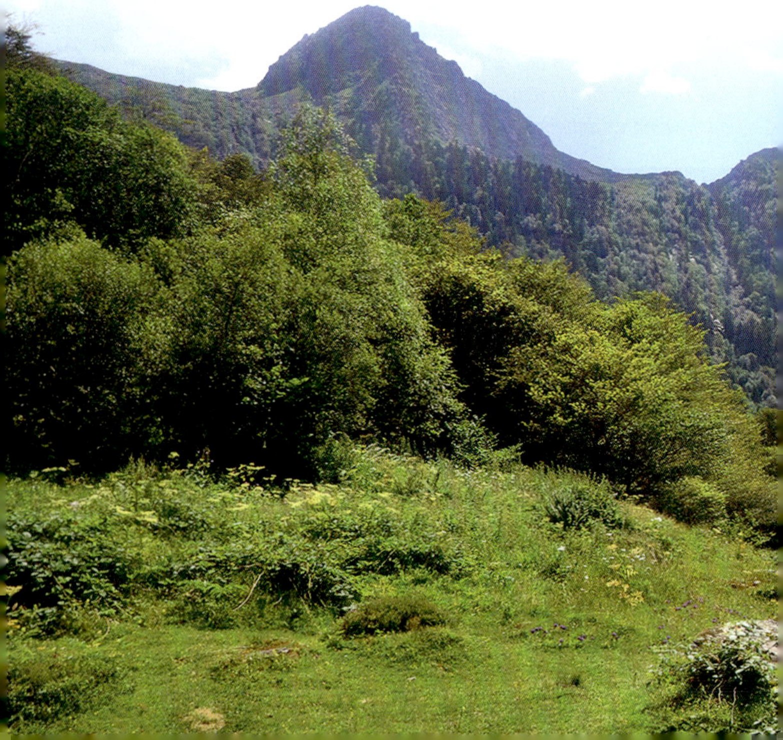

Wanderung: Vom Picknickplatz in der linken Ecke des Parkplatzes führt ein Pfad in Serpentinen am Hang hinauf und bringt uns gleich zum Anfang der Wanderung etwa 100 Meter höher an den Hang. Dann geht es vergleichsweise sanft weiter ins Tal hinein. Meist ist der Weg bequem zu laufen, ab und zu geht es über Felsbarrieren. Am Wegrand stehen einige schöne alte Buchen und auch sonst ist der Wald um uns recht malerisch.

Nach einem guten Kilometer treten wir dann auf ein **Grasplateau** ① mit Felsplatten hinaus. Von hier aus hat man einen tollen Blick auf das kreisrunde Talende – den Cirque. Doch unser Pfad geht noch weiter und führt jetzt hinunter zum **Bach** ② und immer an dessen Ufer entlang. Hier gibt es besonders schöne Rast- und Picknickplätze am plätschernden Wasser. Nach etwa 800 Metern erreichen wir eine schmale **Brücke** ③, die unser Umkehrpunkt ist. Weiter geht es nur über die Wände des Kessels – zum Beispiel zum Étang de la Hilette, der gut 600 Meter weiter oben liegt und von hier aus in gut zwei Stunden erreicht werden könnte …

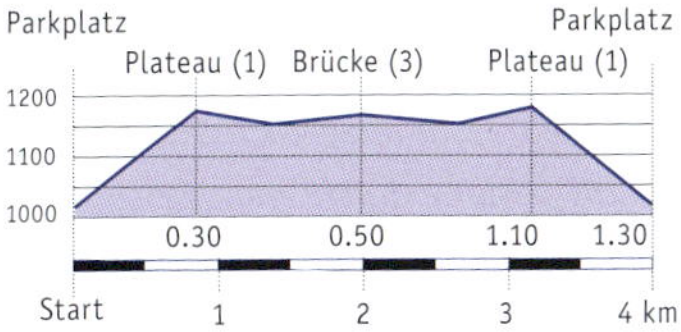

Wir suchen uns einen Pausenplatz am idyllischen Bachufer und spazieren später auf dem gleichen Weg zurück zum Auto.

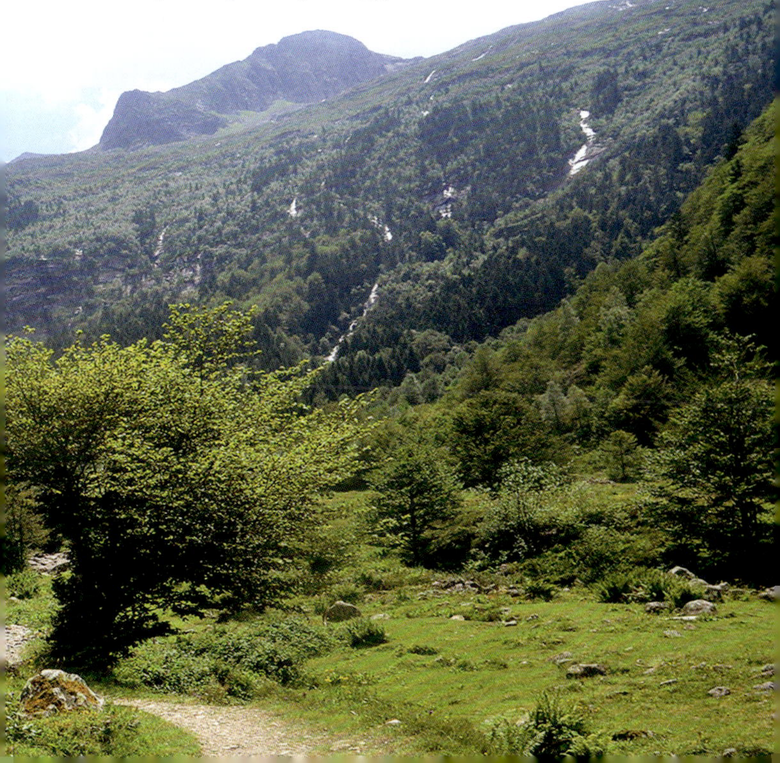

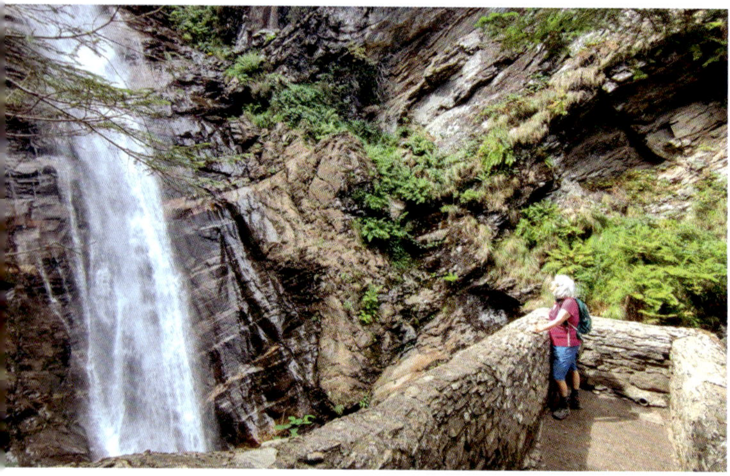

Tour 28: Cascade d'Enfer

270 m

STRECKE 5 km

2 h 30

ab 6

Der Höllenbach im Vallée du Lys

Im Ruisseau d'Enfer – dem Höllenbach – sammelt sich das Wasser aus dem Bergkessel am Talende und schießt durch enge Felspassagen in mehreren Kaskaden ins Tal. Das Ziel unserer Wanderung sind zwei Aussichtspunkte an der Cascade d'Enfer, einem gewaltigen Wasserfall. Unten wird der wilde Wasserlauf zum friedlichen Bächlein Lys, das durch ein grünes Tal plätschert.

Wanderung: Vom Parkplatz laufen wir ins Tal hinein. Hier stand einmal die Auberge du Lys, die bei einem Lawinenabgang zerstört wurde. Bei unserem Besuch 2022 gab es hier eine Snack-

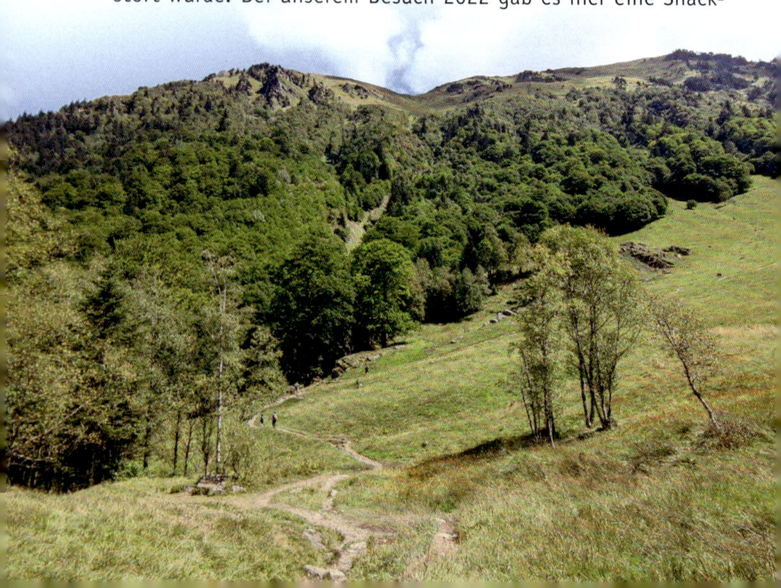

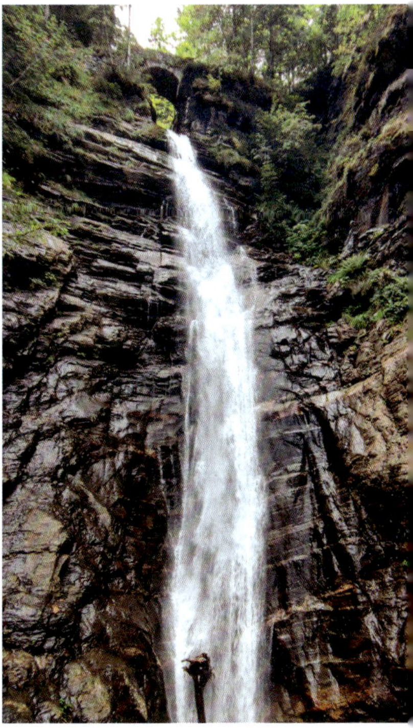

Bar, die kleine Gerichte, Paninis, Waffeln und Crèpes anbot. Wir gehen vor den Tischen der Bar links über die breite Brücke, eine Betonrampe hinauf und biegen rechts auf einen breiten Schotterweg ab. Mit wenigen Schritten erreichen wir eine **Gabelung** ① und wählen den links abzweigenden Wanderpfad, der uns in Serpentinen den Hang hinaufführt.

Wir erreichen den Wald und der Weg schraubt sich jetzt im Schatten Kurve um Kurve höher, bis wir nach einem längeren geraden Wegabschnitt eine **Lichtung** ② erreichen. Links zweigt ein Wanderweg ab, der uns zu den oberhalb gelegenen Seen Lac Vert und Lac Bleu bringen würde. Das Tal wirkt sehr einladend, nur der Aufstieg von weiteren 700 bis 900 Höhenmetern schreckt uns ab. Die große Wiese am Abzweig ist außerdem der beste Platz auf dieser Runde für eine Picknickpause.

Eine eine schmale **Metallbrücke** ③ führt über einen in einem tiefen Felsabschnitt murmelnden Bach, dann geht es weitgehend auf einem Niveau am Hang entlang. Der Weg ist eng und steinig und aufmerksames Gehen ist angesagt. In diesem Abschnitt ist unser Pfad nicht gelb, sondern rot markiert.

TOUREN-STECKBRIEF

Anfahrt: Von Luchon der Straße nach Super-Bagnères folgen und nach acht Kilometern in einer Linkskurve ins Vallée du Lys abbiegen. Links an der Straße folgt ein erster Parkplatz, von dem man zu einem Weg am Ufer der Lys gelangen kann. Gut zwei Kilometer weiter folgt ganz am Ende der Straße ins Tal unser Parkplatz bei **GPS N 42°44'12.8", E 0°33'21.5"**.

Charakter: Wanderung auf schmalen, steinigen Bergsteigen mit kurzen recht steilen Abschnitten. Fast durchgängig im Wald und relativ schattig.

Mit Kindern: Die Tour ist auch mit trittsicheren größeren Kindern eine spannende Sache.

Einkehr: Snack-Bar am Start der Wanderung.

Unterkunft:

Hotel: Hôtel La Rencluse.

Camping: Campingplätze in Luchon.

Wohnmobil: Eine Übernachtung auf dem unteren Parkplatz im Tal wird toleriert. Offizieller Stellplatz in Luchon bei GPS N 42°47'42.7" E 0°35'54.9".

In der Nähe: Saint-Bertrand-de-Comminges.

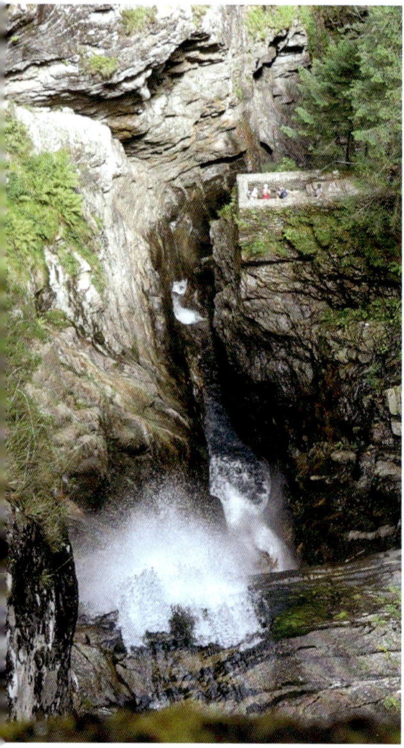

Nach 800 Metern erreichen wir eine **Kreuzung** ④. Links kommen wir mit einem Abstecher zu den beiden Aussichtspunkten am Wasserfall und damit zum Höhepunkt dieser Wanderrunde. Der steinige Weg führt ein kurzes Stück ins Tal hinein und verzweigt sich an einem Wegweiser. Rechts geht es zu einer **Aussichtsplattform** ⑤, die auf halber Höhe vor dem Wasserfall in die Schlucht ragt.

Über uns sehen wir schon die Steinbrücke, die zum zweiten Aussichtspunkt gehört. Um dorthin zu kommen, kraxeln wir zurück zur letzten Verzweigung und folgen dem linken Weg aufwärts, bis wir die **Brücke** ⑥ erreichen. Hier blicken wir von oben auf die große Kaskade. Oberhalb liegt außerdem ein kleinerer Wasserfall, der in eine tiefblaue, sehr malerische Gumpe fällt.

Dann gehen wir zurück bis zur **Kreuzung** ④ und steigen geradeaus weiter hinunter. Der Weg ist gut angelegt und mit vielen kleinen Felsstufen und etlichen Serpentinen auch abwärts gut begehbar. Schnell erreichen wir so wieder das Tal und den modernen Bau der EDF, die hier aus Wasserkraft Strom gewinnt.

Unten auf dem Schotterweg biegen wir rechts ab und kommen so noch einmal zu einem **Wasserfall** ⑦, der hier unten aus einer Felsspalte zischt und ins Tal fällt. An der Plattform gegenüber des Wasserkraftwerkes erklären Infotafeln, wie die Energiegewinnung mit Wasserkraft in diesem Tal funktioniert. Auch die lange, unschöne Rohrleitung, in der das Wasser aus den weit oben liegenden Bergseen durch Turbinen ins Tal fällt, ist zu sehen.

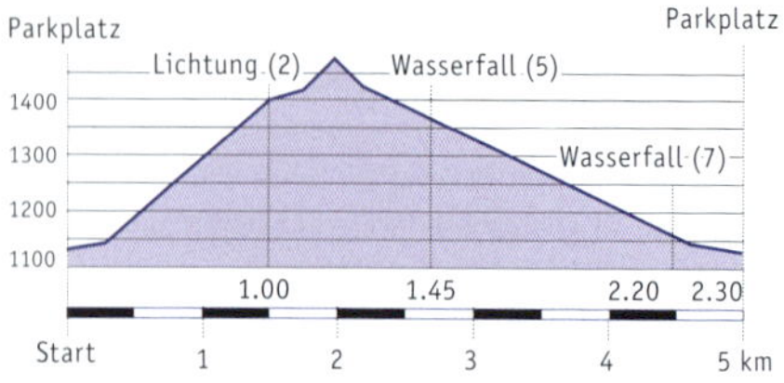

Dann drehen wir um und laufen auf dem breiten Schotterweg das kurze Stück zurück zur Snack-Bar und zum Parkplatz.

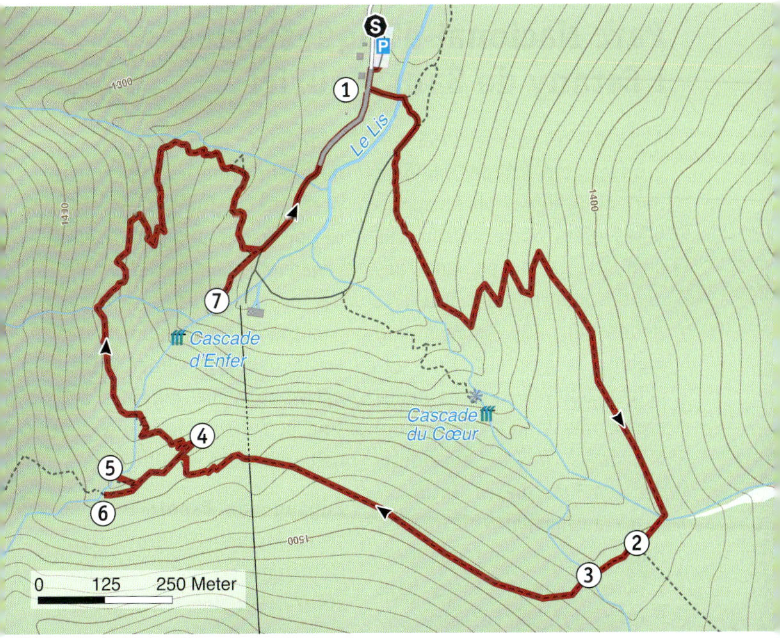
S
P
1
2
3
4
5
6
7
Le Lis
Cascade d'Enfer
Cascade du Cœur
1300
1400
1500
0 125 250 Meter

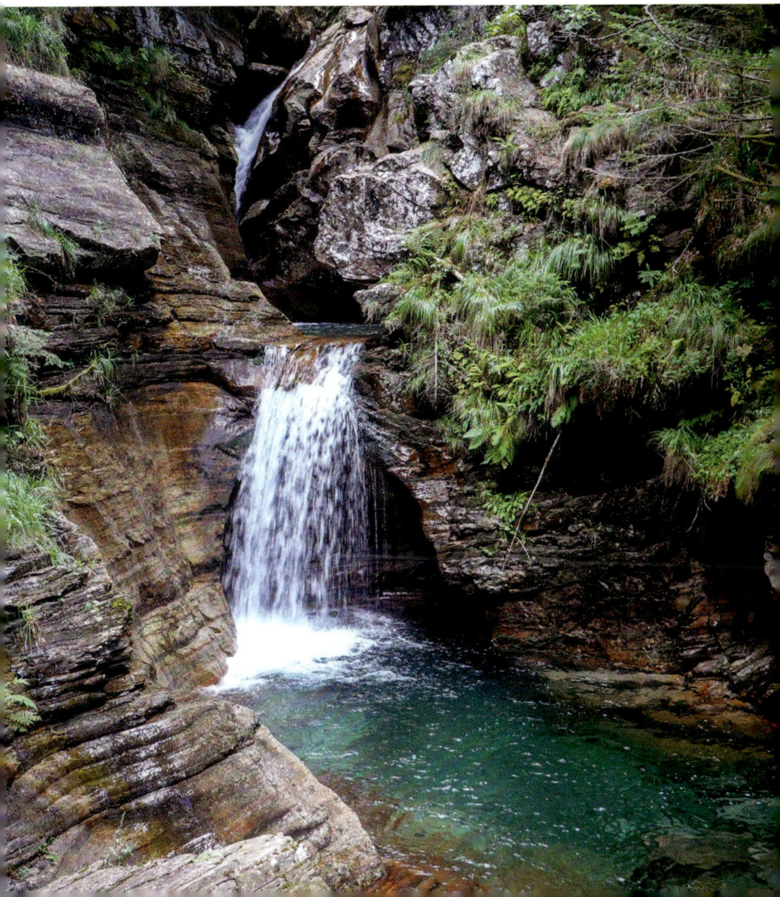

Parc Nacional d'Aigüestortes i Estany de Sant Maurici

Aigüestortes wurde 1955 gegründet und ist der kleinste der drei Pyrenäen-Nationalparks. Sein Name kommt aus dem Katalanischen und bedeutet »gewundene Wasser«. Neben fast 200 Karseen und vielen Berggipfeln mit zackigen Spitzen sind es malerische Flusstäler, durch die glasklares Wasser mäandert, die den Reiz dieses Nationalparks ausmachen. Die beiden Hauptzugänge sind das Dorf Espot mit dem Stausee Sant Maurici auf der Ostseite und das Vall de Boí mit der Hochebene von Aigüestortes im Südwesten. Im Park und in seinen Randgebieten gibt es außerdem 15 Refugios, die mehrtägige Wanderungen in höhere Lagen und abgelegenere Regionen des Parks zulassen. Übernachtungen im Refugio müssen vorab gebucht werden. Übernachtungen im eigenen Zelt sind in den spanischen Nationalparks nicht erlaubt.

Zugang von Espot: Im hübschen kleinen Ort gibt es vier Campingplätze und viele Unterkünfte. Mit dem PKW können Sie durch den Ort weiter zu einem Wanderparkplatz fahren, der etwa eineinhalb Wegstunden vom Estany de Sant

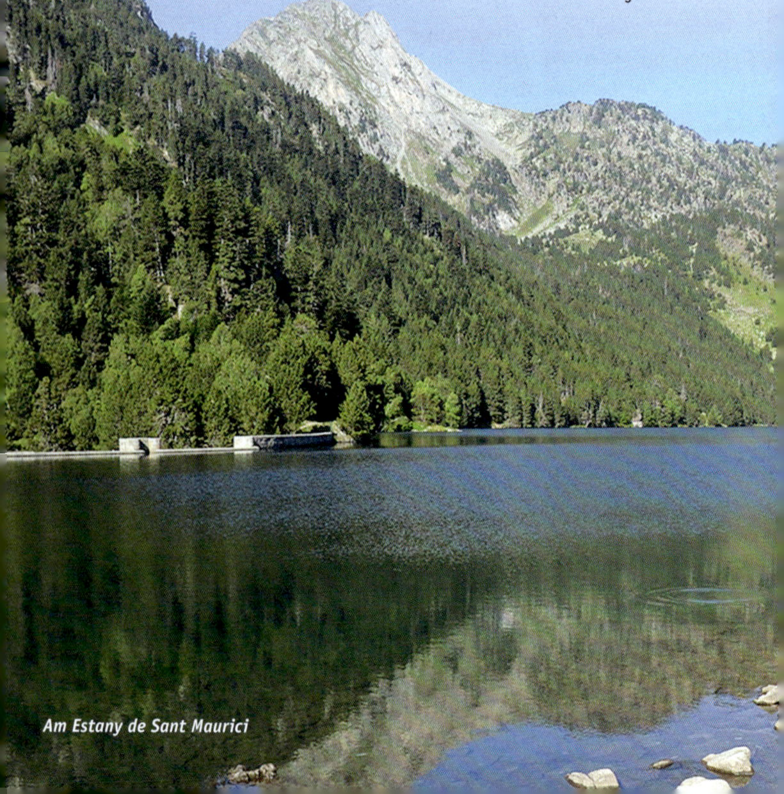

Am Estany de Sant Maurici

Maurici entfernt liegt. Von Espot fahren aber auch Jeep-Taxis zu verschiedenen Zielen im Park. Am schnellsten erreichen Sie den Jeep-Halt direkt am Estany de Sant Maurici, von dem Sie mehrere schöne Wanderungen zur Wahl haben. Die Jeeps fahren außerdem auch zum Refugio d'Amitges und in das abgelegene Wandergebiet am Estany Negre. Tarife und Wanderinfos sind am Kartenkiosk am Jeep-Parkplatz im Ortszentrum angeschlagen.

Zugang aus dem Vall de Boí: Das Tal ist berühmt für seine romanischen Kirchen aus dem 11. und 12. Jahrhundert, die zum UNESCO-Weltkulturerbe zählen. Die größte und schönste ist Sant Climent im Dorf Taüll. Weitere Kirchen können Sie in Barruera, Boí, Erill la Vall und Durro besuchen. Von Boí fahren auch die Taxibusse durch das Vall San Nicolau hinauf zum Planell de Aigüestortes, einem idyllischen Bachtal, durch das man zum Estany Long hinaufspazieren kann. Ein zweiter Zugang zum Nationalparkgebiet ist der nur mit dem eigenen PKW erreichbare Parkplatz am Talende am Stausee von Caballers. Von hier aus führt ein markierter Weg zum Refugio Joan Ventosa und zu einer weiteren Seenplatte hinauf.

Besucherinformationen finden Sie in Espot und Boí, Infos über die Refugios bekommen Sie auch unter www.aiguestortes.info.

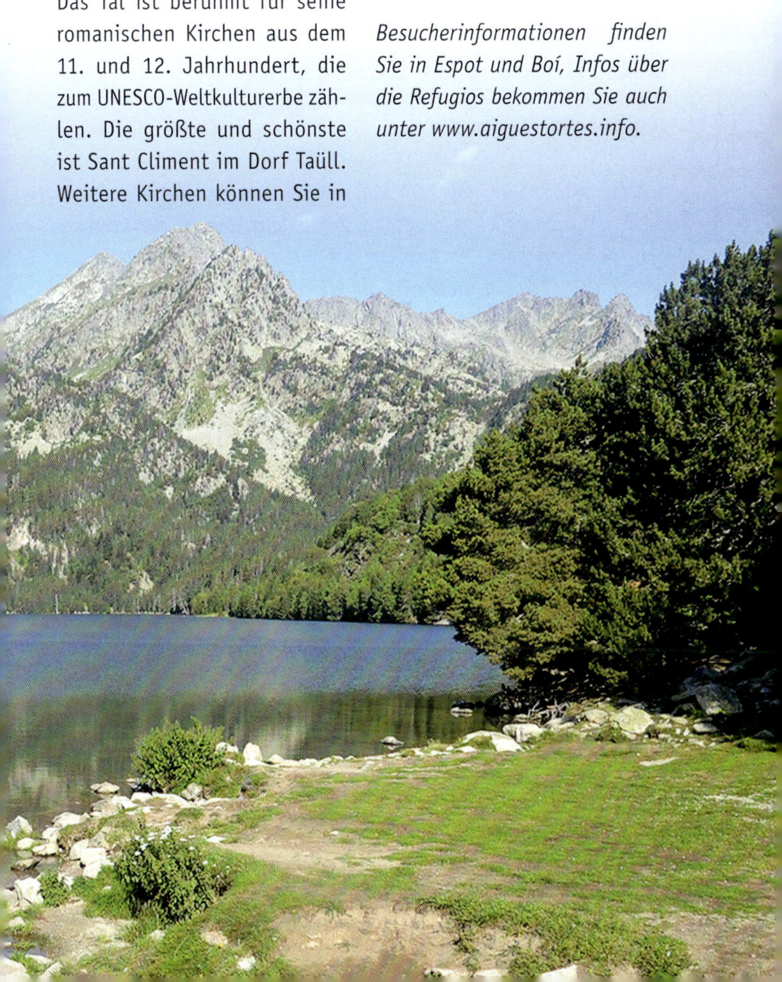

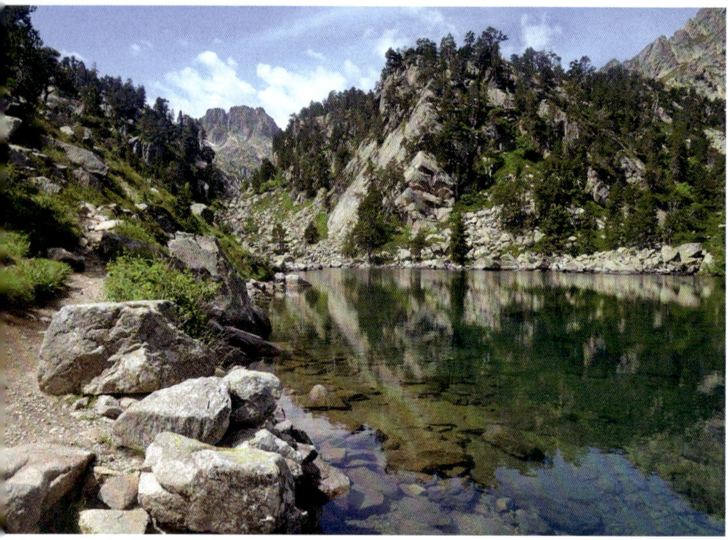

300 m

STRECKE 7 km

3 h

ab 6

Tour 29: Durch das Vall de Gerber

Drei Seen im Norden des Nationalparks Aigüestortes

Schöne Wanderung aus dem Vall d'Aran zu einer Kette aus drei recht unterschiedlichen Bergseen. Am lieblichsten ist der unterste See, den man auch mit Kindern gut erreichen kann. Weiter oben wird die Umgebung rauer und im Hintergrund sind die schroffen Felsspitzen der Berge im Nationalpark Aigüestortes zu sehen. Auch der Estany de Gerber gehört schon zum Nationalpark, liegt jedoch nicht in dessen viel besuchter Kernzone.

Wanderung: Vom Parkplatz führt ein schmaler Pfad hinab zu einem Bach, an dem oft Kühe weiden. Wir überqueren das Wasser über **zwei einfache Holzbrücken** ① und steigen dann links auf einem gut sichtbaren Wanderpfad bergan. Obwohl die Straße noch eine ganze Weile zu sehen und zu hören ist, ist der Weg von Anfang an landschaftlich schön. Vor uns ragt die zackige Spitze des Pic de Xemeneies auf. Der Weg ist gesäumt von knorrigen Kiefern und dicken Felsbrocken. Nach einer guten halben Stunde ist die Straße außer Sicht und kurz darauf stehen wir am untersten der drei Seen. Das Ufer des **Estanyola de Gerber** ② ist gut zugänglich und besonders hübsch. An einer kleinen Bucht kann man sogar ins Wasser waten.

Rechts am See vorbei geht es dann weiter bergauf – mal ganz sanft, mal etwas steiler. Der Weg wird hier steiniger und überquert mehrfach **Geröllfelder** mit großen Steinblöcken. Dann

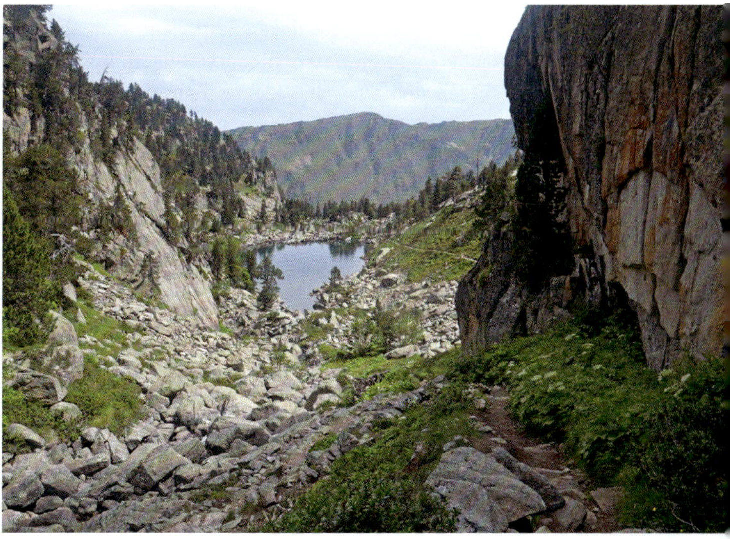

taucht hinter einer Kuppe der langgezogene, aber tatsächlich ebenfalls nicht sehr große **Llac Petit** ③ auf. Seine Ufer bestehen aus großen Steinbrocken, sodass das Wasser nur schwer zugänglich ist. Unser Weg führt links am See vorbei und steigt wieder an.

Nur die vor uns liegende Felsstufe trennt uns jetzt noch von unserem Ziel – dem **Estany de Gerber** ④ – dem größte der drei Seen. Auch seine

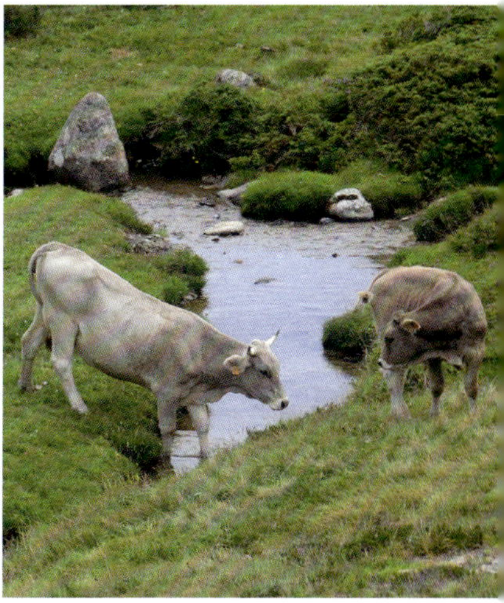

TOUREN-STECKBRIEF

Anfahrt: Der Start für diese Wanderung liegt direkt an der C28 zwischen Baqueira und Escalo und ist unterhalb des Passes Port de Benaigua in Richtung Espot, bereits von oben gut zu sehen. Der Wanderparkplatz besteht aus Schotterflächen rechts und links der Straße, heißt Clot Gran und liegt bei **GPS N 42°39'11.6", E 1°00'00.4"** an einer Skistation.

Charakter: Angenehmer Bergpfad, der meist moderat ansteigend zu einer Reihe Seen in idyllischer Lage führt.

Mit Kindern: Ein besonders gutes Ziel für eine Wanderung mit Kindern ist der unterste See mit schönen Plätzen am Ufer, an denen man gut picknicken kann.

Einkehr: Keine.

Unterkunft:

Hotel: Hostal Escuils bei Salardu, Roca Blanca/Espot.

Camping: Campingplätze bei Espot.

Wohnmobil: Campingplätze bei Espot.

In der Nähe: Hauptzugang des Nationalparkes Aigüestortes in Espot

Ufer sind eher rau, aber an der linken Seite kann man an einer Stelle vom Wanderweg zum Wasser hinuntersteigen. Dort gibt es Felsen zum Sitzen und auch der Zugang zum eiskalten Wasser wäre möglich.

Nach einer Pause kehren wir dann um und wandern auf dem gleichen Weg zurück zum Parkplatz.

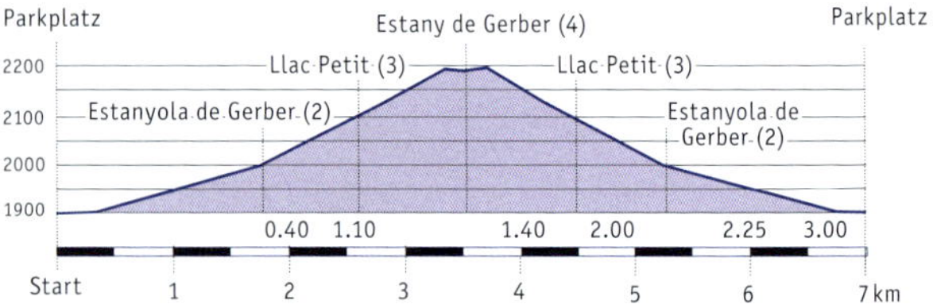

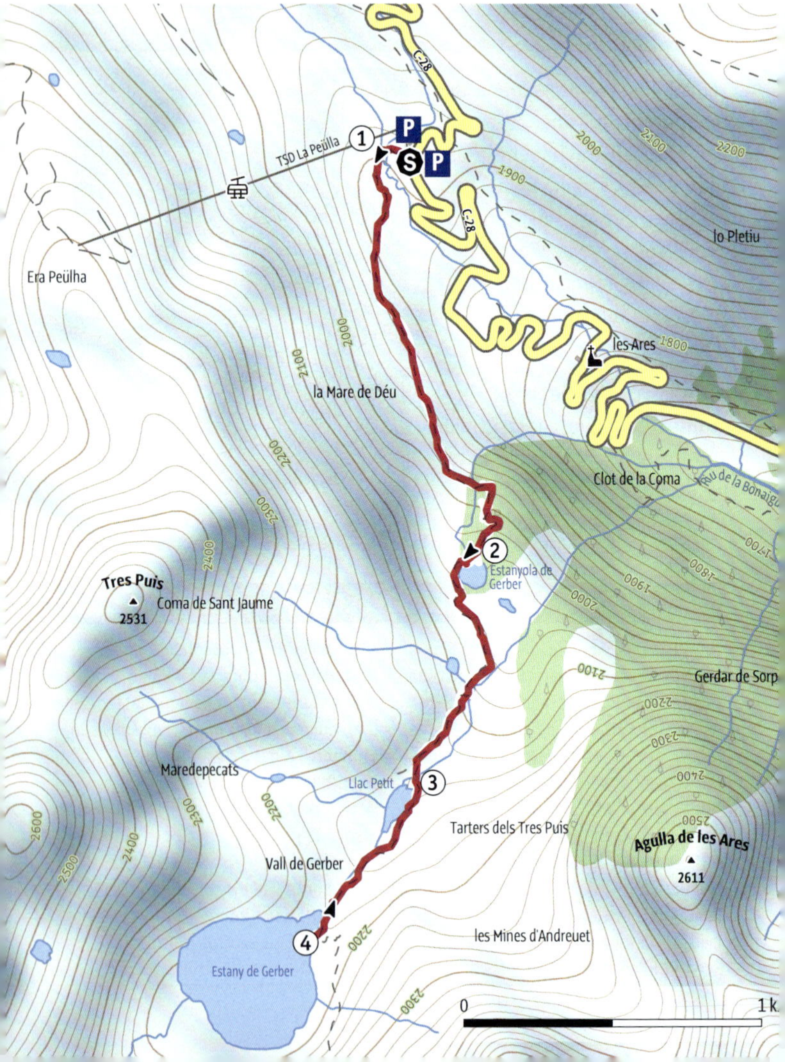

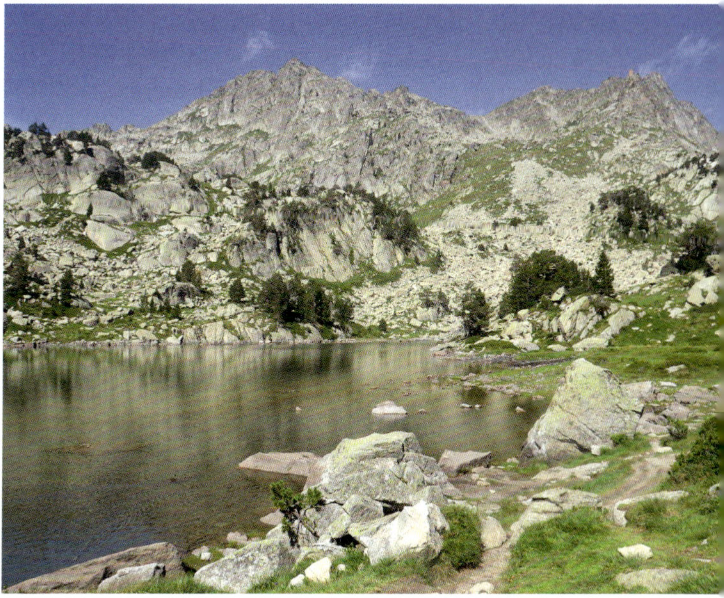

Tour 30: Große Runde im Nationalpark Aigüestortes

540 m

STRECKE 11,5 km

4 h 30

ab 10

Durchs Val de Ratera zum Refugio d'Amitges

Das Refugio d'Amitges liegt in einer besonders eindrucksvollen Berglandschaft mit schroff aufragenden Felsspitzen, grünen Wiesen und einzelnen windzerzausten Kiefern. Dazwischen schillern blau die Wasserflächen etlicher Seen. Auf dem Rückweg ergänzt der grandiose Weitblick über den Estany de Sant Maurici die ersten Eindrücke aus dem Nationalpark Aigüestortes.

TOUREN-STECKBRIEF

Anfahrt: Von Espot fahren Jeep-Taxis zum Estany de Sant Maurici, dem Startpunkt dieser Wanderung. Die Fahrt kostet hin und retour etwa €11,50 pro Person (www.taxisespot.com). Alternativ lässt sich der Sant Maurici See vom Wanderparkplatz am Ende der Stichstraße in den Park auch in etwa eineinhalb Stunden zu Fuß erreichen.

Charakter: Lange aber abwechslungsreiche Wanderrunde auf breiten Wegen und steinigen Bergsteigen. Technisch unkompliziert. Das Refugio d'Amitges ist auch mit dem Jeep zu erreichen, sodass man die Tour einfach kürzen könnte.

Mit Kindern: Um die Runde zu kürzen, können wir am Refugio d'Amitges starten und auf der Aufstiegsroute zum Taxistopp am Estany de Sant Maurici hinunterwandern.

Einkehr: Refugio d'Amitges.

Unterkunft:
Hotel: Roca Blanca / Espot.
Camping: Camping Vorapark, Camping Sol I Neu, Camping La Torre.
Wohnmobil: Campingplätze in Espot.

Wanderung: Vom Halteplatz der Taxis gehen wir über den Holzsteg zum Ufer des Stausees **Estany de Sant Maurici**, der von hohen Bergspitzen umgeben ist. Am rechten Ufer entlang folgen wir zuerst der Beschilderung zur **Cascade**. Der Weg hinauf zum Wasserfall zweigt nach etwa 700 Metern rechts vom Uferweg ab und führt gut angelegt bergauf bis zum Fuß des **Wasserfalls** ①. Neben dem Wasserfall geht es weiter und an der einzigen Kreuzung halten wir uns links in Richtung Estany de Ratera. Kurz darauf endet unser Pfad auf der **Jeep-Piste** ②, die direkt am Seeufer entlangführt. Am oberen Seeende führt ein Pfad zu schönen ruhigen Plätzen am Seeufer.

Weiter auf der Piste erreichen wir kurz darauf eine **Kreuzung** ③ und wählen hier den etwas längeren Fußweg links zum Refugio d'Amitges. Auch dieser Weg ist etwas breiter. Ein weiteres Hinweisschild kündigt die nächste **Wegkreuzung** ④ an, an der wir rechts auf den **Wanderpfad** zum Refugio abbiegen. Es geht deutlich bergan, bis wir den nächsten See vor uns sehen.

Die Ufer des **Estany de les Obagues** ⑤ sind rau und steinig. Die Landschaft wirkt bereits recht wild. Wir sind jetzt über 2200 Meter hoch und Bäume existieren nur noch spärlich. Am oberen Seeende geht es dann in Serpentinen den Hang hinauf. Oben angekommen sieht man schon hinüber zum Refugio. Am Hang entlang wandern wir auf unserem Pfad weiter. Er verläuft ein ganzes Stück parallel zur Piste, die hier vom Estany de Ratera heraufkommt, und mündet kurz vor der Hütte auf dieser.

Das **Refugio** ⑥ ist vor allem auf übernachtende Wanderer eingerichtet, bietet aber auch Getränke und ein Essen an, was man aber nur mitbekommt, wenn man die Treppe vorne am Haus hinaufsteigt. Eine gemütliche Terrasse mit Tischen, wie es in den Alpen üblich wäre, gibt es hier nicht. Wer picknicken möchte, kann das am schönsten ein paar Schritte weiter am See.

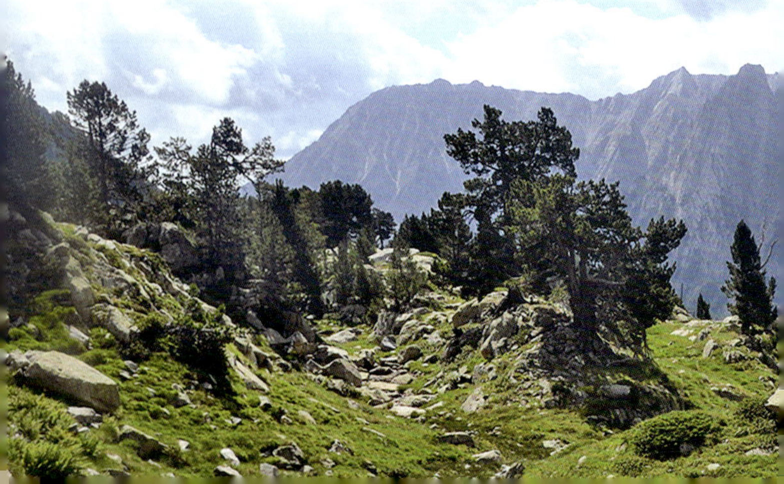

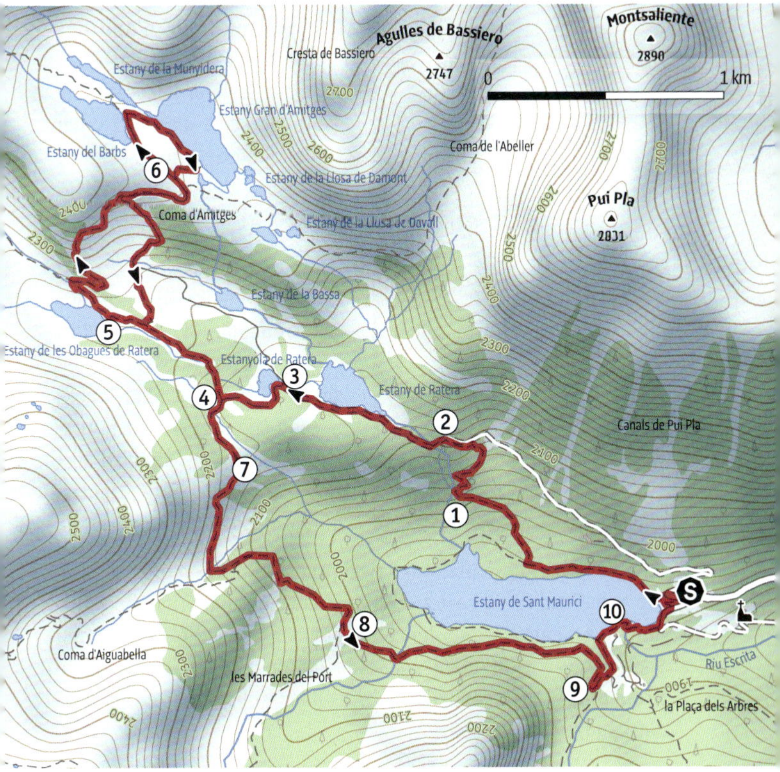
Montsaliente
2890
Agulles de Bassiero
Cresta de Bassiero
2747
0
1 km
Estany de la Munyidera
Estany Gran d'Amitges
Estany del Barbs
Coma de l'Abeller
Estany de la Llosa de Damont
Estany de la Llosa de Davall
Coma d'Amitges
Pui Pla
2831
Estany de la Bassa
Estany de les Obagues de Ratera
Estanyola de Ratera
Estany de Ratera
Canals de Pui Pla
Estany de Sant Maurici
Riu Escrita
Coma d'Aiguabella
les Marrades del Port
la Plaça dels Arbres

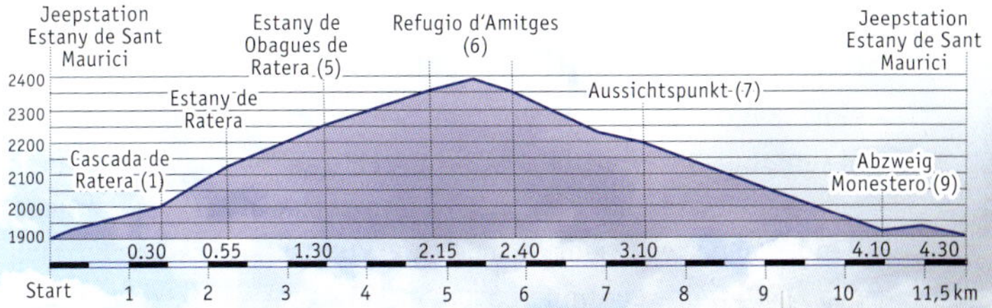
Jeepstation Estany de Sant Maurici
Estany de Obagues de Ratera (5)
Refugio d'Amitges (6)
Jeepstation Estany de Sant Maurici
Estany de Ratera
Aussichtspunkt (7)
Cascada de Ratera (1)
Abzweig Monestero (9)
2400
2300
2200
2100
2000
1900
0.30
0.55
1.30
2.15
2.40
3.10
4.10
4.30
Start
1
2
3
4
5
6
7
8
9
10
11,5 km

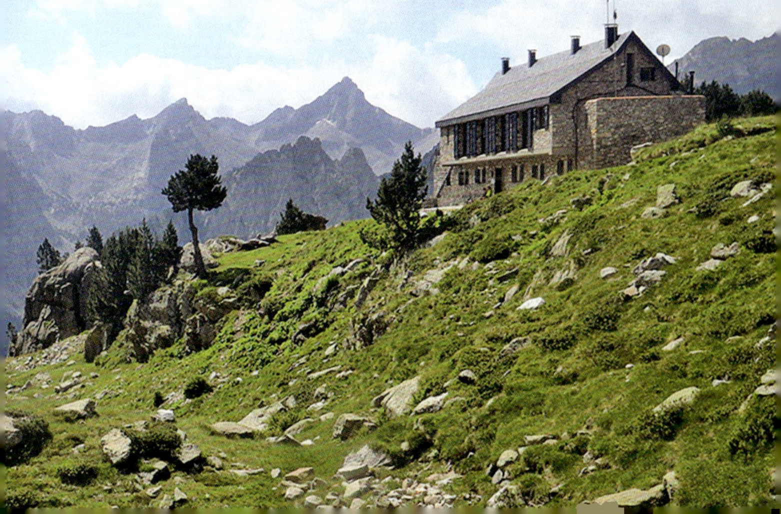

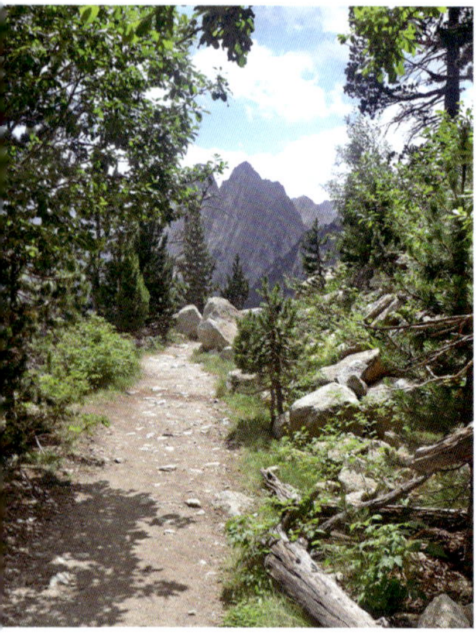

Der **Estany Gran d'Amitges** ist ein Stausee. Wandert man links an seinem Ufer entlang weiter, kommt man auf einer kurzen Runde noch zum Estany de la Munyidera und zum Estany del Barbs.

Dann geht es auf dem vertrauten Weg wieder hinunter bis zur **Kreuzung** ④ hinter dem Estany Ratera. Diesmal biegen wir hier rechts ab und laufen in zehn Minuten zu einem **Aussichtspunkt** ⑦, von dem man zum Estany de Sant Maurici hinunterschauen kann.

Kurz vor dem Aussichtspunkt zweigt unser Rückweg links ab. Der schmale Pfad führt hart am Abhang entlang und ermöglicht uns noch eine ganze Weile den Blick auf den weit unten liegenden See, den wir weit oben am Hang umrunden, bis wir auf eine **Kreuzung** ⑧ treffen. Hier geht es ganz links hinunter, parallel zur Längsseite des Sees.

Nach einem steilen Anstieg kurz vor dem Ziel stehen wir noch einmal an einer **Kreuzung** ⑨. Rechts kommt man in das Tal des Monestero **[› Tour 31]**. Wir gehen links und kurz darauf noch einmal links und wandern zum See hinunter, den wir an der **Staumauer** ⑩ erreichen. Es geht rechts an dieser entlang durch eine Senke und über eine Brücke und noch einmal steil bergauf. Dann stehen wir wieder am **Taxiparkplatz**. Zurück kommt man per Taxi jeweils zur vollen Stunde. Mit etwas Glück klappt es in der Saison auch mal zwischendurch.

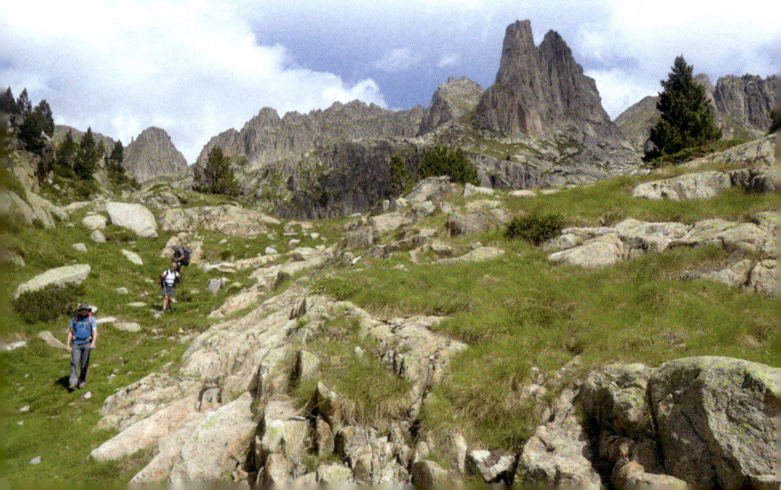

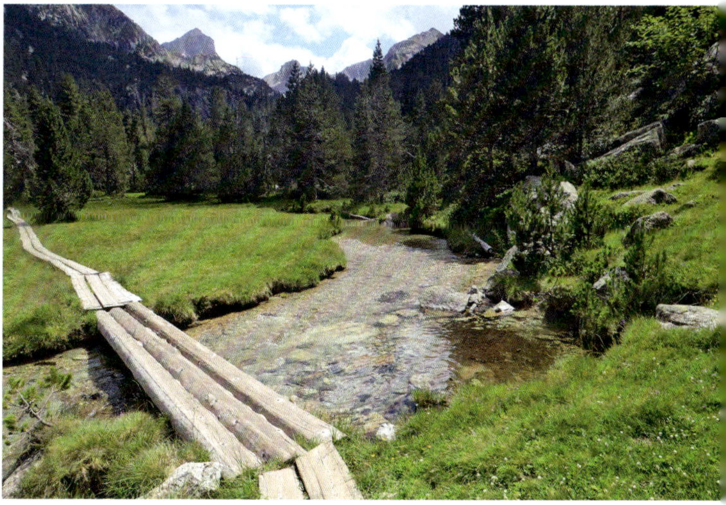

Tour 31: Am Riu de Monestero

312 m

STRECKE 7 km

2 h 45

ab 6

Idyllisches Flusstal im Nationalpark Aigüestortes

Der Rio de Monestero ist eines der gewundenen Wasser, dem der Nationalpark seinen Namen verdankt. Idyllischer als das grüne Tal, das wir auf einem massiven Holzsteg durchwandern, kann ein Bachtal kaum sein. Weiter oben um den Estany de Monestero wird die Landschaft rauer und wilder. Der See liegt eingebettet in ein Meer aus Blocksteinen, das auf dem Weg zum Ufer überklettert werden muss.

Wanderung: Zuerst wollen wir einen Blick auf den Estany de Sant Maurici werfen, der vom Taxihalt nicht zu sehen ist. Wir erreichen über den am Parkplatz beginnenden Holzsteg einen

TOUREN-STECKBRIEF

Anfahrt: Von Espot fahren Jeep-Taxis zum Estany de Sant Maurici, den Startpunkt dieser Wanderung. Die Fahrt kostet hin und retour etwa €11,50 pro Person (www.taxisespot.com). Alternativ lässt sich der See Sant Maurici vom Wanderparkplatz am Ende der Stichstraße in den Park auch in etwa eineinhalb Stunden zu Fuß erreichen.

Charakter: Landschaftlich ausgesprochen schöne Wanderung auf meist einfachen Bergsteigen mit moderater Steigung. Kurzer Abschnitt in den Wiesen auf einem Holzsteg.

Mit Kindern: Perfekte Kinderwanderung auf reizvollen Pfaden. Abwechslungsreich, nicht zu lang und mit Rastmöglichkeiten am Bach und am See.

Einkehr: Refugio Ernest Mallafré am Ende der Tour.

Unterkunft:
Hotel: Roca Blanca in Espot.
Camping: Camping Vorapark, Camping Sol I Neu, Camping La Torre.
Wohnmobil: Campingplätze in Espot.

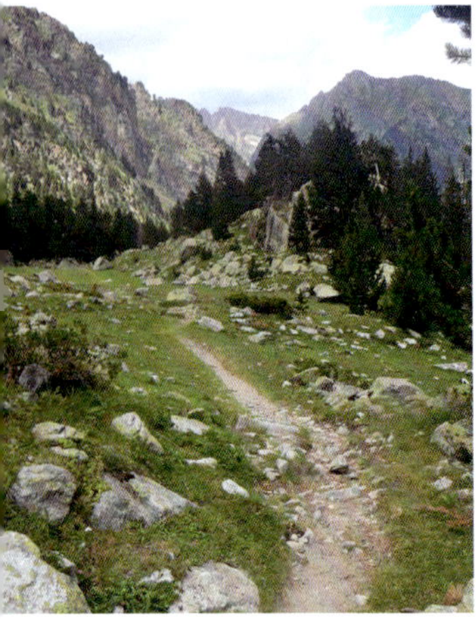

schönen Platz am Ufer und kehren dann wieder zum Taxihalt zurück. Der Weg ins Tal des Riu Monestero führt vom Parkplatz nach Süden. Hinter der **Staumauer** ① umrundet der breite Schotterweg die Seespitze auf der linken Seite. An der Mauer geht es steil hinunter, über eine Brücke und wieder steil hinauf. Dann biegt links der markierte **Weg zum Estany de Monestero** ② ab.

Den Hang hinauf kommen wir zu einer weiteren **Kreuzung** ③ und wählen hier, entsprechend dem Hinweisschild, den linken Weg, dem wir folgen bis zum Estany de Monestero. Dabei marschieren wir zuerst bergan durch den Wald und kommen dann in das ausgesprochen schöne, **sattgrüne Flusstal.** Der Boden ist hier leicht moorig und immer feucht, sodass man einen **Baumstamm-Steg** ④ angelegt hat, auf dem wir trockenen Fußes durch die Wiesen laufen und dabei mehrfach den glasklaren, flachen Bach überqueren.

Am Ende des Steges geht es noch einmal hinauf zu einer grünen **Hochebene** ⑤, diesmal mit trockenem Boden. Hier oben weiden im Sommer Pferde. Links unten ist auch der **Riu de Mona-**

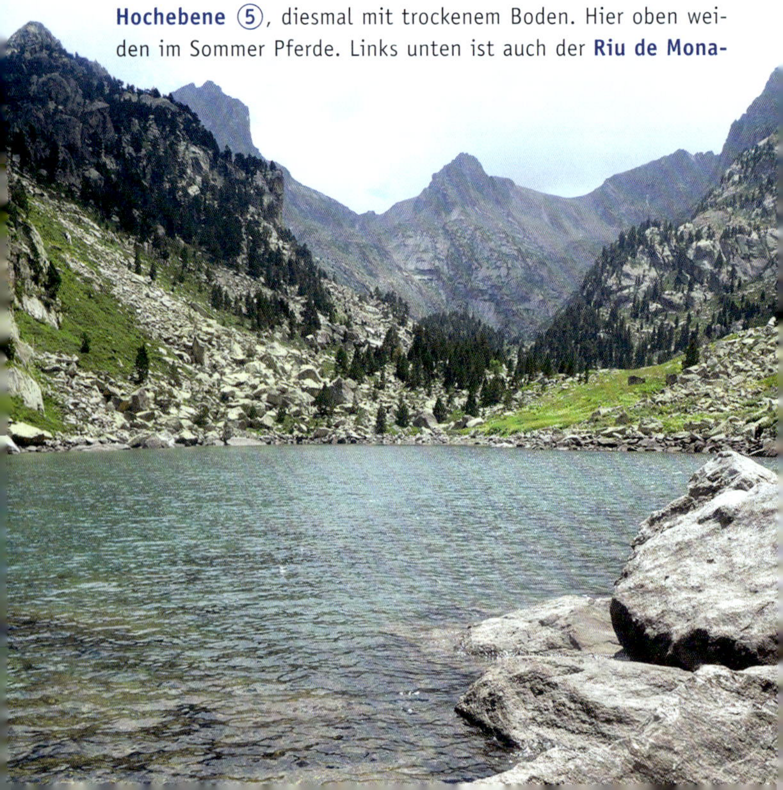

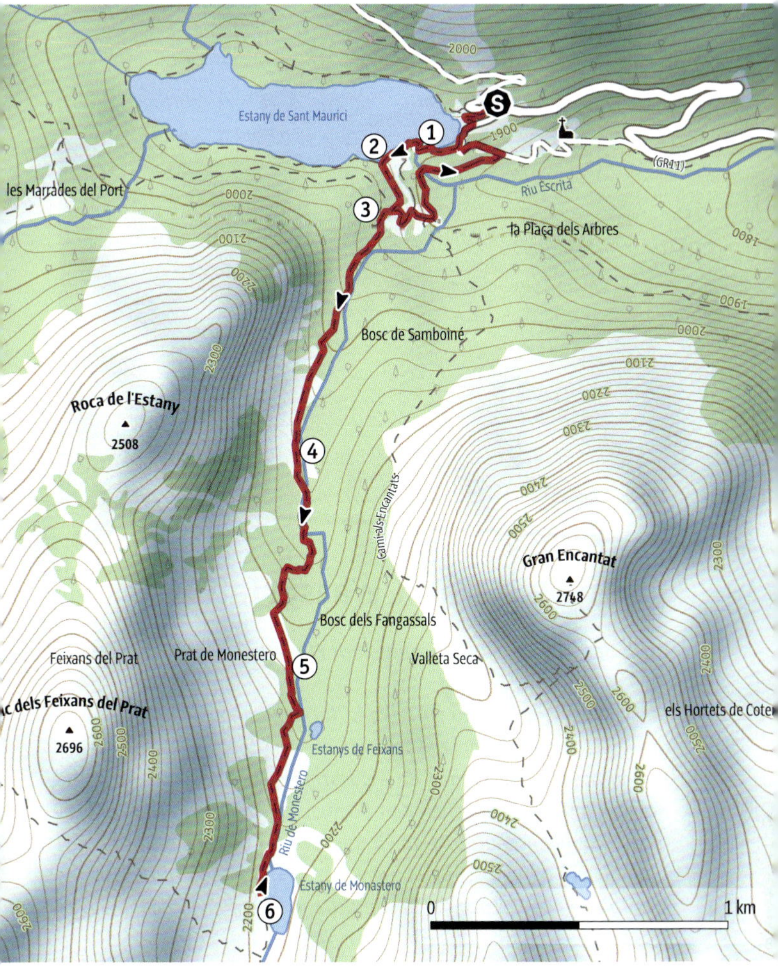

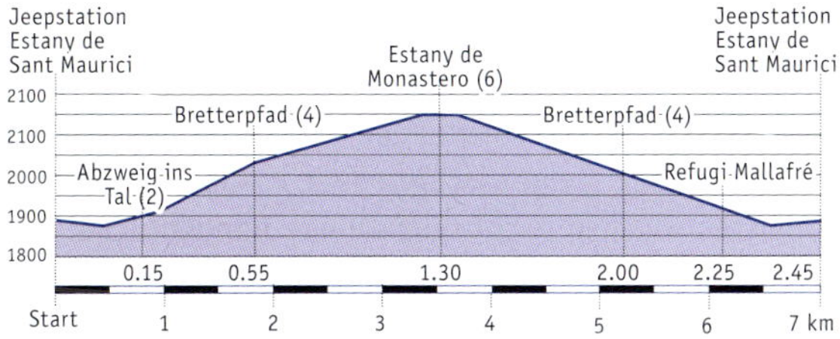

stero zu sehen und es gibt schöne Rastplätze am Wasser. Es ist jetzt aber auch nicht mehr weit zum See. Ein letzter Aufstieg bringt uns an sein Ufer. Diesmal geht es durch Steinbrocken und über Felsen bergan und die Landschaft wird karger. Der **See** ⑥ selbst liegt nahe an der Baumgrenze und ein Teil seines Ufers ist steinig. Es gibt aber auch hier viele schöne Plätze zur Rast. Nach einer Pause wandern wir auf dem gleichen Weg zurück.

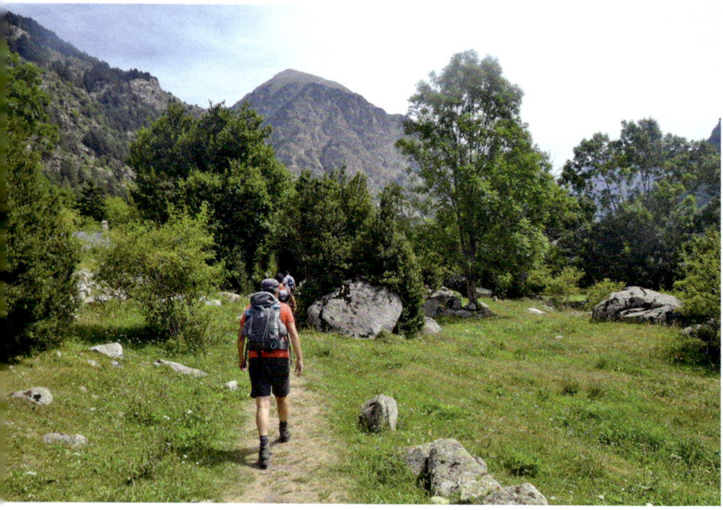

480 m

105 m

STRECKE 10 km

3 h 45

ab 8

Tour 32: Ermita, See und Wasserfall

Duch das Vall de Sant Nicolau zum Planell de Sant Esperit

Das Vall de Sant Nicolau ist Teil des Nationalparks Aigüestortes und das beliebteste Wanderziel im Vall de Boí. Die meisten Besucher fahren hinauf zum Planell de Aigüestortes, um dann das reizvolle Hochtal mit dem plätschernden Bach zu durchqueren. Der viel weniger begangene Aufstieg durch das untere Tal hat aber ebenfalls seine Reize. Wir marschieren hier über schöne Pfade zu einer alten Ermita und zum Estany de Llebreta. Dann klettern wir neben einem Wasserfall hinauf auf die Hochebene.

Wanderung: Der Wanderweg beginnt gegenüber der **Infohütte**, an der Sie eine Karte des Nationalparks bekommen, und führt in Kurven sanft den Hang hinauf. Der Weg ist im unteren Teil eben, gut angelegt und mühelos zu laufen. Zuerst geht es meist durch den Wald und der Weg steigt sanft an. Nach knapp zwei Kilometern überqueren wir eine leicht schaukelnde **Hängebrücke** ①. Hier kommt man auch gut ans Wasser und könnte sich an heißen Tagen im Bach erfrischen.

Auf halber Strecke wird der Wald lichter. Steinmäuerchen und Wiesen säumen unseren Weg. Kurz darauf erreichen wir die **Ermita de Sant Nicolau** ②. Eine alte romanische Kirche mit neu gedecktem Dach und die Reste eines Gutshofes stehen hier in einer Landschaft, der man noch ansieht, dass sie einmal bewirtschaftet wurde. Vom Hügel hinter der Ermita blicken wir dann hinunter auf den **Estany de Llebreta**. Im Hintergrund ist auch

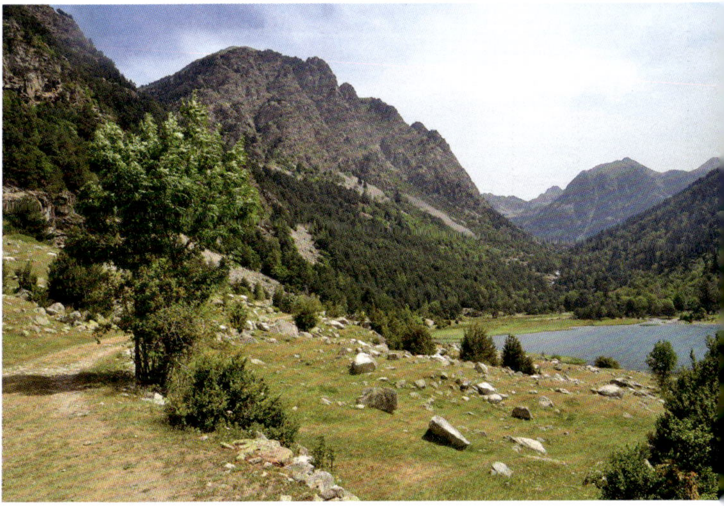

schon der Wasserfall **Cascata de Sant Esperit** ③ zu erkennen. Unser Weg führt zuerst zum See, quert dann die asphaltierte Piste und führt uns auf der linken Seite des **Wasserfalles** wieder hinauf. Auf halber Höhe erlaubt eine Aussichtsplattform den Blick über die Kaskade und über das Tal.

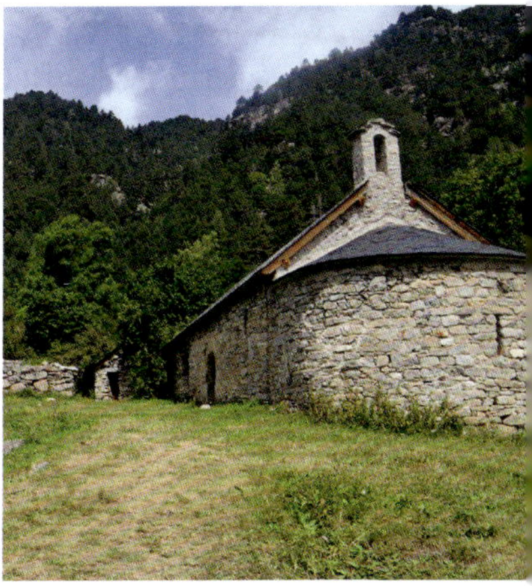

Von hier aus laufen wir noch einmal 20 Minuten bis zur Taxistation auf dem **Planell de**

TOUREN-STECKBRIEF

Anfahrt: Von der Straße durch das Tal kurz hinter dem Abzweig nach Boí ins Tal von Sant Nicolau abbiegen (Schild Nationalpark Aigüestortes Parkplatz) und einen Kilometer auf schmaler Asphaltstraße bis zum Parkplatz bei **GPS N 42°32'41.3", E 0°50'42.9"** fahren. Die Straße ist auf eine Fahrzeugbreite von zwei Meter beschränkt. Breitere Fahrzeuge parken links am Abzweig an der Straße. Kurz vor der Brücke führt dann rechts ein Fußweg zum oberen Parkplatz (zusätzlich 1 km).

Charakter: Aufstieg auf guten Wald- und Wiesenpfaden vorbei an einer alten Eremitage, einem schönen See und einem Wasserfall. Weniger frequentiert als der breite Weg ins Tal im oberen Bereich. Sie haben die Wahl, ob Sie bergauf oder bergab wandern möchte, einen Weg legen wir im Taxibus zurück.

Mit Kindern: Mit jüngeren Kindern können Sie zur Hochebene hinauffahren und nur durch das Bachtal spazieren.

Unterkunft:
Hotel: Hotel el Rantiner, El Xalet de Taüll Hotel Rural.
Camping: Camping Taüll.
Wohnmobil: Stellplatz Pla d'Ermita bei Taüll, GPS N 42°30'59.1", E 0°51'22.3".

In der Nähe: St. Climent de Taüll.

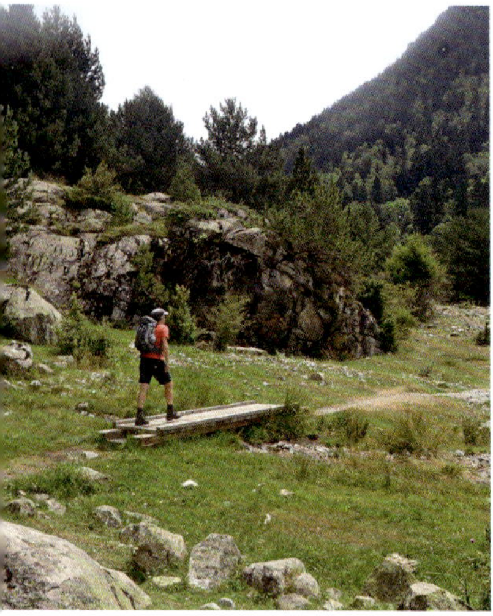

Aigüestortes (4). Ein Abstecher führt zu einem Aussichtsplateau mit Infotafel, auf der wir die Namen der umliegenden Berge erfahren. Dann folgen wir dem breiten Schotterweg, der uns in ein idyllisch grünes Bachtal führt. Hier gibt es etliche schöne Rastplätze am glasklaren Fluss. Nach 500 Metern überspannt eine Brücke den Bach, dahinter folgt ein barrierefreier Bretterpfad, dem wir später in einem Bogen durch den Wald und am Wasser entlang zurück zur Taxistation folgen. Doch zuerst lohnt es noch, dem Schotterweg bis zur **Fonte de Planell Gran** zu folgen, um die Wasservorräte an der üppig sprudelnden, angenehm frischen Quelle wieder

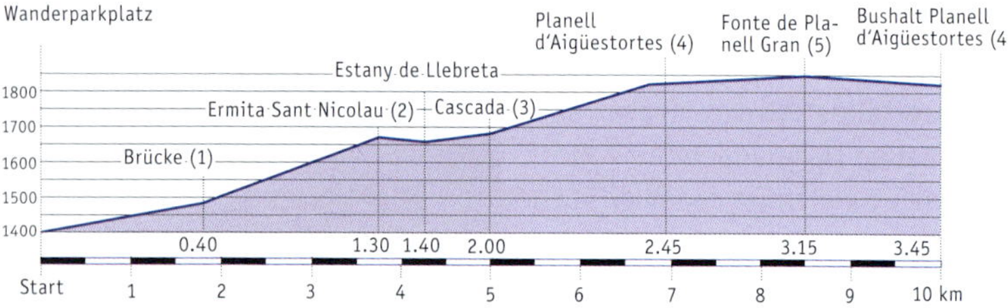

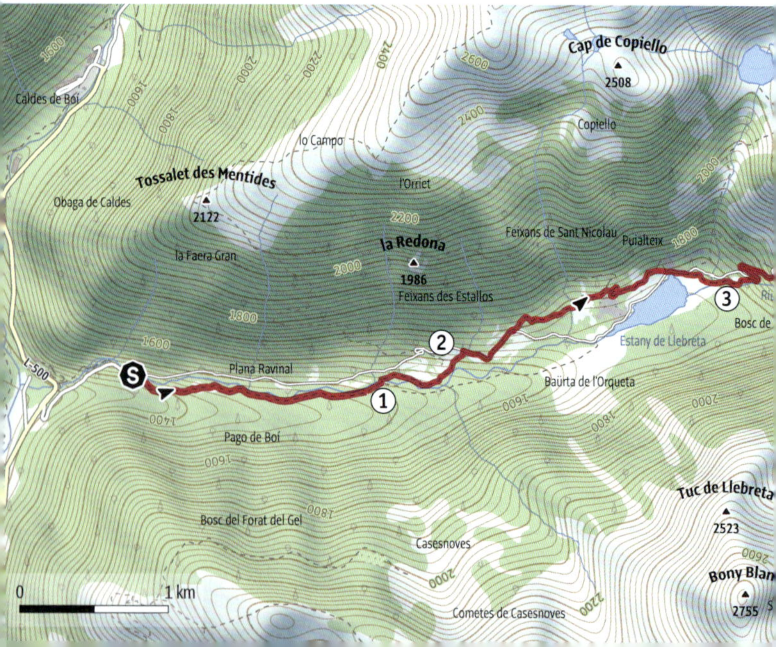

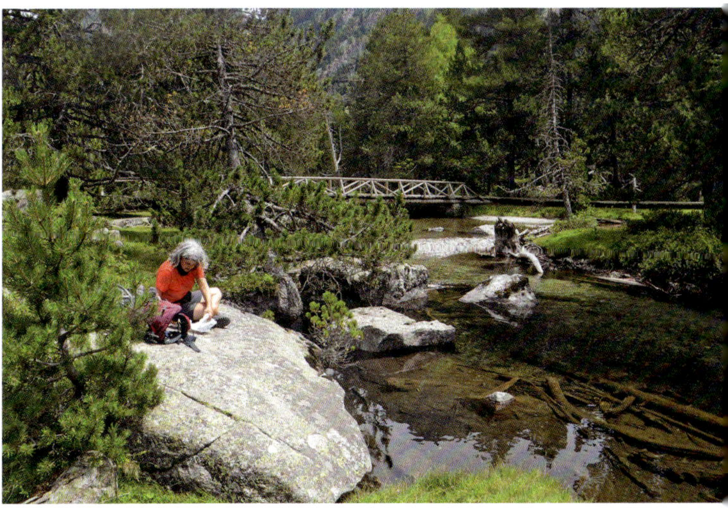

aufzufüllen. Hier drehen wir um, wandern bis zur **Brücke** ⑤ zurück und folgen dem Bretterpfad, der uns noch an mehreren besonders schönen Plätzchen am Fluss vorbeiführt, bis zum **Taxiparkplatz**. Hier warten wir auf einen Platz im Bus und fahren zum Parkplatz zurück. Wer noch genug Reserven hat, kann natürlich auch zu Fuß auf dem vertrauten Weg wieder hinuntergehen und steht dann nach etwa zwei Stunden wieder am Auto.

Der breite, viel begangene Schotterweg auf dem Planell führt weiter hinauf zum **Estany Llong** und dem gleichnamigen bewirtschafteten Refugio. Wir fanden die »Autobahn« allerdings ein bisschen langweilig, auch wenn sie zu einem durchaus lohnenden Ziel führt.

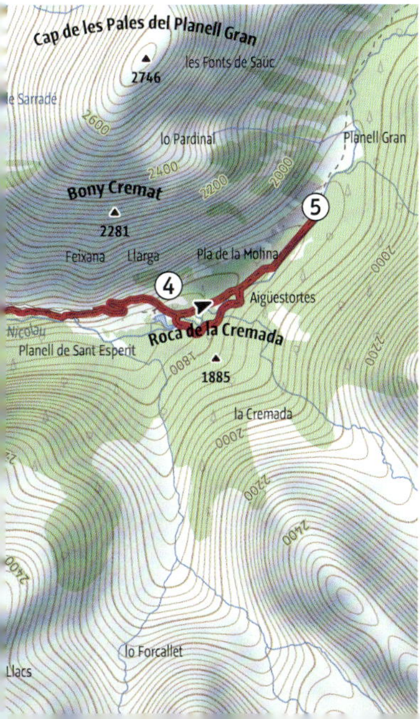

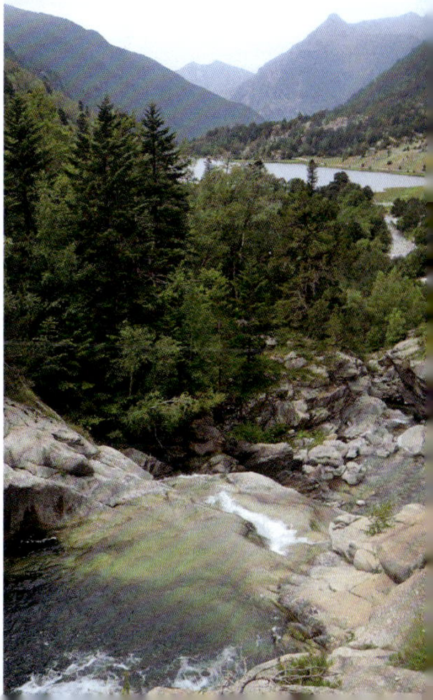

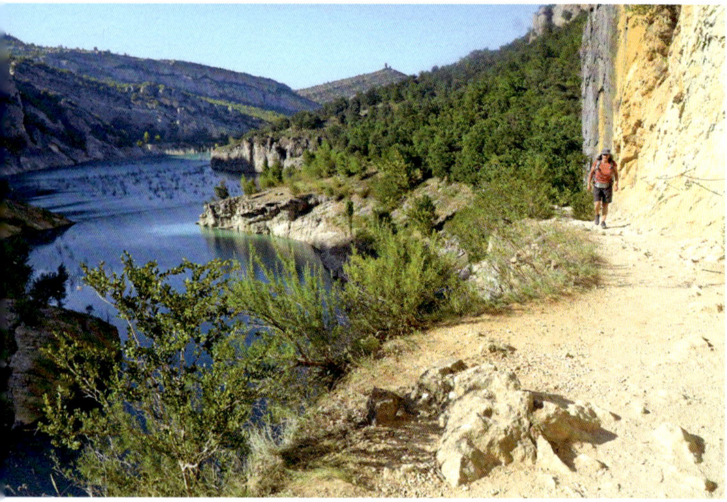

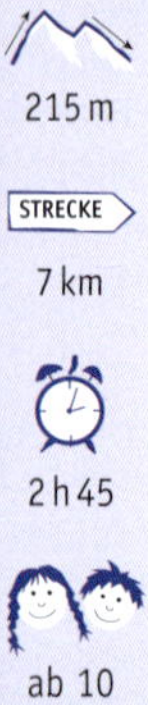
215 m

STRECKE
7 km

2 h 45

ab 10

Tour 33: Camí de Congost de Mont-Rebei

Auf dem Felsenweg durch die Schlucht

Der Weg durch die Schlucht von Mont-Rebei ist spektakulär. Ein schmaler aber ebener Pfad ist hier in luftiger Höhe direkt in den Fels geschlagen und führt weit über dem Noguera Ribagorçana durch den Engpass zwischen den Felsen.

Wanderung: Unser Weg direkt durch die Schlucht ist auf den Schildern blau markiert und trägt außerdem die rot-weißen Mar-

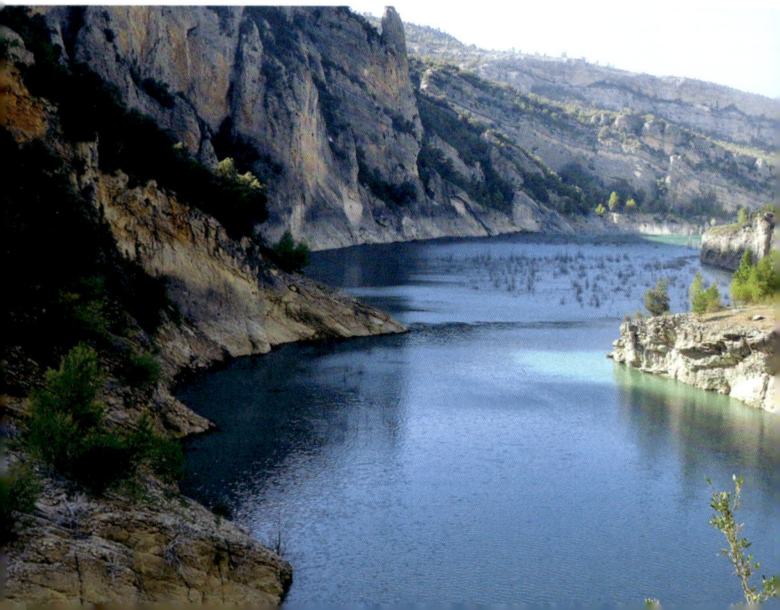

TOUREN-STECKBRIEF

Anfahrt: Am südlichen Ortsrand von Pont de Montanana links den Fluss Noguera Ribagorcana überqueren und kurz hinter der Brücke rechts in eine schmale löchrige Asphaltstraße einbiegen. Am Abzweig ist der Congost de Mont-Rebei beschildert. Nach 7 km erreichen wir die Zufahrt zum Parkplatz. Dazu geht es rechts unter einer Höhenschranke hindurch. Fahrzeuge über 2,30 Höhe können hier nicht mehr parken und müssen etwa 1 km vorher abgestellt werden. Tagesgebühr Parkplatz €6. Der Parkplatz wird abends mit einer Barriere verschlossen!

Charakter: Zuerst geht es unkompliziert durch das Tal, über eine Hängebrücke und bis zur Schlucht. Hier beginnt der aufregende Felsenpfad, der für schwindelfreie Wanderer ein Genuss ist.

Mit Kindern: Der Felsenpfad ist mit Seilen auf der Bergseite versehen, zum Abgrund hin aber nicht abgesichert. Die Tour ist daher nur mit trittsicheren, etwas größeren Kindern zu empfehlen.

Einkehr: Snacks und Getränke im Infohäuschen am Eingang.

Unterkunft:
Hotel: Hotel Flor de Neu, Hotel Cotori / El Pont de Suert.
Camping: del Remei in El Pont de Suert.

In der Nähe: Flößermuseum und Badeplatz am Stausee in Pont el Suert.

kierungen des GR 1, der ebenfalls durch die Schlucht führt. Vom Parkplatz spazieren wir zuerst zur **Information** ① mit Toilette und Kiosk, an dem vor allem auch kalte Getränke verkauft werden. Im Sommer kann es hier auf der Südseite der Pyrenäen sehr heiß werden.

Auf einem breiten Fußweg geht es dann ins hier noch sehr wei-

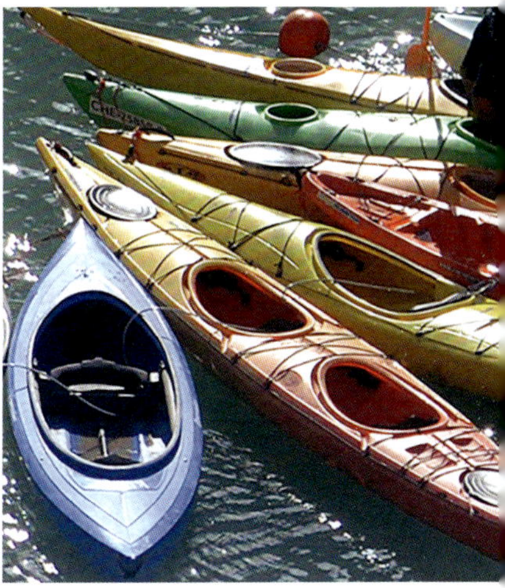

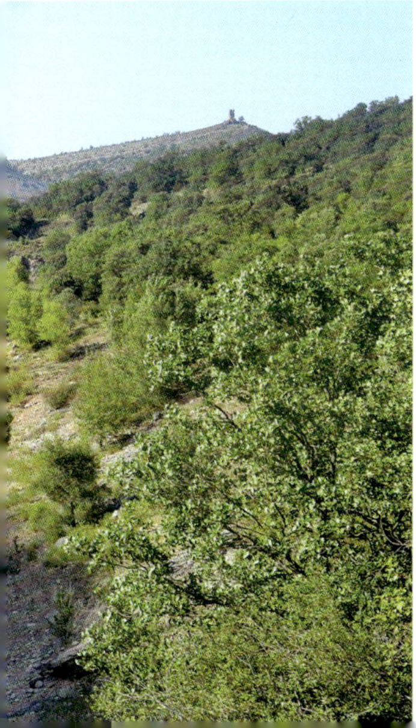

Mont-Rebei mit dem Kanu

Der Noguera Ribagorca ist unterhalb der Schlucht gestaut, das Wasser zwischen den Felswänden ist also strömungsfrei und kann problemlos mit einem Kajak befahren werden. KMR aus Montagnola bieten geführte Kanutouren in der Schlucht an. Die Kanus liegen im Sommer am Schluchteingang. Eine vorherige Anmeldung ist jedoch zu empfehlen.

Eine geführte Paddeltour durch die Schlucht kostet €45 pro Person. Anmeldung telefonisch unter 0034 654 93 322 74 oder online: www.kmr.es. Die Website ist ausschließlich Spanisch / Katalanisch, das Team spricht aber auch Englisch.

te Tal hinein. Dort wo wir dann die Felswände schon sehen können, liegen unten an einem gestauten Flussbereich viele bunte **Kajaks** ②, die man mieten kann. An dieser Stelle kann man auch zum Baden zum Wasser hinuntersteigen.

Wenig später kommen wir an einer Wegkreuzung an eine **Hängebrücke** ③, die wir überqueren. Dann geht es rechts den Hang hinauf. Unten im Wasser sieht man hier eine **Plastikplattform** schwimmen, die man ebenfalls als Ausgangspunkt für ein Bad nutzen kann. Es geht aber recht steil hinunter zum See. Der ei-

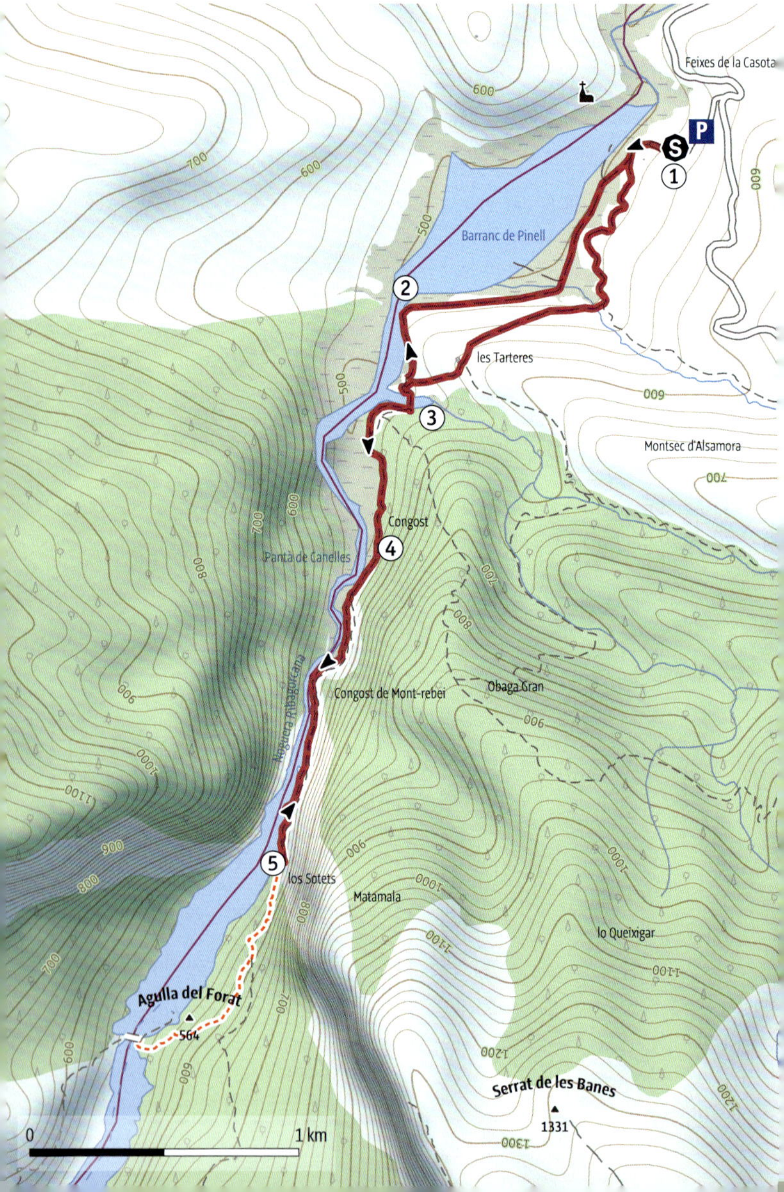

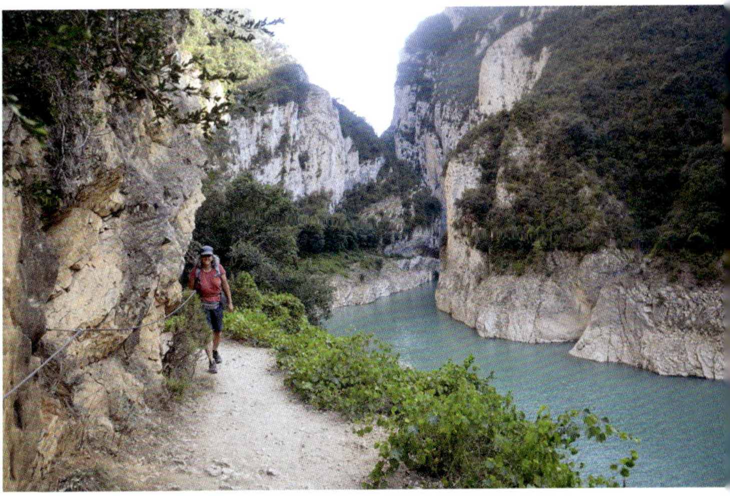

gentliche Weg führt oben entlang und nähert sich jetzt stetig der Schlucht. Wir erklettern eine erste **Felsbarriere**, und dann beginnt der spektakuläre in die Steilwand geschlagene **Steig** ④. Der Weg ist einen guten Meter breit und an der Bergseite gibt es ein Drahtseil zum festhalten. Rechts in Richtung Wasser geht es meist ungesichert senkrecht hinunter. Wer nicht schwindelfrei ist, wird an diesem Ausflug wohl nur wenig Freude haben.

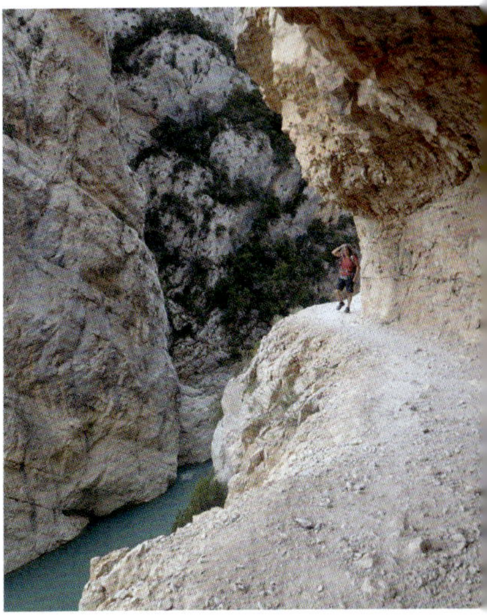

Langsam und vorsichtig geht es weiter. Hinter jeder Kurve der Felswand eröffnen sich neue Blicke auf das weit unter uns glitzernde türkisblaue Wasser. Nach einem letzten Anstieg kann man von zwei **Holzbänken** ⑤ weit in das sich wieder öffnende Tal schauen. Wir drehen hier um und laufen auf dem gleichen Weg zurück. Der GR 1 führt weiter durch das Tal und steigt wenig später vom Flussufer links hinauf. Man könnte die Wanderung also beliebig verlängern.

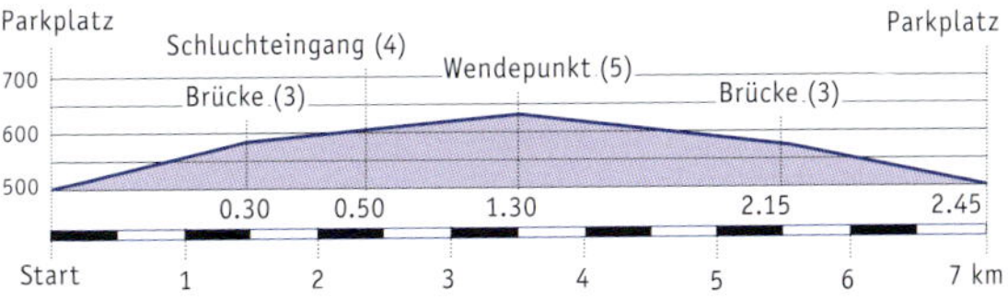

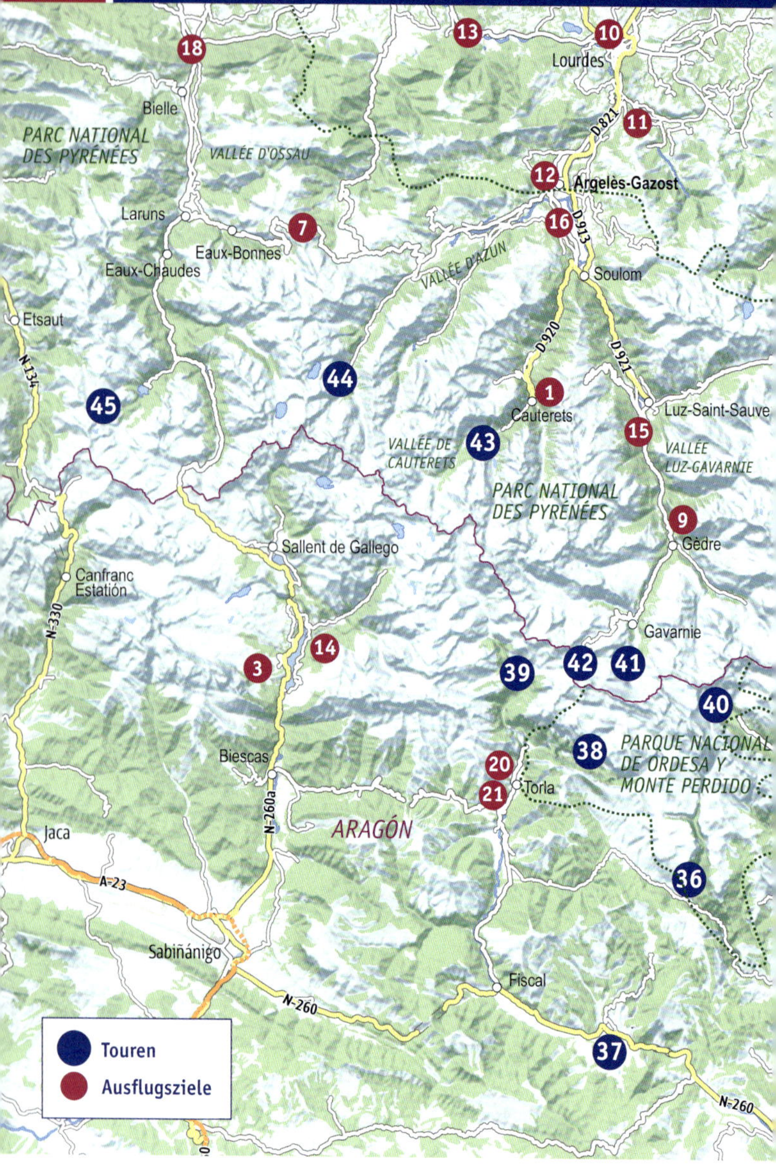

In den nördlichen Ausläufern der Berge zieht der Pilgerort Lourdes tausende von Besuchern an, im Süden ist das reizvolle Städtchen Ainsa noch eher ein Geheimtipp und neben Torla eine gute Basis zum Entdecken des spanischen Nationalparks. Das Gebiet der Zentralpyrenäen steht weiträumig unter Schutz. Auf der französischen Seite durch den Parc National des Pyrénées, in Spanien durch den Parque Nacional de Ordesa y Monte Perdido. Der 3.355 Meter hohe Monte Perdido gehört außerdem wegen der Schönheit und Vielfalt der Natur zum UNESCO-Weltnaturerbe. Der höchste Gipfel der Pyrenäen ragt jedoch außerhalb der Nationalparks in den Himmel.

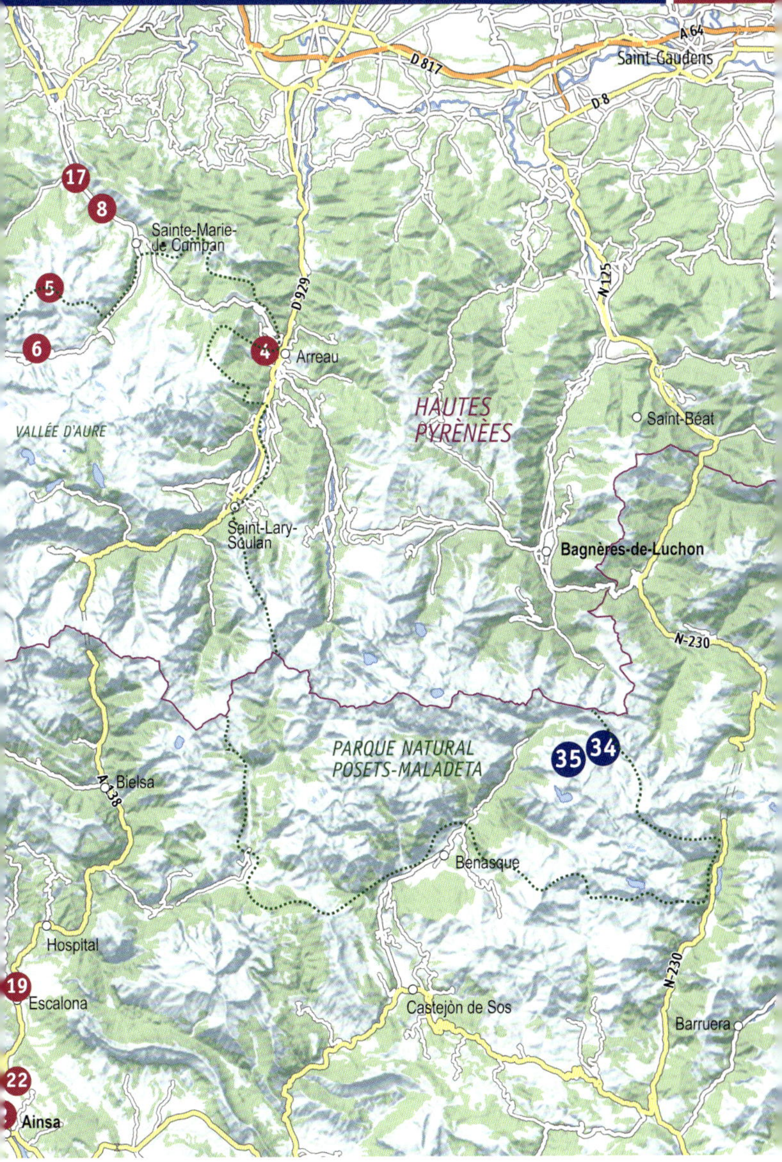

Baden

1 Bains du Rocher / Cauterets

Innen- und Außenbecken mit 38°C warmem Wasser, Sprudelliegen und Jacuzzi, kleine Sauna und Fitnessraum, Massagen gegen Aufpreis.
Eintritt für Bäder, Sauna und Hammam 2 h €19, Familie (2+1) ab €46,50, www.bains-rocher.fr

Ausflugsziele

Benasque

Benasque ist ein Dorf mit etwas mehr als 1.000 Einwohnern, eine Runde durch die bunten Gassen nimmt also nicht allzu viel Zeit in Anspruch. Der kleine Ortskern ist angenehm belebt, es gibt viele kleine Geschäfte und einige gepflegte historische Gebäude, die sich alle im Nordteil des Ortes befinden. Am auffälligsten ist der Palast der Grafen von Ribagorza, erbaut im 16. Jahrhundert, als der aragonesische Adel das Bergtal als klimatisch angenehmen Sommersitz entdeckte. Aus dieser Zeit sind im Ort weitere Herrenhäuser erhalten: die Casa Marcial del Río, die Casa Juste und die Casa Faure. Ebenfalls sehenswert ist die romanisch-gotische Kirche Santa María la Mayor.

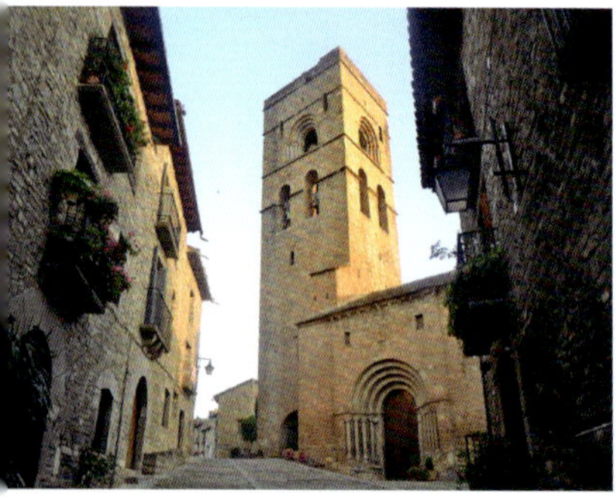

Ainsa

Oberhalb der eher gesichtslosen Neustadt am Zusammenfluss von Rio Cinca und Rio Ara steht auf einem Hügel das alte Ainsa mit Stadtmauern und einer Burg, die nachweislich schon im 11. Jahrhundert existierte. Hinter der Ruine der Burg folgen die Plaza Major mit ihren schönen, alten Steinhäusern, die teilweise aus dem 16. und 17. Jahrhundert stammen, und zwei enge Gassen mit ebenfalls historischen Steinhäusern und der Kirche Santa Maria de la Asunción. Das Ganze wirkt wie ein weit vom Alltagsleben entferntes Museum, hat aber trotzdem seinen Charme. Besonders stimmungsvoll ist Alt-Ainsa am Abend, wenn die Steinhäuser im gelblichen Licht der Laternen den letzten Rest Alltäglichkeit verlieren. An der Plaza Mayor haben Sie dann die Wahl zwischen mehreren Restaurants, müssen aber preislich einen deutlich spürbaren Altstadtzuschlag akzeptieren. Die beste (und teuerste) Adresse am Platz ist übrigens das noble Restaurant Callizo in perfekter Lage am Rand der Plaza Mayor und mit Blick auf die Berge.

2 Eco Museo Ainsa

Schmutz- und Bartgeier, Steinadler, Braunbär, Murmeltier, Salamander, Viper und Steinbock – typische und seltene Bewohner der Pyrenäen sind im Museum als präparierte Modelle, in Videos oder auf Fotos zu sehen. Das Museum wird von der Fundación de Conservation del Quebrantahuesos betrieben, die sich für den Erhalt bedrohter Arten einsetzt.

Geöffnet März bis Oktober 11–14.30 und 15.30–20 Uhr, Juli und August bis 20.30 Uhr. Eintritt €5. quebrantahuesos.org

Torla

Der große Wanderparkplatz, von dem die Busse in den Nationalpark fahren, ist vor dem Ort rechts kaum zu übersehen. Neben der Bushaltestelle befindet sich auch die Information und Sie können mit wenigen Schritten ins hübsche Dorf mit seinen Steinhäusern und vielen Restaurants hinaufspazie-

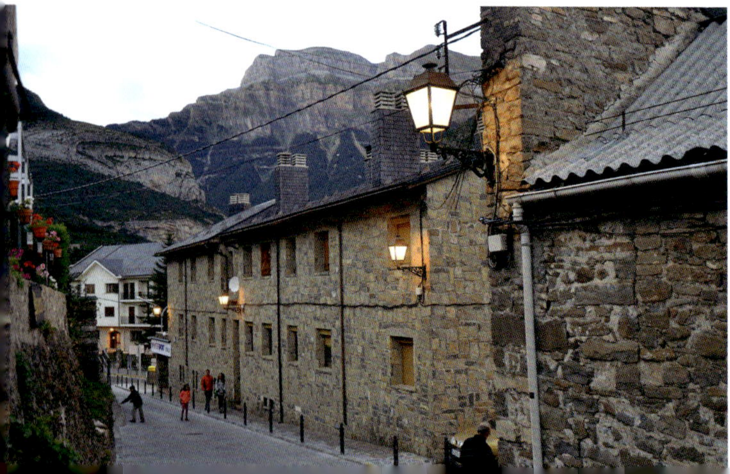

ren. Im Juli und August empfiehlt es sich, hier rechtzeitig zu reservieren – egal ob Unterkunft oder Restauranttisch. Der stimmungsvolle kleine Ort ist beliebt und wenn Sie zu spät kommen, ist alles belegt.

3 Parco Faunistico Lacuniacha

Einer der typischen Pyrenäen-Tierparks, deren Besuch immer eine Mischung aus Wanderung und Zoobesuch ist. Das Gelände ist weitläufig und liegt am Hang. Die Pfade führen teilweise durch die Gehege der ungefährlichen Tiere wie Hirsch und Gämse. Die Gehege der Raubtiere sind weitläufig, sodass es ein wenig Glück braucht, um auch Bären, Luchse und Wölfe zu beobachten zu können. Außerdem leben hier Wildschweine, Mufflons, Damwild, Füchse, Rentiere, Bisons und Przewalski-Pferde. Für den Besuch werden Wanderschuhe empfohlen, im Sommer sollten Sie auch unbedingt etwas zu trinken einpacken. Die Wege sind nicht für Kinderwagen geeignet, Kindertragen können an der Kasse geliehen werden.

Geöffnet April bis Juni und Mitte September bis Mitte Oktober Fr bis Di 11–19 Uhr, Juli bis Mitte September täglich. Eintritt €16, Kinder 4 bis 17 Jahre €14. www.lacuniacha.es

4 Les Aigles d'Aure / Arreau

Sie rätseln auch immer wieder, ob das, was da weit über Ihnen seine Kreise zieht, ein Adler ist? Oder vielleicht doch ein Geier? Oder nur einer der kleineren Greifvögel? Ein Besuch bei Les Aigles d'Aure hilft da sicher weiter. In den täglichen Freiflugshows des Parkes fliegen ein Weißkopfseeadler, Steinadler, verschiedene Geier, Uhus, Falken und Milane.

Geöffnet April bis August So bis Fr ab 14.30 Uhr, Mitte Juli bis Mitte August Flugshow um 15.30 und 17 Uhr, ansonsten nur um 15.30 Uhr. Eintritt €10,50, Kinder 5 bis 12 Jahre €6,50. www.aigles-daure.com

5 Pic du Midi de Bigorre

Seit 1873 gab es auf dem Gipfel eine Wetterstation, die zwischen 1878 und 1882 zu einem Observatorium umgebaut wurde. Mit Hilfe eines großen Teleskops beobachteten die Wissenschaftler, die hier arbeiteten, die Oberfläche des Mars und anderer Planeten. Vor der ersten Mondlandung hat man hier eine Karte des Planeten gezeichnet. In den 50er Jahren wurden wichtige Erkenntnisse zur Sonne und zur kosmischen Strahlung gewonnen. Als dem Observatorium im Jahr 1998 die Schließung drohte, baute man erneut um. Aussichtsterrassen, von denen man bei guter Sicht das Massif Central erspähen kann, ein Ausflugslokal, ein Museum über Astronomie und ein Planetarium machen den Gipfel des Pic du Midi für Touristen interessant. Im Jahr 2000 ging die Seilbahn von La Mongie auf den Gipfel in Betrieb – und weil es nicht ganz auszuschließen ist, dass Besucher wegen eines Wetterumschwungs nicht mit der Seilbahn ins Tal zurückkehren können, kann man hier oben auch übernachten.

Geöffnet Juni bis Anfang November. Eintritt für Museum und Planetarium inkl. Seilbahnfahrt €47 pro Person, Kinder bis 18 Jahre €29. Die erste Bahn fährt um 9.30 Uhr, letzte Rückfahrt um 19 Uhr, außerhalb der Saison letzte Rückfahrt um 16 Uhr. picdumidi.com

6 Col de Tourmalet

Wenn Sie sich für Fahrradrennsport interessieren, dürfte Ihnen der Name ein Begriff sein. Der Pass wurde im Jahr 1910 als erster Hochgebirgspass in die Route der Tour de France aufgenommen und war seitdem fast immer Teil der Streckenführung. Der Tourmalet ist auch heute noch die höchste asphaltierte Passstraße der französischen Pyrenäen. Mit dem Auto kommen Sie problemlos hinauf, wenn auch die Straße in der Nähe der Passhöhe etwas schmaler wird. Deutlich anstrengender ist die Fahrt für die vielen Rennradler, die hier gerne testen, ob Sie einer Königsstrecke der Tour de France gewachsen sind.

7 Col d'Aubisque

Auch dieser Pass ist Fans der »Tour de France« ganz sicher ein Begriff. Diesmal geht es auf über 1.700 Meter hinauf und die Streckenführung erweist sich als deutlich anspruchsvoller. Die Straße ist zeitweise recht schmal und am rechten Fahrbahnrand geht es oft ohne Abgrenzung hinunter. Das Fahren erfordert hier Konzentration, und bei viel Gegenverkehr wird es anstrengend. Die Route führt durch einen Naturtunnel, einen Felsbogen und durch eine karge grüne Hügellandschaft, in der viele Schafe grasen. Auf der Passhöhe gibt es ein Restaurant. Die Fahrt über den Col d'Aubisque ist set 2022 nur noch für Fahrzeuge unter 3,5 Tonnen zulässig.

8 Grottes de Médous

Kleine Höhle mit unterschiedlichsten Tropfsteinen und einer kurzen Bootsfahrt über einen unterirdischen See. Bei Bagnères-de-Bigorre.

Geöffnet April bis Juni und September 10–12 und 14–17 Uhr, Juli und August 9.30–12 und 13.30–17.30 Uhr. Eintritt €11, Kinder 4 bis 11 Jahre €6. www.grottes-medous.com

Luz-Saint-Sauveur

Das Städtchen lebt von seiner Lage zwischen Gavarnie und der Pilgerstadt Lourdes. In dem recht überschaubaren Ort gibt es zehn Campingplätze, eine attraktive Schlossruine, eine ausgezeichnete Bäckerei, einen Carrefour und eine Handvoll Gassen zum Bummeln, die in der Hochsaison immer gut gefüllt sind.

Außerdem lohnt sich in Luz unbedingt der kurze Aufstieg zur **Burgruine**, die weithin sichtbar über dem Ort thront. Wir überqueren dazu den Fluss, laufen am altehrwürdigen Hotel de Londres vorbei und biegen rechts und gleich wieder rechts ab. Vor dem Garten des Hotels Le Montaigu führt noch einmal rechts ein schmaler Fußweg hinauf. Der Weg ist steil, aber kurz. Nach spätestens zehn Minuten stehen wir auf einer großen Wiese mit Picknicktisch und vor dem Eingang zur Ruine. Der Blick über den Ort ist fantastisch und der Platz hier oben recht stimmungsvoll.

9 Musée Millaris Gèdre

Kleines Museum, das mit Hilfe von Animationen erklärt, wie die großen Bergkessel von Gavarnie und Troumousse in der Eiszeit entstanden sind und die Kultur der Hirten und der Transhumanz vorstellt.

Geöffnet Mo bis Sa 9–12 und 14–18 Uhr. Eintritt €3, Kinder 6 bis 11 Jahre €2.

Lourdes

Lourdes ist einer der meistbesuchten Wallfahrtsorte der Welt. Vier bis sechs Millionen Menschen kommen jedes Jahr in den Ort. Der Hype um die kleine Stadt in Südfrankreich begann im Jahr 1858, als einem 14-jährigen Mädchen in der Grotte Massabielle eine weiß gekleidete Frau erschien.

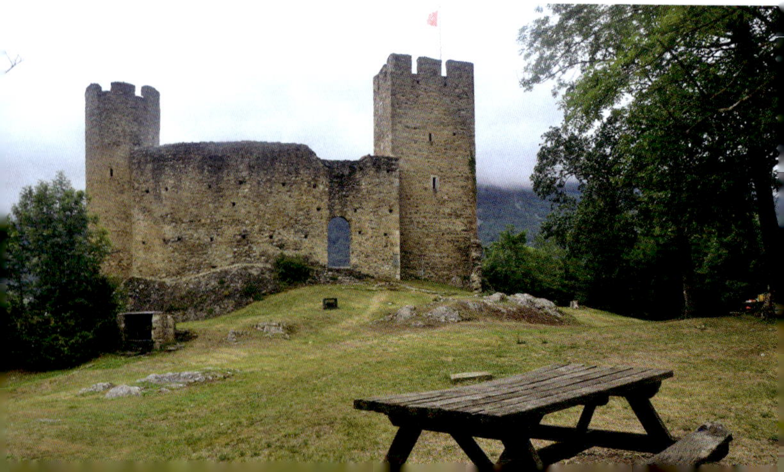

In Lourdes wurden die Prozessionen immer länger und bald waren auch Pilger aus dem Ausland unter den Besuchern. Schon 1867 sollen fünf Millionen Menschen die Quelle von Lourdes besucht haben. Neben der kleinen Kapelle errichtete man zwischen 1866 und 1871 über der Grotte die Basilika zur Unbefleckten Empfängnis. 1889 erweiterte man den Bau mit der Rosenkranz-Basilika, die direkt an die ältere Kirche anschließt. Heute gibt es außerdem einen unterirdischen Kirchenbau, in dem bis zu 25.000 Menschen Platz finden. Das komplette Gelände, auf dem auch noch die üppig sprudelnde Quelle, zwei Kreuzwege, ein Krankenhaus und die Bäder für die Kranken zu finden sind, wird als »Heiliger Bezirk« bezeichnet und liegt im Westen der Stadt in einer Schleife des Flusses Gave du Pau. Sind Sie am Pilgerprogramm mit Gottesdienst, Besuch der Grotte und der abendlichen Lichterprozession interessiert, können Sie sich unter www.lourdes-france.org/de informieren. Die Seite gibt es auch auf Deutsch.

Am nördlichen Rand des Heiligen Bezirkes gibt es bei GPS N 43°06'2.54", W 0°04'0.63" an der Route de Pau eine Reihe Parkplätze, die sich gut für einen Kurzbesuch eignen. Von hier aus betreten wir die Stadt durch das Heiligtum. Auf einem der sternförmig angelegten Wege durch das Wiesengelände laufen wir zum Fluss und stehen an den Häuschen mit den **Opferkerzen**, die es in allen Größen zu kaufen gibt. Am anderen Ufer direkt gegenüber sehen wir unter der großen Kirche die Grotte de Massabielle. Davor ist ein Bereich zum Gebet abgesperrt und es finden täglich Prozessionen durch die Grotte de Massabielle statt.

An der Grotte vorbei kommen wir zum **Eingang der Kirchen**, die frei zugänglich sind. Treppen führen hinauf zur alten Basilika und zur Krypta. Hier oben hat man außerdem einen guten Blick über die Stadt. Dann ver-

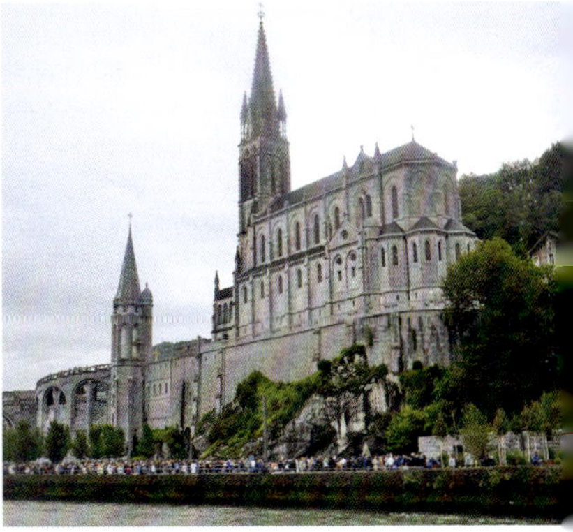

Bernadette Soubirou oder die Geschichte von Lourdes

Bernadette Soubirou war die älteste Tochter einer sehr armen Familie, litt schon als kleines Mädchen an Asthma und war kränklich. Mit 14 Jahren arbeitete sie als Magd auf dem Hof der Patentante, eine Schule hatte Bernadette nie besucht. Zusammen mit ihrer Schwester und einer Freundin war sie am 11. Februar 1858 Holz sammeln, als ihr die weiße Frau zum ersten Mal erschien. Bei der dritten Erscheinung soll sie Bernadette um 15 weitere Treffen in der Höhle gebeten haben. Das Mädchen berichtete dem Ortspfarrer von den Erscheinungen, dieser hielt sie zuerst für verrückt. Dann ließ er Bernadette nach dem Namen der Frau fragen. Erst deren Antwort »ich bin die Unbefleckte Empfängnis« überzeugte den Mann, da er sicher war, dass ein ungebildetes Mädchen diesen Ausdruck keinesfalls kennen kann. Auch bei späteren Besuchen in der Grotte war er sicher, dass Bernadette tatsächlich etwas sah.

So folgten täglich mehr Menschen dem Mädchen auf ihrem Weg zur Höhle. Bei einer dieser Zusammenkünfte soll, mit Bernadettes Zutun, die Quelle in der Höhle entsprungen sein. Nachdem eine Frau aus dem Nachbarort ihren gelähmten Arm ins Wasser tauchte und geheilt war, kamen immer mehr Besucher. Die weiße Frau erschien Bernadette zum letzten Mal im Juli desselben Jahres. Die junge Frau floh einige Jahre später in ein Kloster im weit entfernten Nevers, um dem Rummel um ihre Person zu entgehen. Hier starb sie mit 35 Jahren an Knochentuberkulose. Ihr mumifizierter Leichnam liegt in der Kirche Saint Gildard in Nevers in einem gläsernen Sarg.

lassen wir den heiligen Bezirk über die rechte Flussbrücke und sind ohne Übergang mit der kommerziellen Seite der Wallfahrt konfrontiert. Marienstatuen in allen Größen, Wassergefäße in Form einer Marienstatue, Rosenkränze in allen Größen und Formen ... Die Atmosphäre in den Gassen ist quirlig, laut und eng. Die Waren werden im bunten Neonlicht und in allen europäischen Sprachen präsentiert. Das sympathischste an der Sache ist: Lourdes ist erfreulich international. Ansonsten ist hier ungeschminkt zu sehen, dass die Wallfahrt nach Lourdes für Ort und Kirche auch ein großes Geschäft ist.

10 Musée Pyrénéen in der Burg von Lourdes

Die Festung von Lourdes steht seit dem 11. Jahrhundert auf dem Berg im Stadtzentrum. Wehrturm, Zugbrücke, Fallgatter, Wachtürmchen sowie Exerzierplätze und Artillerieplattform sind als letzte Bestandteile der ehemaligen Stadtbefestigung heute noch erhalten und können besichtigt werden. 1921 richteten Louis und Margalide Le Bondidier hier die erste Ausstellung über die Pyrenäen ein. Kunst, Kultur, Kleidung, typische Arbeitstechniken der Hirten, Bauern und Handwerker, Möbel und Bestattungsriten – alles, was mit dem täglichen Leben in den Pyrenäen zu tun hatte, fand einen Platz im Museum. Dem Namen Bondidier werden wir übrigens in Gavarnie noch einmal begegnen, wo Louis Le Bondidier begraben ist. Das Paar kam ursprünglich aus Lothringen und wurde im Rahmen seiner Arbeit für die Staatskasse in die Pyrenäen versetzt. Die Bondidiers und die Berge der Pyrenäen – das war Liebe auf den ersten Blick. So war Bondidier mit tatkräftiger Unterstützung seiner Frau auch der erste Kurator seines Museums. Er leitete es bis zu seinem Tod im Jahr 1945, danach übernahm Margalide noch für etliche Jahre diese Position. Zur Ausstellung gehören auch eine umfangreiche Sammlung an Fayencen aus dem 18. Jahrhundert und eine schöne Kapelle aus dem Barock. Im Freien sind Nachbauten traditioneller Unterkünfte der Pyrenäen und eines Friedhofes zu sehen.

Geöffnet ganzjährig täglich 10–19 Uhr. Eintritt €7,50, Familie ab €16. www.chateaufort-lourdes.fr

11 Donjon des Aigles

Im Donjon fliegen vor der Kulisse der mittelalterlichen Burg von Beaucens Weißkopfseeadler, Fischadler, Geier, Uhus, Falken und bunte Papageien. Auf dem Gelände werden etwa 50 Vögel gehalten und professionell ausgebildet.

Geöffnet Mitte April bis September, 10–12 und 14.30–18.30 Uhr. Flugshow (spectacle) täglich um 15.15 und 17.30 Uhr, Juli und August 15.30 und 17 Uhr. Eintritt mit Flugshow €15, Kinder €9,50. www.donjon-des-aigles.com

12 Parc Animalier des Pyrenées

Braunbär, Wolf, Steinbock, Murmeltier, Waschbär, Fischotter, Fuchs und Hirsch – die meisten Tiere, die im Park in Argelès leben, sind oder waren in den Pyrenäen zu Hause. Es gibt aber auch Äffchen, rote Pandas, einen Tukan, einen Ozelot, Flamingos und einen Streichelzoo mit Ziegen für die Kinder. Die Murmeltiere sind recht zahm und lassen sich unter Aufsicht der Pfleger von den Besuchern füttern, und auch die Äffchen kommen ganz nahe heran. Das Gelände ist weitläufig und liegt am Hang, sodass der Besuch, wie in den meisten Tiergärten der Pyrenäen, einer kleinen Wanderung gleicht. Der Parc Animalier ist als einer der schönsten Tierparks in Frankreich ausgezeichnet.

Geöffnet April bis Oktober, täglich 9.30–18 Uhr, Juli und August bis 19 Uhr, im Oktober erst ab 13 Uhr. Eintritt €20, Kinder 3 bis 11 Jahre €14,50. Hunde dürfen nicht mit in den Park. www.parc-animalier-pyrenees.com

13 Grotte de Betharram

Große Tropfsteinhöhle 15 Kilometer westlich von Lourdes. Vom Parkplatz bei GPS N 43°06'11.2", W 0°11'18.7"

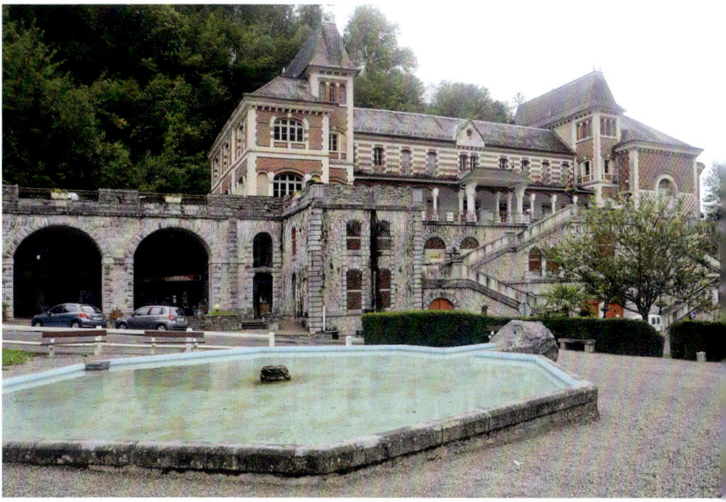

geht es per Bus zum Höhleneingang. Der Weg durch die Höhle führt zuerst auf einem 2,8 Kilometer langen Weg mit deutlichen Höhenunterschieden zu Fuß durch die Tropfsteinsäle. Dann transportiert ein Boot die Besucher über einen großen unterirdischen See. Per Minibahn geht es wieder ans Tageslicht und zum Parkplatz zurück.
Geöffnet Februar bis Oktober täglich 9–12 und 13.30–17 Uhr. Juli und August 9–17.30 Uhr. Dauer der Führung 1h 20 min. Eintritt €16,50, Kinder 4 bis 12 Jahre €11,50, Innentemperatur 14°C.
www.betharram.com

Les Eaux Bonnes

Der winzige Ort klemmt zwischen Gourette und Laruns in den Bergen und besteht eigentlich nur aus einem großen, von herrschaftlichen Häusern gesäumten Platz. Die verblichenen Fassaden der Hotels verraten, dass der Ort ein Thermalbad mit Geschichte ist. Hier kurten einst wohlhabende Bürger und der Adel, heute bröckelt der Putz und die meisten Häuser sind verlassen. Der neu erbaute Spielplatz und die edle Information mit kleinem Laden wirken beinahe deplatziert in der leicht morbiden Umgebung. Das örtliche Thermalbad wird nur für Kuren genutzt und ist nicht öffentlich zugänglich.

Laruns

Die sympathische Kleinstadt ist eine gute Basis zum Erkunden des Vallée d'Ossau, das besonders viele Wanderwege bereithält.

14 Petit Train d'Artouste

Mit seinen offenen rot-gelben Wagen wirkt der Petit Train von Artouste fast wie eine Spielzeugbahn. Die Streckenführung der Schmalspurbahn ist aber durchaus spektakulär. Schienen und Zug waren 1920 zum Bau eines Wasserkraftwerkes im Einsatz und wurden dann zur sommerlichen Touristenattraktion umgewidmet. Der Startbahnhof liegt bereits auf 2.000 Metern Höhe. Vom unteren Stausee fahren Sie mit der Seilbahn hinauf. Dann tuckert der Zug auf der zehn Kilometer langen Trasse durch die Berge bis zum Stausee Lac d'Artouste. Nach einer Pause am See (90 Minuten) geht es retour. Wenn Sie vom Stausee aus wandern möchten, brauchen Sie ein spezielles Ticket, das die Rückfahrt mit einem späteren Zug zulässt. Dieses Ticket gibt es auch als »Billet Campeur« für die Rückfahrt am folgenden Tag.
Fahrtzeiten der Bahn: Ende Mai bis Anfang Oktober. Hinfahrt ab 9 Uhr (immer zu vollen Stunde). Fahrpreis für Seilbahn und Zug (aller et retour) ab €25, Kinder 4 bis 12 Jahre €18, vergünstigte Familientickets.
artouste.fr

Outdoorsport

Die Zentralpyrenäen sind neben der Ariége das Zentrum des Outdoorsportes in den Pyrenäen. Hier haben etliche Anbieter ihre Basis. Nur wenige haben sich auf ein einzelnes Gebiet wie Canyoning, Klettern oder Rafting spazialisiert, die meisten bieten alles an und das teilweise auch überregional. Wir haben hier einige Adressen von Outdoorstationen in zentraler Lage zusammengestellt. Sie sollten bei Ihrer Auswahl auch berücksichtigen, ob Spanisch oder Französisch ihre stärkere Sprache ist. Vereinzelt sprechen die Guides auch Englisch. Deutsche Spachkenntnisse sind dagegen kaum zu erwarten.

15 En Chêne et frêne

Hochseilgarten mit zwei einfachen und zwei schwierigeren Parcours an der Pont Napoleon südlich von Luz-Saint-Saveur. Besondere Attraktion ist eine 340 Meter lange Seilrutsche über den Fluss Gave du Gavarnie. Zusätzlicher Miniparcours für Kids ab vier Jahre.
Eintritt €10–22 je nach gewähltem Parcours. www.encheneetfrene.fr

16 Eaux Live Canyon

Die Zentralpyrenäen sind ein Canyoninggebiet mit vielen verschiedenen Schluchten auf engem Raum. Olivier und Heloise haben sich ausschließlich aufs Canyoning spezialisiert und bieten vom einfachen Aqua Rando bis zur Profitour alles an. Basis in Saint-Savin bei Argelès-Gazost.
Halbtägige Einsteigertouren ab €50 pro Person und auch für Familien mit Kindern ab 8 Jahren.
www.eauxlivecanyon.com

17 Via Pyrenea

Klettern, Klettersteige und Canyoning bei Gavarnie, aber auch in der spanischen Sierra de la Guara sind die Welt von Julie und Walfroy. Touren gibt es für Anfänger und Profis. Basis in Beaudean südlich von Bagnères-de-Bigorre. *www.via-pyrenea.fr*

18 Aventure Chlorophylle

Hier gibt es das komplette Outdoorprogramm: Rafting, Hydrospeed, Canyoning, Klettern, Via Ferrata und Höhlentouren. Die Basis liegt in Louvie-Juzon nördlich von Laruns im Vallée d'Ossau.
www.aventure-chlorophylle.com

19 Nomadas del Pirineo

Rafting auf Rio Ara und Rio Esera, Canyoning für Einsteiger und Fortgeschrittene, geführte Begehung von Klettersteigen und eine Höhlentour mit Wasserdurchquerung sind die Highlights im Angebot der Nomadas in Escalona am Rand des Nationalparkes. *www.nomadasdelpirineo.com*

20 Agua y nieve (Torla)

Rafting, Canyoning und Klettersteigtouren auch für Einsteiger und Familien. Kajaktouren nicht nur im Wildwasser, sondern auch auf den Stauseen von Grado und Mediano.
www.aguaynieve.com

21 Guias de Torla

Die Basis befindet sich in bester Lage im Ortszentrum von Torla im Ordesa Nationalpark. Angeboten wird Rafting auf dem Rio Ara oder dem Rio Esera und Canyoning in verschiedenen Schluchten auch für Einsteiger. Kletterkurse gibt es auch. Deutsche Website.
www.guiasdetorla.com

22 Aventura Raid Sarratillo

Canyoning, Kajak, Rafting auf Cinca, Esera und Ara, Kanutouren auf dem Stausee, SUP, Klettern und Höhlentouren – das Programm ist umfassend, die Guides sprechen auch Englisch und die Basis liegt günstig in Ainsa. *www.sarratillo.com*

UR Pirineos

Etwas außerhalb der höchsten Berge haben UR Pirineos ihr Quartier. Sie bieten Kajakkurse auf dem Gallego und Canyoning in allen Schwierigkeitsgraden in den westlichen Pyrenäen und der Sierra de Guara an. Englischsprachige Website!
urpirineos.es

Parque Natural Posets-Maladeta

Der 3.304 Meter hohe Pico de Aneto ist der höchste Berg der Pyrenäen und der unangefochtene Star des Naturparkes Posets-Maladeta, in dem sich die höchsten Gipfel der Pyrenäen versammeln. Man zählt hier 13 Gletscher und 95 Bergseen in hochalpiner Lage. Das hübsche Dorf Benasque ist das Zentrum des Tales, der Aufstieg auf den Aneto erfolgt über das Tal von La Besurta und das Refugio de Renclusa, an dem auch unsere nicht ganz so anspruchsvolle Wanderrunde vorbeiführt.

Das Besucherzentrum des Parkes befindet sich südlich von Benasque an der Straße nach Ancile. Das Wandergebiet beginnt dagegen oberhalb von Benasque.

Links der Straße liegt auf halben Weg das attraktive Valle de Estós, durch das man in knapp drei Stunden zum Refugio di Estós hinaufsteigen kann. Ein Abzweig führt aus dem Tal zum schönen Bergsee Ibon Gran de Batiselles. Die meisten anderen Wanderwege beginnen am Parkplatz am Ende des Tales. Auf verschiedenen Routen kann man zum Pyrenäenhauptkamm hinaufwandern. Außerdem fährt hier im Sommer auch der Pendelbus nach La Besurta, wo die Wege in Richtung Pico de Aneto und zur leicht erreichbaren Hochebene von Aigualluts beginnen.

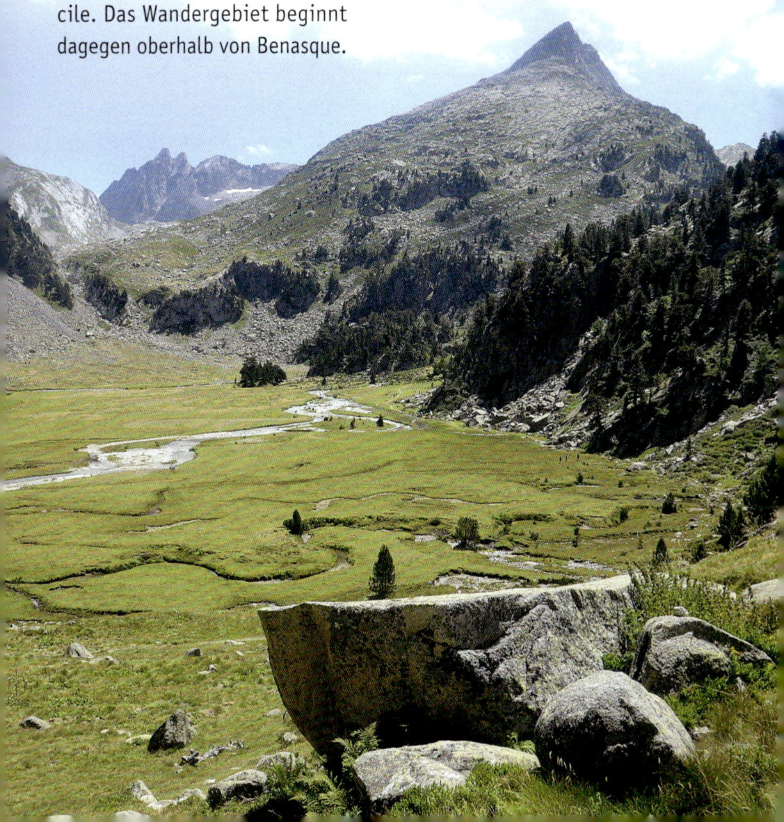

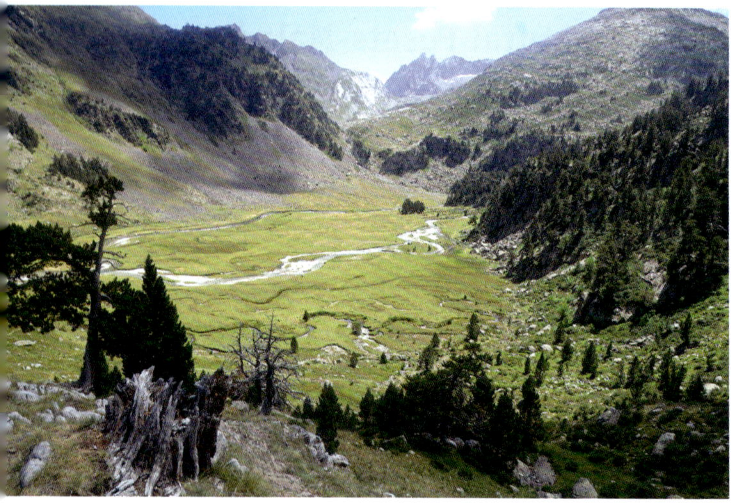

150 m

STRECKE 6 km

2 h

ab 6

Tour 34: Pla d'Aigualluts

Sommervergnügen am eiskalten Bach

Die auf über 2.000 Metern Höhe liegende Hochebene von Aigualluts ist durchzogen von kleinen Bächen und flachen Wasserbecken. Holzstege führen an einigen Stellen über das Wasser. Kurz bevor der Bach im wahrsten Sinne des Wortes vom Erdboden verschluckt wird und verschwindet, fällt das Wasser über eine hohe Felsstufe. Der Weg ins Tal ist nicht weit und auch für wenig trainierte Wanderer problemlos zu schaffen, sodass sich im Hochsommer an den Wasserbecken etliche Menschen tummeln. Das Plateau ist aber so weitläufig, dass man immer noch ein ruhiges Plätzchen findet.

Wanderung: Von der Busstation in La Besurta überqueren wir geradeaus über eine **Holzbrücke** den Fluss. Dann folgen wir dem rechts abzweigenden Wanderweg, der sich in Kehren bergan zieht. An der ersten **Kreuzung** ① schlagen wir links den Weg zur Pla d'Aigualluts ein. In leichtem Auf- und Ab durchqueren wir ein hügeliges Wiesental, bis vor uns ein Zaun auftaucht. Er sichert den **Forau d'Aigualluts** ⑦. Hier versickert der Fluss im Boden und taucht erst viele Kilometer weiter im Val d'Aran im Tal von Artiga de Lin wieder auf.

Oberhalb dieser Stelle rieselt das Wasser in mehreren schmalen Bächen über die Hochebene, fällt über eine Felsstufe und fließt durch eine Schlucht. Wir

Weiter zum Ibon de Toro

Gehzeit gesamt: 3 h 30, 9 km, ↓↑ 330 m

Die Wanderung lässt sich von der Hochebene einfach verlängern: Hinten im Tal führt ein markierter Steig links weiter hinauf zum Bergsee Ibon de Toro.

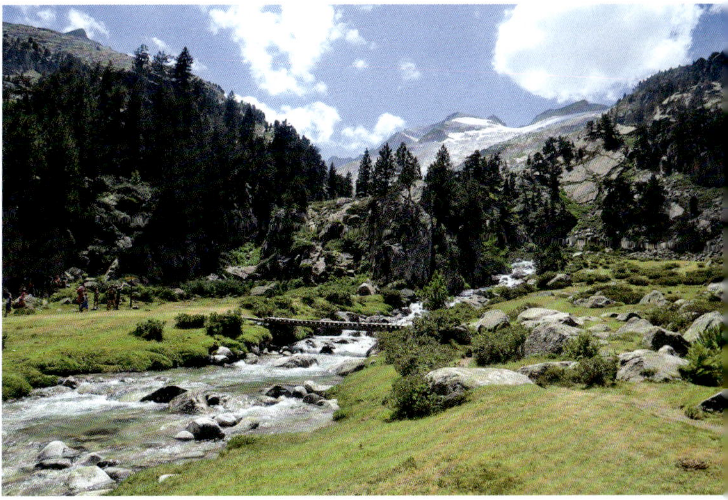

folgen ab hier dem Wasserlauf zur Kaskade und anschließend in die weite **Hochebene**. An ihrem linken Rand wandern wir bis zum oberen Ende der Wiese, wo eine kleiner **Wasserfall** ⑥ zu finden ist. Hier gibt es besonders idyllische Plätze am Bach und ein Weg zweigt in Richtung Refuge de la Renclusa ab, auf dem man die Ebene auf der anderen Seite umrunden kann. Allerdings muss man dann anschließend vor dem Wasserfall die flachen Wasserläufe durchqueren, um wieder auf den ursprünglichen Weg zurückzukommen, der uns zurück zum Parkplatz führt.

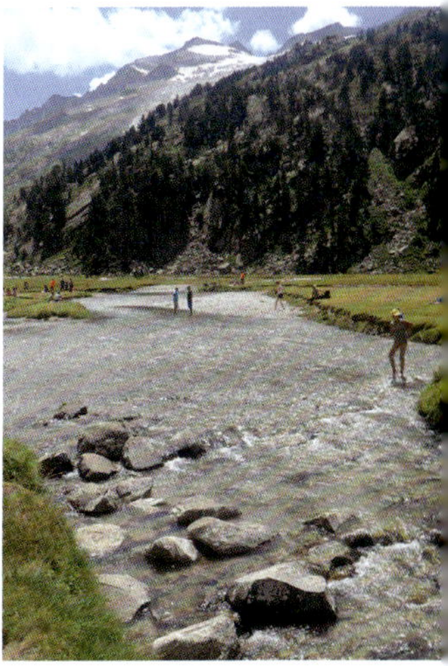

TOUREN-STECKBRIEF

Anfahrt: Von Benasque weiter ins Tal hineinfahren, bis kurz vor dem Ende der Straße die Zufahrt zum Hospital de Benasque anzweigt und noch etwa einen Kilometer bis zum Parkplatz bei **GPS N 42°40‘52.1“, E 0°36‘15.1“** fahren. Ab hier ist die Straße gesperrt und im Sommer fährt ein Bus die letzten vier Kilometer bis nach La Besurta. Fahrpreis €5 pro Person, Hunde im Bus verboten.

Charakter: Einfache Wanderung auf breiten aber steinigen Bergwegen in ein liebliches, immer gut besuchtes Hochtal. Kein Schatten.

Mit Kindern: Gute Wanderung für warme Sommertage, an denen man im flachen aber kalten Wasser der Bäche herrlich planschen kann.

Einkehr: Picknick mitnehmen.

Unterkunft:

Hotel: Hospital de Benasque oder Unterkünfte in Benasque.

Camping: Camping Aneto, Camping Ixaia, Camping Plan de Senarta.

Wohnmobil: Campingplätze oder Stellplatz Benasque bei N 42°36‘22.0“, E 0°31‘14.3“.

In der Nähe: Altstadt Benasque.

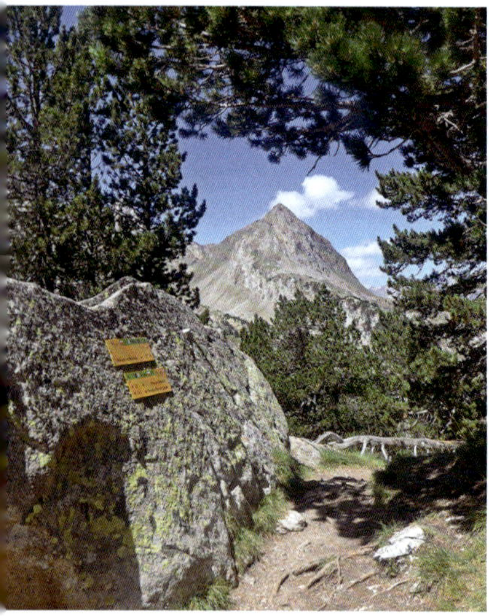

Der große Basurta-Rundweg

Gehzeit: 4 h, 8,5 km, ↓↑ 530 m

Wer seine Wanderung in der prächtigen Landschaft am Fuß des Aneto ein bisschen ausbauen möchte, kann Tour 34 mit Tour 35 kombinieren und vom Refugio de la Renclusa dem Rundweg mit der Nummer 14 folgen. Er führt von der Hütte in 20 Minuten steil hinauf zum Col de la Renclusa (4) und vom Sattel ebenso steil wieder hinunter ins Nachbartal. Nach einer guten Stunde haben wir so die Ebene Plan d'Aigualluts erreicht, umrunden diese und treffen an der Kaskade auf viele Menschen und **[› Tour 34].**

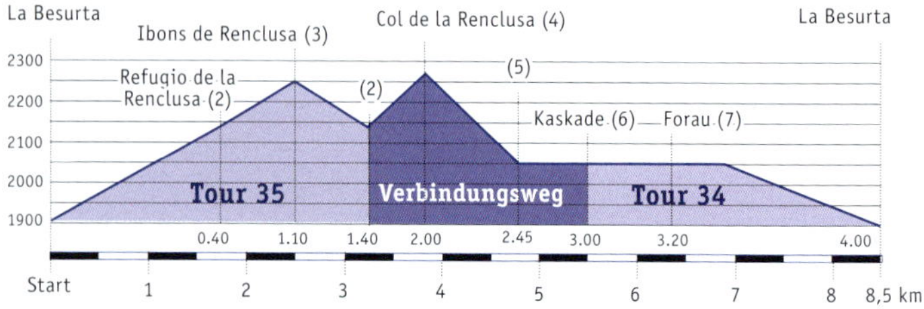

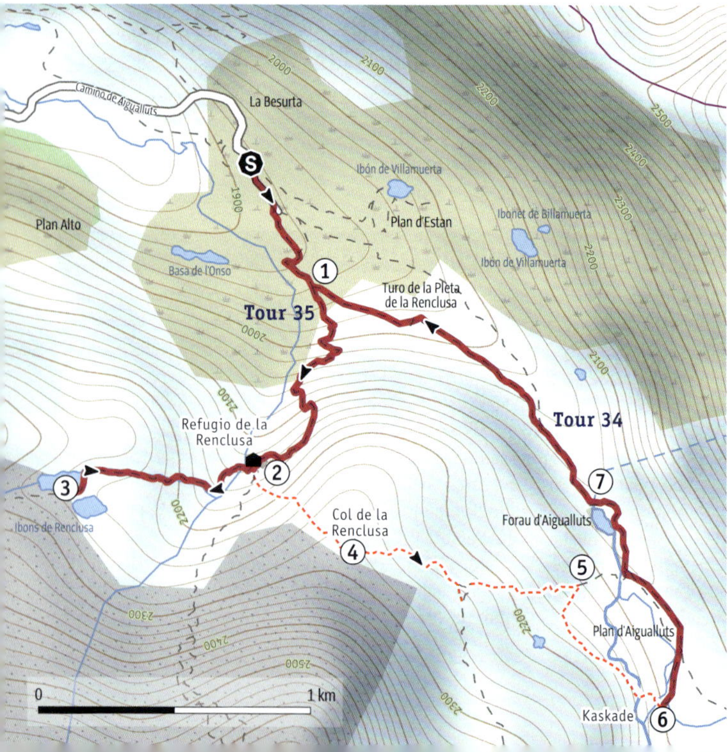

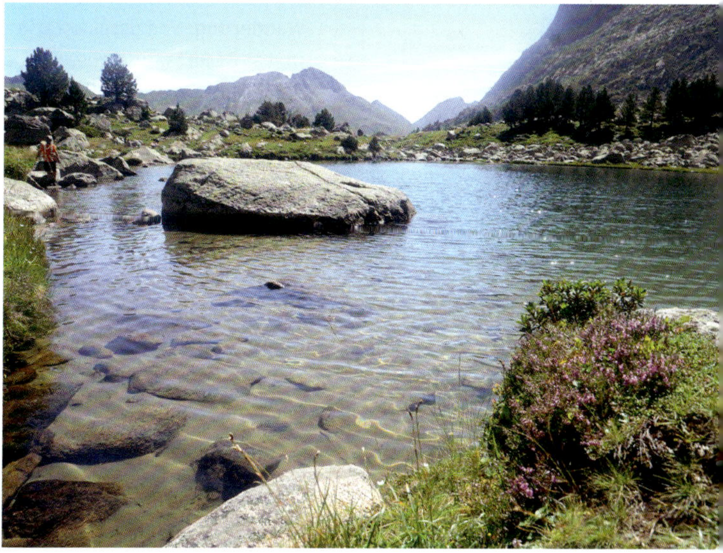

Tour 35: Ibons de Renclusa

380 m

STRECKE 5 km

2 h

ab 6

Bergseeidylle abseits der Hauptroute

In vielen Bögen windet sich der glasklare Wasserlauf, der von den Ibons de Renclusa zum gleichnamigen Refugio hinunterplätschert, zwischen grünen Berghängen und malerisch verstreuten Felsen hindurch. Ab und zu pfeift ein Murmeltier. Wenn wir nach einem knackigen, aber nicht allzu langen Anstieg oben am See ankommen, erwartet uns die perfekte Bergidylle.

TOUREN-STECKBRIEF

Anfahrt: Von Benasque weiter ins Tal hineinfahren, bis kurz vor dem Ende der Straße die Zufahrt zum Hospital de Benasque abzweigt und noch etwa einen Kilometer bis zum Parkplatz bei **GPS N 42°40'52.1", E 0°36'15.1"** fahren. Ab hier ist die Straße gesperrt und im Sommer fährt ein Bus die letzten vier Kilometer bis nach La Besurta. Fahrpreis €6 pro Person, Hunde im Bus verboten.

Charakter: Etwas anspruchsvollere Wanderung mit Aufstieg auf einem streckenweise etwas zugewachsenen Bergpfad am Bach entlang und zu einem glasklaren Bergsee in äußerst idyllischer Lage. Der Weg ist streckenweise nur mit Steinmännchen markiert und nicht beschildert. Kein Schatten.

Mit Kindern: Aufregende Kletterpartie für trittsichere Kinder mit etwas Bergerfahrung.

Einkehr: Picknick mitnehmen.

Unterkunft:
Hotel: Hospital de Benasque oder Unterkünfte in Benasque.
Camping: Camping Aneto, Camping Ixaia, Camping Plan de Senarta.
Wohnmobil: Offizieller Stellplatz am Ortsrand von Benasque bei GPS N 42°36'22.0", E 0°31'14.3".

In der Nähe: Altstadt Benasque.

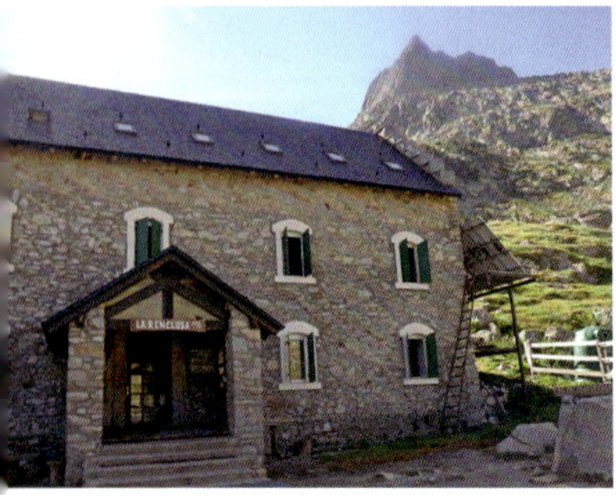

Wanderung: Von der Busstation in La Besurta überqueren wir geradeaus über eine **Holzbrücke** den Fluss. Dann folgen wir dem rechts abzweigenden Wanderweg, der sich in Kehren bergan zieht. An der ersten **Kreuzung** ① schlagen wir rechts den Pfad nach La Renclusa ein, der in vielen Kehren gleichmäßig ansteigend bis zum **Refugio de la Renclusa** ② hinaufführt. Vor dem Haus gibt es übrigens eine gute Trinkwasserquelle zum Nachfüllen der Wasserflaschen.

Am Refugio verlassen wir den markierten Rundweg und gehen rechts hinunter zur von oben bereits sichtbaren **Brücke** und überqueren den Bach. Von hier aus führt auf beiden Seiten des Baches ein Weg bergan. Mal ist er auf der rechten Seite besser

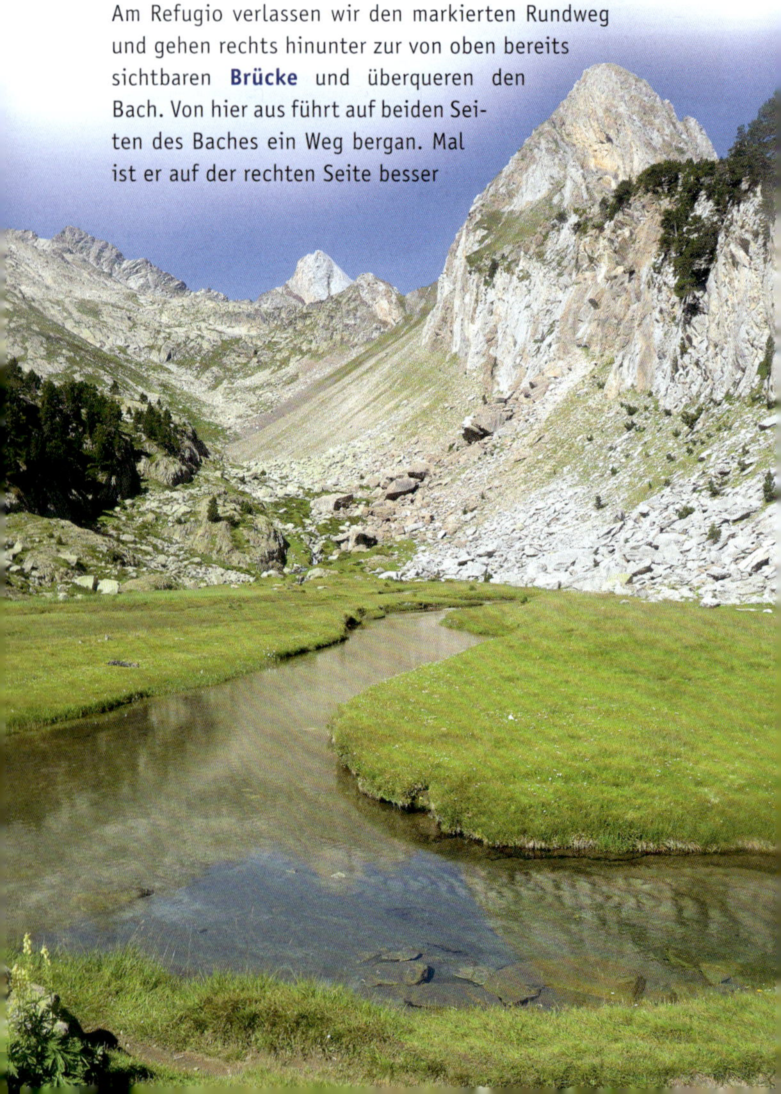

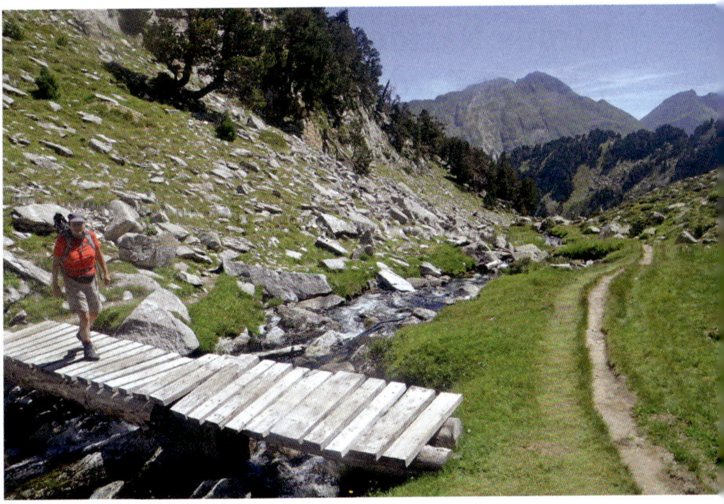

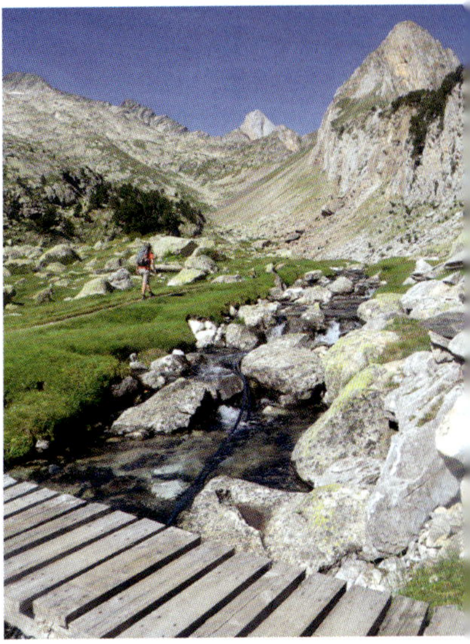

zu begehen, mal der auf der linken. Am besten kommen wir hinauf, wenn wir uns hinter der Brücke links halten, noch einmal einen Bacharm überqueren und dann dem deutlich sichtbaren Pfad rechts hinauf folgen. So landen wir am linken Bachufer. Fast oben angekommen treffen wir dann auf eine **Felsbarriere**. Hier heißt es entweder klettern oder den Bach überqueren, denn auf der anderen Seite lockt ein gut ausgetretener Pfad. Auf diesem weitergehend überqueren wir wenige Minuten später auf einem Holzsteg noch einmal das Wasser. Dann stehen wir in einer grünen, von einem mäandernden Wasserlauf durchzogenen Ebene, hinter der spitze Bergkegel aufragen. Hier liegt der untere See. Halten wir uns hier leicht links und klettern wenige Meter weiter hinauf, stehen wir an einem schönen **Bergsee** ③, an dem man gut sitzt, um Kaulquappen zu beobachten oder die Füße im Wasser zu kühlen.

Nach einer ausgiebigen Pause geht es auf dem gleichen Weg wieder hinunter. Wer noch Zeit und konditionelle Reserven hat, kann vom Refugio auch über den **Col de la Renclusa** ④ in die Hochebene von Aigualluts wechseln und von dort zurück nach La Besurta wandern. Variante auf **[› Seite 174]**.

Parque Nacional de Ordesa y Monte Perdido

Das Flusstal des Rio Arazas wurde bereits im August 1918 zum Nationalpark erklärt, die Bergregion um den Monte Perdido kam 1982 dazu. Ordesa y Monte Perdido ist damit der älteste Nationalpark in den Pyrenäen und seine Landschaft ist besonders ungewöhnlich. Charakteristisch sind die tief eingeschnittenen Schluchten mit senkrecht aufragenden Felswänden, die an den Grand Canyon erinnern, aber deutlich mehr Vegetation aufweisen als dieser. Besonders eindrucksvoll sind die langen Canyons von Añiscló und Ordesa, bei Escuain gibt es eine weitere kleinere Schlucht mit dschungelartiger Vegetation. Der Rio Yaga sorgt hier für ein entsprechend feuchtes Klima.

Das kleine Dorf Torla im Südwesten des Parkgebietes gilt als Hauptzugang zum Park. Von hier aus fahren im Sommer Busse zum Eingang des Valle Ordesa. Nur außerhalb der Saison darf man noch mit dem PKW zur Pradera de Ordesa hinauffahren.

Auch das interessante Wandergebiet im Tal von Bujaruelo ist von Torla zugänglich, aber nur über eine neun Kilometer lange Schotterpiste erreichbar. Im Tal gibt es zwei einfache naturnahe Campingplätze für Reisende mit Zelt oder geländegängigen, maximal zwei Meter breiten Campingbussen. Wanderwege führen von San Nicolás de Bujaruelo am Rio Ara entlang und hinauf in die Berge.

Der östlichere Teil des Nationalparks ist von Torla über das schmale und recht spektakuläre Bergsträßchen HU-631 erreichbar, das über die Dörfer Fanlo und Nerin zum Zugang der Añisclóschlucht führt. Ab

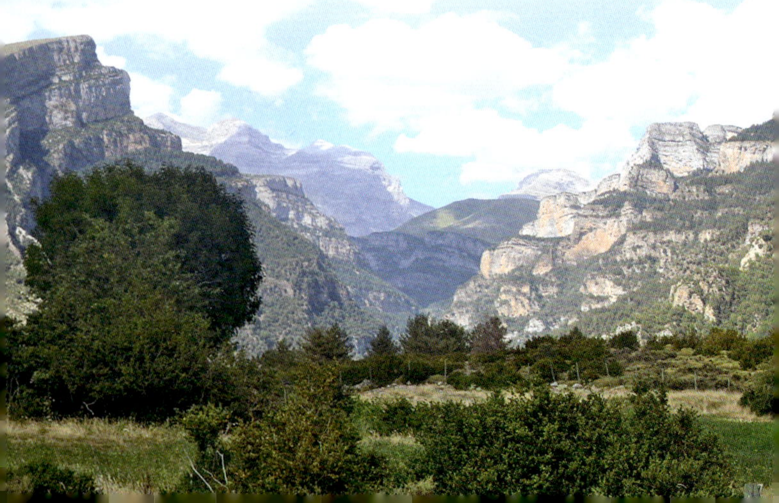

hier gilt im Sommer eine Einbahnstraßenregelung. Die nördlichere Route nahe an den Bergen durchquert kurvenreich und dramatisch den Desfiladero de las Cambras und darf nur von Escalona kommend in Richtung Westen durchfahren werden. Zuletzt war hier 2017 jedoch ein Tunnel eingestürzt, sodass man die Strecke sperren musste. Die Reparaturen gelten als schwierig und es ist noch nicht sicher, ob die Strecke wieder für Autos freigegeben wird. Die höher liegende ehemalige Sommerroute in Richtung Osten über Buerba und Puyarruego wird so lange in beiden Richtungen befahren und ist der einzige Zugang zum neuen Wanderparkplatz für die Añisclóschlucht oberhalb von Buerba.

Zur Schlucht von Escuain und zum östlichen Teil des Nationalparkes mit dem Valle Pineta und den Aufstiegsrouten zum Monte Perdido kommen wir nur über das Dorf Escalona und die A138. Ein guter Stützpunkt zur Erforschung des südöstlichen Bereiches des Nationalparkes ist die wenige Kilometer entfernte Kleinstadt Ainsa mit ihrem traumhaft schönen historischen Zentrum.

Bei Bielsa, fast schon an der Grenze zu Frankreich, erschließt das Valle de Pineta den Nationalpark von der Ostseite. Vom großen Wanderparkplatz am Talende steigt man mit wenig Aufwand entlang etlicher Wasserfälle hinauf zur weiten Hochebene von Larri, die von eindrucksvollen Bergriesen umgeben ist. Der größte von ihnen ist der 3.355 Meter hohe Monte Perdido, den man mit der entsprechenden Erfahrung mit einer anspruchsvollen Bergtour sowohl aus dem Tal von Ordesa als auch aus dem Valle de Pineta besteigen kann.

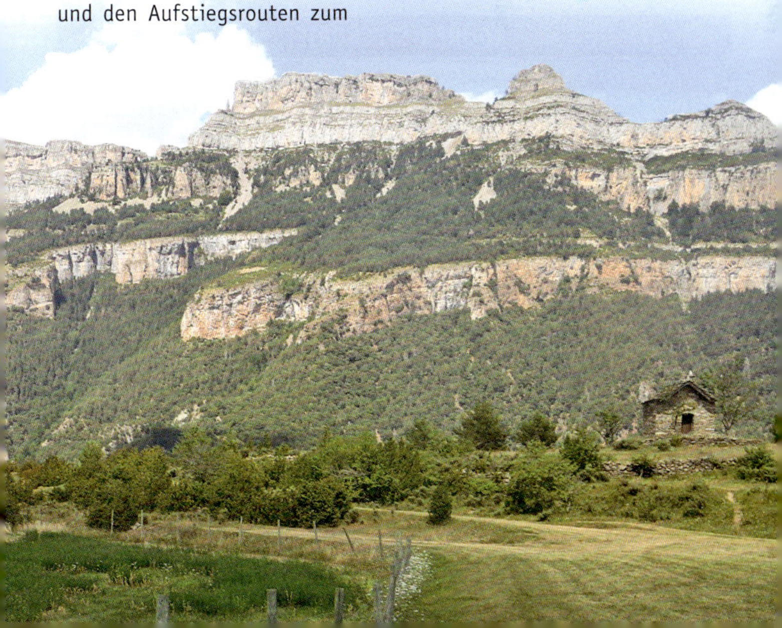

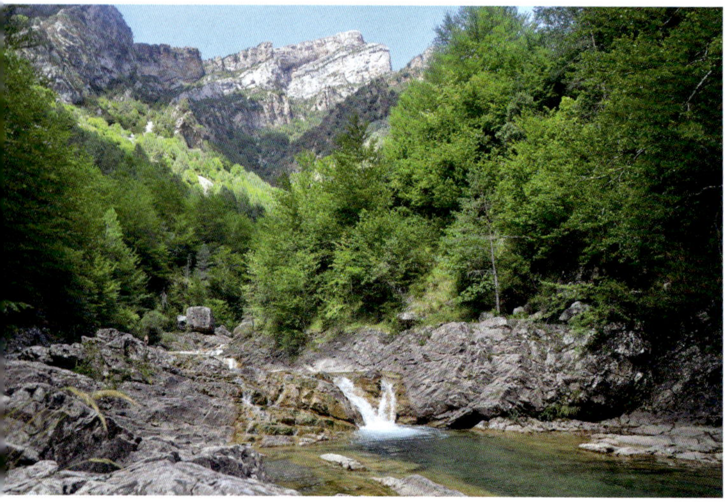

200 m

STRECKE 7,5 km

3 h

ab 8

Tour 36: Durch die Garganta d'Añiscló

Ein Blick in die längste Schlucht des Ordesa Nationalparkes

Der Canyon von Añiscló frisst sich auf 17 Kilometern zwischen bis zu tausend Meter hohe, schroffe Felswände. Auf seinem Grund fließt der Rio Bellos, ein unscheinbares Flüsschen mit türkisblau schillerndem Wasser und etlichen kleinen Wasserfällen. Der Weg in die Schlucht führt über dem Bach entlang und berührt auch an einigen Stellen das Wasser. Nur Baden darf man in den einladenden Gumpen leider nicht.

TOUREN-STECKBRIEF

Anfahrt: Von Ainsa nach Escalona fahren. Hier zweigt links eine Straße ab, die in dramatischer Wegführung durch den Desfiladero de las Cambras zum Wanderparkplatz am Eingang zur Añiscló-schlucht führt. Diese darf nur in dieser Richtung befahren werden und ist für Wohnmobile gesperrt. Zurück kommt ihr dann über die Dörfer Buerba und Puyarruego. Auf dieser Strecke erreicht man die Schlucht auch mit dem Camper, muss dann allerdings zuerst von einem kleinen Parkplatz am Beginn der Einbahnstraße einen guten Kilometer zum Schluchteingang hinunterlaufen.
In Escalona ist eine Nationalparkinformation im Bau, mit deren Fertigstellung sich der Zugang zur Schlucht sicher noch einmal verändern wird.

Charakter: Technisch unkomplizierte aber anstrengende Wanderung auf steinigem Wanderpfad immer am Fluss oder oberhalb des Flusses entlang. Teilweise schattig im Wald verlaufend.

Mit Kindern: Der kurze Rundweg Circuit San Urbez (gut 1 h) ist auch mit jüngeren Kindern problemlos machbar und recht abwechslungsreich.

Unterkunft:
Hotel: Casa Damaso, Hotel Posada Real in Ainsa.
Camping: Camping Valle de Añiscló.
Wohnmobil: Übernachtung auf dem Parkplatz vor dem Centro Storico von Ainsa bei GPS 42°25'07.4" 0°08'04.2".

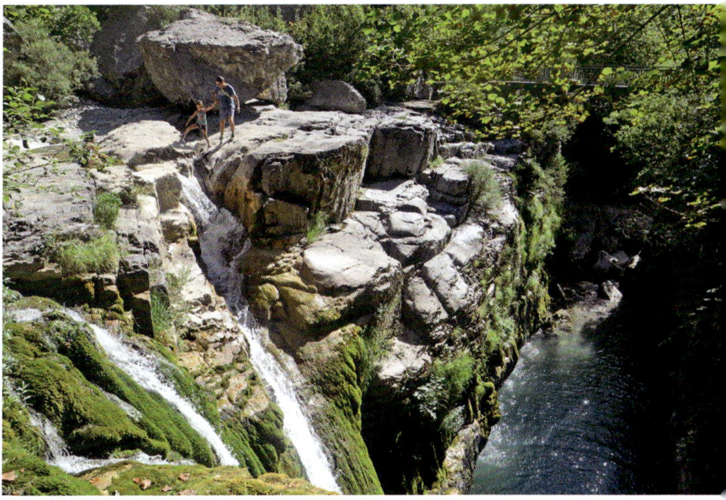

Wanderung: Vom unteren Parkplatz folgen wir im hinteren Eck dem **Circuit San Urbez**, der uns in einem Bogen zuerst zu den spärlichen Resten einer alten Wassermühle und dann zu einem **Wasserfall des Rio Aso** ① führt. Auf der anderen Seite geht es ein Stück durch den Wald. Dann kommen wir zu einer zweiten **Brücke** ② an einer türkisblau schillernden Gumpe und treffen hinter der Brücke auf den Wanderweg in die Schlucht. Der Rundweg führt hier rechts zum Parkplatz zurück. Wir biegen links ab und wandern tiefer in die Schlucht hinein.

Zuerst ist der Wanderweg noch recht breit und eben und führt zeitweise ganz nahe am Wasser entlang. An der nächsten Brücke stürzt ein **Wasserfall** in eine tiefe Gumpe. Rechts hinter der Brücke kann man zum Fluss hinuntersteigen. Der Platz wird **El Portillón** ③ genannt. Auch wenn man im ganzen Tal nicht baden darf, sitzt man hier am Wasser doch sehr idyllisch. Im Hintergrund sieht man die schroff in dem Himmel ragenden und immer höher werdenden Wände der Schlucht.

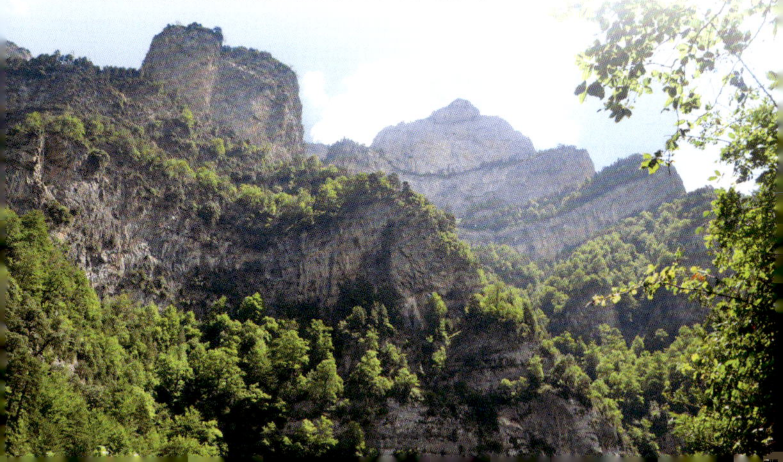

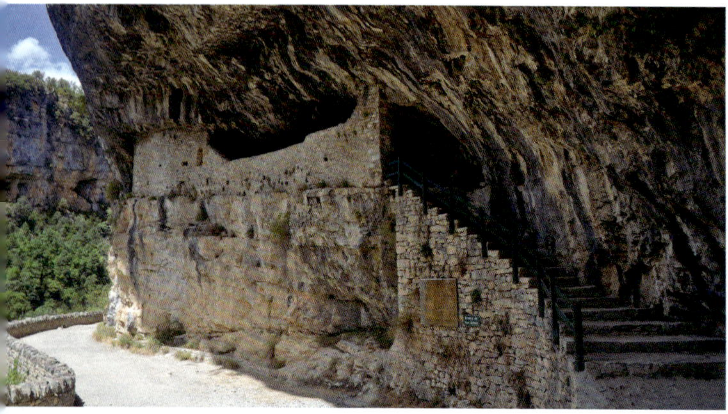

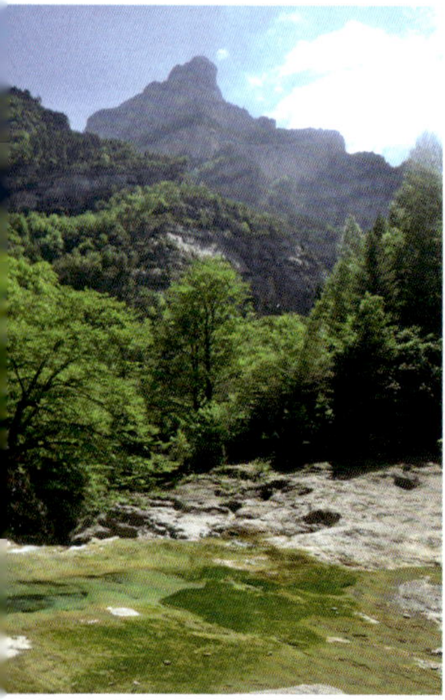

Ab hier wird der Weg schmaler und steiniger und steigt kontinuierlich leicht an. Oft geht es dabei durch den Wald. Auf den weit unter uns liegenden Fluss kann man nur ab und zu einen Blick erhaschen. Erst nach einer knappen Stunde kommen wir wieder auf Höhe des Flussbettes. Kurz vorher führen zwei Pfade links zu Felsen oberhalb eines Wasserfalles hinunter. Wenig später führt der Weg direkt an einem felsigen Bereich des Flussufers entlang. Der Platz heißt **Cumaz** ④. Hier kann man gut Pause machen, am Wasser sitzen und die rundherum aufragenden Felswände bestaunen. Laufen wir noch fünf Minuten weiter, kommen wir zu einer üppig sprudelnden Quelle. Nach einer Pause drehen wir dann um und gehen zurück.

Auf dem Rückweg wandern wir am **Abzweig des Circuit** ② geradeaus weiter und kommen so auch noch zur Ermita, die wir ja schon von oben gesehen haben. Dann folgt eine doppelte Brücke. Ein Abzweig nach links führt uns auf die alte Steinbrücke über die Schlucht, etwas weiter oben überspannt ein neueres Exemplar den beeindruckenden Abgrund. Dann geht es rechts hinauf durch den Wald und zurück zum Parkplatz.

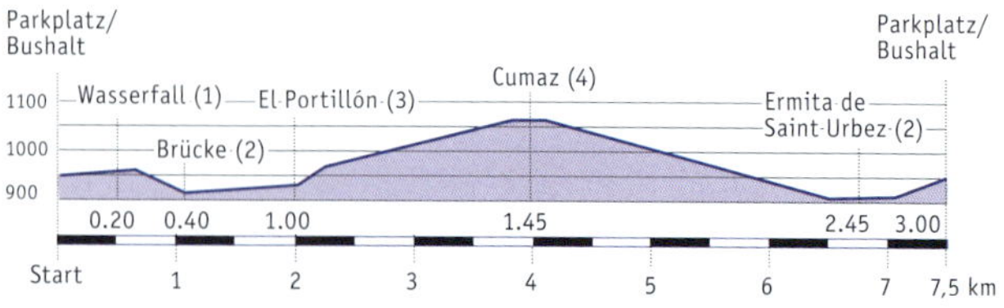

Weiter in die Schlucht:
In weiteren zwei Stunden wandert man von Cumaz nach La Ripareta, wo an der Mündung der Ripareta in den Rio Bellos ein idyllischer Platz am Wasser wartet. Eine gute Stunde braucht man von Cumaz für den Aufstieg zum Aussichtspunkt Selva Plana.

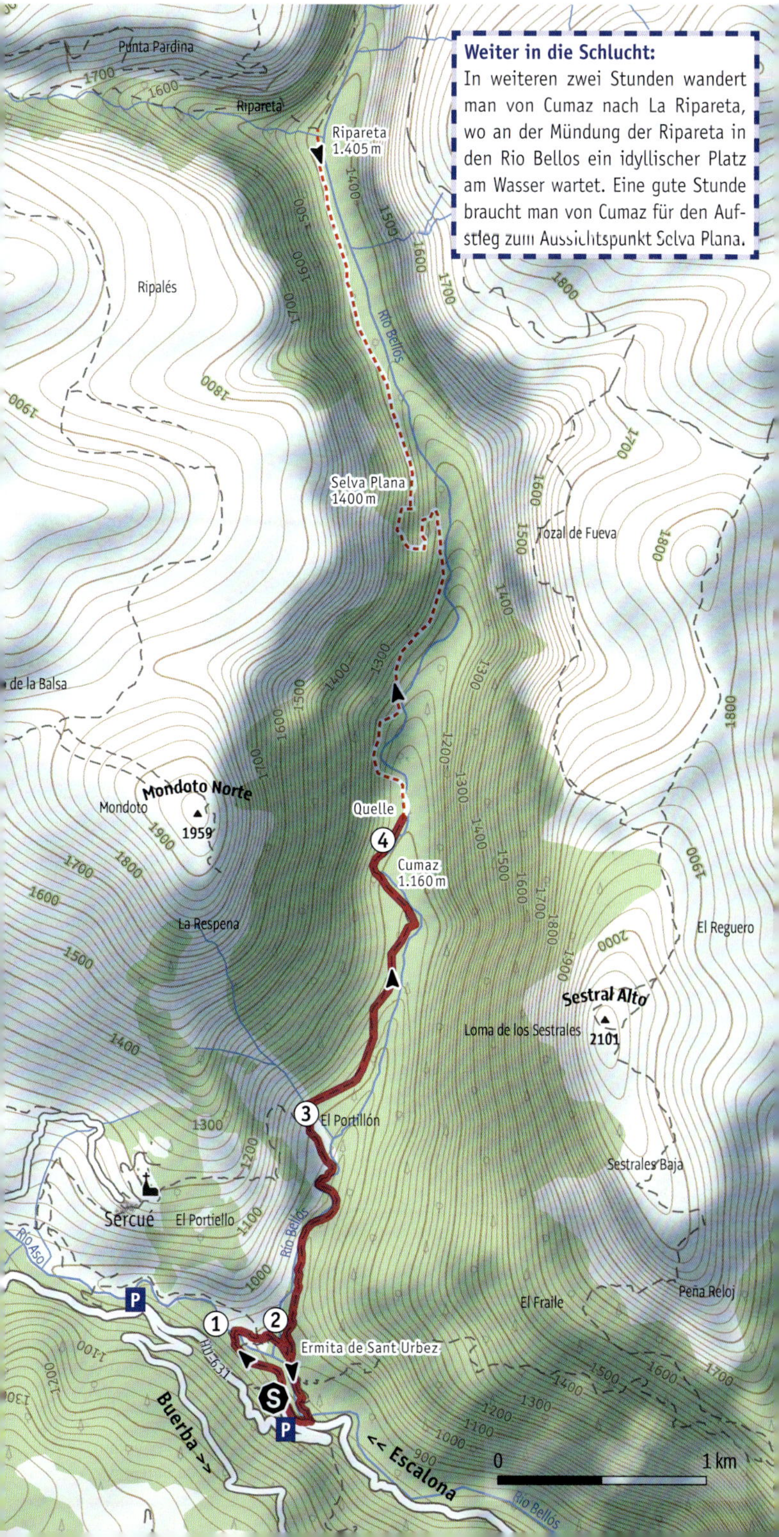

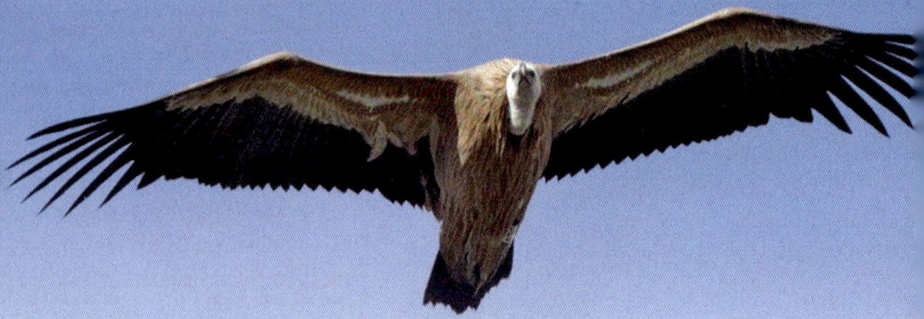

Geier in den Pyrenäen

Die Pyrenäen sind eines der letzten Refugien für verschiedene Arten der sogenannten Altweltgeier. Mit zweieinhalb bis drei Metern Flügelspannweite sind Geier die größten flugfähigen Vögel Europas. Der größte von ihnen ist der dunkel gefärbte Mönchsgeier, der als einzige Geierart nicht in Kolonien lebt. Am häufigsten sieht man die Gänsegeier. Sie kreisen in großen Gruppen über den Bergen und sind sogar von den Straßen gut zu beobachten. Außer dem Mönchs- und den Gänsegeier sind in den Pyrenäen auch noch der Bartgeier, den man an der schwarz-weißen Zeichnung im Gesicht erkennt, und der kleinere Schmutzgeier zu Hause.

Alle Geierarten sind Aasfresser. Sie ernähren sich ausschließlich von bereits toten Tieren und sind nicht in der Lage, selbst zu jagen. Meist besteht ihr Futter aus verunglückten Weide- oder Bergtieren wie Schafen, Kühen oder Gämsen. Um den gefährdeten Geierbestand zu erhalten, füttern Ranger in einigen Regionen der Nationalparks zu. Tote Tiere und Schlachtabfälle werden dazu an speziellen Futterstellen deponiert. Geier auf Futtersuche sitzen häufig an exponierten Plätzen und beobachten. Hat ein Vogel der Gruppe etwas entdeckt und stürzt sich zu Boden, kommen die anderen hinterher. Schmutzgeier, die selbst nicht stark genug sind, um ein totes Tier zu zerlegen, halten sich gerne in der Nähe der Gänsegeier auf, um sich an den Resten eines Mahles zu bedienen.

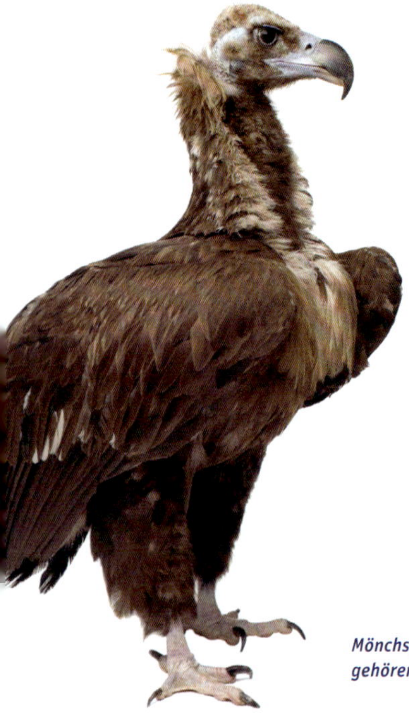

Mönchsgeier und Schmutzgeier (rechts unten) gehören zu den besonders seltenen Geierarten

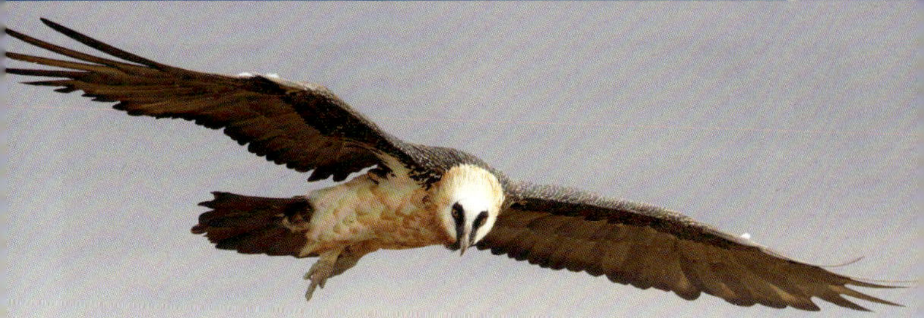

Die vergleichsweise häufig zu sehenden **Gänsegeier** erkennt man an einem hellen Kopf und dem gebogenen Hals. Der Körper ist hellbraun und die Schwingen sind dunkler, sodass der Vogel von unten zweifarbig wirkt. Gänsegeier sind Standvögel und leben ganzjährig in den Pyrenäen. Sie brüten von Januar bis März in Kolonien. Der Jungvogel sitzt etwa 120 Tage im Nest und wird im Wechsel von einem Elternteil beschützt, während der andere nach Futter sucht. Die erwachsenen Jungvögel verlassen das Revier ihrer Eltern und ziehen einige Jahre umher, bevor sie sesshaft werden. So kann man einzelne junge Geier auch außerhalb ihres üblichen Lebensraumes beobachten. Gänsegeier werden bis zu 40 Jahre alt und wiegen, wenn sie ausgewachsen sind, bis zu zwölf Kilo.

Die etwas größeren **Bartgeier**, die bei uns auch Lämmergeier genannt werden, gibt es seltener. Charakteristisch ist ihre schwarze Gesichtsmaske, die in einen spitzen Ziegenbart ausläuft. Auch sonst ist der Vogel mit seinem grauschwarzen Gefieder, dem rotbraunen Gesicht und einem kurzen kräftigen Hals eindeutig erkennbar. Bartgeier leben im Hochgebirge, fressen außer Aas auch Knochen und sind besonders ausdauernde Flieger, die geschickt die Thermik nutzen.

Mit fast drei Metern Spannweite ist der **Mönchsgeier** noch etwas größer als der Bartgeier. Sein Gefieder ist durchgängig dunkelbraun und er hat einen nackten, oft leicht bläulich aussehenden Hals, der von einer Federkrause umgeben ist. Sein Lebensraum ist der Bergwald. Er baut seine Nester in Baumkronen. In Europa kommt er nur noch in den Pyrenäen und auf Mallorca vor.

Der **Schmutzgeier** fällt durch ein kontrastreiches schwarz-weißes Gefieder auf und ist mit seinem knallgelben Gesicht leicht zu erkennen. Er ist etwa so groß wie ein Huhn und die einzige Geierart, die im Winter in den Süden fliegt. Er ernährt sich von den Resten, die die größeren Geier zurücklassen.

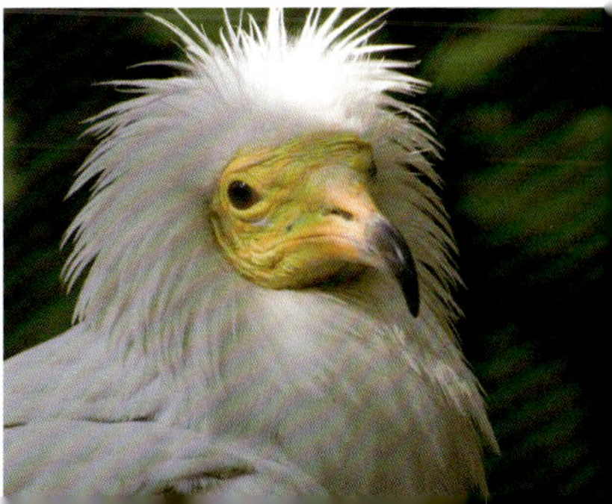

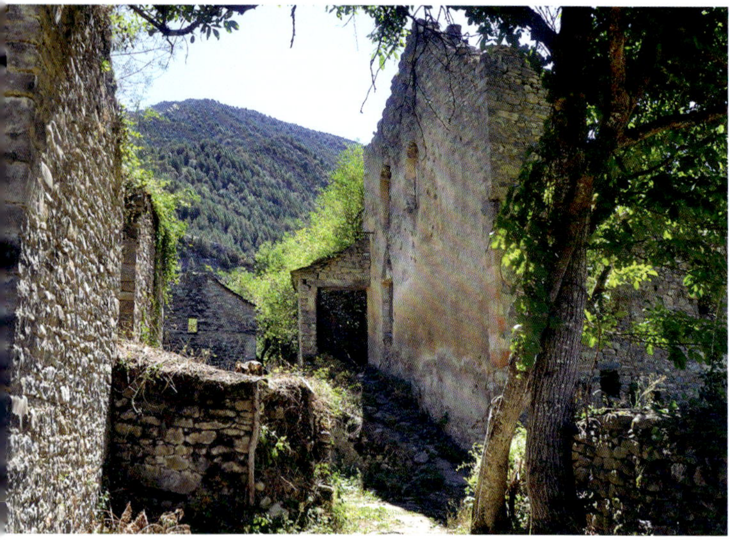

25 m

STRECKE

1,5 km

1–2 h

ab 6

Tour 37: Janovas

Die Geschichte eines verlassenen Dorfes

Im Hocharagon gibt es viele verlassene Dörfer. Sie wurden zu Beginn des 20. Jahrhunderts aufgegeben, weil es hier in der Einsamkeit einfach keine Lebensgrundlage mehr gab. Auch Janovas ist verlassen und besteht fast ausschließlich aus zerfallenen Häusern. Doch dieses Dorf hat eine andere Geschichte.

Bei Janovas sollte ein Damm entstehen, um den Lauf des Rio Ara zu stauen. Dazu wurde in den 1960er Jahren das Dorf, eines der wohlhabendsten im Tal, gegen den Willen der Bevölkerung geräumt. Die Betreiberfirma Iberduero ging dabei nicht zimperlich vor, sprengte Häuser im nur halb verlassenen Ort, ruinierte Felder, fällte Bäume und schikanierte die Einwohner – das alles zu einer Zeit, in der noch keine Baugenehmigung für den Staudamm vorlag.

2005 wurde das Projekt dann als nicht umsetzbar gekippt – die Häuser von Janovas standen zu diesem Zeitpunkt schon seit über 40 Jahren leer. Ein Teil der ehemaligen Bewohner des Dorfes kämpfte um Gerechtigkeit und hat juristische Erfolge zur Rückgabe ihres Eigentums erzielt. So sind in den letzten Jahren einige der Häuser im Dorf wiederhergestellt worden. An anderen wird gearbeitet. Aber immer noch kann man an vielen Gebäuden beobachten, wie sich die Natur den ehemals besiedelten Raum zurückholt. Bäume wachsen zwischen Mauern und üppiges Grün quillt aus Fenstern und Mauerrissen, an denen noch einige schö-

TOUREN-STECKBRIEF

Anfahrt: Janovas liegt auf halbem Weg zwischen Fiscal und Ainsa an der N 260. Von Fiscal kommend, kommt man nach gut 10 km zu einer rechts der Straße liegenden geschotterten Parkbucht. Ein Wanderschild weist von hier den Weg nach Janovas. Wenn Sie die Schotterstraße nicht schreckt, können Sie auch noch ein Stück in Richtung Dorf fahren und links auf einer Schotterfläche parken. Wir haben es vorgezogen, die 400 Meter zum Fluss zu Fuß zu laufen.

Charakter: Rundweg durch ein verfallenes Dorf, in dem eine Initiative ehemaliger Bewohner zwei Häuser wieder aufgebaut hat.

Mit Kindern: Der Spaziergang zwischen den Ruinen lässt sich gut mit einer Pause am Ufer des Rio Ara verbinden.

Unterkunft:
Hotel: Casa Damaso, Hotel Posada Real in Ainsa.
Camping: Camping Oto.
Wohnmobil: Gebührenpflichtiger Parkplatz vor dem Centro Storico von Ainsa bei GPS N 42°25'07.4", E 0°08'04.2" .

In der Nähe: Möglichkeit zum Fußbad an der Brücke über den Rio Ara vor dem Dorf.

ne Details der Architektur zu entdecken sind. Das verlassene Dorf am Flussufer ist von morbider Schönheit. Ein Stück flussabwärts überspannt auch noch die alte Brücke zum Dorf den Fluss. Sie ist jedoch im baufälligen Zustand und sollte nicht betreten werden. In vergleichsweise gutem Zustand ist die kleine Kirche von Janovas oben auf dem Hügel über dem Dorf, in deren Innerem Reste der Wandbemalung zu sehen sind.

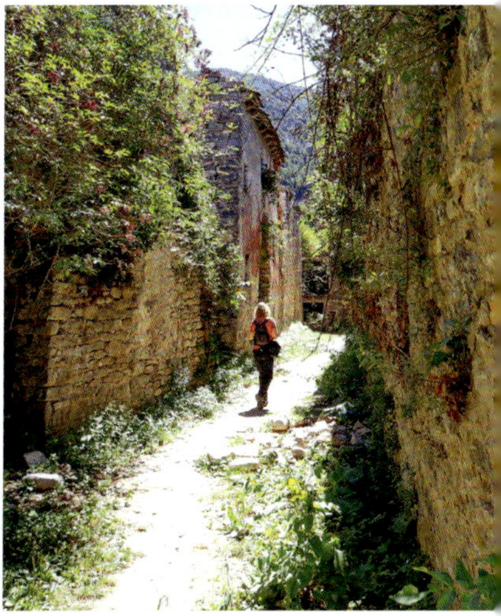

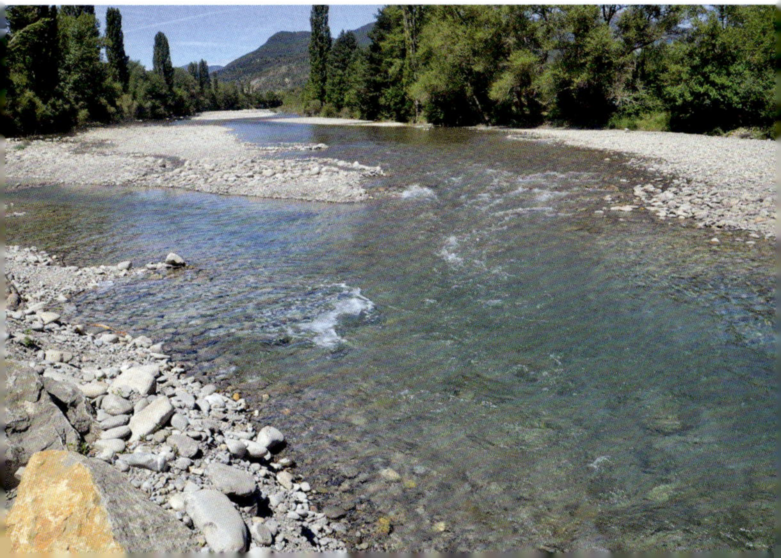

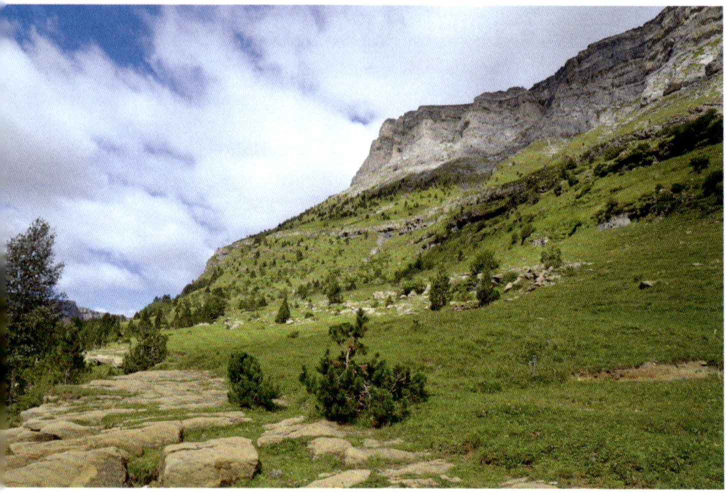

450 m

STRECKE 17,5 km

5 h 30

ab 10

Tour 38: Der weite Weg zum Wasserfall

Durch das Ordesatal zur Cascada Cola de Caballo

Das Valle de Ordesa ist eines der Wahrzeichen des Ordesa-Nationalparks und immer gut besucht. Rechts und links der riesigen Schlucht ragen die Felsen beinahe senkrecht mehrere hundert Meter in die Höhe. Auf ihrem Grund fließt der Rio Arazas und rauscht dabei über etliche hohe Felsstufen. Ziel der Wanderung ist der Talkessel mit dem ungewöhnlichen Wasserfall Cola di Caballo.

Wanderung: Von der Bushaltestelle auf der **Pradera de Ordesa** überqueren wir den ehemaligen Wanderparkplatz. An dessen Ende teilt sich der Weg. Rechts ist die Faja de Pelay ausgeschildert und ein mit Betonleisten eingefasster, befestigter Weg führt über eine **Brücke** auf die rechte Flussseite. Hier kommen wir später zurück.

Auf dem Hinweg bleiben wir auf der linken Seite des Flusses. Ein breiter geschotterter Waldweg führt hier eben bis zu einer ersten **Brücke**, dann beginnt er leicht anzusteigen und es geht durch mehrere Kehren am Fluss entlang. Nach einer knappen Stunde führt ein **Abzweig rechts** ① zu einem **Aussichtspunkt** an einem ersten größeren Wasserfall und weiter zu einer Brücke. Wir sparen uns diesen Abstecher für den Rückweg auf, wenn wir hier sowieso die Brücke überqueren werden, und wandern geradeaus weiter.

Bald hört man auch hier einen **Wasserfall** rauschen und ein **erster Pfad** führt rechts des Weges steil hinab zu einer Aussichts-

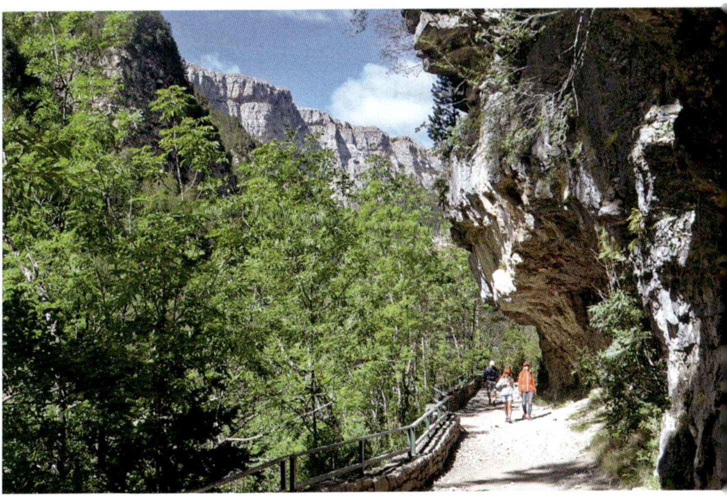

plattform weit unten am Wasser. Wer gute Kondition mitbringt, steigt hinunter. Ein wenige Schritte weiter abzweigender Treppenweg bringt uns in weniger Kehren zu einem **Aussichtspunkt** mit Blick auf die **Cascada de la Cueva** ②. Wer nicht vom direkten Weg abweichen möchte, kann etwas später auch vom Hauptweg einen Blick auf den den Wasserfall **Cascada de Estrecho** ③ werfen.

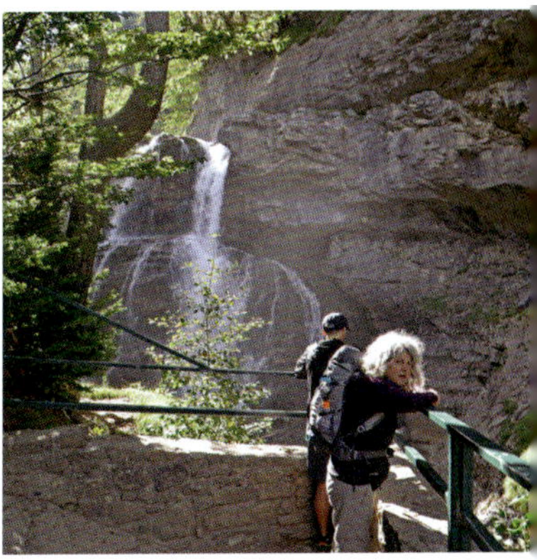

TOUREN-STECKBRIEF

Anfahrt: Der Startpunkt dieser Wanderung ist zwischen April und Mitte Oktober von Torla nur noch mit dem Bus (€4,50 pro Person) zu erreichen. Die Busse in den Nationalpark fahren zwischen 6 und 18 Uhr vom großen Parkplatz am Ortseingang rechts bei **GPS N 42°37'29.6" W 0°06'42.0"**. Kommen Sie dazu im Hochsommer nicht erst gegen Mittag, der Parkplatz ist dann oft voll belegt. Neben der Bushaltestelle befindet sich auch die Information und Sie können mit wenigen Schritten ins Dorf hinaufspazieren.

Charakter: Langer Anmarsch auf einem etwas langweiligen breiten Waldweg mit einigen Abstechern zu Aussichtspunkten an verschiedenen Wasserfällen. Dramatisch wird die Landschaft im letzten Drittel, wenn wir aus dem Wald in freies Gelände wechseln. Schwindelfreie Wanderer mit guter Kondition können auf dem Hinweg auch den Felsenweg Faja de Pelay wählen.

Mit Kindern: Mit jüngeren Kindern können Sie direkt beim Bushalt eine kleine Runde gehen. Hier ist ein barrierefreier Weg auf Holzplanken angelegt. Interessanter ist, wenn diese Wanderung noch zu lang ist, aber der Besuch der Añiscló-Schlucht. [› Tour 36]

Einkehr: Restaurant am Bushalt.

Unterkunft:

Hotel: Hotel Rural Casa Lordan, Hotel Villa Russell, Alberque Monte Perdido in Torla.

Camping: Campingplätze in Torla.

In der Nähe: Altstadt Torla.

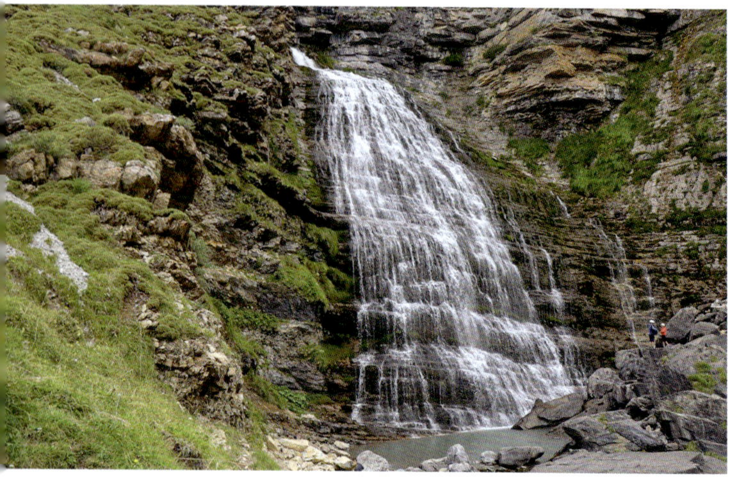

Dann geht es abermals durch den Wald und durch weitere Kehren bergan. Wir erreichen die **Baumgrenze** ④ und der Blick auf die imposanten Steilwände, die eigentlich schon die ganze Zeit neben uns aufragen, wird deutlich besser. So langsam kommt Spannung in die Wanderung.

Der Rio Arazas fließt jetzt direkt rechts neben uns und es gibt mehrere Stellen, an denen man zum Wasser hinunter könnte. Besonders geeignet, aber auch sehr beliebt, ist ein **Wiesenplatz** ⑤ kurz vor dem nächsten Wasserfall. Er liegt genau dort, wo der breite Fußweg zum Wanderpfad wird und wieder ansteigt.

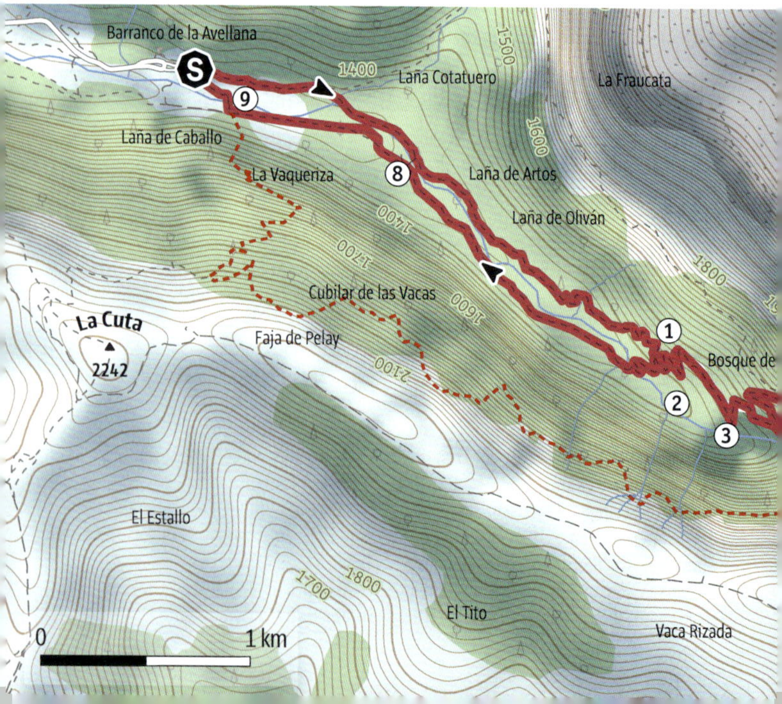

Nach wenigen Metern treffen wir auf eine üppig fließende, eiskalte **Quelle** an der linken Wegseite. Dann geht es neben den **Gradas de Soaso** ⑥, an denen das Wasser über viele kleine Stufen rieselt, weiter hinauf.

Der Blick auf die Steilwände des Valle de Ordesa ist jetzt frei und wir verstehen, warum dieses Tal so berühmt ist. Wir laufen jetzt noch eine knappe Stunde bis zum letzten Wasserfall im Tal, der wegen seiner ungewöhnlichen Form **Cola de Caballo** ⑦, Pferdeschweif-Wasserfall, genannt wird. Der Weg führt am Fluss entlang hinauf und dann durch die **Sosta de Soasa**, ein grünes Hochtal. Der lang erwartete Wasserfall versteckt sich gut an ihrem Ende, und da er ganz sanft über die Felsen rieselt, ist er auch bis kurz vor dem Ziel nicht zu hören. Wir fragen uns glatt, ob er vielleicht gar kein Wasser hat oder ob wir doch noch in die Schlucht klettern müssen, um ihn zu finden. Biegt man dann um die letzte Ecke, ist er plötzlich zu sehen und es erklärt sich von selbst, warum er einen so ungewöhnlichen Namen trägt.

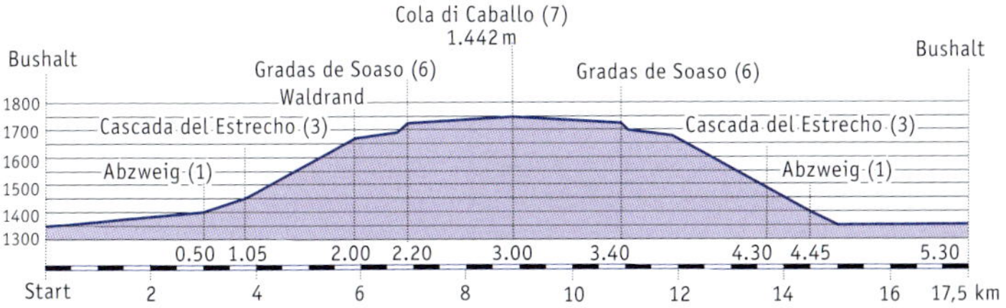

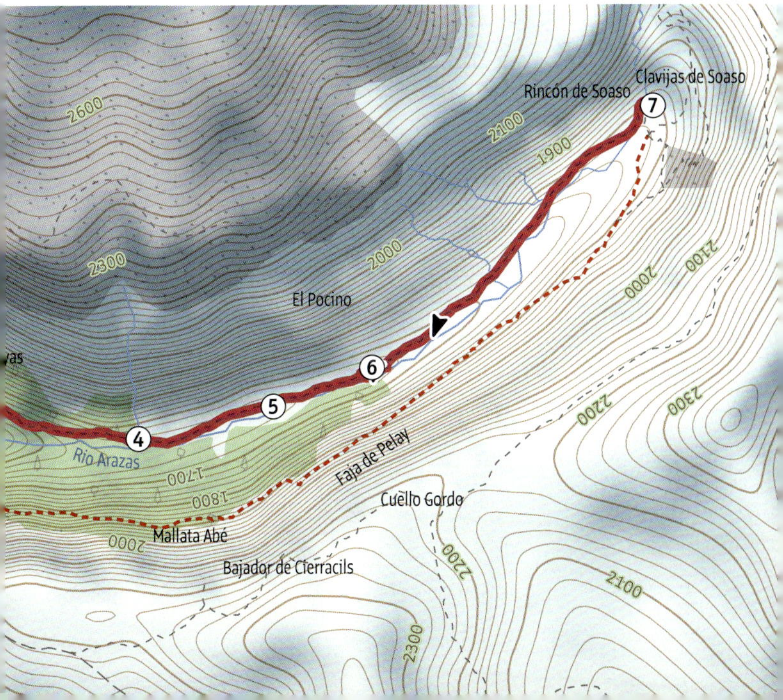

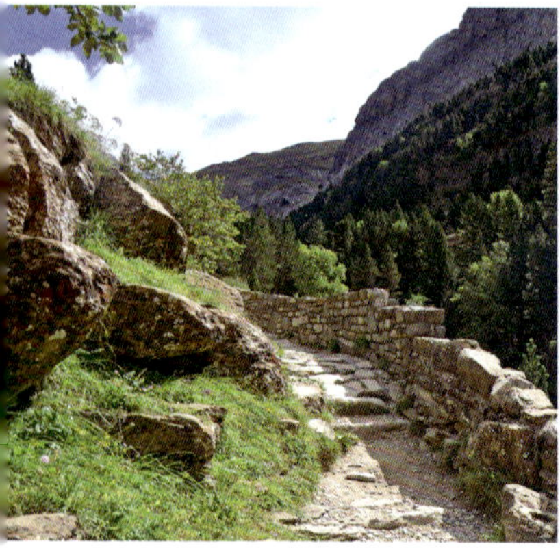

Zurück wandern wir auf dem gleichen Weg, nur kurz vor dem Ziel, am Abzweig zum ersten Wasserfall **Cascada di Arripas** ②, biegen wir jetzt links ab, um auf der anderen Flussseite zurück zum Bushalt zu wandern. Der Weg führt in Kehren hinab und bringt uns zu einer **Brücke**, an der man noch einmal über das Wasser auf die Steilhänge blicken kann.

Auch am linken Ufer geht es auf einem Waldweg hinab. Dann kommen wir zu einer weiteren **Brücke** ⑧, die wir rechts liegen lassen. Wir folgen hier dem ehemals rollstuhltauglichen befestigten Weg, der durch einen alten, sehr schönen Buchenwald führt. Der Wald wird hier bald lichter, sodass man auf dieser Seite einen guten Blick auf die Felswände der Schlucht hat. Dann überqueren wir eine letzte **Brücke** ⑨ und stehen wieder am Busparkplatz.

Auf der Faja de Pelay

Gehzeit 7 h, 19 km, ↓↑ 870 m

Wer genug Kondition mitbringt und halbwegs schwindelfrei ist, kann für den Hinweg auch die Faja de Pelay, einen recht spektakulären Galerieweg in den Klippen, wählen. Dazu nimmt man am Start der Wanderung den rechten Weg und steigt kurz darauf gut 600 Meter hinauf zum Beginn des Weges. Die Galerie ist immer mindestens einen Meter breit, hat auf der Felsseite einen Handlauf und nur wenige leicht ausgesetzte Stellen. Sie befindet sich jedoch in ausgesprochen luftiger Höhe. Auch der Abstieg zum Wasserfall Cola de Caballo am Ende des Felsenweges ist etwas knifflig. Ansonsten verläuft die Faja einige Etagen höher parallel zu unserem Talweg.

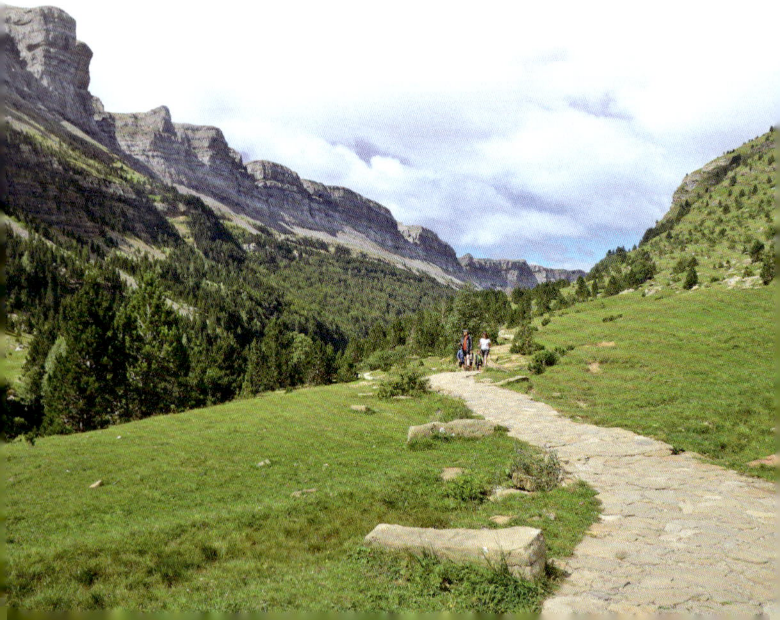

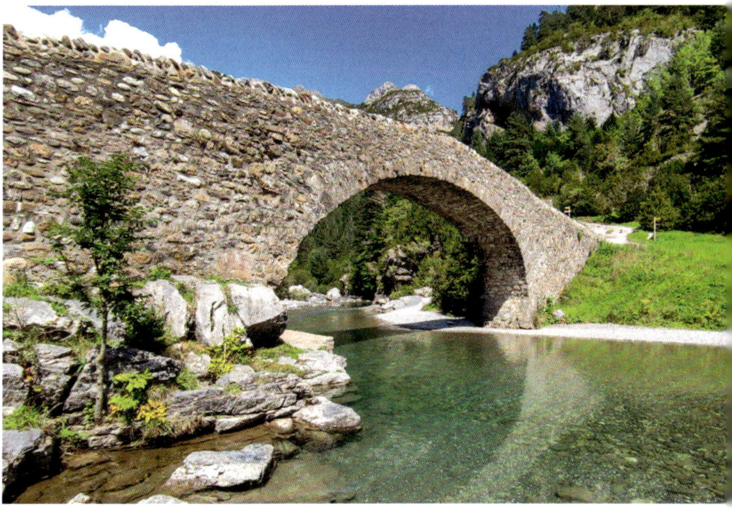

Tour 39:
Im Tal des Rio Ara

200 m

STRECKE 6,8 km

2 h 30

ab 6

Vom Refugio de Bujaruelo zur Hängebrücke am Wasserfall

Das Tal von Bujaruelo, durch das der Rio Ara fließt, ist über eine Piste mit dem Auto zu erreichen. Der traumhaft schöne Platz unter der romanischen Bogenbrücke befindet sich sogar gleich am Start der Wanderung neben dem Refugio de Bujaruelo. Im idyllischen Flusstal gibt es viele Plätze zum Picknicken an denen man auch gut ans Wasser kommt. Das macht diese Runde auch zur perfekten kleinen Familientour.

TOUREN-STECKBRIEF

Anfahrt: Von Torla der Straße weiter folgen und am Abzweig zum Nationalpark, den nur die öffentlichen Busse fahren dürfen, links in die schmale Straße einbiegen. Am Anfang ist sie noch asphaltiert, aber besonders eng und führt unter überhängenden Felsen hindurch. Dann wird der Asphalt zu einer etwas breiteren Piste mit vielen Schlaglöchern. Sie führt zu einer Brücke und wechselt auf die andere Flussseite. Kurz darauf erreichen wir einen ersten Campingplatz. Geradeaus geht es von hier noch drei Kilometer weiter, bis sie am Refugio de Bujaruelo endet. Der Wanderparkplatz befindet sich unterhalb der Campingwiese bei **GPS N 42°41'41.1", W 0°06'25.7"**.

Charakter: Besonders schön ist der Wanderpfad am östlichen Flussufer. Teilweise wandern wir aber auch auf einem breiten Schotterweg.

Markierung: Weiß-rote Markierung des Weitwanderweges GR 11.

Mit Kindern: Mit jüngeren Kindern lässt sich die Tour gut kürzen, indem wir den Abstecher zum Wasserfall weglassen.

Einkehr: Einkehr im Refugio bis etwa 16 Uhr möglich.

Unterkunft:
Hotel: Hotel Rural Casa Lordan, Hotel Villa Russell, Alberque Monte Perdido in Torla.
Camping: Campingplatz am Refugio de Bujaruelo.

In der Nähe: Altstadt Torla.

Wanderung: Vom Parkplatz laufen wir zum Refugio hinauf und treffen dort auf die schöne alte **Bogenbrücke** ①. Unter dem eleganten Steinbogen wäre das Wasser tief genug zum Schwimmen – der Rio Ara ist hier jedoch auch im Sommer eiskalt.

Von hier aus führen zwei Wege ins Tal – vor der Brücke ein breiter Schotterweg, von dem wir von oben ins Tal gucken können, und hinter der Brücke links der GR 11, der sich als schmaler Wanderpfad nahe am Ufer durch das grüne Tal windet. Wir verbinden beide zu einem Rundweg, wählen zuerst den Schotterweg und biegen dazu vor der Brücke links ab. Mit schönen Blicken über das Tal wandern wir weiter bis zur ersten Brücke. Kurz vorher sprudelt links am Weg an einer Verzweigung eine gefasste **Quelle** ② mit eiskaltem Trinkwasser. Hier biegen wir nach rechts ab.

Wenige Schritte später überqueren wir die Brücke und laufen noch ein Stück geradeaus bis wir auf den **GR 11** ③ treffen. Der Trampelpfad, der gleich links hinter der Brücke beginnt, führt zwar auch dorthin – allerdings mit einem megasteilen, nicht ganz ungefährlichen Aufstieg durch ein Blocksteinfeld.

Der GR 11 wird zum breiten Schotterweg und führt sanft ansteigend ins obere Flusstal zwischen steil aufragenden Felswänden, die man aber nur sporadisch sieht. Meist laufen wir durch den Wald. Nach knapp zwei Kilometern zweigt links des Weges ein

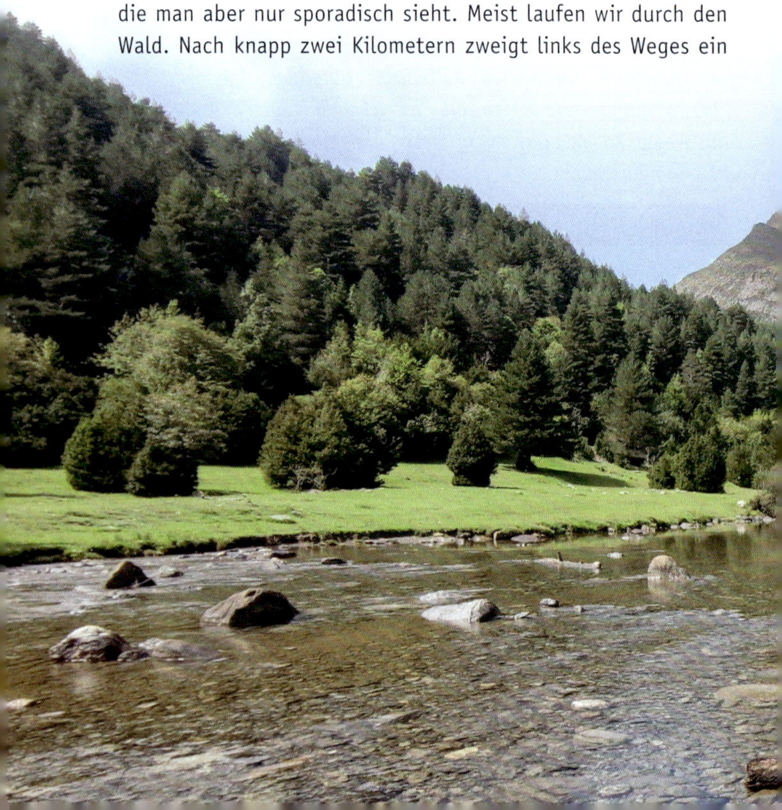

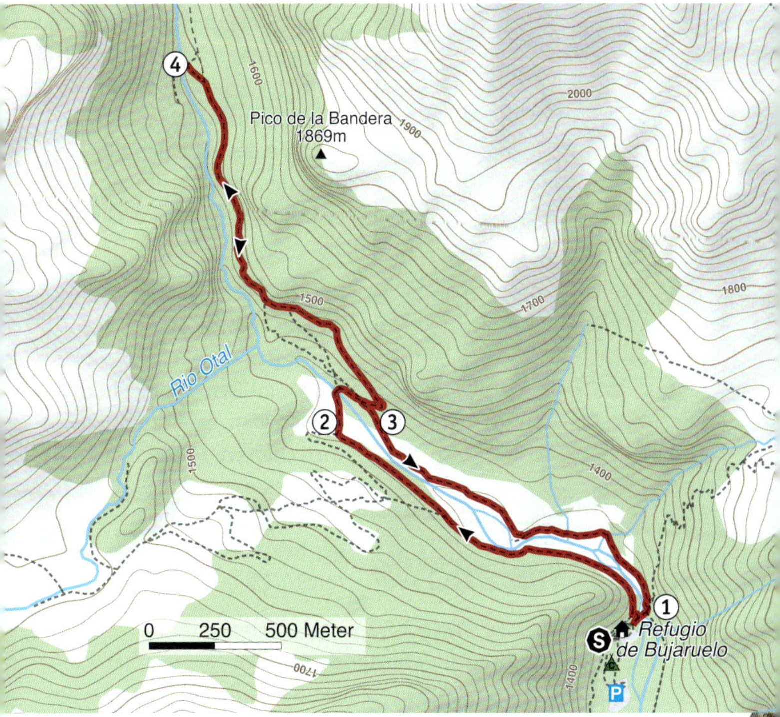

4
1600
2000
Pico de la Bandera
1869m
1900
1500
1700
1800
Rio Otal
2
3
1500
1400
1
0 250 500 Meter
S
Refugio
de Bujaruelo
1700
1400
P

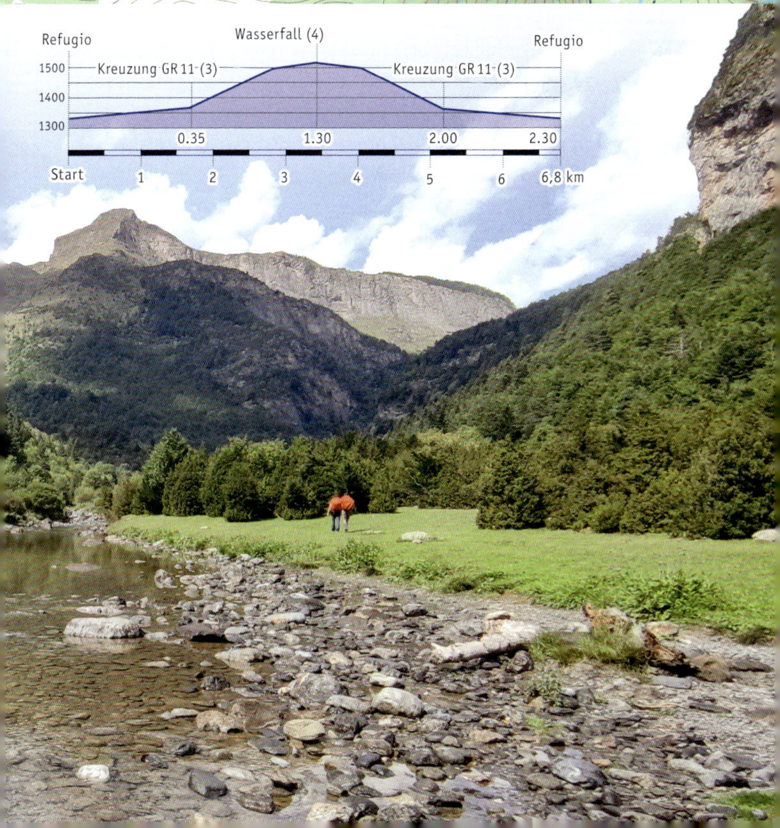

Refugio
Wasserfall (4)
Refugio
1500
1400
1300
Kreuzung GR 11 (3)
Kreuzung GR 11 (3)
0.35
1.30
2.00
2.30
Start
1
2
3
4
5
6
6,8 km

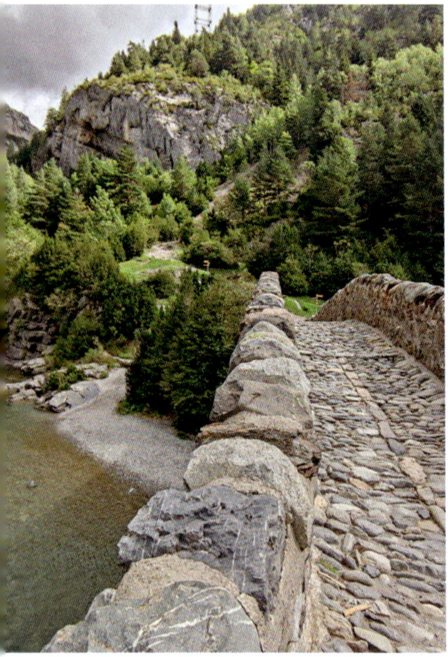

Pfad ab. Auf dem Stein ab Abzweig steht schon wo es hingeht: zur »Puente Colgante« – einer schmalen **Hängebrücke** ④, von der wir einen Blick in die Schlucht und auf eine Reihe kleiner Kaskaden werfen können.

Hier ist auch der Wendepunkt unserer Tour. Wer noch weiter will, folgt einfach dem GR 11. Nach weiteren 1,5 Kilometern kommt man dann zum unbewirtschafteten Refugio de Pastores del Vado. Dort führt ein Weg hinunter zum Bach, der hier durch ein etwas breiteres Tal fließt.

Wir drehen aber am Wasserfall um und wandern auf dem gleichen Weg zurück zur **Kreuzung hinter der Brücke** ③. Diesmal wählen wir hier den links abzweigenden GR 11, der uns hinunter in Bachtal bringt. Hier beginnt der schönste Teil der Wanderung. Wir sollten uns viel Zeit lassen und vielleicht noch ein Picknick am Wasser einplanen. Dann geht es zurück zur Bogenbrücke, wo der GR 11 auf den Weg nach Gavarnie trifft. Wir biegen hier rechts ab überqueren die schöne alte Brücke und erreichen das Refugio und unseren Parkplatz.

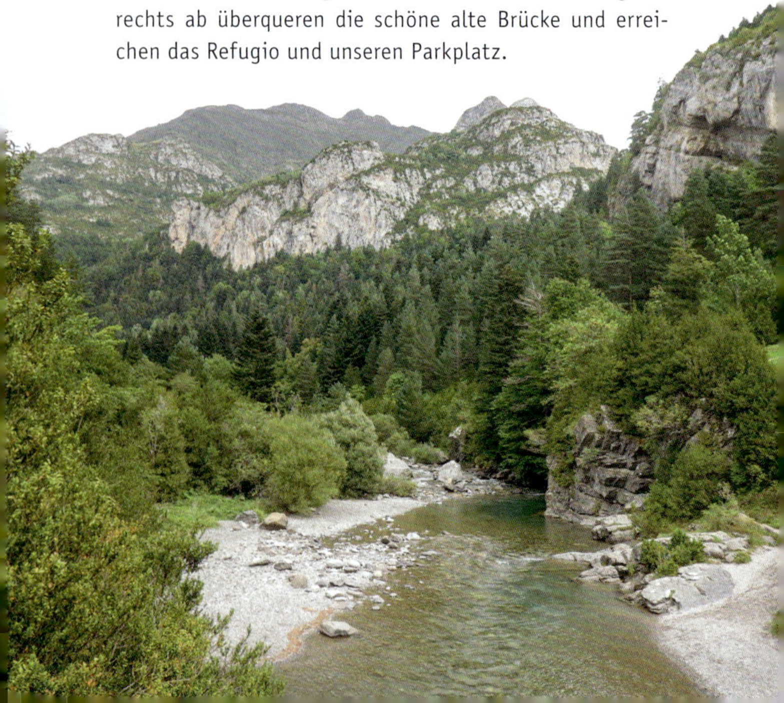

Tour 40: Im Tal der Wasserfälle

Aufstieg zu den Cascades de Larri

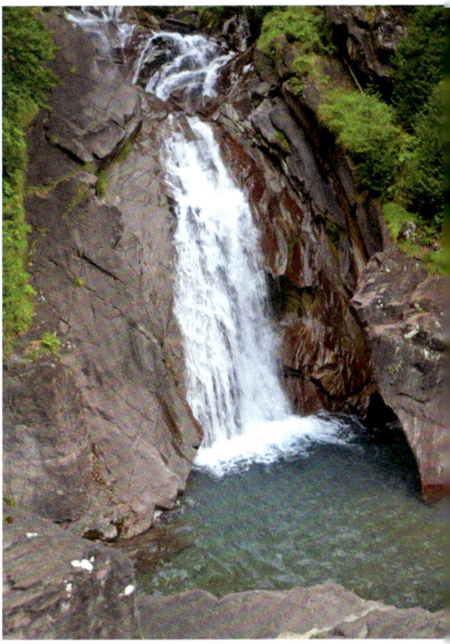

In etlichen Kaskaden fällt der Rio de Larri über rote Felsen von der Hochebene von Larri ins Pineta-Tal hinunter. Ein schmaler Steig führt über viele Stufen von Wasserfall zu Wasserfall, bis wir, oben angekommen, über eine weite grüne Hochebene zwischen schroffen Felsgipfeln zu einem letzten großen Wasserfall wandern.

360 m

STRECKE 7 km

3 h

ab 6

Wanderung: Der breite Weg, der hinter der **Infohütte** beginnt, teilt sich schon nach wenigen Schritten. Wir gehen hier rechts und folgen den Schildern nach Larri. Der Weg wird schmaler, überquert einen Fluss und teilt sich am **Zusammenfluss von Cinca und Larri** ① ein zweites Mal. Der linke Weg führt zum großen Wasserfall Cascada Cinca, den wir schon von unten gut sehen können.

Wir gehen hier rechts weiter und klettern schon bald Stufe für Stufe durch den Wald den Hang hinauf. Rechts neben uns rauscht der Larri, der hier über viele Stufen ins Tal hinabfällt. Am ersten **Abzweig** ② lohnt unbedingt der Abstecher nach rechts: Hier stürzt das Wasser über tiefrote Felsen in ein türkisblau schillerndes Becken.

TOUREN-STECKBRIEF

Anfahrt: Die Zufahrt ins Valle de Pineta erfolgt von Bielsa, das nördlich von Ainsa kurz vor der Grenze zu Frankreich liegt. Eine problemlos befahrbare Asphaltstraße führt zum Wanderparkplatz rechts am Talende bei **GPS N 42°40'34.2", E 0° 5'14.5"**.

Charakter: Aufstieg und Abstieg auf steilen, schattigen Pfaden mit vielen Stufen. Weg ins Tal von Larri auf einem breiten, ebenen Wiesenweg.

Mit Kindern: Vor allem der Kletterweg an den Wasserfällen ist für Kinder ein echtes Abenteuer. Oben im Tal von Larri ist dann auf den weitläufigen Wiesen am Rio La Larri viel Platz zum Spielen und Toben. Ist die ganze Strecke noch zu lang, kann man die Wanderung unterhalb des Refugio de Larri beenden. Auch hier gibt es einen Zugang zum Bach.

Einkehr: Snackbar am Parkplatz.

Unterkunft:
Hotel: Parador de Bielsa am Ende der Straße.
Camping: Camping Pineta.

In der Nähe: Snack und Picknicktische am Parkplatz.

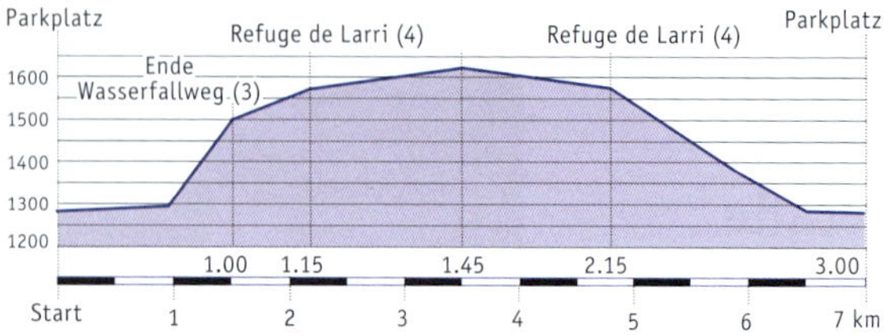

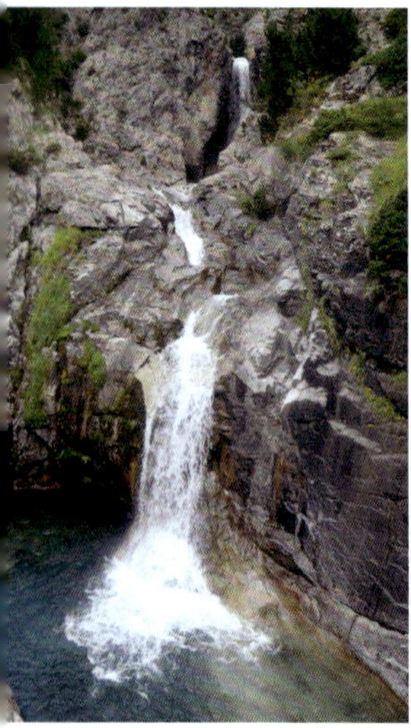

200 Höhenmeter und etliche schöne Kaskaden später mündet der steile Pfad auf einen breiten Weg. Wir biegen rechts ab und überqueren eine **Brücke** ③.

Links von uns läuft das Wasser einer **Quelle** aus einer hölzernen Rinne. Der breite Weg führt jetzt in drei Kurven hinauf nach Larri. Wer abkürzen will, kann auch den Pfad wählen, der direkt den Hang hinaufführt. Unten ist er ziemlich zugewachsen, in der letzten besonders ausladenden Kurve funktioniert die Abkürzung dagegen gut. Dann stehen wir auf der Hochebene von Larri. Rechts steht das **Steinhaus der Alm** ④, auf den Wiesen weiden Kühe und Pferde und am hinteren Ende der Grasfläche schauen wir auf den großen Wasserfall, der unser Ziel ist. Auf einem breiten Wiesenweg marschieren wir in etwa 30 Minuten dorthin. Unser Pfad führt uns direkt zum unteren Ende der **Kaskade** ⑤, wo der Fluss mehrere tiefere Becken bildet.

Nach einer Pause am Wasser folgen wir dem schmalen Pfad direkt unten am Bach, bis dieser wieder hinauf auf die Wiese führt. Zurück an der Almhütte geht es den Schotterweg wieder hinunter, bis links ein steil abfallender Weg in Richtung Pradera Pineta abzweigt. Hier steigen wir hinunter und treffen an der kleinen Kirche **Ermita de la Pineta** ⑥ mit schön gefasster Quelle und hinter am Hotel Parador auf die Straße. Von hier sind es jetzt nur noch wenige Meter zur Einfahrt des Parkplatzes.

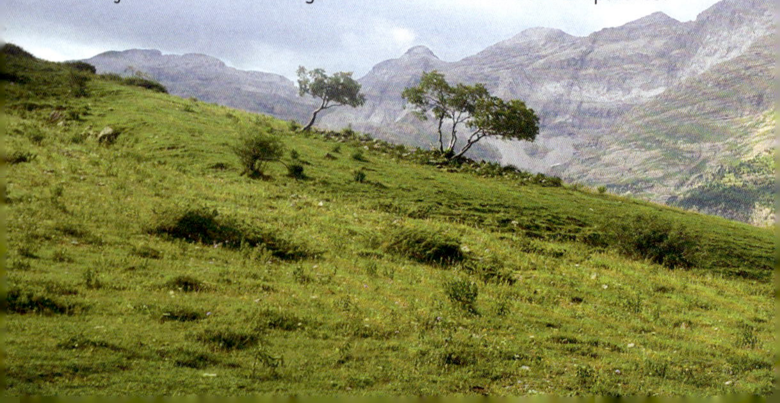

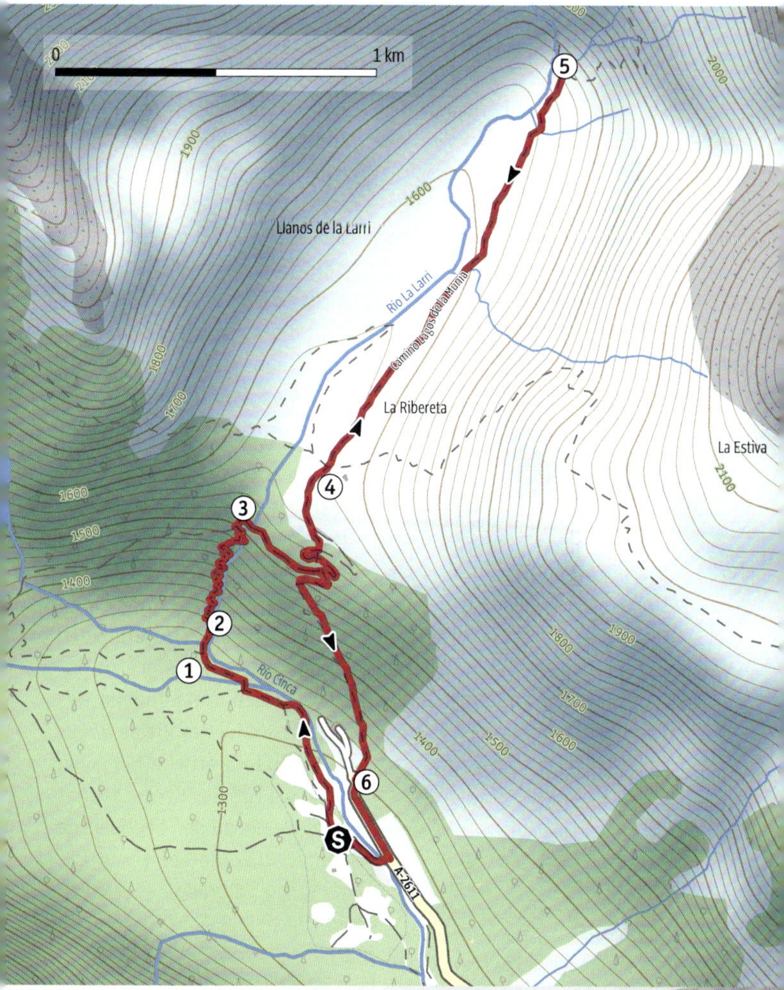
0
1 km
5
Llanos de la Larri
Río La Larri
Camino Lagos de la Munia
La Ribereta
La Estiva
4
3
2
1
Río Cinca
6
S
A-2611

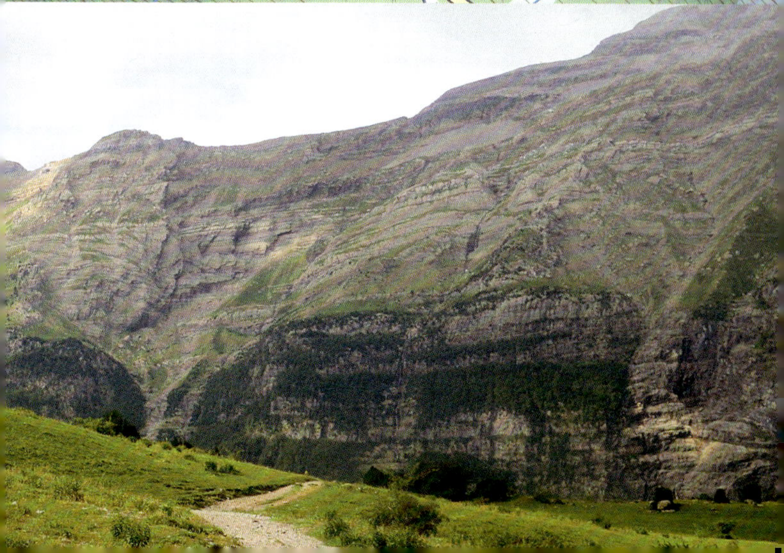

Der Parc National des Pyrénées

Der französische Pyrenäen-Nationalpark zieht sich etwa 100 Kilometer an der spanischen Grenze entlang und ist mit einer Fläche von 460 Qaudratkilometern mit Abstand das größte Schutzgebiet der Pyrenäen. Das Gebiet ist daher in die Sektoren Vallée d'Aure, Vallée de Luz-Gavarnie, Vallée de Cauterets, Vallée d'Azun, Vallée d'Ossau und Vallée d'Aspe unterteilt, die sich landschaftlich durchaus unterscheiden.

Die höchsten Gipfel des Parks sind um den riesigen Bergkessel **Cirque de Gavarnie** zu finden, der direkt an die Berge des Nationalparks Ordesa y Monte Perdido angrenzt. Über 400 Meter fällt das Wasser der »Grande Cascade« über die die Kalksteinklippen in den Cirque und stellt damit den höchsten Wasserfall Frankreichs. Ebenfalls sehr beeindruckend und nicht ganz so viel besucht sind die benachbarten Talkessel Cirque de Troumousse und Cirque de Estaubé.

Östlich von Gavarnie liegt das **Vallée d'Aure** mit dem Naturreservat von Néouveille, das für seine besonders reiche Flora und Fauna bekannt ist. Hier sind auf der ungewöhnlichen Höhe von 2.600 Metern noch einige knorrige Kiefern zu finden. In den Vertiefungen des Granitmassivs des Pic de Néouville glitzern etliche Bergseen und am Fuß des Berges ist das Wasser zu den Seen Lac de Cap-de-Long und Lac d'Oredon gestaut.

Regeln für Wanderer im französischen Nationalpark

Zum Schutz der Natur gibt es beim Wandern im Nationalpark ungewohnte Regeln:

› **Hunde** dürfen nicht mit auf das Gebiet des Nationalparkes – auch nicht an der Leine.

› Auf dem Gebiet des Nationalparkes gibt es 16 bewirtschaftete und sechs unbewirtschaftete **Refuges**. Übernachtungen sollten hier vorab gebucht werden. Zusätzlich können Sie auch im eigenen Zelt übernachten. Das **Biwak** für eine Nacht ist erlaubt, wenn man sich mindestens eine Wegstunde von der nächsten Straße entfernt befindet. Camping ist überall verboten.

www.pyrenees-parcnational.fr

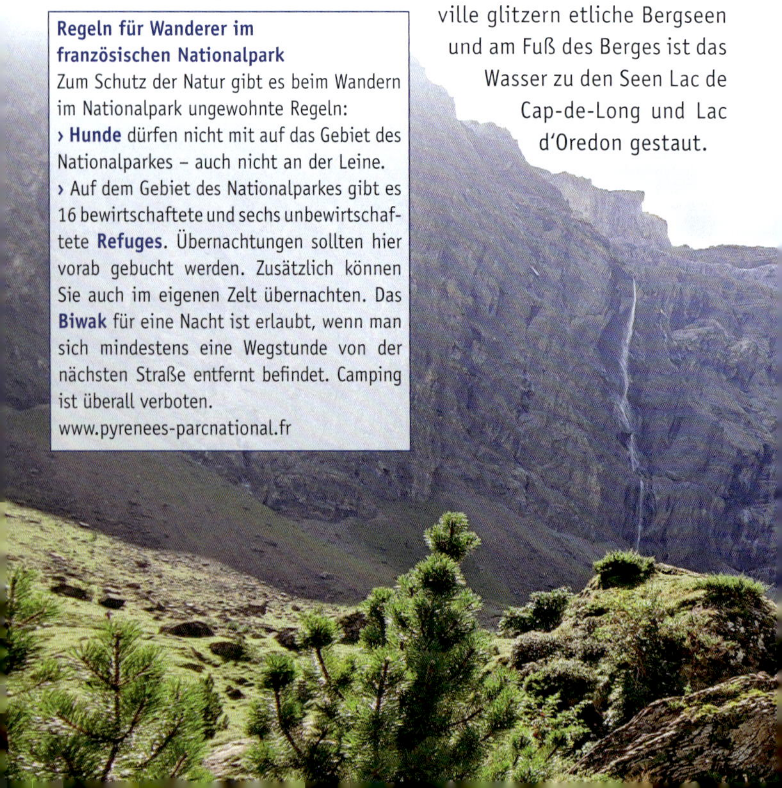

Auf der Westseite folgt mit dem **Tal von Cauterets** ein beliebtes Skigebiet und ein Thermalort mit langer Tradition. Hier kurierte schon im 19. Jahrhundert der europäische Adel die schmerzenden Gelenke. In Cauterets trafen sich außerdem die Pariser Intellektuellen von Vicor Hugo über Beaudelaire bis George Sand – zum Kuren, zum Picknick am Lac de Gaube und um die Wasserfälle an der Pont d'Espagne zu bewundern. Im Gebiet von Cauterets liegt auch der Vignemale, der mit 3.298 Metern der höchste Berg der französischen Pyrenäen ist.

Zwischen den bekannteren Gebieten von Gavarnie und Ossau liegt das **Vallée d'Azun**, dessen kleine Orte mit ihren schönen Steinhäusern ländlich und verschlafen wirken. Zum Wandern eigenen sich die Täler von Arrens-Massous und Estaing, die vom Vallée d'Azun abzweigend in die Berge führen.

Das **Vallée d'Ossau** ist traditionell ein Land der Hirten und auf Wanderungen begegnet man besonders vielen Weidetieren. Außerdem ist das Tal ein besonders gutes, abwechslungsreiches Wandergebiet, in dem viele Tageswanderungen markiert sind. Zehn davon befinden sich auf dem Gebiet des Nationalparks südlich der kleinen, sympathischen Stadt **Laruns**. Wir haben für dieses Buch die traumhaft schöne Seenrunde unterhalb des markanten Gipfels des Pic de Midi d'Ossau ausgewählt. Alternativen finden Sie gut aufbereitet auf der Website des Tals unter www.valleedossau-tourisme.com.

Westlich des Valleé d'Ossau gehört auch noch das **Vallée d'Aspe** zum Nationalpark. Hier kreuzt die Via Tolosana, die südlichste der vier historischen Routen des französischen Jakobswegs, und führt über den Col de Somport nach Spanien.

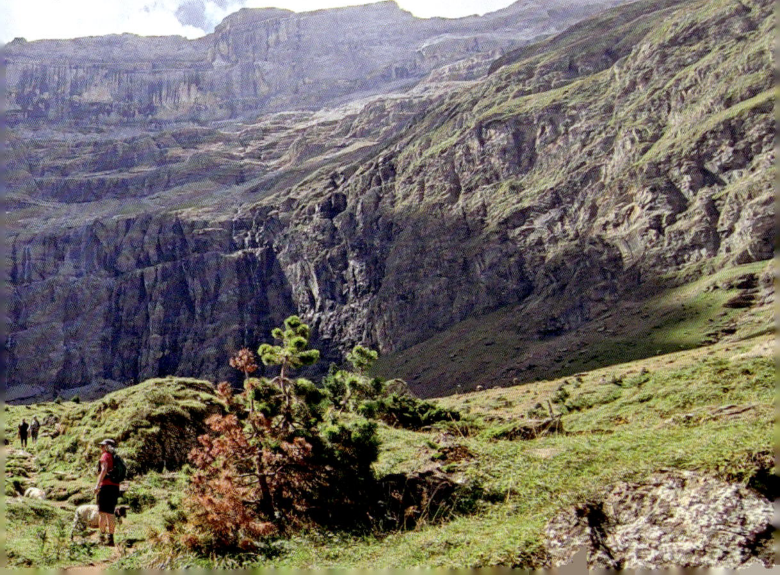

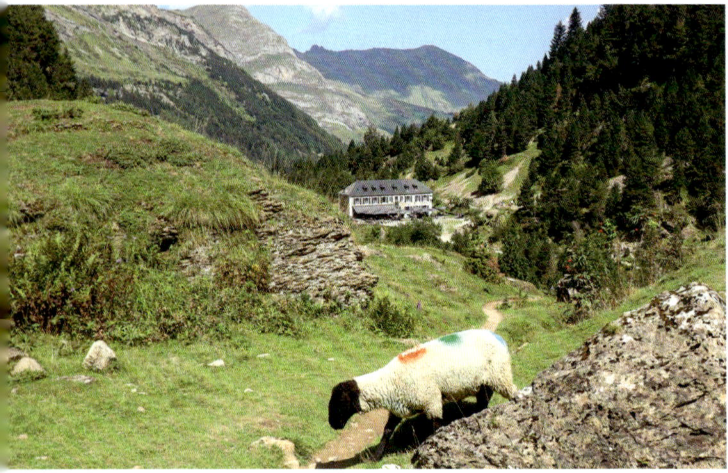

350 m

STRECKE 10 km

4 h30

ab 10

Tour 41: Cirque de Gavarnie

Auf Schleichwegen zum beliebtesten Ziel im französischen Nationalpark

Der Bergkessel Cirque de Gavarnie, ein grünes Tal eingekreist von den Bergriesen des Pyrenäenhauptkamms, ist das bekannteste und auch eines der beliebtesten Ziele im französischen Pyrenäen-Nationalpark. Ein bequemer breiter Weg führt am Flussufer hinauf zum Hotel du Cirque. Es gibt aber auch einen deutlich weniger begangenen »Schleichweg«.

Wanderung: Der Weg beginnt am oberen **Wohnmobilparkplatz**, wo in der hinteren Ecke des linken Parkplatzes ein unmarkierter Pfad, den wir durch ein Tor im Elektrozaun erreichen, am Hang entlang parallel zur Straße in Richtung Gavarnie verläuft. Steht das Auto auf den unterhalb gelegenen **PKW-Parkplätzen**, gehen wir zunächst ins Tal hinein und dann die erste Straße rechts hinauf, am Friedhof vorbei und weiter bis zum vom Wohnmobilstellplatz kommenden Pfad. Auf diesem wandern wir dann ein gutes Stück über dem Ort ins Tal hinein und gucken uns Hotels und Restaurants von oben an. Dann folgt links im Tal der Zeltplatz und unter uns pilgern auf dem breiten Asphaltweg je nach Wochentag, Wetter und Saison mehr oder weniger große Menschenmengen am Flussufer entlang.

Wir folgen dem deutlichen, aber unmarkierten Wanderweg bis zu einem **Felsplateau mit Weitblick** ①. Hier heißt es gut aufpassen: Zuerst durchqueren wir einen **Bach**, dann geht es über eine **Felsstufe** mit etwas Kletterei bergauf – die Hände braucht man

TOUREN-STECKBRIEF

Anfahrt: Gavarnie liegt am Ende einer Stichstraße, die von Luz-Saint-Saveuer über Gèdre in die Berge führt. Im Sommer ist die Zufahrt zum eigentlichen Ort, der hauptsächlich aus Hotels besteht, gesperrt und man wird rechts oberhalb der Ansiedlung auf einen großen Wanderparkplatz geleitet, **GPS N 42°44'08.1", W 0°00'42.9"**.

Charakter: Auf schmalen Pfaden wandern wir parallel zum viel begangenen breiten Schotterweg am Hang entlang und über Wiesen am Bach ins Tal hinein. Nur das letzte Stück bis zum Hotel du Cirque sind wir auf der breiten »Touristenautobahn« unterwegs, die hinter dem Hotel in den beeindruckenden Bergkessel des Cirque de Cagateille führt.

Mit Kindern: Technisch ist die Wanderung kein Problem, sie dürfte aber für die meisten Kinder etwas zu lang sein. Das Bachtal hinter der Bühne des Freilichttheaters eignet sich als alternativ ebenfalls als Ziel.

Einkehr: Snacks im Hotel du Cirque, komplette Speisekarte nur zur Mittagszeit von 12–14.30 Uhr. Samstag geschlossen.

Unterkunft:
Hotel: Hotels in Luz-Saint-Sauveur, ein Jurtendorf (Yourtes Mongoles) in Gèdre.
Camping: Camping Gavarnie für Zelte, ansonsten Camping Pain de Sucre einige Kilometer vor dem Ort.
Wohnmobil: Offizieller Stellplatz oberhalb des Ortes an der Straße zum Port de Bucharo bei GPS N 42°44'17.8", W 0°01'10.2".

In der Nähe: Freilichtbühne Gavarnie.

hier auf jeden Fall. Kurz hinter der Stufe lichtet sich der Wald und wir stehen auf einer Wiese mit tollem Blick über das Tal. Auf der Wiese vor uns steht im Hochsommer eine Freilichtbühne, an der wir rechts vorbei müssen. Ist die Wiese frei, folgen wir dem rötlichen Pfad, der uns hinunter bringt.

Unten treffen wir auf einen Weg, dem wir nach rechts folgen bis zu einem **Wegweiser** ②. Rechts geht es hinauf zum **Plateau Bellevue**. Folgt man diesem Pfad kommt man zu einer **Bachbrücke** mit Wasserfall und muss dann an der nächsten Kreuzung wieder links hinunter in Richtung »Cirque de Gavarnie«. Wir wählen den unmarkierten, zuerst schlecht erkennbaren

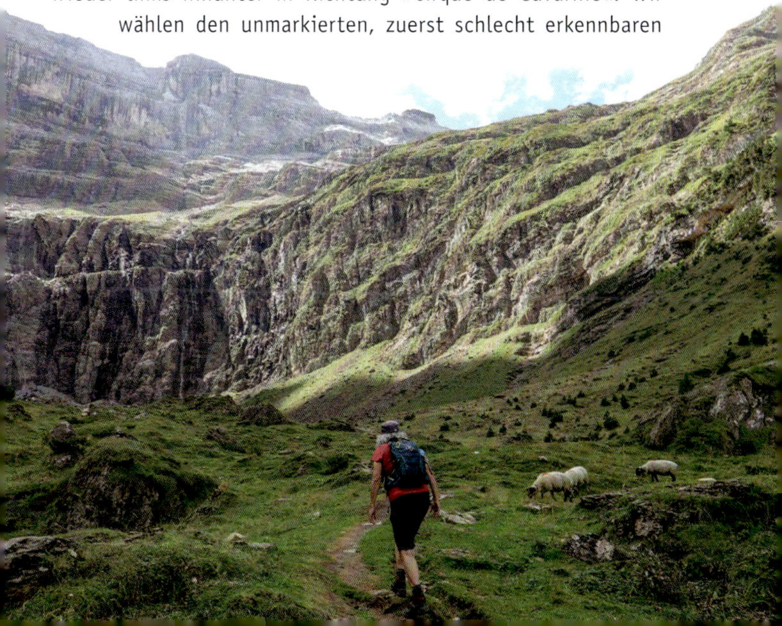

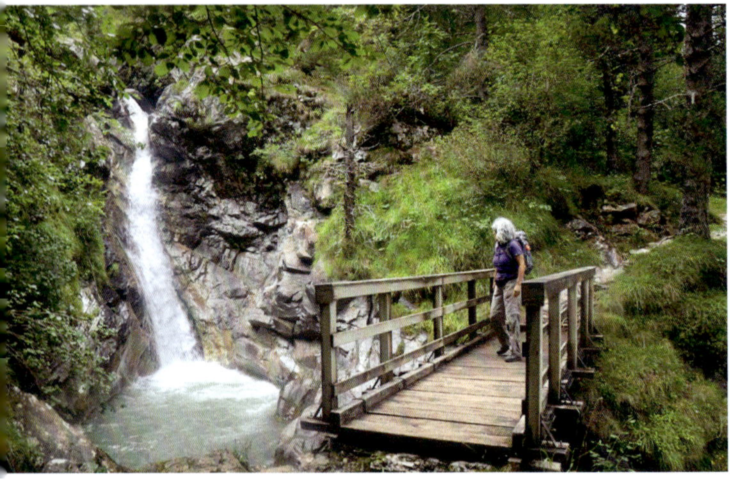

Pfad am Rand der Wiese. Er führt am Rand der Wiese entlang und dann über zwei kurz aufeinander folgende **Brücken** ③. Dahinter wandern wir auf einem Wiesenweg in das idyllische Bachtal hinein bis wir zu einem zu einem breiten Kiesfeld kommen. Diesem folgen wir weitgehend weglos bis zu einer weiteren **Brücke** ④ über den hier tief in den Fels eingeschnittenen Bach. An dieser Stelle kommt auch der Alternativweg von rechts wieder dazu.

Wir überqueren hier abermals den kleinen Fluss und steigen auf der anderen Seite sehr steil hinauf. Eine rutschige Passage des Pfades, die über Felsen führt, ist mit einer Kette gesichert. Dahinter schlängelt sich ein schmaler Pfad durch den Wald und endet nach etwa 15 Minuten Gehzeit (ab der Brücke) auf dem breiten, immer gut begangenen **Schotterweg** ⑤, der von Gavarnie zum Hotel du Cirque führt. Rechts hinauf sind es noch wenige Kehren, bis das Steinhaus vor uns auftaucht. Auf der Terrasse kann man mit bestem Ausblick essen. Außerhalb der üblichen Essenszeiten gibt es aber nur noch Getränke, Sandwiches, süße Crèpes und Eis.

Hinter dem Haus führt ein einladender Weg über eine Hängebrücke, an der man zum Fluss hinuntersteigen kann, in den Kessel des Cirque de Gavarnie mit seinen steilen Felswänden und weiter bis zum Fuß des großen Wasserfalles ⑥ hinten im Tal.

Auf dem **Rückweg** folgen wir der Touristenautobahn bis zum ersten **Abzweig** ⑦ nach links, der auf Höhe der Wiese zu finden ist, auf der im Sommer die **Freilichtbühne** steht. Wir überqueren eine Brücke und folgen dem breiten Weg nach links bis wir vor uns den roten Pfad sehen, der uns wieder aufs **Plateau** ① hinaufbringt. Auf dem bereits vertrauten Weg laufen wir dann zurück zum Parkplatz.

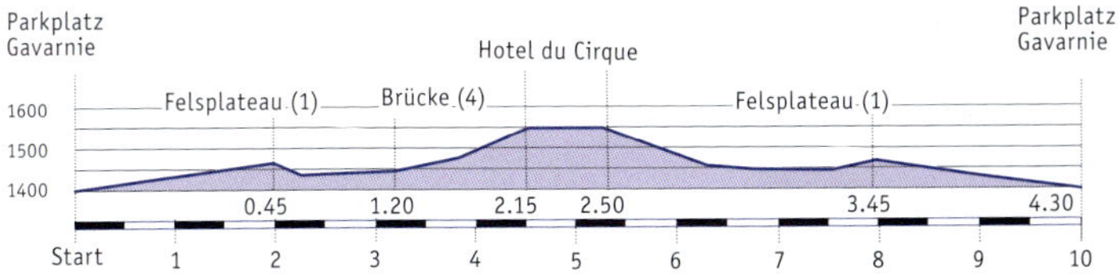
Parkplatz Gavarnie
Hotel du Cirque
Parkplatz Gavarnie
Felsplateau (1)
Brücke (4)
Felsplateau (1)
1600
1500
1400
0.45
1.20
2.15
2.50
3.45
4.30
Start
1
2
3
4
5
6
7
8
9
10

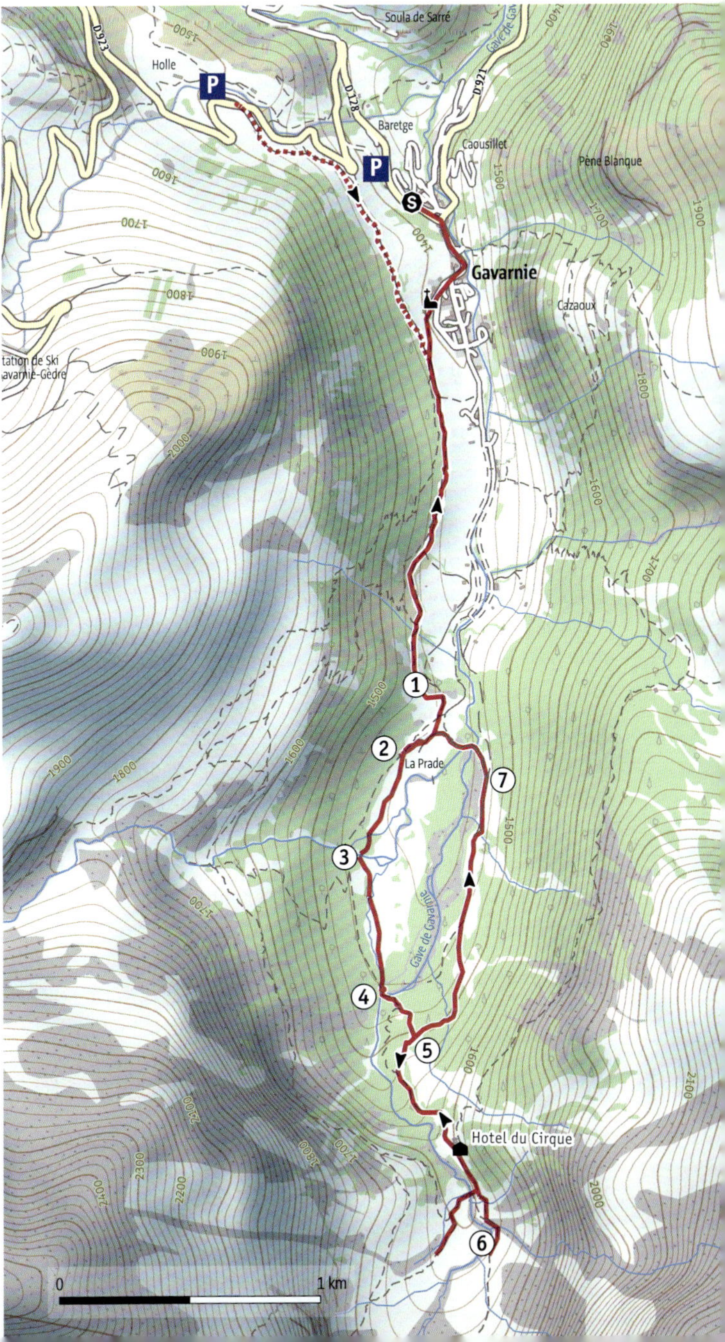
Soula de Sarré
D923
D128
D921
Holle
Baretge
Caousillet
Pène Blanque
Gavarnie
Cazaoux
tation de Ski
avarnie-Gèdre
La Prade
Gave de Gavarnie
Hotel du Cirque
0
1 km

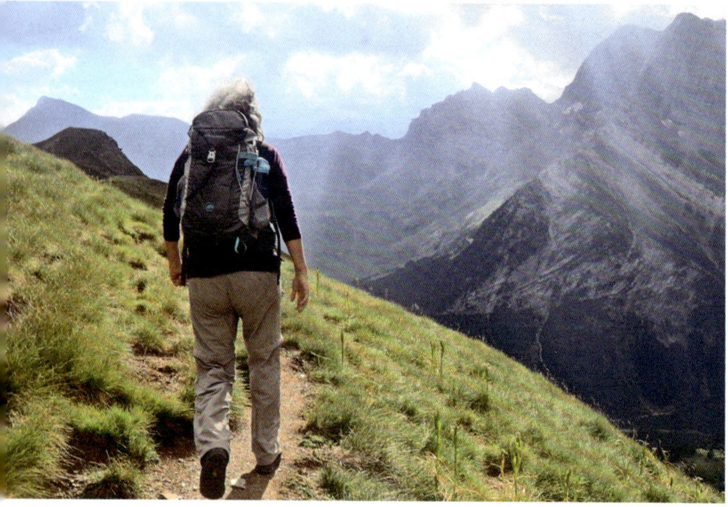

200 m

STRECKE 4,5 km

2 h

ab 6

Tour 42: Zwei Gipfel über dem Cirque de Gavarnie

Auf dem Gratweg vom Pic des Tentes zum Pic Pahule

Zwischen dramatischen, schnell ziehenden Wolken und felsigen Berggiganten erlaubt diese kurze, aussichtsreiche Wanderung eine ausgesprochen eindrucksvolle Begegnung mit dem Hochgebirge – ohne dass man dafür lange hinaufsteigen muss. Was für ein unerhörter Luxus!

Wanderung: Schon am Parkplatz sieht man die grüne Bergkuppe, die links der Straße vor uns aufragt. Der Weg hinauf beginnt direkt gegenüber des Parkplatzes an der Straße. Über den breiten Grasrücken des Pic de Tentes steigen wir zu unserem ersten Gipfel hinauf. Mit seinen 2.322 Metern ist der rundliche **Pic de Tentes** ① sogar etwas höher als der Pic Pahule am Ende des Weges. Die Aussicht ist jedenfalls fantastisch.

Auf der anderen Seite steigen wir wieder ein Stück hinunter, dann verläuft der Weg relativ eben auf dem Bergrücken.

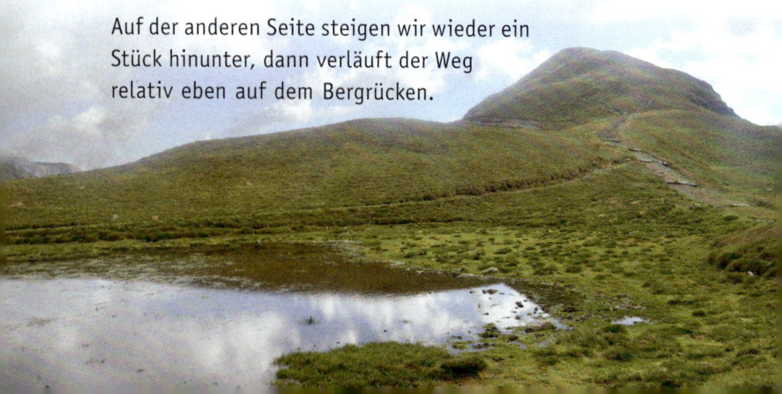

TOUREN-STECKBRIEF

Anfahrt: Vor der Ortseinfahrt von Gavarnie rechts der Stichstraße zum Port de Boucharo hinauf bis zum Parkplatz am Straßenende bei **GPS N 42°42'49.4", W 0°03'03.5"** folgen.

Charakter: Kurze, aber äußerst eindrucksvolle Wanderung auf einem schmalen Bergsteig, der auf dem Grat entlang zu einem Aussichtsgipfel hoch über dem Cirque de Gavarnie führt. Über der Baumgrenze und daher schattenlos. Nur bei stabilem Wetter und keinesfalls bei Gewittergefahr gehen!

Mit Kindern: Der Gratweg ist unkompliziert zu begehen, nicht zu lang und hier mitten im Hochgebirge trotzdem extrem eindrucksvoll. Optimal auch für jüngere Kinder, die bereits einigermaßen bergsicher sind.

Einkehr: Keine.

Hotel: Hotels in Luz-Saint-Sauveur, Yourtes Mongoles in Gèdre.

Camping: Camping Gavarnie für Zelte, ansonsten Camping Pain de Sucre in ruhiger Lage einige Kilometer vor dem Ort.

Wohnmobil: Gebührenpflichtiger Stellplatz oberhalb des Ortes an der Straße bei GPS N 42°44'17.8", W 0°01'10.2".

In der Nähe: Freilichtbühne Gavarnie.

Der Gratweg bleibt dabei immer mehrere Meter breit und ist problemlos zu laufen. Vor uns kommt der Pic Pahule immer näher und von der letzten Hügelkuppe kann man bereits weit unten das Hotel du Cirque entdecken, das am Engpass vor dem Talschluss des Cirque de Gavarnie steht. Unser Pfad durchquert eine Senke und steigt zuerst nur langsam an. Er schlägt einen Bogen um die linke Seite des Berges und bringt uns von hinten auf den **Pic Pahule** ②. Diese letzte Passage ist der anspruchsvollste Teil der Wanderung und erfordert ein wenig Kraxelei.

Nach einer Gipfelrast geht es auf dem gleichen Weg zurück. Nur an der **Verzweigung vor dem Pic des Tentes** ③ wählen wir diesmal den breiten Weg, der an der rechten Seite am Gipfel vorbeiführt, und stehen wenig später wieder am Auto.

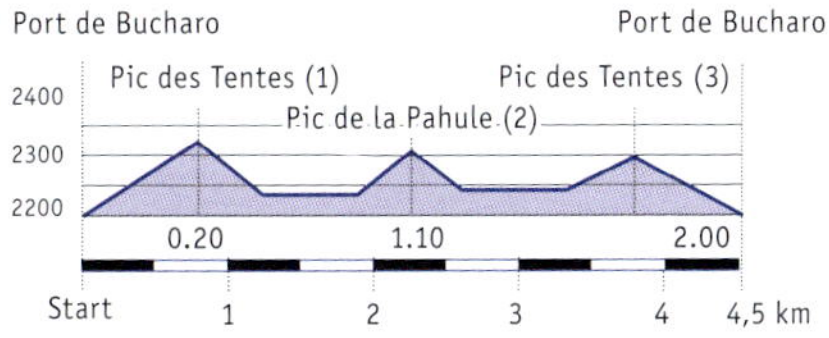

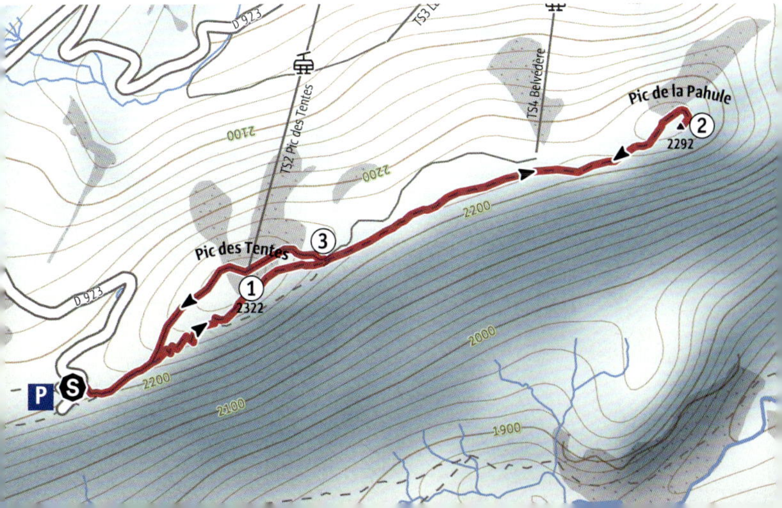

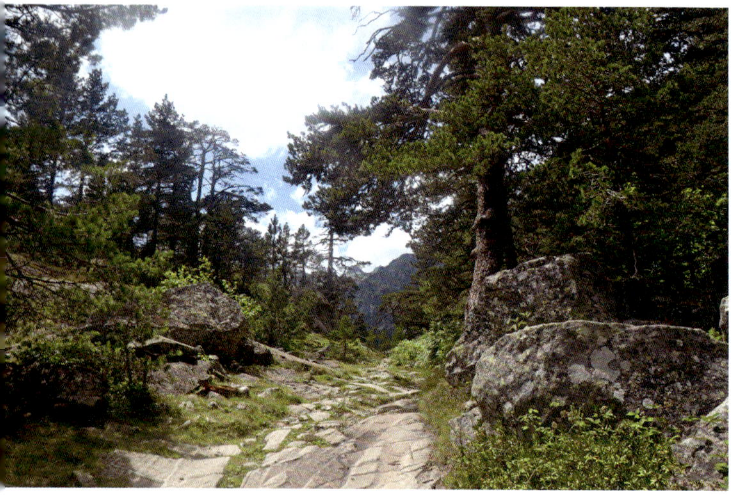

150 m

STRECKE 6 km

2 h

ab 4

Tour 43: Vallée du Marcadau

Vom Wasserfall ins Bachtal mit Einkehr

Durch den felsigen Engpass an der Pont d'Espagne, in dem Metallstege und Brücken den Weg an einem eindrucksvollen Wasserfall vorbeilenken, steigen wir hinauf zur grünen Hochebene von Marcadau. Hier weiden im Sommer Kühe und es gibt viele idyllische Plätze am Bachufer.

Wanderung: Vom Parkplatz laufen wir zuerst zum langgezogenen **Haus am Parkplatzrand**, in dem sich Toiletten, der Kassenautomat für den Parkplatz und die Talstation der Kabinenbahn befinden. Wir durchqueren das Gebäude und folgen ein kurzes Stück dem Asphaltweg, bis in einer Kurve ein Naturweg abzweigt. Er steigt deutlich an und führt zu einem imposanten **Wasserfall** (1) hinauf. Es folgen meh-

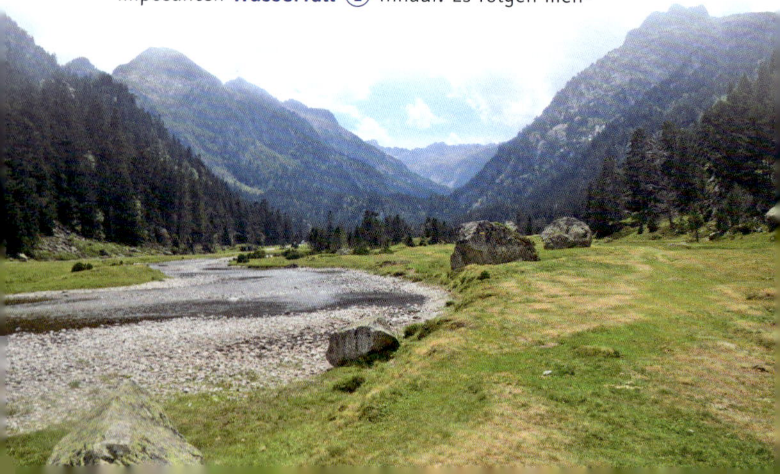

TOUREN-STECKBRIEF

Anfahrt: Von Cauterets die Stichstraße in Richtung Pont d'Espagne nehmen und der gut befahrbaren Straße etwa sechs Kilometer durch einige Kurven folgen, bis sie an einem großen gebührenpflichtigen Parkplatz endet.
Charakter: Einfache Wanderung zu einem hohen Wasserfall und auf guten, markierten Bergwegen in ein idyllisches Bachtal. Rückweg teilweise auf einem breiten Schotterweg.
Mit Kindern: Mit seinen großen Wiesen am Bachufer, dem Bach mit flachem Wasser und gleich zwei Einkehrmöglichkeiten ist das Vallée du Marcadau ein perfektes Familienziel.
Einkehr: Refuge de Pont d'Espagne, Refuge du Clot.
Unterkunft:
Hotel: Hotel Le Lion d'Or in Cauterets.
Camping: mehrere Plätze in Cauterets.
Wohnmobil: Zwei offizielle Wohnmobilstellplätze in Cauterets, der schönere liegt bei GPS N 42°53'11.4", W 0°06'55.5" am Ortsrand.
In der Nähe: Therme in Cauterets.

rere schmale Metallbrücken, von denen man zum tosenden Wasser hinunter schauen kann und dann taucht vor uns ein Steingebäude mit roten Fensterläden auf. Am **Refuge de Pont d'Espagne** ② stehen nachmittags große Eisbecher auf den Tischen und mittags kann man hier auch essen.

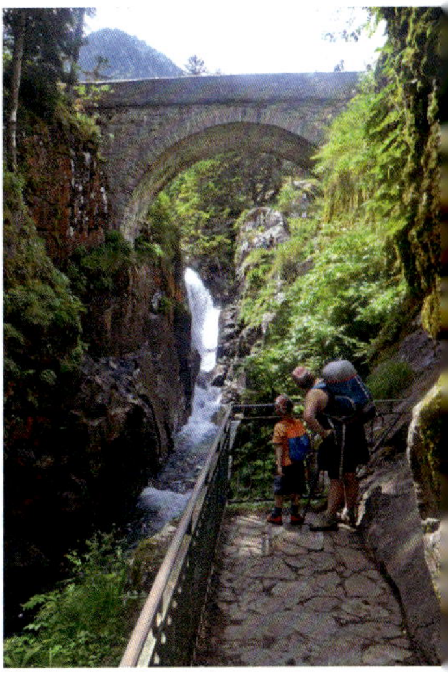

Wir bleiben auf der linken Seite des Flusses, laufen vor den Tischen vorbei und folgen dem dort beginnenden Weg in Richtung **Talstation Sessellift** ③, die wir nach wenigen Minuten erreichen. Der Lift fährt hinauf zum Bergsee Étang de Gaube. Wir lassen die Bahnstation links liegen und folgen dem breiten Fußweg weiter ins Tal hinein. Schnell taucht vor uns das **Refuge du Clot** ④, auf an dem man sehr schön sitzt, nach unseren Erfahrungen aber nicht ganz so gut isst. Hier beginnt der **alte Weg ins Tal**, der immer auf der rechten Flussseite bleibt.

Étang de Gaube
Die Sesselbahn fährt in die Nähe des Bergsees Etang de Gaube, der von der Bergstation steigungsfrei in 15 Minuten erreichbar ist. Am See gibt es auch ein Restaurant. Tritt man dann den Rückweg zur Pont d'Espagne zu Fuß an, braucht man dazu etwa eine Stunde.

Durch eine Bilderbuchlandschaft mit knorrigen Kiefern und dicken Felsbrocken steigen wir weiter hinauf. Der Fluss gerät kurzzeitig außer Sicht, bis an einem **Plateau** ⑤ links unter uns eine erste Brücke auftaucht. Wir bleiben oben auf dem Weg und folgen diesem durch einen kurzen etwas ruppigen Abschnitt des Tales mit mehreren Geröllfeldern. Dann weitet sich das Tal und auf den **Wiesen am Flussufer** sitzen viele Familien beim Pick-

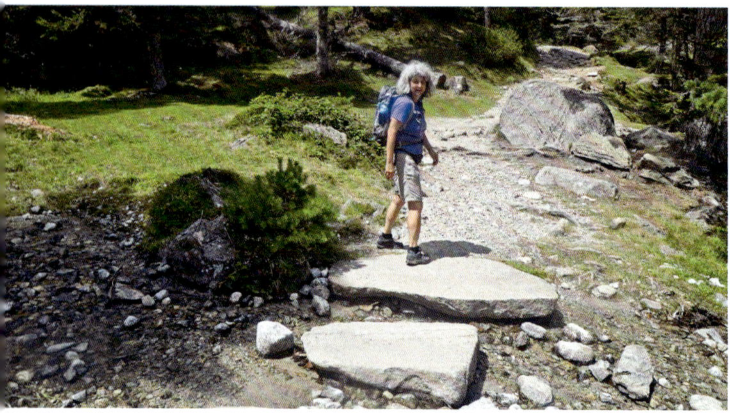

nick, dazwischen weiden im Sommer etliche Kühe. Ein **Wiesenweg** ⑥ zweigt hier links ab und hält auf die schon von weitem sichtbare Brücke **Pont de Cayan** zu, an der wir den Fluss überqueren, um nach einer Pause am anderen Ufer den Rückweg anzutreten.

Zuerst laufen wir neben der Asphaltstraße, dann biegt links ein breiter Fußweg ab, der gleich zu einem kleinen **Wasserfall** hinunterführt. Meist in Sichtweite des Flusses folgen wir dem Weg, bis er kurz vor der **Refuge du Clot** ④ wieder auf die Asphaltstraße mündet. Von hier aus laufen wir auf dem vertrauten Weg rechts des Flusses zurück zum Sessellift und zur **Pont d'Espagne** ②, wo sich eine Einkehr anbieten würde. Dann geht es noch einmal über die grünen Brücken und zurück zum Parkplatz.

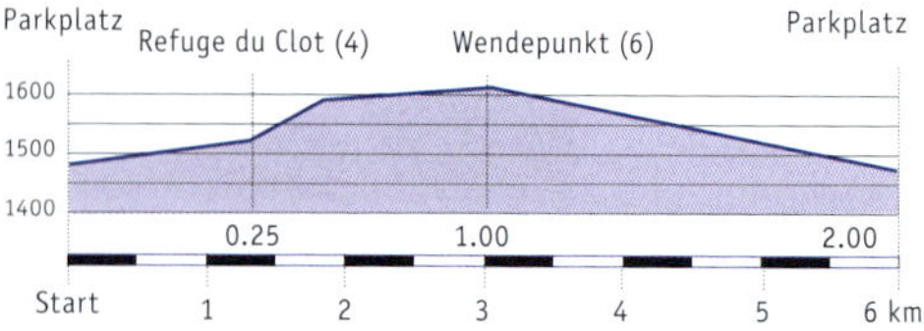

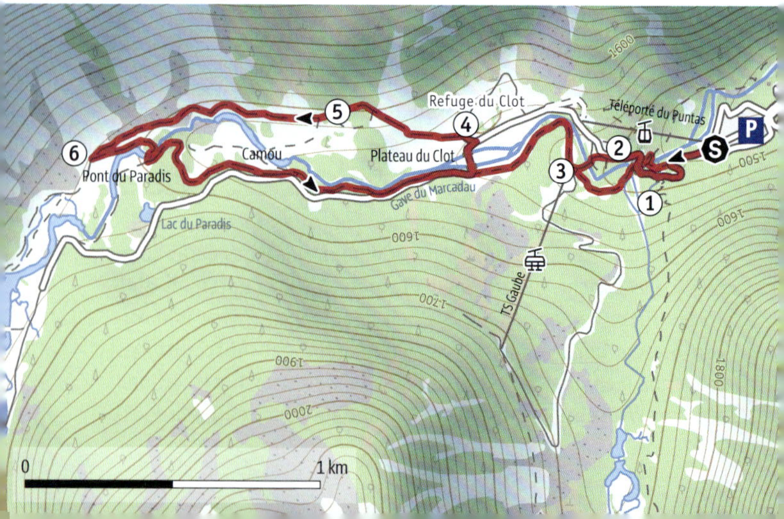

Tour 44: Durch das Vallée d'Arrens

Vom Lac de Suyen zur Cascade de Doumblas

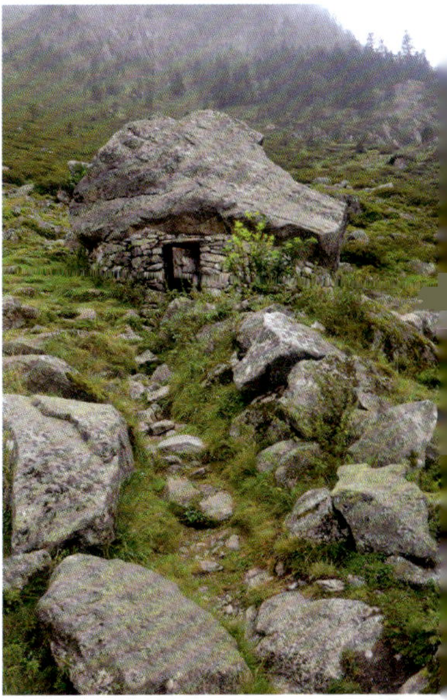

Ein blau schillernder Bergsee, ein attraktives, mit vielen Steinen gesprenkeltes Bachtal und eine urige Steinhütte sind die Höhepunkte dieser kurzen Wanderung. Wenn die Kondition reicht und das Wetter passt, können wir dem Bach auch weiter hinauf folgen und rechts in das Vallée du Larribet einbiegen, wo auch ein Refuge auf Gäste wartet.

Wanderung: Vom Parkplatz am Ende der Straße wählen wir den unmarkierten schmalen Pfad, der direkt am **Informationszentrum** beginnt. Er führt zuerst durch den Wald und dann durch steingesprenkelte Wiesen immer weiter bergan bis zu einer **Bachbrücke** unterhalb der **Staumauer des Lac de Suyen** ①.

Hinter der Brücke steuern wir auf einem schlecht erkennbaren Pfad die linke Ecke der Staumauer an und treffen dort auf den breiteren Weg, der ebenfalls vom Infozentrum hinaufkommt. Diesem folgen wir jetzt rechts am See entlang und weiter ins Tal hinein bis zur **Cascade de Doumblas** ②, die rechter Hand über einen Felsen in ein flaches türkisblaues Becken stürzt. Hier ist ein wunderbarer Platz zum Rasten, wir sollten aber vorher unbe-

80 m

STRECKE 4 km

1 h 30

ab 4

TOUREN-STECKBRIEF

Anfahrt: Von Arrens-Marsous auf der Route d'Aste ins Vallée d'Arrens abbiegen und der Straße bis zum Wanderparkplatz am Ende der Straße bei **GPS N 42°52'59.2", W 0°16'14.30"** folgen.
Charakter: Kurzer Aufstieg, für den man einen breiten Waldweg oder einen schmalen Pfad zur Wahl hat, zum kleinen Bergsee Lac de Suyen. Weiter hinauf geht es in ein idyllisches Bachtal und zu einer besonders urigen Berghütte. Kernzone des Nationalparks. Hunde sind hier auch an der Leine verboten!

Mit Kindern: Kurze Wanderung auf schönen Pfaden zu einem attraktiven Ziel und daher für Kinder gut geeignet. Die Steinhütte am Ziel, in die man auch hinein kann, ist ein weiteres Highlight.
Einkehr: Keine, Picknick mitnehmen.
Unterkunft:
Hotel: Gîte Chalet du Soulor bei Arrens.
Camping: Camping La Mialanne, Camping La Heche oder Zeltplatz am Lac du Tech.
Wohnmobil: Übernachtung am Lac du Tech toleriert, offizieller Stellplatz (Camping-Car Park) in Arrens bei GPS N 42°57'30.0", W 0°12'26.1".

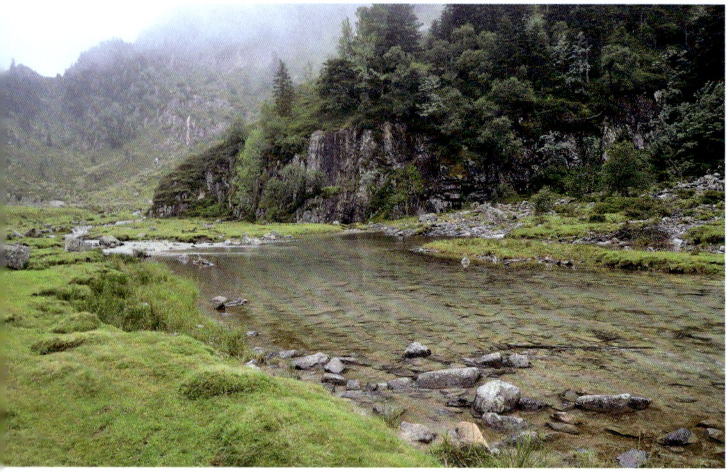

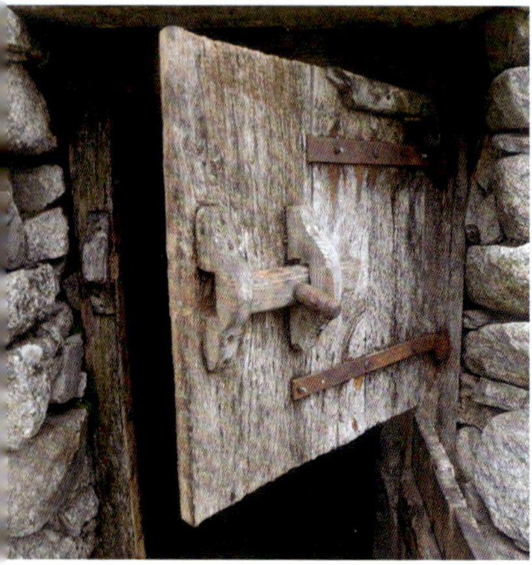

dingt noch ein Stück weiter bis ans Ende des Hochtales gehen. Schon von weitem sieht man dort eine kleine **Steinhütte** ③. Weniger auffällig ist ein zweites Gebäude, das sich gut am Hang versteckt. An der Hütte überqueren wir zwei Bacharme auf schmalen Holzstegen. Dann steigen zu einer alten **Hirtenunterkunft** hinauf, die am Hang unter einem großen Findling erbaut ist. Die Tür ist offen und man kann auch in die Hütte hinein. Hier ist es erstaunlich gemütlich.

Dann drehen wir um und gehen bis zum **Lac de Suyen** ① auf dem vertrauten Weg zurück. Am unteren Seeende bleiben wir diesmal oben auf dem breiteren Weg und spazieren so recht gemütlich in mehreren Serpentinen zum Parkplatz zurück.

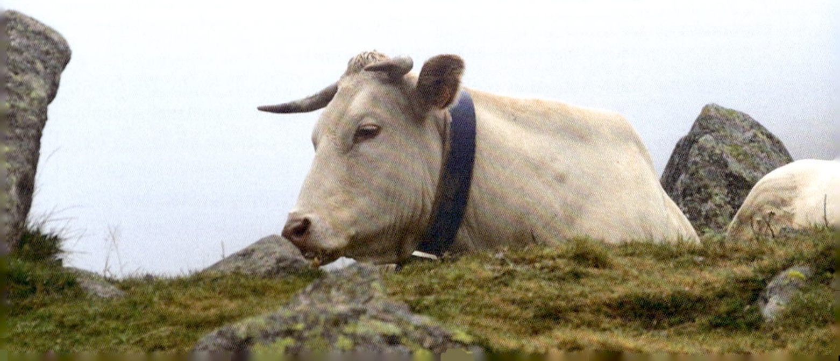

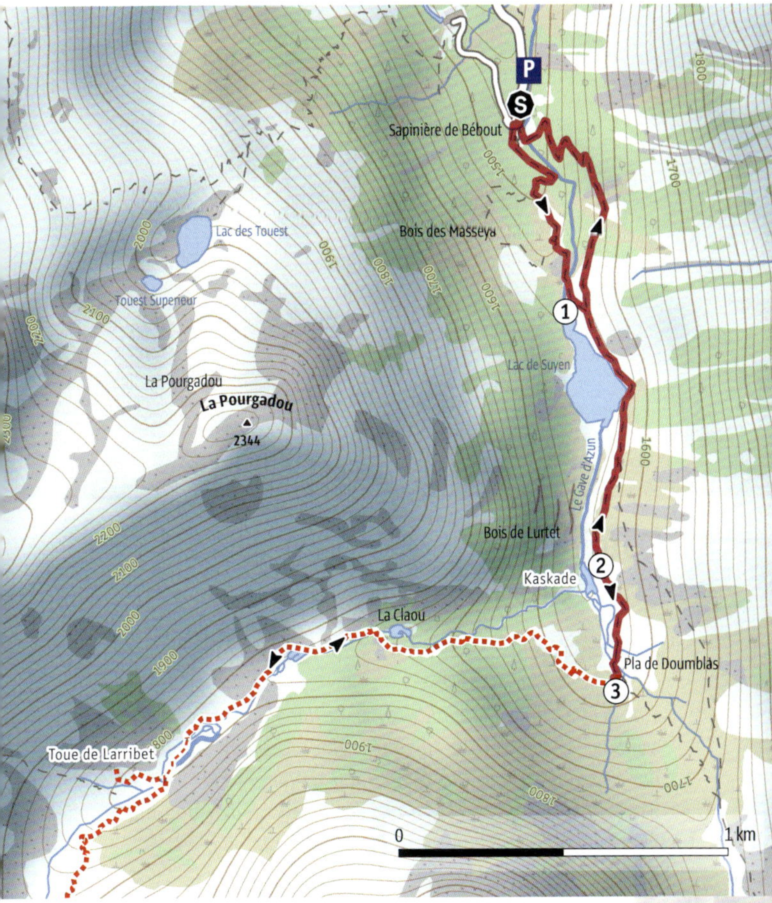

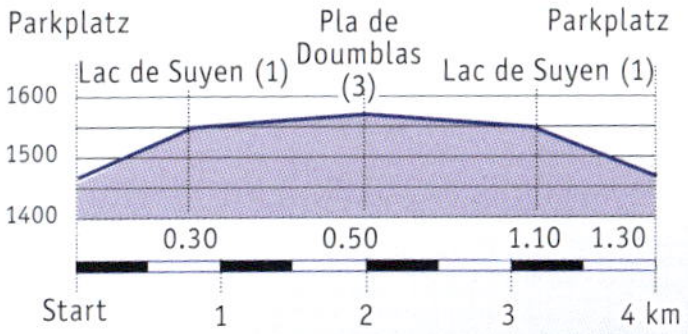

Zur Refuge de Larribet

Gehzeit 4 h 30, 11 km, ↓↑ 600 m

Am Pla de Doumblas steigt der Pfad zwischen den Steinhütten an und führt in etwa 30 Minuten zum 200 Meter höher gelegenen Bergsee La Claou. Dahinter wird das Bachtal weiter und der Weg steigt nur noch sanft an. Rechts des Weges steht nach einem Kilometer gemütlicher Talwanderung die Hirtenhütte Toue de Larribet. Wer von hier noch zum Refuge hinauf will, klettert noch einmal 300 Meter durch steile Serpentinen bergan.

Für eine Übernachtung im urigen Steinhaus in grandioser Bergumgebung vorher anmelden. Der Platz im Lager mit Halbpension kostet €49, Kinder €10–35 je nach Alter. refugedelarribet.ffcam.fr

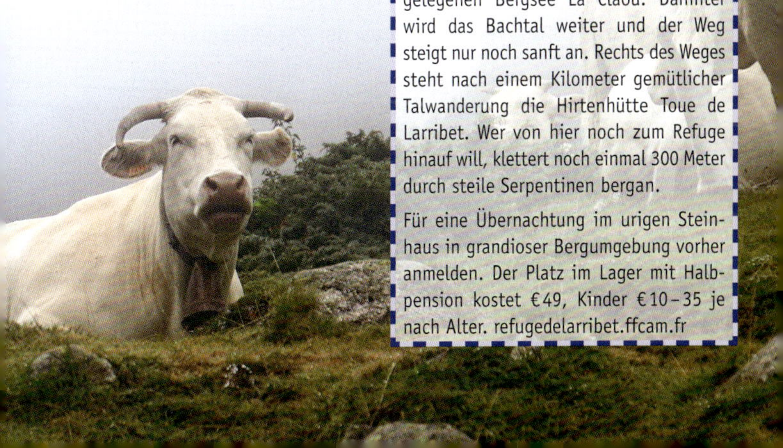

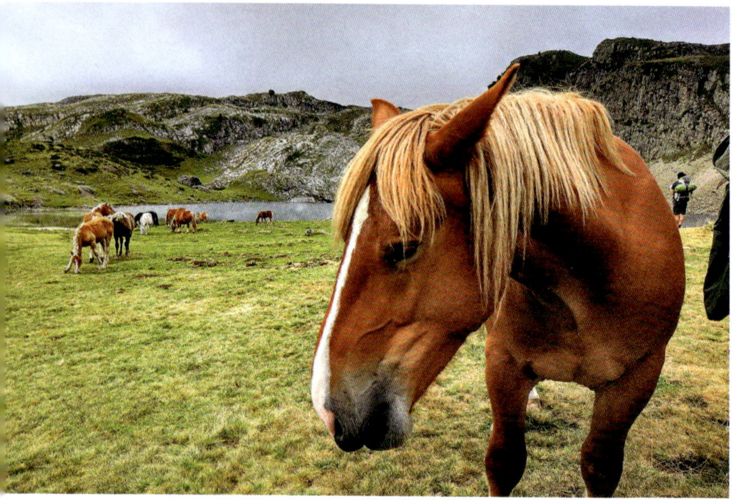

800 m

STRECKE 15 km

6 h

ab 10

Tour 45: Tour des Lacs d'Ayous

Rundweg von See zu See am Pic du Midi d'Ossau

Eine wilde, raue Berglandschaft, in der Pferde, Kühe und Schafe weiden, ist die Kulisse für diese eindrucksvolle Wanderrunde von Bergsee zu Bergsee. Die Wanderung ist lang, aber nicht schwierig. Wir wandern hauptsächlich auf schmalen Pfaden und hinter jeder Kurve verändert sich der Ausblick über Berge und Seen.

Wanderung: Wer zu spät am Stausee eingetroffen ist und unten parken musste, marschiert zuerst auf dem gut sichtbaren Pfad, der quer am Hang hinaufführt, hinauf zum **Stausee** (ca. 20 Minuten einfach, 120 Höhenmeter). Der Pfad ist rot-weiß markiert. Dort wo er auf die Straße trifft, geht der beste Weg zum Beginn der Wanderrunde das letzte Stück links auf der Straße hinauf.

Vom oberen Parkplatz folgen wir dem breiten Weg am Seeufer, vorbei am **Kanuverleih** und an der **Ponystation** ①.

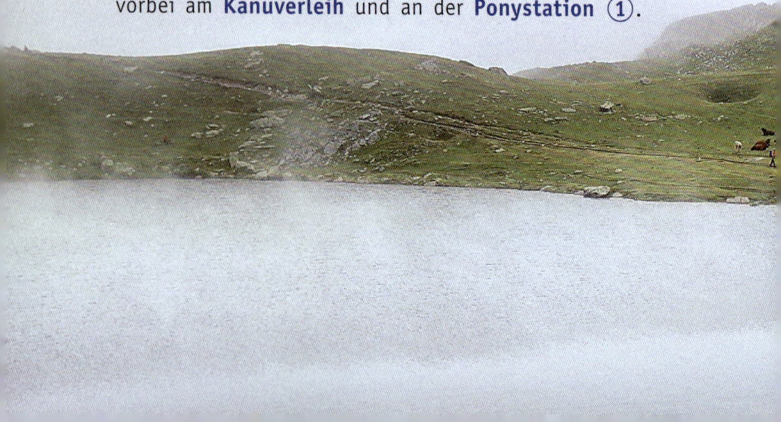

TOUREN-STECKBRIEF

Anfahrt: Von Laruns fahren wir auf der D934 nach Süden und biegen im Dorf Gabas wenige Kilometer nördlich des Stausees Lac de Fabrèges rechts ab zum Lac de Bious-Artiges. Sind Sie früh dran oder außerhalb der Saison unterwegs, können Sie bis zum oberen Parkplatz bei **GPS N 42°52'07.1", W 0°26'53.6"** durchfahren. Ist dort alles belegt, landet ihr Fahrzeug auf dem großen, gut 100 Meter tiefer gelegenen Wanderparkplatz. Mit größeren Fahrzeugen werden Sie immer auf den unteren Parkplatz gewunken.
Charakter: Lange, landschaftlich sehr eindrucksvolle Bergwanderung auf guten, markierten und beschilderten Bergpfaden. Hunde sind im oberen Teil der Runde auch an der Leine verboten!
Mit Kindern: Reicht die Kondition noch nicht für die ganze Runde, können Sie den Lac Roumassot (10 km, ↓↑ 450 m) oder das Refuge d'Ayou (14 km, ↓↑ 650 m) als Ziel wählen und auf demselben Weg zurückkehren. Alternativ kann man unten am Stausee einen Esel oder ein Pony mieten und die Runde mit »Tragetier« in Angriff nehmen.
Einkehr: Sympathisches Café am Beginn der Runde, Refuge d'Ayou.
Unterkunft:
Hotel: Auberge La Caverne in Les Eaux Chaudes.
Camping: Campingplätze in Laruns.
Wohnmobil: Offizieller Stellplatz am Stausee Fabrèges bei GPS N 42°52'39.3", W 0°23'43.2".
In der Nähe: Schmalspurbahn Artouste.

Der breite Fahrweg verlässt dann den See und steigt ordentlich an. Es geht durch ein **Metalltor**, und kurz darauf stehen wir am Beginn eines Hochtales. Hier beginnt der eigentliche Rundweg. Wir biegen hier rechts auf den rot-weiß markierten Wanderpfad des **GR 10** ② ab.

Er führt in Serpentinen weiter hinauf durch den Wald und dann zu einer Lichtung. Weiter bergan geht es dann zum ersten See. Am in grüne Hügel eingebetteten **Lac de Roumassot** ③ weiden häufig Pferde. Am Seeende steigen wir am in den See mündenden Wasserlauf entlang weiter hinauf bis zu einem kleinen **Wasserfall** ④ an der oberen Felsstufe. Dann stehen wir am **zweiten See**. Nur wenig weiter oben befindet sich dann der **Lac**

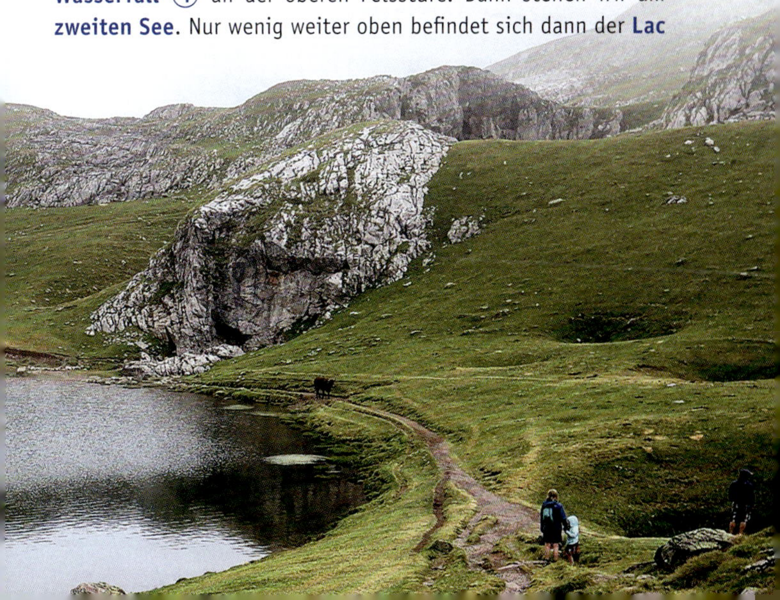

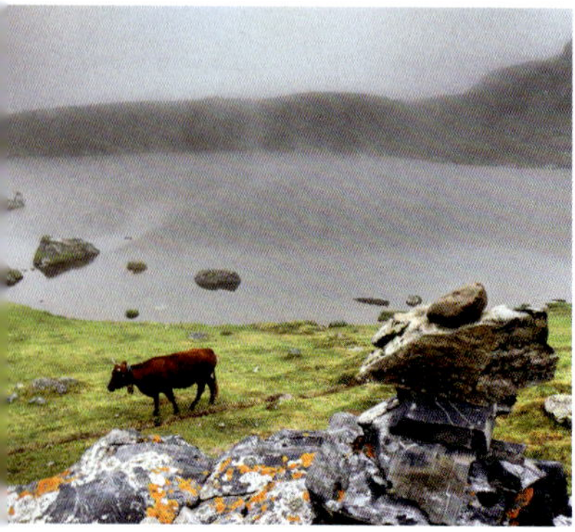

Gentau, an dessen Nordufer schon die **Refuge d'Ayous** ⑤ zu erkennen ist. Hier bekommt man Getränke und kleine Speisen wie Omlette, Suppe und Sandwiches.

Hinter der Hütte geht es noch einmal in vielen Kurven den Hang hinauf. Nach der Überquerung eines Baches halten wir uns links und folgen dem mit Steinmännchen markierten Pfad. Oben angekommen liegt der vierte See dieser Wanderung vor uns: Das zerklüftete Ufer des **Lac Bersau** ⑥ erstreckt sich vor dem Gipfel des Pic de Moines. Immer an seinem Ufer entlang geht es zum Ende der Wasserfläche. Dort führt ein schmaler Pfad nach links

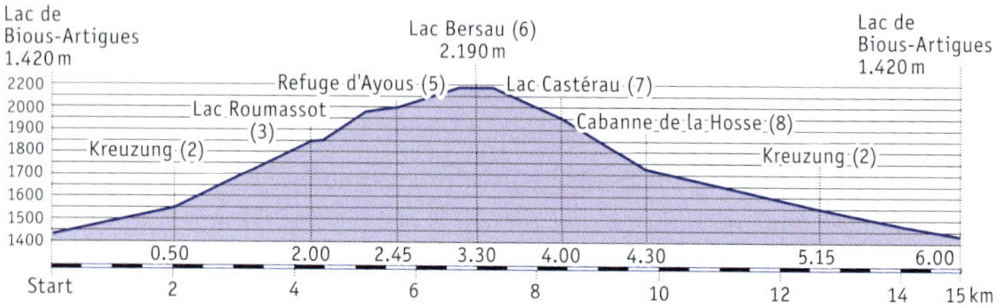

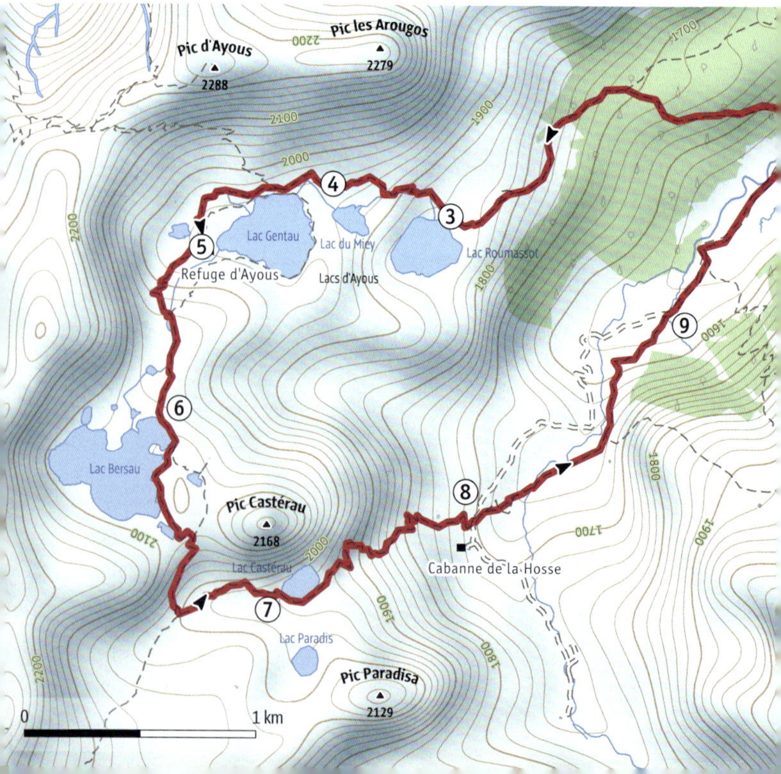

und dann hinunter in ein Tal, in dem Pferde, Kühe und Schafe weiden. Hier treffen wir auch auf den letzten See der Runde – den **Lac Castérau** ⑦.

Dann schlängelt sich unser Weg einen steilen Hang hinunter. Rechts unten sehen wir die Steinhäuser **Cabanes des Hosses** ⑧, die von Hirten genutzt werden. Unser Pfad mündet kurz vor den Häusern auf einen Fahrweg, zweigt aber schon in der nächsten Kurve wieder ab. Der breitere Weg führt hier rechts weiter auf die Cabane zu, wir wandern aber geradeaus ins Tal hinein.

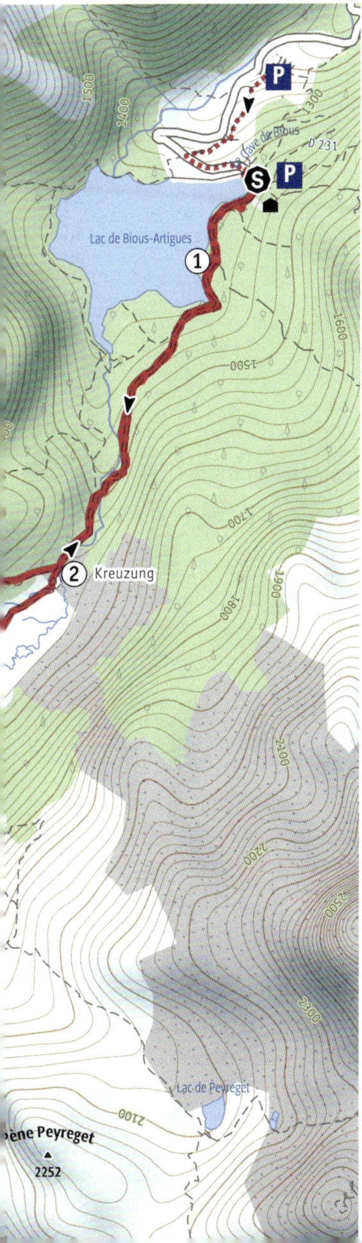

Es geht noch einmal steil hinunter und dann weitgehend parallel zum **Fahrweg** ⑨ auf einem Wiesenpfad bis ans Ende des weiten Tales. Hier treffen wir auf den Beginn unseres Rundweges und laufen das letzte Stück auf dem Fahrweg durch den Wald zurück zum Stausee.

Die Lacs d'Ayous mit dem Pony

An der Ponystation unten am Stausee können Sie von Mitte Juni bis Anfang September ein Pony oder einen Esel für einen kleinen Spaziergang, aber auch für eine Tagestour leihen. Für einen Tag kostet das 55 Euro, für eine einstündige Runde am Stausee zahlt man 22 Euro.

Es werden außerdem auch ganztägige Ausritte auf größeren Pferden auf dem Rundweg Lacs d'Ayous oder der längeren Tour de l'Ossau angeboten, die aber nur an bestimmten Wochentagen stattfinden.

Anmeldung unter 0033 676 34 06 12 oder 0033 645 23 33 10.
lacabaline.ffe.com

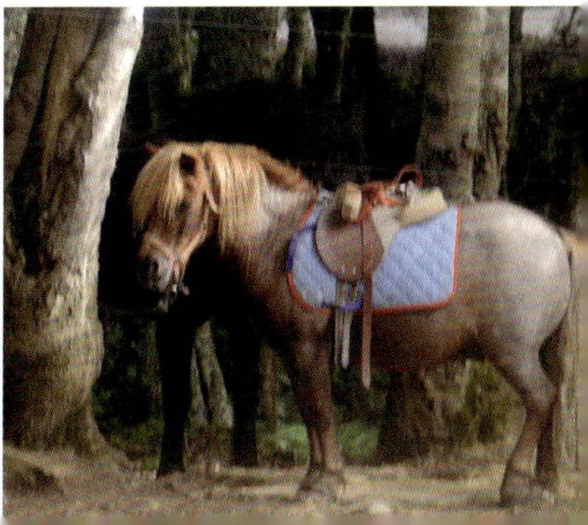

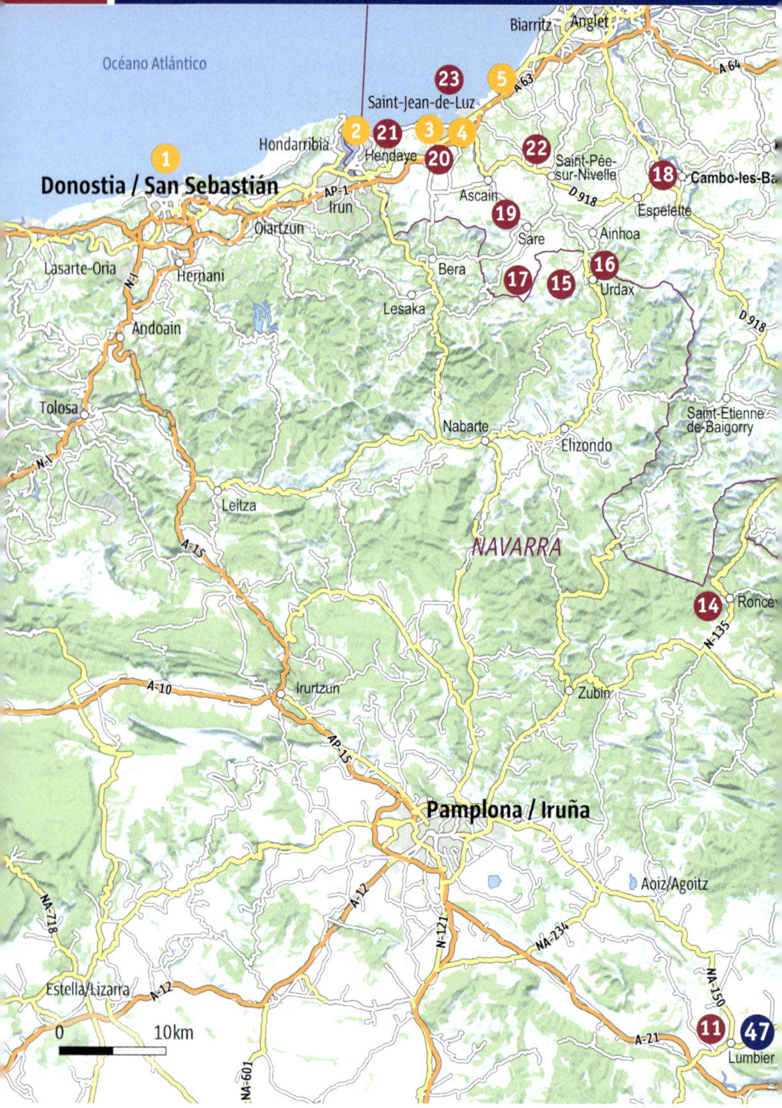

Die Region um Jaca gehört noch zur Provinz Aragón. Westlich des Yesa-Stausees nähern wir uns dann dem baskischen Sprachgebiet. Die Berge werden hier in Richtung Küste wieder niedriger, und deshalb liegt auch der wichtigste Pyrenäenübergang des Jakobswegs hier im Westen und quert zwischen dem hübschen Dorf Saint-Jean-Pied-de-Port und dem spanischen Kloster Roncevalles die Grenze. Östlich von Saint-Jean liegt mit dem Forêt d'Iraty ein interessantes Wandergebiet mit kargen grünen Hügeln, in denen viele Schafe grasen. Das meistbesuchte Gebiet der Region ist jedoch die Küste mit den beliebten Badeorten Biarritz und Saint-Jean-de-Luz auf der französischen und der spannenden baskischen Metropole Donostia-San Sebastián auf der spanischen Seite.

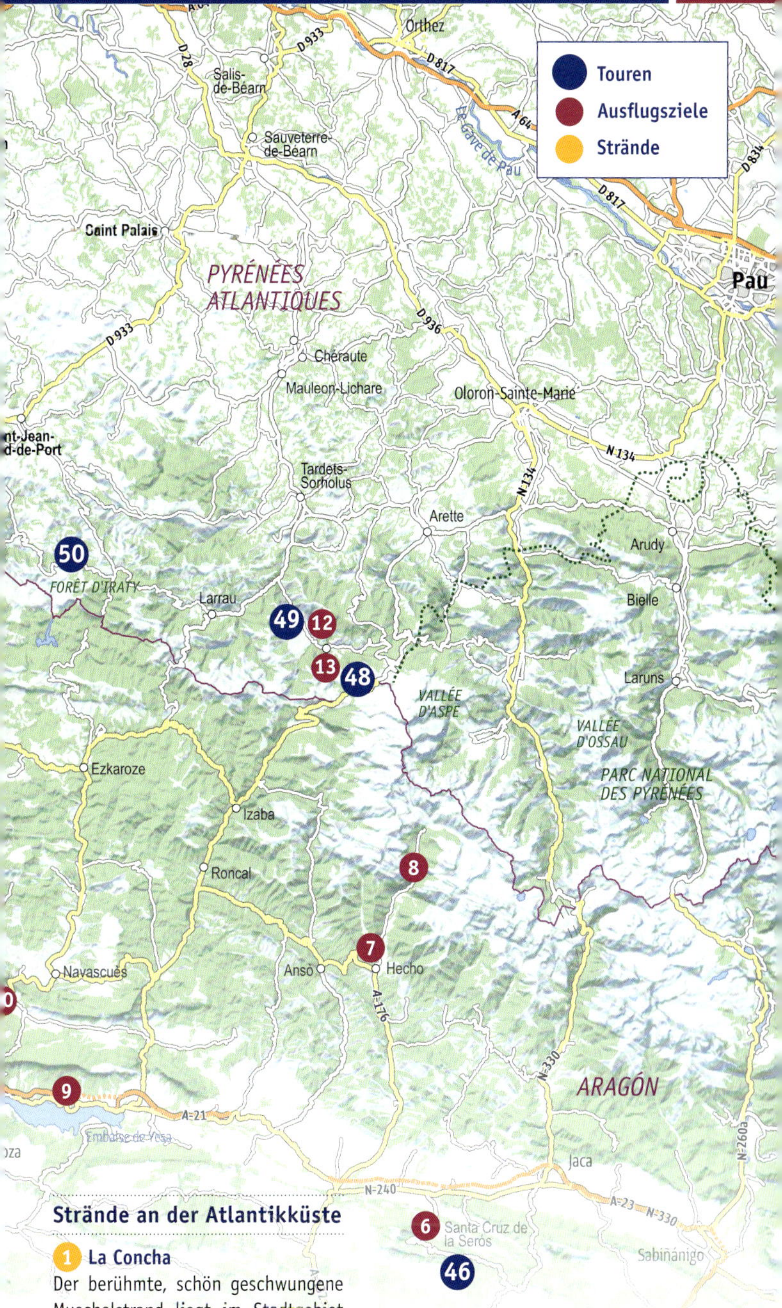

Strände an der Atlantikküste

1 La Concha
Der berühmte, schön geschwungene Muschelstrand liegt im Stadtgebiet von Donostia-San Sebastián und gilt als einer der schönsten Stadtstrände Europas.

2 Plage de Hendaye
Der breite Sandstrand des lebendigen Badeortes beginnt direkt im Ort und geht in Richtung Norden in eine wilde Felsküste mit kleinen Kiesbuchten über.

3 Socoa ist ein kleiner Badeort kurz vor Saint-Jean-de-Luz mit einem kurzen, breiten Sandstrand.

4 Auch der Strand von **Saint-Jean-de-Luz** liegt mitten im Ort und ist durch seine geschützte Lage gut für Familien geeignet.

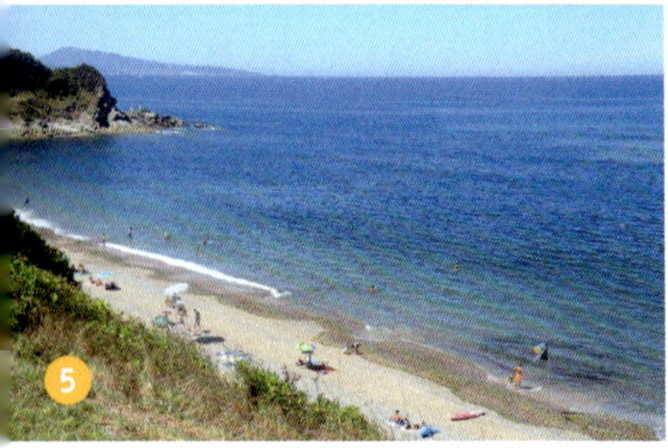

5 Plage d'Erromardie

Mehrere Buchten zwischen Saint-Jean und Guétary. Bei ruhigem Wetter kann man hier gut baden. Ist es windig, freuen sich die Surfer. Hinter dem Strand liegen etliche Campingplätze, aber keine Hotels.

Zwischen Guétary und Biarritz folgt ein langer, recht wilder und kaum hinterbauter Sandstreifen. In Richtung Biarritz wird es sandiger und sanfter. Gut ausgestattete Strände wie die **Plage de 100 Marches** und der **Mylady Beach** ziehen viele Badegäste an. Zum Baden eignet sich dieser Strandabschnitt besonders bei Ebbe, bei Flut trauen sich nur noch Wellenreiter ins Wasser. Biarritz ist nicht nur ein nobles Badeziel, sondern auch eine sehr beliebte Surf-Location. Geschützter liegen die Strände im Ort, wie zum Beispiel die Plage de Miramar.

Ausflugsziele

Jaca

Mit 14.000 Einwohnern ist Jaca eine der größten Städte der Region. Schon zu römischen Zeiten gab es hier eine befestigte Siedlung und im Jahr 760 widersetzte sich die Stadt erfolgreich der Eroberung durch die Mauren. Dieses Ereignis wird in Jaca heute noch an jedem ersten Freitag im Mai gefeiert. Jaca behielt seine militärische Bedeutung über viele Jahrhunderte. Das auffälligste Gebäude im Stadtzentrum, die große, sternförmige **Festungsanlage**, wurde erst viele Jahre nach diesem denkwürdigen Ereignis erbaut. Sie existiert seit 1552, Jaca war damals Hauptstadt des Königreiches Aragón. Ein Teil der Anlage wird heute noch als Kaserne genutzt, in anderen Gebäuden können Besucher Tausende von Bleisoldaten bewundern, die im **Museo de Miniaturas Militares** ausgestellt sind. Ebenfalls sehenswert ist die Kathedrale von Jaca, mit deren Bau 1040 begonnen wurde. Sie ist damit eines der ältesten romanischen Bauwerke Spaniens und eine der bedeutendsten Kirchen am spanischen Jakobsweg, der auch durch Jaca führt.

Die meisten Geschäfte und Restaurants gibt es an der Calle Mayor. Spazieren wir diese immer geradeaus weiter, treffen wir auf die breite Avenue de Primer Viernes de Mayo und biegen hier rechts ab. Auf der gegenüberliegenden Straßenseite sehen wir die Mauern der **Zitadelle.** Direkt daneben können wir eine Mittagspause an den Tischen des Pilgrim Cafés wärmstens empfehlen. Hier gibt es leckere Kleinigkeiten, Burger oder ein richtiges Essen, und manchmal sitzen tatsächlich Pilger mit schwerem Rucksack am Nachbartisch.

6 Santa Cruz de la Serós

An der Zufahrt zum Kloster San Juan de la Peña **[› Tour 46]** liegt der Ort Santa Cruz de la Serós mit der schönen Kirche Santa Maria. Sie stammt ebenfalls aus dem 11. Jahrhundert und ist der Rest eines Benediktinerinnenklosters. Der König von Aragón selbst bedachte es mit zahlreichen Schenkungen, als seine Tochter Dona Urraca dem Kloster beitrat. Später wurde eine ihrer Schwestern dort Äbtissin und eine dritte Tochter Ramiros folgte ihren Schwestern. So erhielt das Kloster den Namen Santa Cruz de las Sorores (Kloster Heilig Kreuz zu den Schwestern). Die interessantesten Details der Kirche sind in der Außenfassade zu finden, die mit etlichen Figuren geschmückt ist. Eine Besichtigung der Innenräume ist zu den Öffnungszeiten des Klosters möglich. Im Ort gibt es außerdem mehrere sehr einladende Gasthöfe.

7 Hecho und die Kunst

70 massive Steinskulpturen verteilen sich auf der Wiese hinter der Information am westlichen Stadtrand. Der aus der Region stammende Künstler **Pedro Tramullas** bearbeitete zusammen mit fünf Kollegen im Jahr 1975 die ersten Marmorblöcke auf dem Gelände in Hecho. Dann traf man sich weiter jeden Sommer und es entstanden Jahr für Jahr neue Kunstwerke. Parkt man auf den Plätzen neben der Information, kann man anschließend noch eine Runde durch den Ortskern von **Hecho** drehen. Köstlicher Duft verrät, wo die ausgezeichnete Bäckerei zu finden ist, die abends gegen 17 Uhr nach einer langen Mittagspause noch einmal öffnet.

8 Valle de Hecho

Fährt man hinter Hecho weiter ins Tal, durchqueren wir auf einem schmalen Sträßchen zwischen steilen Felswänden die Bocca del Infierno und kommen dann in ein idyllisches Bachtal, an dem man wunderbar am Flussufer rasten und picknicken kann. Am Talende führen Wanderwege weiter in die Berge – zum Beispiel in gut zwei Stunden zum 100 Meter höher gelegenen Bergsee Ibon de Archerito.

9 Aguas Sulfurosa de Tiermas

Unterhalb des Dorfes Tiermas versank bei der Flutung des Yesa-Sausees das

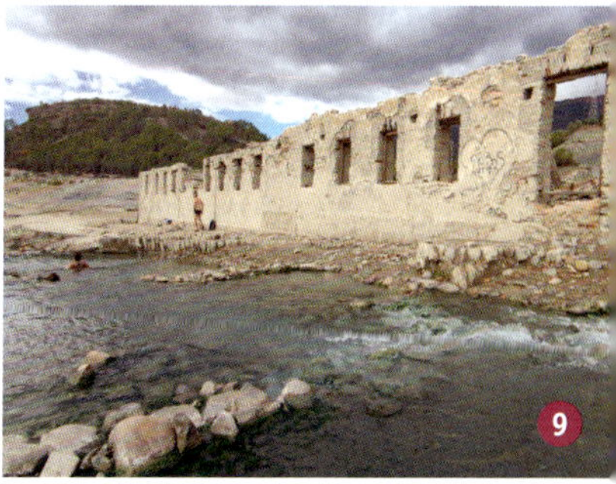

9

Thermalbad von Tiermas im See. Fällt das Wasser tief genug, was bisher allerdings durchaus nicht jeden Sommer der Fall war, taucht die Ruine mitsamt der heißen Schwefelquelle wieder auf und in den Warmwasserbecken wird gebadet. Vor allem an Wochenenden wird das Ganze zum Happening. Unten am See sammeln sich dann die geländegängigen Fahrzeuge, darunter viele Camper. Wer nicht runterfahren will, parkt bei N 42°36'48.8, W 1°06'27.1 oben an der Straße, schnappt sich die Badesachen und geht zu Fuß.

10 Foz de Arbayún

GPS N 42°41'29.7", W 1°11'04.7"

Auch in dieser Schlucht nisten die Geier. Der sechs Kilometer lange Canyon, vom Fluss Salazar zwischen die Felsen gewaschen, ist die größte Schlucht Navarras. Vom Aussichtspunkt Mirador de Iso, der direkt an der Landstraße NA-178 von Lumbier nach Ezcároz zu finden ist, hat man einen guten Blick in die Schlucht und auf die Gänsegeierkolonie, die dort brütet.

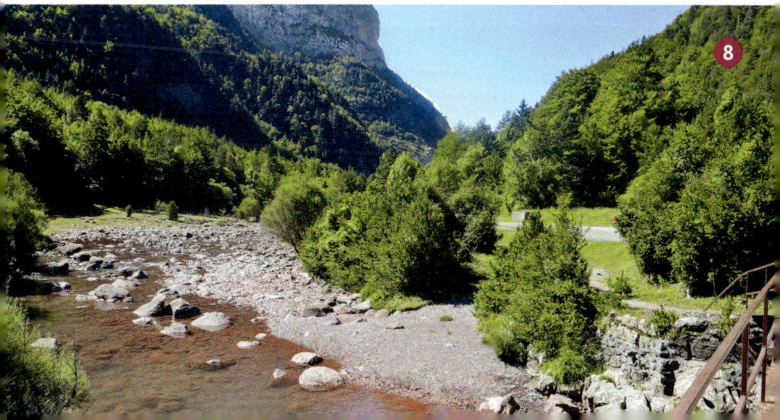

8

11 Centro de Interpretación de las Foces
Das Info-Zentrum an der Plaza Major in Lumbier erklärt die Entstehung und die Vegetation der beiden großen Schluchten.
Geöffnet Fr bis So von 10–14 Uhr, Mitte Juni bis Mitte September täglich. Der Eintritt ist frei. www.focesdenavarra.es

12 Grotte de la Verna
Die Hauptkammer der Höhle ist so hoch, dass man hier schon einen Heißluftballon aufsteigen ließ, und die Temperatur liegt konstant bei frischen 6°C. Zur Besichtigung haben Besucher die Wahl zwischen der kurzen Tour Découverte, die auf einem 800 Meter langen Steg in den höchsten Bereich der Grotte führt, und verschiedenen längeren Entdeckertouren. Ausgerüstet mit Helm und Grubenlampe geht es durch Gänge und zu einem unterirdischen Fluss.
Vorabbuchung unter ***www.laverna.fr*** *wird empfohlen. Vom Parkplatz bringt Sie dann ein Shuttlebus zum Höhleneingang. Wer den 6 Kilometer langen Weg laufen möchte, kann auch ein Ticket ohne Transport lösen. Tour Decouverte (1h) €18, Kinder ab 5 Jahre €11, Exploration Rivière (Fluss): 1h30 €23, Kinder ab 7 Jahre €16, Exploration Sportive: 2h, €28, Kinder ab 10 Jahre €21.*

13 Sainte-Engrâce
Hinter den Gorges de Kakuetta versteckt sich im winzigen Ort Sainte-Engrâce eine alte romanische Kirche mit alten baskischen Grabstelen.

14 Kloster von Roncevalles
Ein Kloster gibt es in Roncevalles seit 1132. Nach mehreren Bränden wurde es im 17. Jahrhundert umfangreich renoviert und verändert. Heute sind im Gebäude eine Pilgerherberge und die Jugendherberge untergebracht. Die Stiftskirche Colegiata de Santa Maria und ein Museum mit mittelalterlichen Gemälden und Skulpturen können besichtigt werden. Im Klosterladen wird außerdem leckerer, im Kloster produzierter Käse verkauft. Das älteste Gebäude des Ortes ist die hübsche kleine Kapelle Sancti Spiritus vor dem Kloster.

Saint-Jean-Pied-de-Port
Der charmante Ort ist geprägt durch seine Lage am Jakobsweg und wird nicht nur von Pilgern, sondern auch von vielen normalen Touristen besucht. Die Gassen im Zentrum sind im Sommer mit Fähnchen geschmückt, am Straßenrand sitzen etliche Musiker und es gibt eine gute Auswahl an Cafés und Restaurants. Und weil Pilger keine Nobeltouristen sind, ist das Preisniveau gemäßigt und die Stimmung eher gemütlich und ein bisschen alternativ angehaucht. Neben dem schönen Stadtkern gibt es im Ort keine großen Sehenswürdigkeiten. Man kann zur Zitadelle hinaufspazieren, die jedoch nur im Rahmen einer Führung zugänglich ist.

15 Die Höhlen von Urdax
Funde von Werkzeugen aus Knochen und Feuerstein belegen, dass die kleine Tropfsteinhöhle in der Steinzeit zeitweise bewohnt war. In der

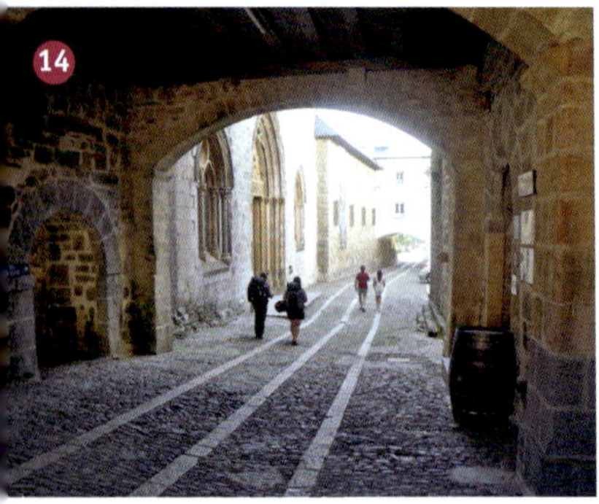

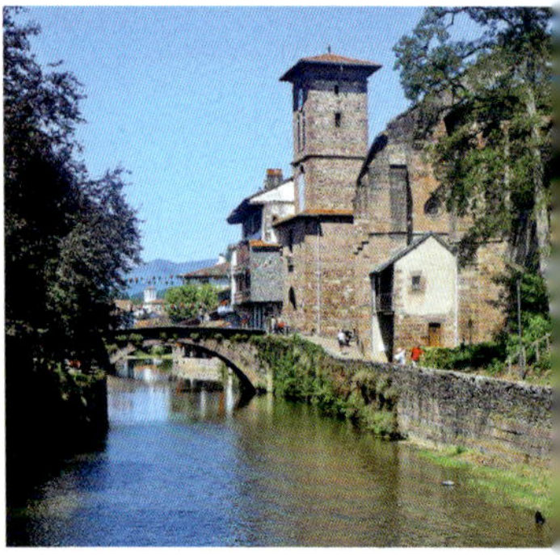

nahen Höhle von Alkerdi sind in einigen tieferen Gängen auch Gravuren eines Pferdes, eines Bisons und eines Hirsches gefunden worden. Diese Höhle ist aber nicht zu besichtigen. *Führungen im Juli und August sowie an Ostern zwischen 10.30 und 18 Uhr, außerhalb der Saison ab 11.15 bis etwa 17.15 Uhr im Stundenrhythmus mit Mittagspause. Eintritt €7, Kinder €4. cuevasurdax.com*

16 Trikuharri Natural Center

Greifvögel, Uhus, Schlangen und einige Wildkatzen sind die Stars der Tiervorführungen, die bis zu fünf Mal am Tag im Park in Urdax stattfinden. *Calle San Salvador, geöffnet täglich 11–20 Uhr, im Winter Mi bis So 11–16 Uhr.*

Ainhoa

Ainhoa ist eines der »Plus Beaux Villages de France«, das durch seinen schönen Ortskern mit alten baskischen Fachwerkhäusern gefällt. Der Ort wurde im 13. Jahrhundert als Quartier für Jakobspilger gegründet und 1629 von Soldaten niedergebrannt. Die meisten Häuser, die heute an der einzigen zentralen Straße stehen, stammen aus dem 17. und 18. Jahrhundert. Im Ortszentrum steht die massige Kirche Notre Dame de l'Assomption und davor ein wichtiger Ort der baskischer Kultur: der Pelotaplatz. **[› Seite 231]**

Sare ist ein weiterer netter kleiner Ort mit historischem Ortskern und baskischen Fachwerkhäusern, die sich um die Plaza an der ebenfalls sehenswerten Kirche Saint Martin gruppieren. Machen Sie es sich einfach im Café gemütlich und besuchen vielleicht anschließend das originelle Museum zur Herstellung des Gâteau Basque, einem mit Früchten oder Mandelcreme gefüllten Mürbeteigkuchen, den Sie in den meisten Bäckereien vor Ort kaufen und probieren können. Auch Sare erhielt das Prädikat »Plus Beaux Village de France«.

17 Grottes de Sare

In eine weitere unterirdische Zauberwelt begleiten uns die illuminierten Führungen »Son et Lumière« in den Höhlen von Sare. Nebenan ist außerdem eine kleine Ausstellung über das Leben der Menschen in prähistorischer Zeit zu sehen. *Geöffnet April bis September 10–18 Uhr in der Nebensaison eingeschränkt. Eintritt €10, Kinder bis 14 Jahre €5. www.grottesdesare.fr*

Cambo-les-Bains

Im Kurort Cambo-les-Bains kann man Rheuma und Atemwegserkrankungen mit Thermalwasser behandeln und das schon seit Jahrhunderten. So ist der Bau des Thermalbades am Ortsrand recht ungewöhnlich. Er ist im neoklassizistischen Stil errichtet, wirkt wie ein Herrenhaus mit Parkanlage und ist von etlichen Palmen umgeben. Das Bad ist nicht öffentlich zugänglich, sondern nur im Rahmen einer Kur zu besuchen. Der Ortskern des Städtchens mit immerhin 6.000 Einwohnern ist lebhafter als die umliegenden Dörfer und Sie finden hier die zu einem Kurort gehörige Gastronomie und viele prunkvolle Villen.

18 Am Stadtrand von Cambo-les-Bains kann die **Villa Arnaga**, ein Herrenhaus im neobaskischen Stil mit einer riesigen zwölf Hektar großen Gartenanlage, besichtigt werden. *Geöffnet April bis Anfang November 9.30–12 und 14–18 Uhr, im Juli und August ohne Mittagspause und bis 19 Uhr. Eintritt €9, Kinder 7–11 Jahre €2,50. www.arnaga.com*

19 Eine Zugfahrt auf die Rhune

Der 360-Grad-Blick von der Rhune reicht auf der einen Seite weit über die Atlantikküste und auf der anderen Seite sieht man die Bergspitzen der Pyrenäen. Hinauf tuckert man schon seit 1924 im gemütlichen Tempo mit einem kleinen offenen Zug. Auf den Wiesen rund um den Gipfel grasen Pottoks, die kleinen Pyrenäenpferde, und vom Gipfel kann man oft Geier beobachten. Es ist auch möglich, eine Strecke zu wandern und eine Strecke zu fahren. Der Wanderweg ist gelb markiert und nimmt im Aufstieg zweieinhalb Stunden Anspruch. Wandern Sie hinauf, müssen Sie das Ticket für die Rückfahrt unbedingt vorher unten kaufen. Die Plätze im Zug sind limitiert und in der Saison oft ausgebucht.

Der Zug fährt zwischen Anfang Juli und Anfang November von 8 – 17 Uhr, in der Nebensaison von 9 – 15.40 Uhr im 40 Minuten-Rhythmus.

Ticket aller-retour €20, Kinder 4 – 12 Jahre €13. Reservieren können Sie unter www.rhune.com oder direkt an der Station.

Donostia / San Sebastián

Das Herz der Stadt schlägt am **La Concha,** der als einer der schönsten Stadtstrände Europas gilt und sich vom alten Hafen und der Altstadt nach Westen zieht. Über dem Hafen ragt der 120 Meter hohe **Monte Urgull** auf, der die Bucht am östlichen Rand abschließt. Am anderen Ende hat der **Monte Igueldo** eine vergleichbare Position und zwischen den beiden Hügeln liegt im türkisfarbenen Wasser der Bucht die **Insel Santa Clara,** zu der Ausflugsboote fahren. Auf dem Monte Igueldo gibt es einen Freizeitpark mit Karussells, Rutschen, Autoscooter und Achterbahn und er ist ganz einfach per Bergbahn zu erobern. Die Funicular ist historisch und hilft schon seit 1912 beim Besteigen des Igueldo.

Im Hafen können wir das **Aquarium** besuchen oder in einem der Boote nach Santa Clara übersetzen. Rechts neben uns beginnen die Gassen der Altstadt. Läuft man vom Hafen hinein, sieht man am linken Ende der zweiten Querstraße die **Basilika Santa Maria,** auf die Sie unbedingt einen Blick werfen sollten. Laufen Sie stattdessen geradeaus weiter, kommen Sie ins Zentrum der Altstadt zur **Plaza de la Constitucion**. In den Gassen gibt es etliche Restaurants. Donostia-San Sebastián gilt als ausgezeichnete kulinarische Adresse mit sehr guten Fischrestaurants, viele dekoriert mit einem oder mehreren Michelinsternen.

Legerer geht es in den vielen **Tapas-Bars** der Altstadt zu. Die kleinen Häppchen, die man selbst an der Theke wie an einem Buffet auswählt, nennt man im Baskenland Pinxtos und sie sind der optimale Snack bei einem Stadtbummel. Wählen Sie aus, wo es lecker aussieht und probieren Sie einfach in mehreren Bars, wenn Sie sich nicht entscheiden können. Als besonders kreativ und kulinarisch hochwertig gelten die Pinxtos-Kreationen der Bar Zeruku in der Calle Pescaderia in der Nähe der zentralen Plaza.

Auf der anderen Seite der Altstadt führt eine Fußgängerbrücke über den Fluss Urumea und zu einer weiteren Sandbucht. An der **Playa de la Zurriola** wurde Sand aufgeschüttet und das

Am Strand von Donostia-San Sebastian

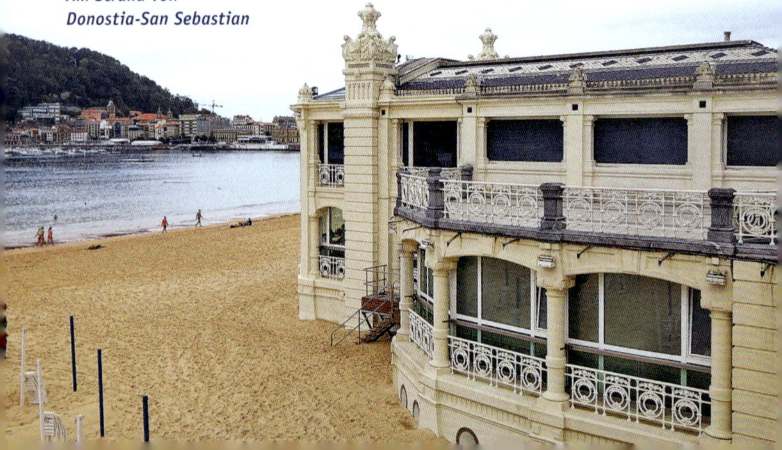

Meer mit Wellenbrechern gebändigt. Das Ergebnis ist eine Badebucht, in der auch jüngere Kinder ungefährdet plantschen können.

Saint-Jean-de-Luz

In der Mündung des Flusses Nivelle liegt ein gut geschützter Hafen, in dem viele bunte Boote schaukeln. Auch der örtliche Sandstrand liegt in der mit Dämmen abgesicherten halbrunden Bucht besonders geschützt. In den Gassen im Stadtzentrum gibt es etliche gute Restaurants, die Fisch und Meeresfrüchte servieren, an Ständen werden frische Austern verkauft und am Hafen kann man frisch gegrillte Sardinen verspeisen.

In Saint-Jean-de-Luz ist aber auch noch die Kirche zu finden, in der Ludwig XIV. im Jahr 1660 die Infantin Maria Teresa von Spanien heiratete. Diese Ehe besiegelte nach einem langen Krieg den Frieden zwischen Frankreich und Spanien, war aber für die Braut nicht sehr glücklich. Sie stand schnell im Schatten der wechselnden Maitressen des Sonnenkönigs. Das Haus, in dem Ludwig XIV. während der Hochzeitsfeierlichkeiten wohnte, ist heute ein Museum. Mit der Originaleinrichtung aus dem 17. Jahrhundert illustriert es das Leben einer adeligen Familie vor über 300 Jahren. Unter anderem ist aber auch das Zimmer zu sehen, in dem der Sonnenkönig bei seinem vierwöchigen Aufenthalt geschlafen hat.

20 Château d'Urtubie

Das kleine Schloss bei Saint-Jean-de Luz ist seit 1341 im Besitz einer Familie geblieben. Die Einrichtung der Räume stammt zum Teil aus dem 18. Jahrhundert. Das Schloss und der große Park können besichtigt werden, man kann hier jedoch auch Zimmer zur Übernachtung buchen.
Geöffnet von April bis Oktober, 10.30–12.30 und 14–17 Uhr, Eintritt €8,50, Kinder bis 16 Jahre €4,50. www.chateaudurtubie.net

21 Château d'Abbadia

Neugotisches Schloss bei Hendaye mit vielen Türmchen, das auch besichtigt werden kann. Es wurde 1879 vom weitgereisten Kartographen Antoine Thomson d'Abbadie in Auftrag gegeben, der das Schloss als herrschaftlichen Wohnsitz konzipieren ließ. Einige der Räume sind mit Gegenständen eingerichtet, die Abbadie von seinen Expeditionen mitbrachte, und neben einer Kapelle gibt es im Schloss auch ein Observatorium.
Führungen werden nur auf französisch angeboten, Termine bitte auf der website nachschauen. Ein freier Besuch ohne Führung ist nur im Juli und August von 16–19 Uhr möglich. Reservierung unter www.chateau-abbadia.fr

Outdoorsport

22 Kanutour auf der Nivelle

Eine Paddeltour auf der Nivelle können Sie bei **Ur Ondoa Canoë-Kayak** in Saint Pée de la Nivelle starten. Die Nivelle schlängelt sich hier durch eine grüne, naturbelassene Landschaft mit etlichen Kiesbänken, an denen man zum Baden anlegen kann. Mit kurzen Abschnitten mit schnellerer Strömung und vielen ruhigen Bereichen eignet sich die Fahrt auch gut für Anfänger.
Kanuverleih für 1,5 Stunden inkl. Transport €15 im Einer-Kajak, Dreier-Kajak €25 (2 Erwachsene und 1 Kind). locationcanoe-paysbasque.com

23 Kajaktour auf dem Meer

Von Socoa starten begleitete Kajaktouren durch die vergleichsweise ruhige Bucht von Saint-Jean-de-Luz oder von Hendaye an der Steilküste entlang. Außerdem kann man das Wave-Raftig auf einem Riesen-SUP ausprobieren, ein normales SUP ausleihen oder die Fahrt durch die Wellen mit einer hawaianischen Pirogue wagen, die aussieht wie ein Katamaran ohne Segel und gepaddelt wird wie ein Kanadier.
Zweistündige Tour €33, Kinder €27, Tagestour €53, Kinder €43. www.atlantic-pirogue.com

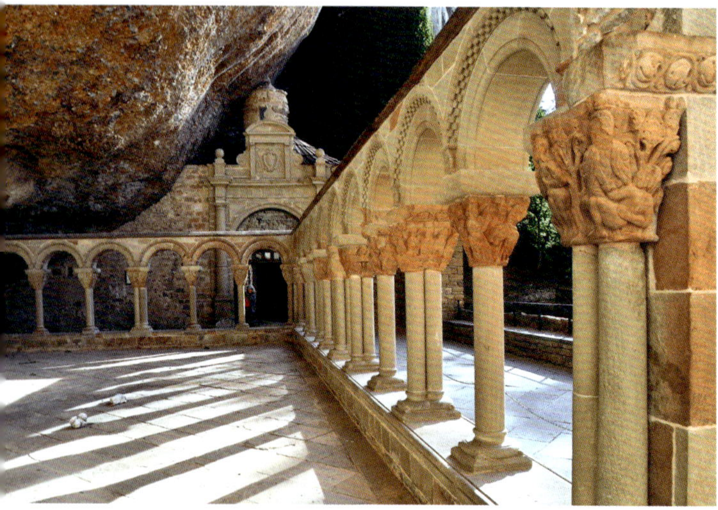

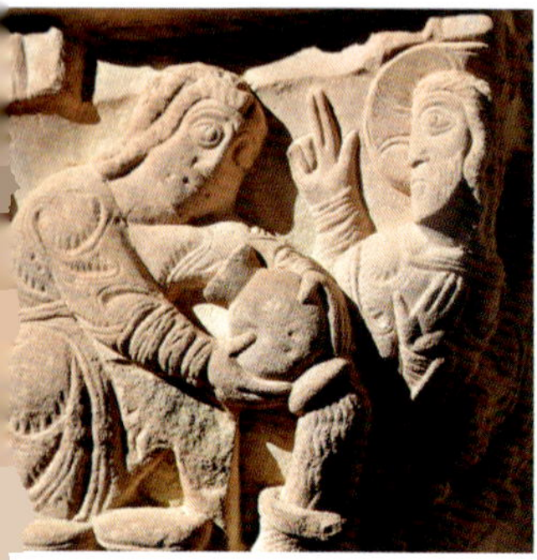

Tour 46: Kloster mit Weitblick

San Juan de la Peña und der Balcón de Pirineo

Das Monasterio San Juan de la Peña war schon im Mittelalter eine Station des Jakobsweges und eines der bedeutendsten Klöster Aragóns. Es versteckt sich in den Sierras Exteriores Pirenaicas, den äußeren Pyrenäen, südlich der ehemaligen aragonesischen Hauptstadt Jaca. Neben den kunstvoll mit vielen Figuren geschmückten Ruinen beeindruckt auch die Lage.

2 h

ab 6

Das Kloster San Juan de la Peña wurde im 11. Jahrhundert von Sancho de Navarra gegründet und entstand auf den Resten einer alten Einsiedelei, die hier schon seit über 300 Jahren existierte. Einige Mönche zogen sich damals aus Jaca in die Berge zurück. Das Kloster verfügte über große Ländereien und war wohlhabend und einflussreich. In der bestens erhaltenen Gruft des Klosters fanden zwischen dem 12. und 16. Jahrhundert fast alle Herrscher Aragóns ihre letzte Ruhestätte. Die Chronik berichtet außerdem, dass in San Juan im Mittelalter einige Zeit der heilige Gral aufbewahrt wurde, der viele Pilger anlockte. Der wertvolle Kelch soll zur Zeit der maurischen Invasionen in den Pyrenäen von Kloster zu Kloster gewandert sein.

Die Blütezeit des alten Klosters unter dem Steinüberhang nahm 1675 ein jähes Ende: Das Kloster brannte ab und wurde fast vollständig zerstört, sodass man beschloss, in geringer Entfer-

TOUREN-STECKBRIEF

Anfahrt: Von Jaca fahren wir auf der breiten N 240 in Richtung Yesa-Stausee und biegen nach knapp 10 km links ab in Richtung Santa Cruz de la Serós. Auch das Kloster San Juan ist hier schon beschildert. Wir durchqueren den Ort Santa Cruz, in dem sich einladende Gasthöfe und eine sehr schöne Kirche verstecken, und fahren links hinauf und am Hang entlang. Das alte Felsenkloster befindet sich weiter unten als das neue Kloster. Rechts an der Straße gibt es kurz vor dem Kloster einen kleinen Parkplatz. Ist dieser belegt, müssen Sie zum neuen Kloster hinauffahren und dort bei **GPS N 42°30‘26.2“, W 0°39‘53.8“** parken. Ein Bus-Shuttle bringt Sie dann hinunter zum alten Felsenkloster.

Öffnungszeiten: Ganzjährig von 10 – 14 Uhr, von März bis Oktober zusätzlich 15 – 19 Uhr, Juni bis August abends bis 20 Uhr, Eintritt € 7, Kinder 6 – 14 Jahre € 4,50. www.monasteriosanjuan.com

Mit Kindern: Spannend sind die Kellergewölbe und auch für die vielen Figuren an den Kapitellen kann man die meisten Kinder interessieren. Der kurze Spaziergang zum Aussichtspunkt und der Picknickplatz sorgen dann für »Frischluft«.

Einkehr: Gasthöfe in Santa Cruz de la Serós oder Picknick

Unterkunft:
Hotel: El Mirador de los Pirineos in Santa Cruz de la Serós, Hotels in Jaca.
Camping: Camping in Jaca.
Wohnmobil: Offizieller Stellplatz in Jaca bei GPS N 42°34‘04.4“, W 0°32‘42.8“.

In der Nähe: Altstadt Jaca.

nung ein neues Kloster zu errichten. Das alte Kloster wurde zum Baudenkmal ernannt. Heute können wir die Reste einer mozarabischen Kirche aus dem 10. Jahrhundert mit einigen Fresken, die Gruft der Könige von Aragón und den ehemaligen Innenhof mit Kreuzgang besuchen. Ausdrucksstarke Figuren schmücken die Kapitelle der Säulen. Auch das »neue«, im 18. Jahrhundert einen guten Kilometer weiter oben auf einer Hochebene erbaute Monasterio steht unter Denkmalschutz. Hier ist das »Interpretationszentrum über das Königreich Aragón« untergebracht, das die Geschichte und die Bedeutung des Klosters San Juan erklärt.

Spaziergang zum Balcón de Pirineo

Die Fahrt zum neuen Kloster oben auf dem Berg lohnt auch, wenn Sie unten parken konnten. Es gibt hier einen großen Picknickplatz und oberhalb des Klostergebäudes führt ein Weg in den Wald. An seinem Beginn erklärt ein Schild den halbstündigen Rundweg zum Aussichtspunkt. Schon nach wenigen Schritten schickt uns ein Schild »Balcón de Pirineo« rechts einen breiten Waldweg hinauf und nach etwa zehn Minuten stehen wir auf einer Terrasse mit Steinbank. Der Blick reicht weit über das Tal auf die Bergketten der Pyrenäen. Laufen wir links auf dem Bergkamm weiter, treffen wir nach wenigen Minuten auf einen natürlichen Aussichtsplatz, der noch einmal einen anderen Blickwinkel über das Tal zulässt. Links geht es dann wieder hinunter zum Kloster.

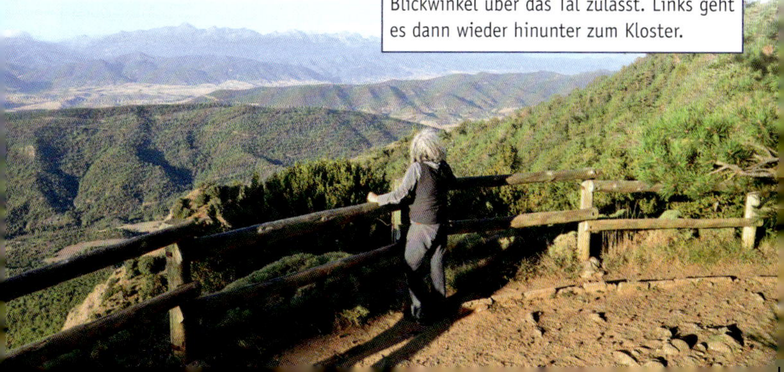

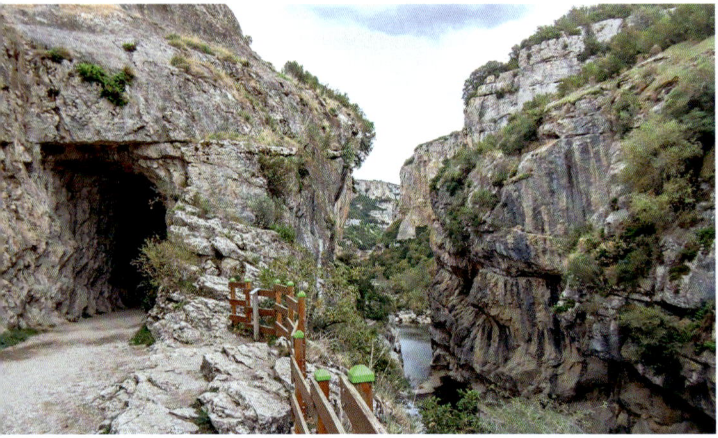

200 m

STRECKE 6,4 km

2 h 30

ab 8

Tour 47: Foz de Lumbier

Spaziergang durch die Geierschlucht

Die Foz de Lumbier ist eine von zwei Schluchten am Rio Iraty, in denen Geier zu Hause sind. Die zweite Schlucht ist die Foz de Arbayún ganz in der Nähe, in der die größte Geierkolonie der Pyrenäen zu finden ist. Sie darf aber nicht betreten werden. Nur ein Aussichtspunkt an der Straße ermöglicht einen Blick auf die Nistplätze. Die Foz de Lumbier können wir dagegen auf einem Wanderweg durchqueren. Er wurde auf der Trasse einer ehemaligen Bahnstrecke angelegt und führt absolut eben durch die Schlucht und durch zwei Tunnel. Hier kann man sogar ohne Fernglas in den Felswänden die Nester erkennen. Im Herbst, wenn die Jungvögel flügge werden, sind die Geier dann eher in der Umgebung unterwegs und kreisen in großen Gruppen am Himmel.

Wanderung: Vom Parkplatz folgen wir der Straße weiter ins Tal bis zum ersten **Tunnel** ①, in dem es ganz schön dunkel ist. Auf der anderer Seite stehen wir dann schon zwischen den Felswänden. Einen guten Kilometer weiter geht es am Ende der Schlucht

TOUREN-STECKBRIEF

Anfahrt: Aus dem Dorf Lumbier der Via Verde del Iraty bis zum Parkplatz bei **GPS N 42°38'16.5", W 1°18'26.7"** folgen.
Charakter: Der Weg durch die Schlucht verläuft eben auf einem breiten Weg. Der Aufstieg über die Hochebene erfordert Trittsicherheit.
Mit Kindern: Mit Kindern lässt sich die Wanderung gut kürzen, indem wir am Ende der Schlucht umdrehen.
Einkehr: Keine.
Unterkunft:
Camping: Camping Iturbero in Lumbier.
Wohnmobil: Kostenloser, offizieller Stellplatz in Lumbier bei GPS N 42°39'16.1", W 1°18'13.9".
In der Nähe: Foz de Abayun, Monasterio de Leyre.

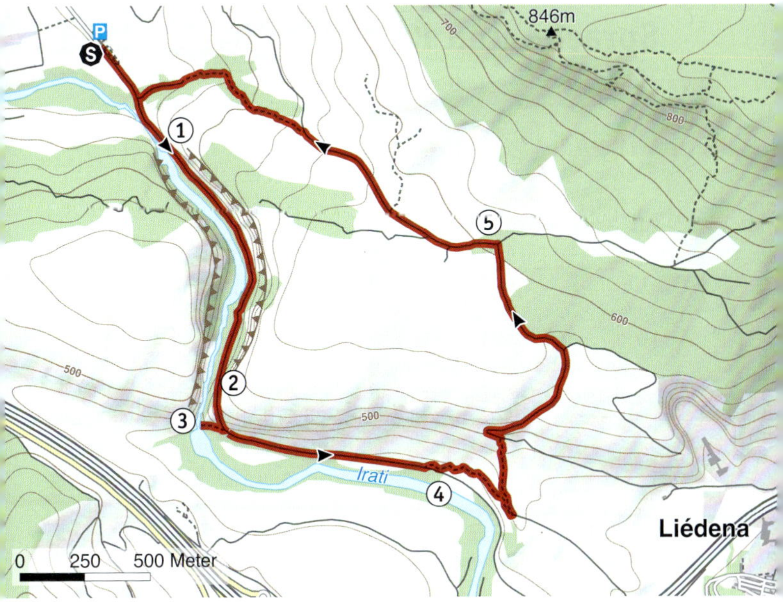

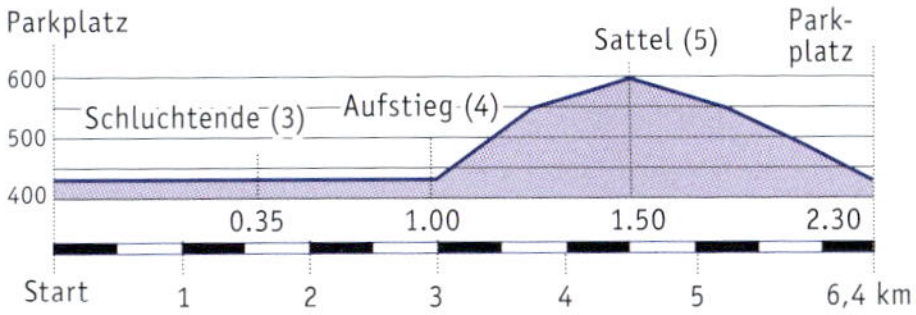

durch einen zweiten **Tunnel** ②. Dahinter führt rechts ein abgesicherter Steig zu den Resten eines **Staudamms** ③. Wer nur an der Schlucht interessiert ist, dreht hier um.

Eine Wanderung wird aus dem Ausflug, wenn wir dem Weg weiter am Fluss entlang folgen, bis links ein markierter **Wanderweg** ④ abzweigt. Auf diesem steigen wir hinauf auf die 180 Meter höher liegende Hochebene. Oben auf dem **Sattel** ⑤ halten wir uns dann links und wandern zum Parkplatz zurück.

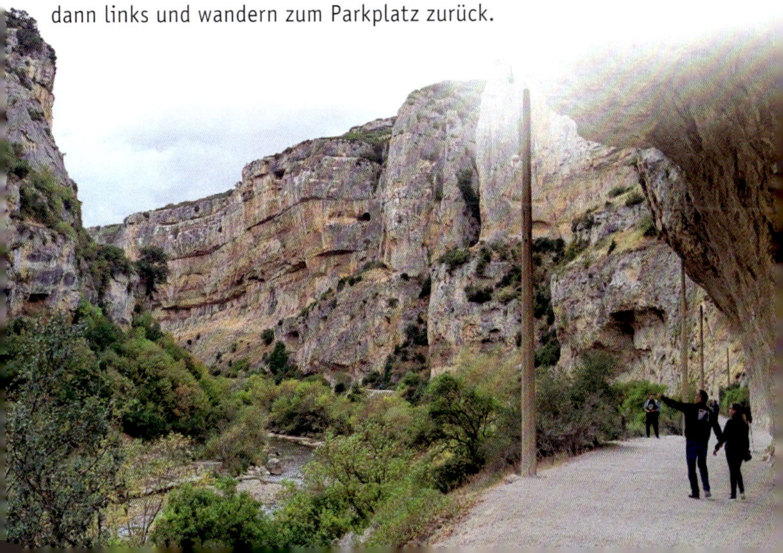

Sprache und Kultur im Baskenland

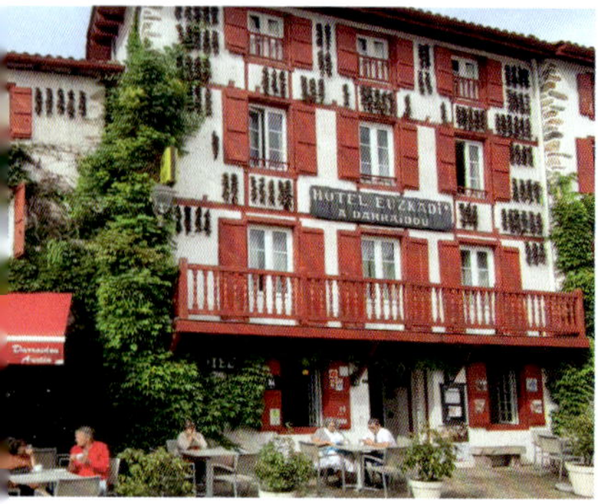

Wenn wir uns jetzt langsam der Küste nähern, stolpern wir die ersten Male über ungewöhnliche Ortsnamen, die weder französisch noch spanisch klingen. Auch einige Ortsschilder sind plötzlich zweisprachig. Wie Katalonien hat auch das Baskenland eine eigene Sprache und eine eigene Kultur und es gibt vor allem im spanischen Teil Bestrebungen nach Unabhängigkeit. Anschläge der sozialistisch orientierten Untergrundorganisation ETA (Euskadi Ta Askatasuna), die zur Zeit der Unterdrückung der Basken durch das Franco-Regime gegründet wurde, sorgten über Jahrzehnte immer wieder für Schlagzeilen in der internationalen Presse. Seit 2011 gibt es einen Waffenstillstand und 2017 übergaben einige Kämpfer freiwillig ihre Waffen an die französische Polizei.

Das baskische **Euskara** gilt als isolierte Sprache, das heißt es ähnelt keiner anderen Sprache der Welt. Man suchte nach verwandten Sprachen im iberischen Sprachraum, in Afrika und auf dem Kaukasus, aber keine dieser Theorien erwies sich als überzeugend. Es gibt drei teilweise recht unterschiedliche Dialekte und in den letzten Jahren etablierte man erfolgreich die Hochsprache Euskara Batua. Fast alle Baskischsprechenden sind jedoch zweisprachig und beherrschen außerdem die Sprache des Landes, das ihren Pass ausgestellt hat.

Ein Teil der Baskisch sprechenden Bevölkerung lebt auf der französischen Seite der Grenze im Pays Basque. In Spanien gibt es die Autonome Region Baskenland, die sich nahe der Küste in Richtung Süden zieht, der baskische Sprachraum reicht aber weit in die ebenfalls autonome Region Navarra hinein.

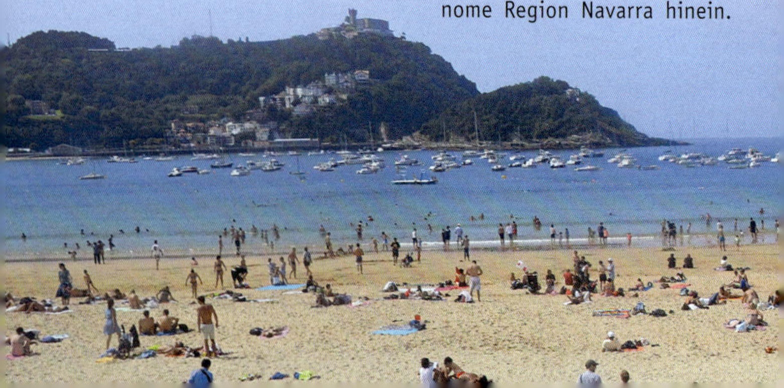

Sofort sichtbar ist der baskische Einfluss an der typischen Bauweise der Häuser mit ihren farbig abgesetzten Ecksteinen und vorrangig roten Holzfensterläden, die sich über die spanisch-französische Grenze fortsetzt – und am unvermeidlichen Pelotafeld (Frontón) im Zentrum jedes noch so kleinen Dorfes.

Pelota ist ein Ballspiel, bei dem ein kleiner Ball gegen eine Wand gespielt und mit einem an einem Handschuh befestigten langen Weidenkorb wieder aufgefangen wird. Der Ball darf nur einmal den Boden berühren und das Spielfeld nicht verlassen, bevor er wieder gegen die Wand zurückgespielt wird. Sie erkennen die Spielfelder unschwer an der hohen mit Netzen abgesicherten Mauer.

Pelota ist der wichtigste Volkssport der Basken, aber auch so archaische Wettbewerbe wie Baumstammwerfen und Mühlsteinstemmen erfreuen sich großer Beliebtheit. An der Küste haben Fischerei und Bootsbau eine lange Tradition, in den Bergen züchtet man Schafe und stellt Käse her.

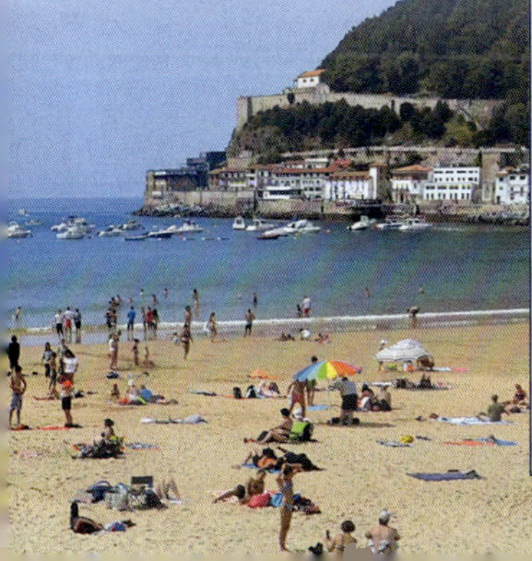

Der Jakobsweg in den Pyrenäen

Der Jakobsweg ist einer der bekanntesten Pilgerwege der Welt und wird seit über 1.000 Jahren begangen. Spätestens seit Hape Kerkelings »Ich bin dann mal weg« ist der Weg auch in Deutschland in aller Munde und so bekannt, dass man ihn unter Eingeweihten eigentlich nur noch als »den Camino« bezeichnet. Man begegnet ihm in Europa an etlichen Stellen, da kann schon einmal etwas Verwirrung aufkommen. Wo führt dieser Pilgerweg denn eigentlich entlang?

Die Lösung ist einfach: Den einen Jakobsweg gibt es gar nicht. In Frankreich sind es vier offizielle historische Routen, die das Land von Ost nach West und Nord nach Süd durchziehen. Sie beziehen sich auf die »Liber Sancti Jacobi«, einen handgeschriebenen Pilgerführer aus dem 12. Jahrhundert, der neben Gebeten und Erzählungen aus dem Leben des Jakobus auch eine Beschreibung der vier zu dieser Zeit gängigen Routen und der wichtigsten an der Wanderstrecke liegenden Kirchen enthält.

Die historische **Via Turonensis** startet in Paris, die **Via Lemovicensis** beginnt etwas weiter südlich in Asquins oder Vézelay, die **Via Podiensis** beginnt in Le-Puy en Velay in der Auvergne und die südlichste Route, die **Via Tolosana**, führt von Arles in der Camargue zur spanischen Grenze. Die ersten drei Strecken treffen sich noch in Frankreich und durchqueren die Pyrenäen auf der gleichen Route. Sie führt von Saint-Jean-Pied-de-Port über Roncevalles nach Pamplona und weiter nach Puenta La Reina. Die vierte Route des Jakobsweges, die Via Tolosana, erreicht die Grenze am Col du Somport und führt über den **Camino Aragónes** nach Jaca und zum Kloster San Juan de la Peña.

In Puenta La Reina trifft der Camino Aragónes auf die anderen Routen und erst ab hier wird daraus der **Camino Francés**, der die Pilger auf einer weitgehend einheitlichen Streckenführung nach Santiago bringt. Camino Francés heißt der Weg in Spanien, weil er aus Frankreich kommt. Es gibt in Spanien auch noch einen **Camino Portugués** und den aus Sevilla kommenden **Camino de la Plata.** In San Sebastián begegnen wir der Wegvariante **Camino del Norte**, die von dort an der Küste entlang nach Santiago verläuft. Sie sehen also, die Spuren des heiligen Jakobus sind überall.

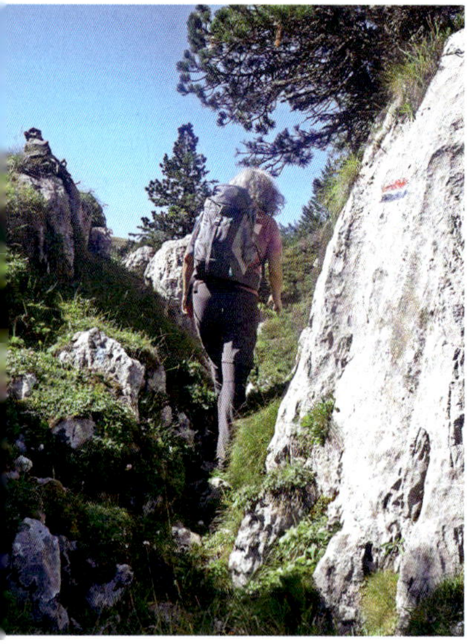

Tour 48: Schafe und grüne Berge

Eine Pfadfindertour rund um den Ützi Gaïna

Auf der Passhöhe des Col de la Pierre Saint-Martin hat man einen kleinen Rundweg markiert. Er ist wenig begangen, aber sehr schön und führt auf kaum erkennbaren Pfaden über Schafweiden, einen kahlen grünen Berg und durch eine steingesprenkelte Landschaft aus Felsen und Wiese.

200 m

STRECKE 6 km

2 h 15

ab 8

Wanderung: Vom Parkplatz folgen wir der **rot-blauen Markierung** links hinab in ein karges grünes Tal. Hunderte von Schafen sind hier vor uns gegangen und haben ihre Spuren hinterlassen. Wir folgen unseren Markierungen ganz hinab ins Tal, wo rechts ein **Steingebäude** zu sehen ist. Hier sind die Schäfer zu Hause. Wir überqueren den Fahrweg, der zum Haus führt, und laufen weiter über die Wiese. Rechts steht ein mit Leitplanken umzäuntes **Schafgatter** ①, in dem die Herde die Nacht verbringt.

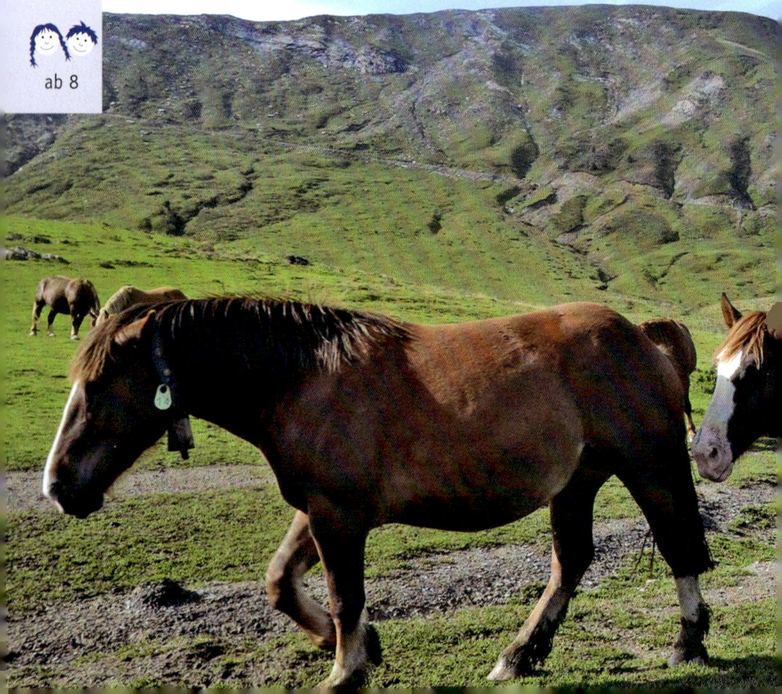

TOUREN-STECKBRIEF

Anfahrt: Der Startpunkt der Wanderung liegt an der D 132 zwischen dem französischen Arette und dem spanischen Izaba direkt auf der Passhöhe des Col de la Pierre Saint Martin. Der Parkplatz befindet sich gegenüber einem Infozentrum bei **GPS N 42°57'29.1", W 0°48'3.7"**.

Charakter: Markierte Wanderrunde, die teilweise weglos über Wiesen und zwischen Felsen hindurch führt. Grundlegendes Orientierungsvermögen ist notwendig, vor allem wenn zwischendurch die eine oder andere Markierung fehlen sollte.

Markierung: Rot-blaue Farbbalken.

Mit Kindern: Teilweise etwas raue Wege, daher eher für größere Kids geeignet, die sicher Spaß an den vielen Weidetieren haben.

Unterkunft:
Hotel: Hôtel de L'Ours in Arette.
Camping: Camping Arette.
Wohnmobil: Offizieller Stellplatz in Arette Pierre St.-Martin bei GPS N 42°58'46.0", W 0°44'56.0".

In der Nähe: Grotte de la Verna.

Tagsüber sind die Schafe in den umliegenden Hügeln zu finden. Wir sind hier außerdem auch noch Pferden begegnet. Die erste Gruppe graste hier unten am Pferch.

Der Weg führt um das Gehege herum. Hinter diesem weist ein Holzpfeil mit rot-blauer Markierung nach rechts, am Pferch vorbei und auf einem Pfad den Hang hinauf. Hier heißt es gut auf die Farbzeichen auf den Steinen achten. Sie führen uns an der linken Hangseite den Berg hinauf. Oben angekommen, treffen wir auf den von der Bergerie kommenden **Fahrweg** ②. Wir folgen diesem nach links und marschieren die nächsten Minuten entspannt dahin. Dort wo der Fahrweg zwischen **Felsen** hindurchführt, heißt es aufpassen: Hinter der letzten **Felswand** ③ biegt unser Weg links ab und wir wandern wieder über Wiesen.

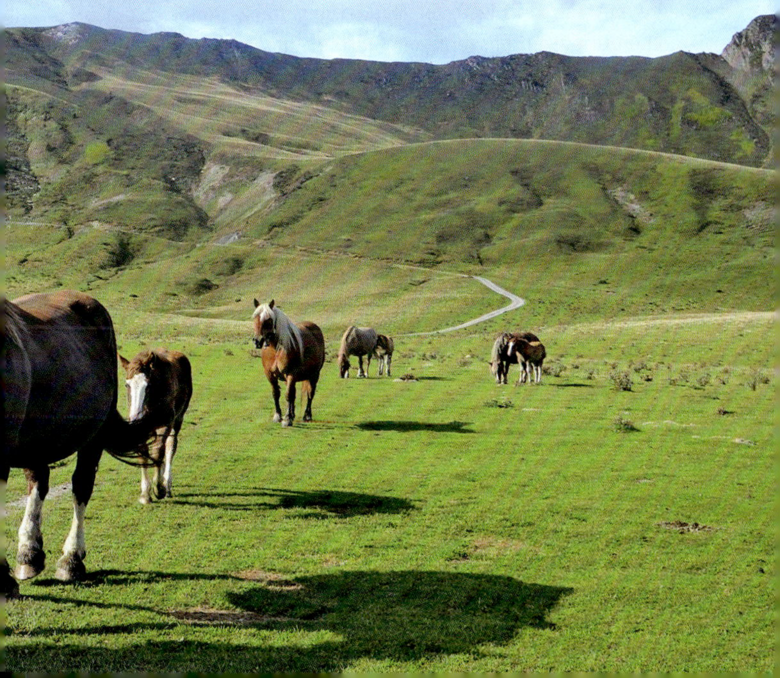

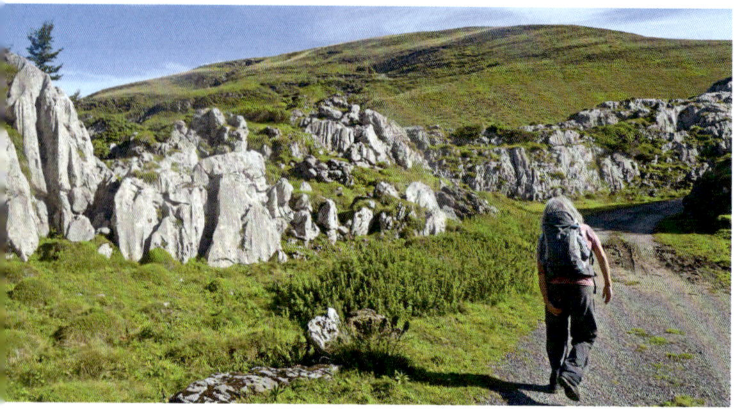

Zuerst geht es auf Schafspuren am Hang entlang, dann wird der Weg breiter und bequemer. Wir folgen ihm, bis wir über die Kuppe kommen und den Ausblick in die andere Richtung genießen können. Dort stoppt uns ein **rot-blaues Kreuz** ④ am Wegrand – und richtig – rechts in der Wiese ist ein Holzpfahl zu sehen und weiter hinten ein weiterer. An ihrem oberen Ende leuchtet unsere rot-blaue Markierung. Wir wandern querfeldein über die Wiese von einem Pfahl zum anderen, bis oben über dem Hügel zuerst Pferdeohren und dann einige Bergspitzen auftauchen. Schritt für Schritt wird aus den kecken Bergspitzen eine schöne Bergkulisse, vor der eine weitere Herde Pferde auf einem weiten grünen Hügel grast.

Der Hügel ist der **Ützi Gaïna** ⑤ und neben seiner unauffälligen Kuppe steht ein weiterer Markierungspfahl. Dann ist ein bisschen Orientierungsvermögen gefragt, um den nächsten Pfosten zu finden. Wir lassen die unauffällige Kuppe des Ützi Gaïna links liegen und halten geradeaus auf die gegenüberliegende Bergkette zu, bis wir ins Tal schauen können. Dort befindet sich leicht rechts eine Senke, in der zwei **Steinhäuser** und ein weiterer **großer Schafspferch** ⑥ zu sehen sind, zu dem unser Weg hinunterführt.

Unten überqueren wir den Fahrweg und biegen gleich darauf links in den mit Holzpfosten markierten Wiesenweg ein. Es geht in die Senke unterhalb der Berge-

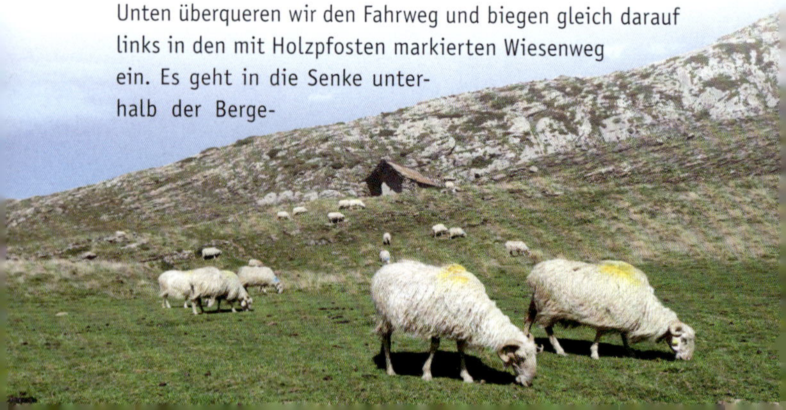

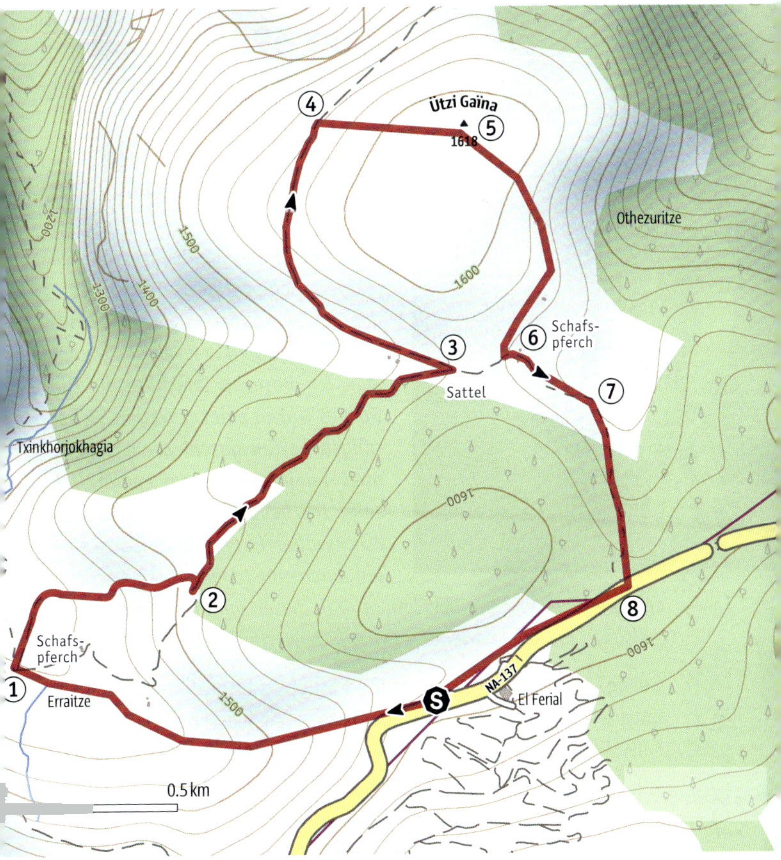

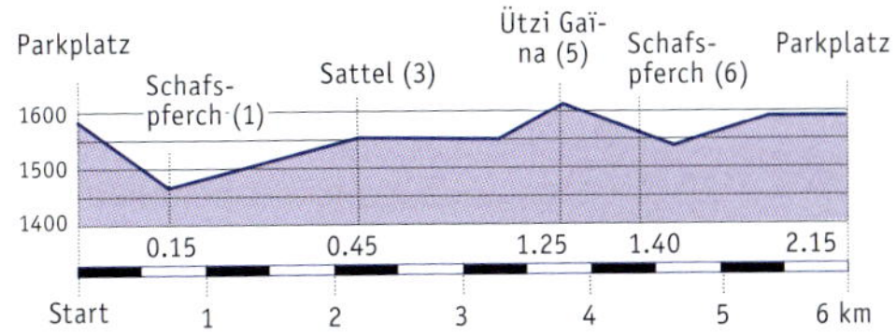

rie. Nach knapp 300 Metern heißt es **aufpassen** ⑦: Hier knickt unser Pfad rechts ab. Die Stelle ist markiert, aber leicht zu übersehen. Ab hier geht es über Stock und Stein und es sind abermals die **Markierungen und einige Steinmännchen**, die uns führen und auf dem richtigen Weg halten.

Die Spur führt durch eine wilde Felslandschaft mit bunt verteilten Steinbrocken und einigen **tiefen Karstlöchern**, an denen unser Weg teilweise recht knapp vorbeiführt. Dass wir uns langsam der Straße nähern, kann man zuerst hören. Dann purzeln wir ziemlich abrupt mitten aus der Wildnis auf die **Passstraße** ⑧. Dort geht es nach rechts, der Weg führt hinter der Leitplanke entlang und biegt kurz vor dem Ziel noch einmal rechts ab, um die Brücke, die vom Parkplatz zum Gasthof führt, zu umrunden. Dann stehen wir wieder am Parkplatz.

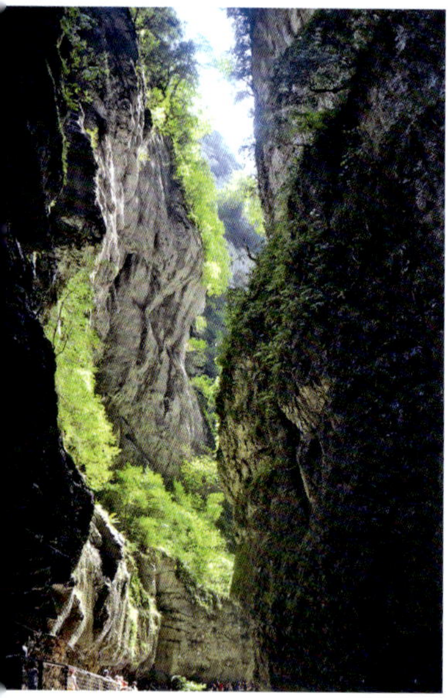

Tour 49: Kakuetta und Holzarté

In den Schluchten von Larrau

Rund um Sainte-Engrâce fressen sich mehrere Schluchten in den Karstboden, die besonders schönen Gorges de Kakuetta sind mit einer Steganlage für Besucher erschlossen. ***Die Gorges waren zuletzt wegen Sicherungsarbeiten geschlossen, sollten aber demnächst wieder zugänglich sein!*** *Die benachbarten, ebenso eindrucksvollen Gorges du Holzarté sind nur durch eine lange Brücke erschlossen, die den Abgrund überspannt. Von dieser kann man einen Blick zwischen die eng stehenden Felswände werfen.*

200 m

STRECKE 5 km

2 h

ab 6

Gorges de Kakuetta: Der große Parkplatz liegt etwa 400 Meter unterhalb des Eingangs zur Schlucht. Wir marschieren auf dem Fußweg neben der Straße bergan. Dann geht es steil hinunter zur Kasse. Die Karten werden in der Bar verkauft. Zuerst kommen wir dann zu einem Picknickplatz an einem künstlichen Teich. Dann marschieren wir auf einem breiten Schotterweg noch einmal steil bergan und gleich darauf noch steiler wieder hinunter zum Fluss und am Ufer entlang. Nachdem jetzt ganz sicher bereits die ersten Schweißperlen gerollt sind, stehen wir nach gut 20 Minuten am Zugang zur Schlucht.

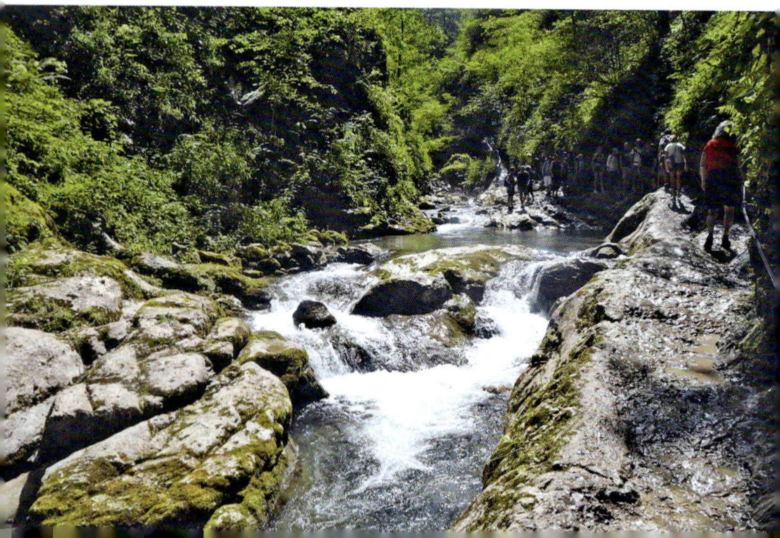

TOUREN-STECKBRIEF

Anfahrt: Die Zufahrt zu den Gorges de Kakuetta gelingt unkompliziert von der Westseite über die D26. Südlich von Licq-Athérey geht es in Richtung Sainte-Engrâce. Auch die Gorges sind hier ausgeschildert. Auf halber Strecke kommen wir am Camping Ibarra vorbei, dann liegt der Parkplatz links der Straße bei **GPS N 43°00'02.7", W 0°50'35.2"**.

Charakter: Zuerst wandern wir in gut 20 Minuten über einen recht steilen Hügel zum Schluchteingang, dann geht es auf gesicherten Felssteigen und Holzstegen weiter in die Schlucht. In der Hauptsaison wird es sehr voll, dann am besten auf Vormittag oder Abend ausweichen. Wanderschuhe oder gute Turnschuhe tragen und eine Jacke und eine Flasche Wasser mitnehmen! Im Eingangsbereich gibt es auch einen Picknickplatz. Hunde dürfen an der Leine mit in die Schlucht.

Öffnungszeiten: Die Schlucht war 2022 nach einem tödlichen Unfall durch Steinschlag geschlossen. Bitte informieren Sie sich vorab, ob sie inzwischen wieder besucht werden kann. www.sainte-engrace.fr

Einkehr: Snack-Bar am Eingang.

Unterkunft:
Hotel: Hotel de l'Ours in Arette.
Camping: Camping Ibarra.
Wohnmobil: Die Übernachtung auf dem Parkplatz wird toleriert.

Ein schmaler Holzsteg führt an den Felsen und über dem Wasser entlang. Dann fällt der Weg zum Fluss ab und verläuft direkt am Wasser. Hier gibt es türkisblaue einladende Wasserbecken. An vielen Stellen ist der Weg zu schmal für zwei Wanderer und an den feuchten Steinen ist es auch noch ziemlich glitschig. Hier kann es an sehr vollen Tagen schon einmal zu Staus kommen.

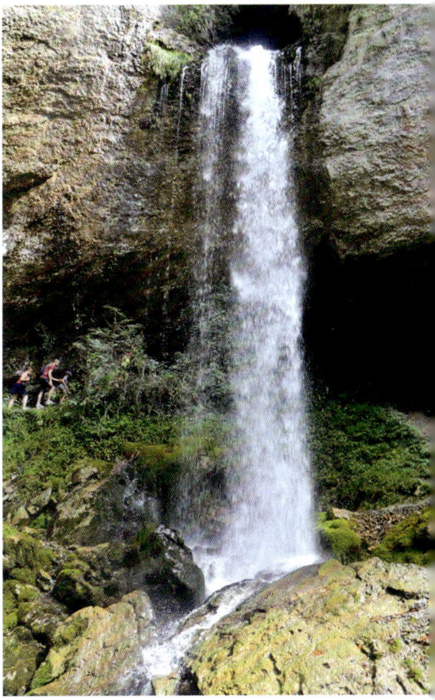

Kurz vor dem Wendepunkt kommen wir zu einem imposanten Wasserfall. Der links abzweigende Pfad führt hinter die Kaskade und ist sehr empfehlenswert. Am Ende des Steiges windet sich dann ein abenteuerlicher Kletterpfad in eine Höhle. Hier ist es besonders eng und der Weg an entgegenkommenden Besuchern vorbei gelingt nur mit akrobatischen Verrenkungen.

Auf dem gleichen Weg geht es durch die Schlucht zurück zum Picknickplatz und zum Eingang.

Gorges de Holzarté
Der Wanderparkplatz für den Weg zur Schlucht liegt an der D26 zwischen dem Abzweig nach Sainte-Engrâce und dem Ort Larrau bei **GPS N 43°01'09.5", W 0°55'33.6"**. Eine Kurve weiter gibt es oberhalb einer Bar einen zweiten Parkplatz mit enger Zufahrt. Vom Parkplatz zur Hängebrücke über der Schlucht ist man etwa eine Stunde unterwegs. Der Weg ist beschildert.

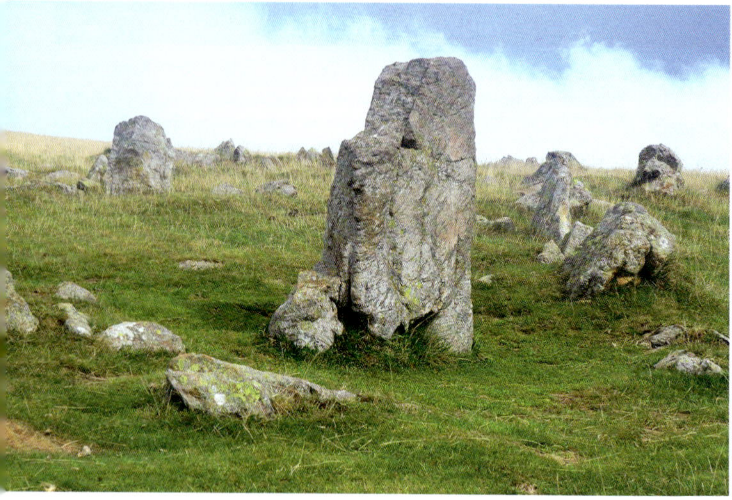

315 m

STRECKE

5 km

2 h

ab 8

Tour 50: Cromlechs d'Okabe

Wanderung zu einem Kultplatz der Bronzezeit

Cromlech ist die im Baskischen gängige Bezeichung für Steinkreise und Megalithen, die wohl meist in der Bronzezeit an Kultplätzen errichtet wurden. Hier auf dem Plateau d'Okabe ist die Platzwahl durchaus nachvollziehbar. Der Blick ist gigantisch und in alle Richtungen schaut man über grüne Berge. Es führen mehrere Wege auf das Plateau, hier kreuzen sich sogar zwei Weitwanderwege. Wir wählen zum Aufstieg einen wenig begangenen, aber markierten und sehr reizvollen Pfad durch einen urigen Buchenwald.

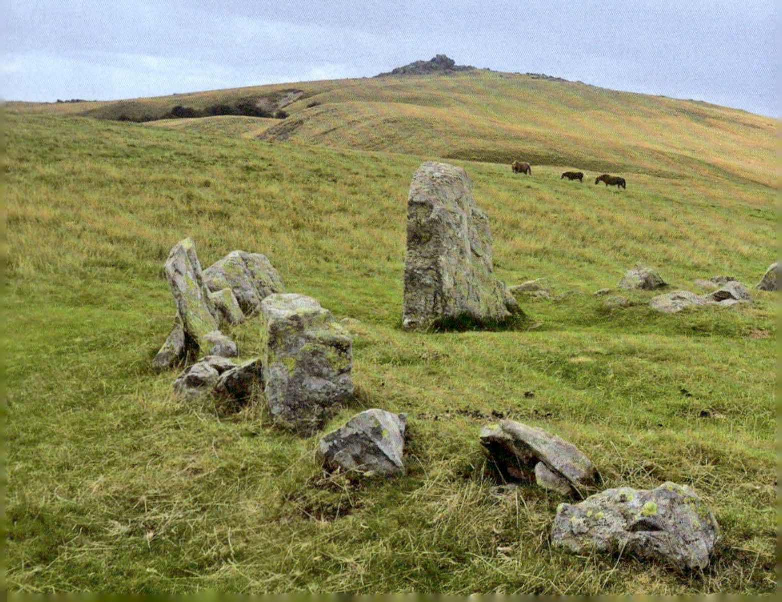

TOUREN-STECKBRIEF

Anfahrt: Von Saint-Jean-Pied-de-Port fahren wir ins Dorf Saint-Jean-le-Vieux und biegen an der Kirche rechts ab auf die D 18 in Richtung Col d'Iraty. Wir überqueren den Pass und kommen an einer Snack-Bar in ein Flusstal. Links zweigt hier die D 19 nach Larrau ab. Wir fahren rechts und kommen zu einem großen Parkplatz mit Wohnmobilbereich. Hier geht rechts die schmale D310 ab, der wir folgen. Es geht durch den Wald und dort, wo wir Wiesengelände erreichen, liegt in einer Linkskurve rechts der Straße eine erste Parkbucht. In der zweiten Rechtskurve dahinter biegt dann unser Weg ab. Parken kann man hinter der Kurve rechts am Straßenrand bei **GPS N 43°02'54.6", W 1°05'54.9"**.

Charakter: Schmaler Pfad, der erst durch Schafwiesen und dann durch ein Wäldchen mit knorrigen Bäumen zur Hochebene am Okabe führt, wo in der Wiese versteckt etliche Steinkreise zu finden sind. Mehrere sehr steile und auch etwas rutschige Passagen.

Mit Kindern: Die Wanderung ist kurz, knackig und abwechslungsreich, also für abenteuerlustige Kinder genau richtig.

Unterkunft:

Hotel: Chalets d'Iraty oder Hotels in Saint-Jean-Pied-de Port.

Camping: Aire Naturelle De Camping D'Iraty.

Wohnmobil: Offizieller Stellplatz am Lac d'Iraty bei GPS N 43°02'33.6", W 1°04'26.4".

Wanderung: In der Kurve vor dem **Steinhaus mit Schafspferch** zweigt ein breiter Weg ab, dem wir ein paar Schritte folgen. Dann geht es rechts hinauf zur deutlich sichtbaren Spur, die durch die Wiese zum Waldrand führt. Der Wegbeginn ist hier auch mit einem **Steinmännchen** markiert. Diese begleiten uns jetzt auf dem ganzen Weg bis zur Hochebene mit den Steinkreisen.

Im Wald ist der Weg sporadisch auch zusätzlich mit roten Farbbalken markiert und führt deutlich erkennbar zwischen knorrigen Buchen hindurch. Auf halbem Weg kommen wir auf einen **Sattel mit kleiner Lichtung** ① und sehr vielen Schafskötteln, dann geht es wieder in den Wald und kurz darauf noch einmal steil bergauf.

Nach etwa 45 Minuten führt unser Pfad endgültig aus dem Wald. Es geht noch ein kurzes Stück steil einen Grashügel hinauf und

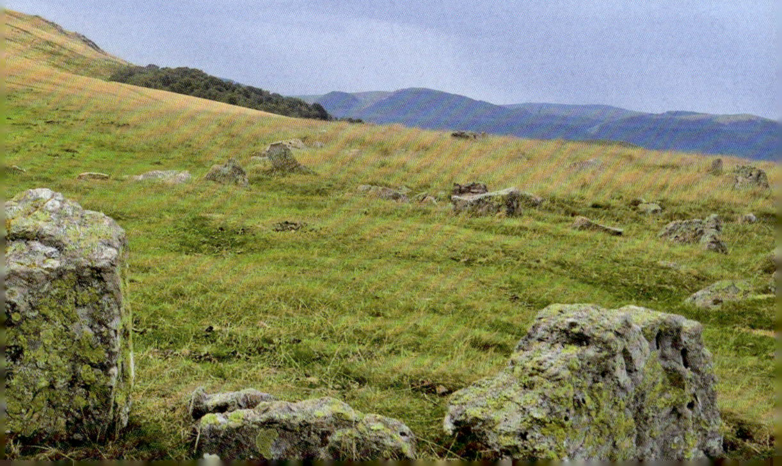

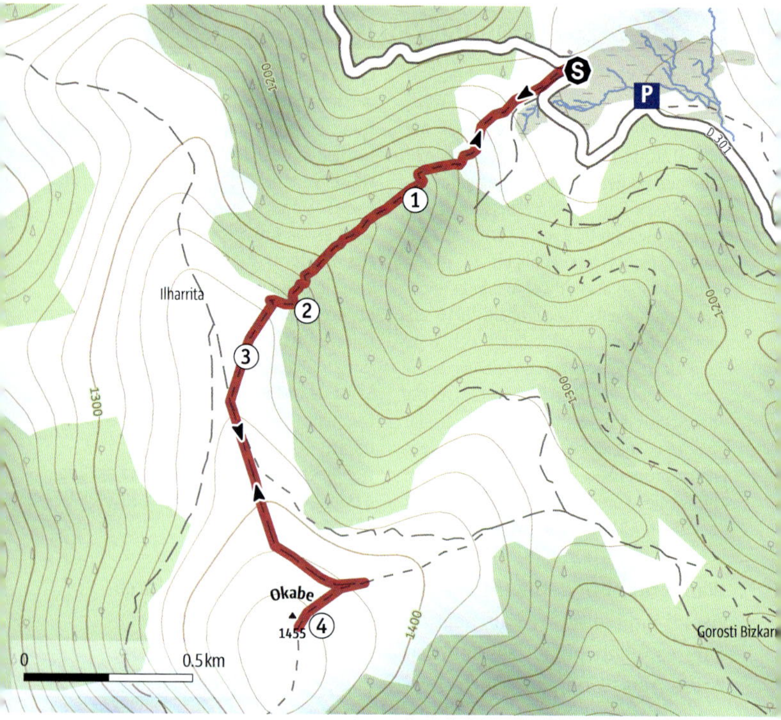

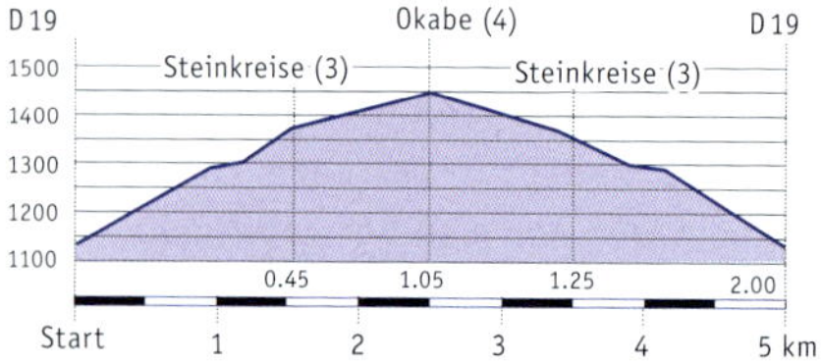

dann stehen wir auf der Hochebene ②. **Bevor wir hier weitergehen, ist es sinnvoll, einen Blick zurückzuwerfen und uns den Platz gut einzuprägen.** Es ist sonst auf dem Rückweg nicht ganz einfach, den Beginn des Waldpfades zu finden, auch wenn hier einige Steinmännchen in der Wiese stehen.

Kaum oben auf dem Hügel angekommen, sehen wir die ersten beiden **Steinkreise** ③ vor uns. Etwas weiter oben befinden sich drei weitere gut erkennbare Cromlechs. Der letzte, der besonders schön um eine Hügelkuppe drapiert ist, liegt etwas weiter rechts, jenseits der auf der Ebene querenden Weitwanderwege. An den Steinkreisen treffen der GR 10 und der GR 9 aufeinander.

Zum Okabe über den GR 10

Gehzeit 4 h, 10 km, ↓↑ 500 m

Wer eine etwas längere Wanderung auf einem gut markierten Weg dem flotten Aufstieg »durch die Hintertür« vorzieht, kann auch auf der gepflegten Trasse des Weitwanderweges GR 10 zum Okabe wandern. Fährt man unten am Lac d'Iraty auf der D 18 am Wohnmobilstellplatz vorbei, kommt man zur Gite d'Etappe »Chalet Pedro«. Hier kreuzt der GR 10 die Straße. Gegenüber des Chalets beginnt der Aufstieg auf den Okabe. Vom Berggipfel kann man dann rechts zu den Steinkreisen hinunter gehen. Zurück geht es auf dem gleichen Weg.

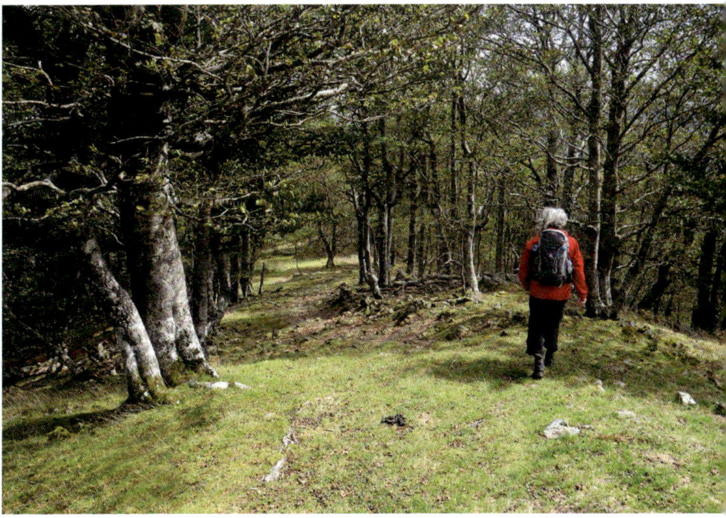

Der linke Weg, der GR 10, führt direkt auf den Gipfel des 1.455 Meter hohen **Okabe** ④ zu, von dem der Ausblick noch besser ist. Der Aufstieg ist nicht mehr sehr anstrengend und der Weg gut zu gehen, sodass wir für den Abstecher zum Gipfel nur eine gute halbe Stunde kalkulieren müssen. Dann kehren wir zu den **Steinkreisen** ③ zurück, halten uns an der Wegkreuzung rechts, steuern auf die unteren Steinkreise zu und wandern an diesen vorbei. Dann sehen wir schon den Waldrand und halten auf den rechten Waldzipfel zu, an dem wir auf die Hochebene gekommen sind. Auf dem vertrauten Weg geht es wieder hinunter zum Auto.

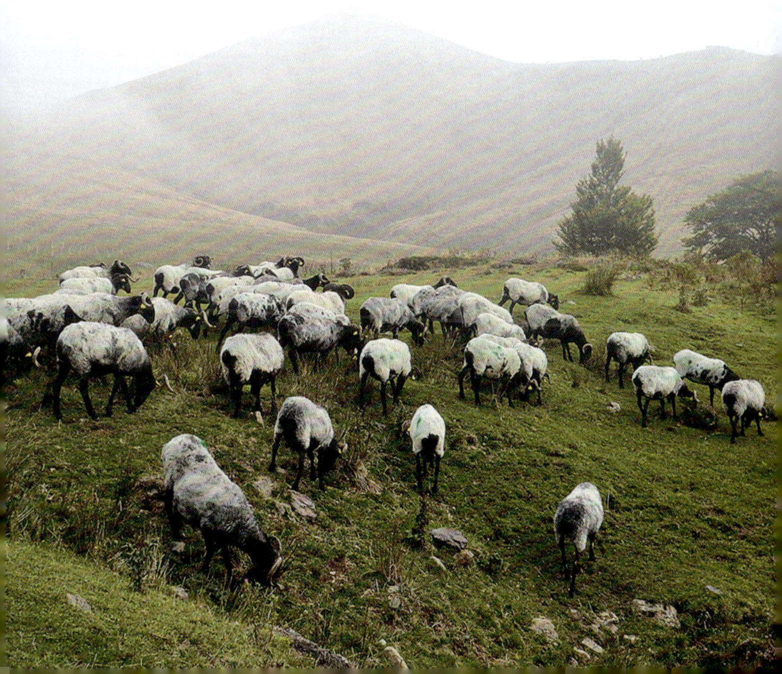

Reiseinformationen

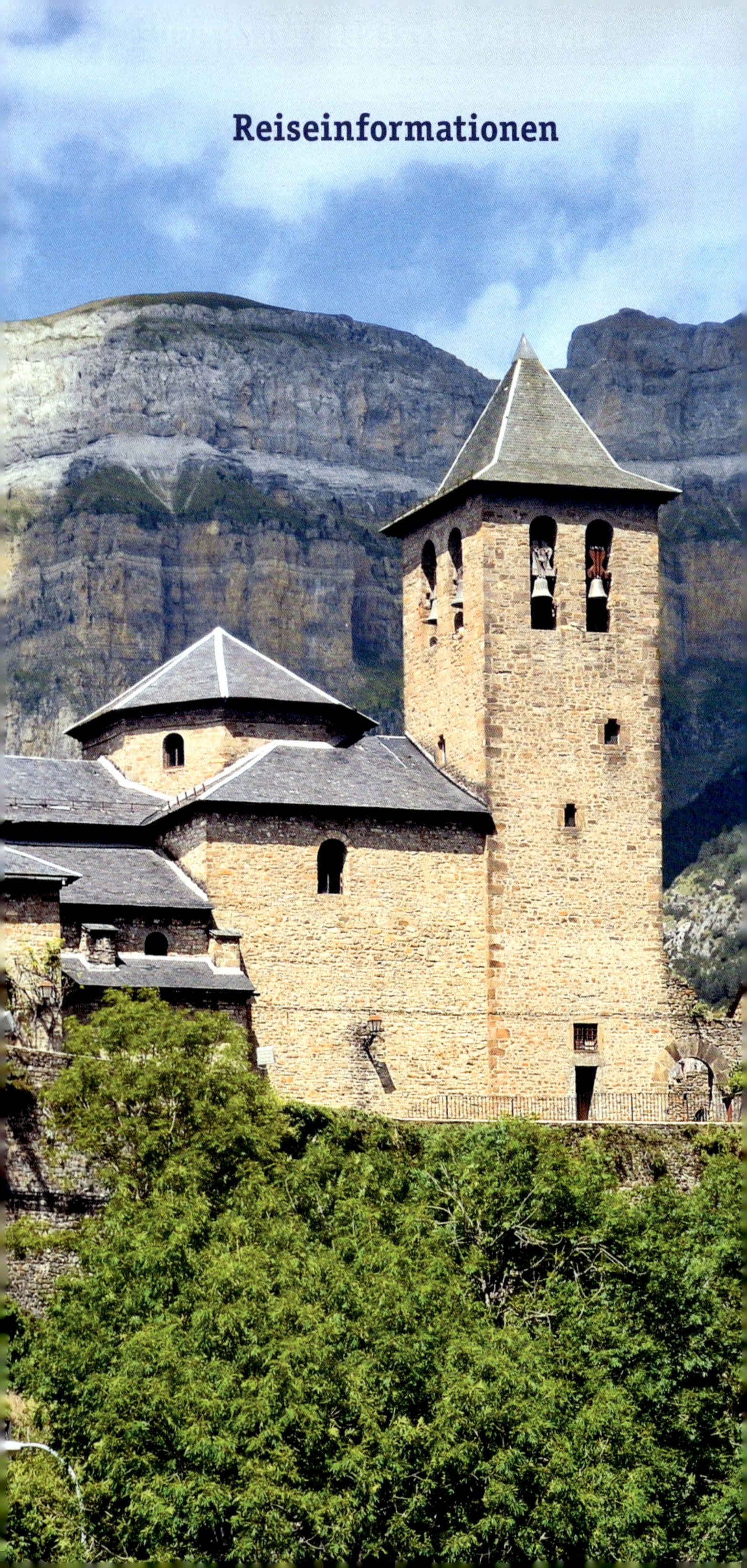

Unterkunft und Übernachtung

Wir haben hier eine Auswahl an Unterkünften in der Nähe unserer Tourenvorschläge zusammengestellt, die uns besonders positiv aufgefallen sind. Sie eignen sich für eine oder mehrere Übernachtungen auf einer Reise durch die Pyrenäen. Es handelt sich meist um kleine Hotels in ländlicher Umgebung und um Campingplätze.

Vom Hotel zum Gästehaus

In den Dörfern der Pyrenäen gibt es oft die Möglichkeit, in kleinen Hotels und Pensionen zu übernachten. In Frankreich heißen Privatzimmer Chambre d'Hôte, in Spanien schauen Sie nach B&B's. Die Übernachtungspreise liegen in der Region bei etwa 50 bis 120 Euro für zwei Personen im Doppelzimmer. In Frankreich ist das Frühstück bei einer Hotelübernachtung üblicherweise nicht inbegriffen und muss extra bezahlt werden.

Wir nennen hier nur eine kleine Auswahl an Hotels. Verwenden Sie zusätzlich Portale wie booking.com und tripadvisor.de für die Hotelsuche oder www.bedandbreakfast.eu und www.chambres-hotes.fr, um private Unterkünfte zu finden. Im Sommer ist eine rechtzeitige Buchung auf jeden Fall sinnvoll.

Camping in den Pyrenäen

Camping ist in Frankreich und Spanien eine beliebte und weit verbreitete Art zu reisen. Vor allem auf der französischen Seite finden Sie in fast jedem Ort einen Campingplatz. Wer es naturnah und einfach mag, ist auf einem Camping Municipal richtig. Die von den Gemeinden betriebenen Plätze haben meist außer Sanitäranlagen kaum Infrastruktur und sind sehr preisgünstig. Private Campingplätze bieten mit einem kleinen Laden, Restaurant oder Snack-Bar und meist auch mit einem Pool mehr Komfort. Die Campingplätze auf der spanischen Seite der Berge sind im Durchschnitt etwas teurer, aber gepflegt und gut ausgestattet. Auf fast allen privaten Campingplätzen gibt es auch Mietunterkünfte wie Häuschen oder Wohnwagen. Durch die große Auswahl an Plätzen reisen Sie als Camper sehr flexibel. Eine Reservierung ist nur im Juli und August zum Aufenthalt in den Nationalparks notwendig.

Reisen mit dem Wohnmobil

Die meisten Straßen sind gut ausgebaut und auch mit einem größeren Fahrzeug zu meistern. Neben den Campingplätzen gibt es Stellplätze für Wohnmobile und wer gerne freisteht, wird in den Bergen tolle Plätze finden.

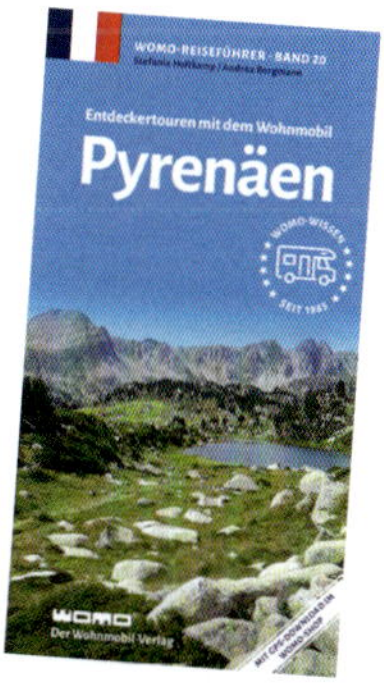

Gute Stellplätze und viele Informationen speziell für Camper finden Sie in unserem Wohnmobilreiseführer Pyrenäen, der im WOMO-Verlag erschienen ist.

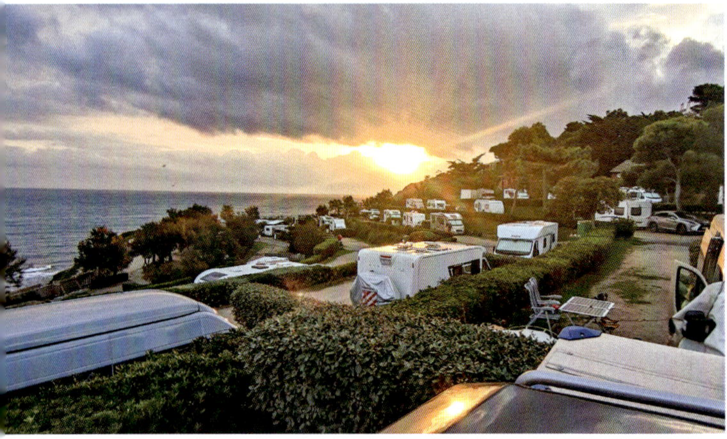

Côte Vermeille

Bois de Valmarie / Le Racou
Gepflegte 5-Sterne-Anlage, 50 Meter hinter dem Strand. Toller Wasserpark, Wellness. Schön ausgestattete, komfortable Mobile Homes für 2 bis 6 Personen. *www.camping-boisdevalmarie.fr*

In Le Racou steht eine Reihe Häuser direkt im Sand am Meer. Einige davon sind auch zu vermieten:

Strandhaus Le Racou
Haus in der ersten Häuserreihe am Strand, zwei Schlaf-, ein Wohnzimmer. Einfach, aber traumhaft gelegen. Woche €480 – 1200. *www.racou.de*

Weitere Häuser in Le Racou unter www.fewo-direkt.de.

Hotel Restaurant La Fregate
Drei-Sterne-Hotel, zentral gelegen in Collioure, mit Restaurant.
www.fregate-collioure.com

Casa Pairal / Collioure
Stilvolles Hotel am Rand der schönen Altstadt, sehr ruhig gelegen mit Garten. Frühstücksbuffet auch mit Bio-Produkten.
fr.hotel-casa-pairal.com

Camping Municipal de la Plage
GPS N 42°44'21.5", E 3°02'04.3"
Großer Platz in Sainte-Marie-la-Mer mit direktem Zugang zum Strand. Restaurant, Laden, Pool,
Geöffnet Mitte April bis Mitte Oktober.
Stellplatz inkl. 2 Pers €18 – 42, ACSI-Tarif.
www.camping-municipal-de-la-plage.com

Camping Le Roussillonnais
GPS N 42°34'02.6", E 3°02'39.6"
Direkt hinter dem schönen Sandstrand am nördlichen Ortsrand von Argelès-sur-Mer mit direktem Strandzugang.
Geöffnet März bis Dezember.
Stellplatz inkl. 2 Pers. €19 – 45.
www.leroussillonnais.com

Camping Les Criques de Portails
GPS N 42°32‘06.0“, E 3°04‘06.4“
Komfortabler, sehr schön angelegter Camping mit Stellplätzen in Terrassen hoch über dem Meer am Ortsrand von Argelès-sur-Mer. Poolanlage, moderne Sanitäranlagen, Shop, Restaurant, im Sommer Animation, WLAN am Aufenthaltsraum. Zugang zu kleinen Badebuchten über Treppen in der Steilwand. Auch sehr schöne Häuschen.
Geöffnet April bis Oktober.
Stellplatz inkl. 2 Pers. €29 – 120.
ACSI-Tarif. www.lescriques.de

ALMA
GPS N 42°31‘56.6“, E 3°04‘28.5“
Schön angelegter Glamping hinter dem Strand von Ouille im Wald. Voll ausgestattete Lodgezelte und Holzhäuschen, alle mit eigenem Bad. Terrasse, Gemeinschaftsgarten, Frühstücksbuffet, WLAN, Strandrestaurant.
Geöffnet April bis September.
www.almacollioure.com

Camping Municipal de Cerbère

GPS N 42°27'20.6", E 3°09'51.6"
Einfacher Platz auf der Steilküste am Cap Peyrefite, in Terrassen angelegt, sodass viele der Plätze Meerblick haben. Wenig Schatten, aber meist leichter Wind vom Meer.
Geöffnet April bis Oktober.
Stellplatz inkl. 2 Pers. €16–19, Kind €2,60. Tel. 0033 430 32 62 23.

Costa Brava

Cal Mariner / Port de la Selva

Einfaches kleines Familienhotel im Ort und in Strandnähe, mit Restaurant. *Buchbar über booking.com.*

Tramuntana Hotel Cadaqués

Kleines Hotel mit gutem Preis-Leistungverhältnis in der Altstadt von Cadaqués.
tramuntanahotel.com

Hotel Playa Sol

Drei-Sterne-Hotel hinter einer kleinen Sandbucht an der Uferpromenade von Cadaqués, Zimmer teilweise mit Meerblick. *www.playasol.com*

Hotel Calina

Mit Pool und in Meernähe direkt neben der Casa Dalí in Port Lligat.
www.hotelcalina.com

Camping Port de la Vall

GPS N 42°20'31.0", E 3°10'58.4"
Kurz vor Port de la Selva in einer Kurve zwischen der Straße und einer kleinen Kiesbucht. Direkter Zugang zum Meer. Sanitäranlagen zeitweise nicht ganz so sauber. Zwei Kilometer Fußweg an der Straße (und am Meer) entlang in den Ort.
Geöffnet Ostern bis Mitte Oktober.
Stellplatz inkl. 2 Pers. €25–50, Kind 4 bis 10 Jahre €5.
www.campingportdelavall.com

Camping Port de la Selva

GPS N 42°19'35.0", E 3°12'18.0"
Gepflegter, schön begrünter Platz mit einer Hecke von der Straße abgeschirmt, gut 1 km vom Meer entfernt. Pool, WLAN an der Rezeption.
Geöffnet Juni bis Mitte September.
Stellplatz inkl. 2 Pers. €25–37, Kind €4–6.
www.campingportdelaselva.com

Vallespir

Domaine Oz'Arbres / Prats-de-Molló

GPS N 42°23'57.0", E 2°28'43.5"
Toll gelegene Baumhäuser mitten im Wald. *www.domaineozarbres.fr*

Hotel Ribes

In Alleinlage in La Preste oberhalb des Dorfes Prats-de-Molló. Restaurant.
www.hotel-ribes.com

Mas El Casal / Chambres d'Hôtes

Freistehendes Haus im Grünen mit tollem Ausblick, schöne, geräumige Zimmer, sehr gutes, üppiges Frühstück, nahe Prats-de-Mollo.
www.chambres-hotes-catalogne.com

Der Strand am Camping Le Roussillonnais

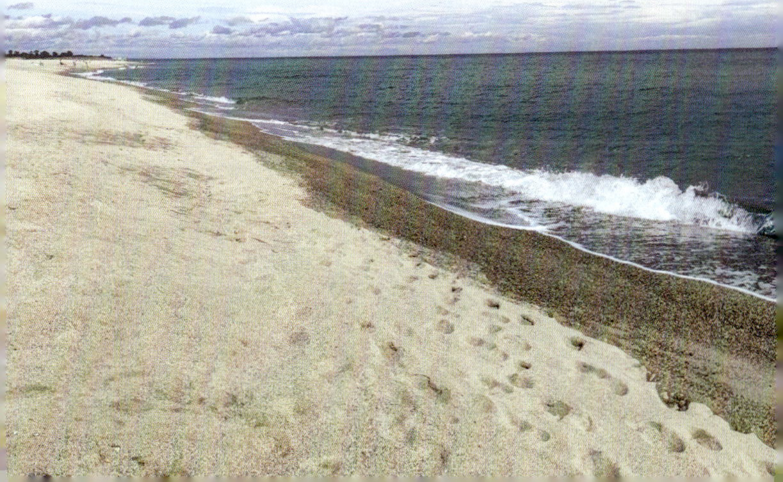

Camping La Vallée
GPS N 42°30'23.0", E 2°47'41.0"
Gepflegter, gut ausgestatteter Platz vor schöner Bergkulisse und mit Wiesenplätzen unter lichtem Baumbestand. Pool, Restaurant geöffnet von Juni bis September, Depot de pain, WLAN, Mobile Homes.
Geöffnet April bis Oktober.
Stellplatz inkl. 2 Pers. €17–22, ACSI-Tarif.
www.campingdelavallee.com

Camping Amelia
GPS N 42°28'44.5", E 2°40'27.0"
Halbschattige Plätze, im Sommer kostenlose Navette (Bus) zur örtlichen Therme, kostenloses WLAN an der Rezeption, Mobile Homes.
Geöffnet Februar bis Dezember.
Stellplatz inkl. 2 Pers. €13,50–19,30, Kind €2,70–3,40.
www.camping-amelia.fr

Camping Le Vallespir
GPS N 42°27'59.0", E 2°39'05.0"
Komfortabler Platz direkt an der Straße und durch eine Hecke abgeschirmt. Kinder freuen sich über den Eselstall, ein Trampolin und eine Minigolfanlage. WLAN, Pool und Pizzeria gibt es auch. Im Sommer Navette (Bus) zur Therme.
Geöffnet Februar bis November.
Stellplatz inkl. 2 Pers. €14,50–21,50, Kind 3 bis 7 Jahre €2,80–4,30.
www.campingvallespir.com

Camping Can Nadal
GPS N 42°24'26.8", E 2°28'09.9"
Einfacher, kleiner Camping mit 54 Plätzen auf einem Wiesengelände mit Baumschatten nahe der Straße.
Geöffnet Mitte März bis Mitte November.
Stellplatz inkl. 2 Pers €14, Kind €1,50. campingcannadal.wixsite.com

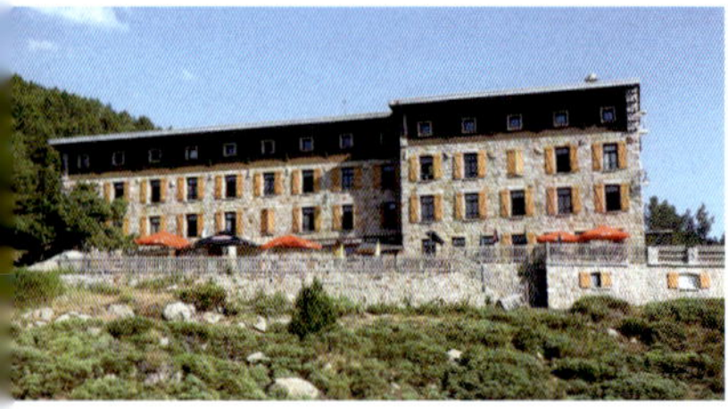

Cerdagne / Capcir

Camping de Cucugnan
Kleiner, einfacher Eco-Camping unter alten Olivenbäumen. Auch Lodge-Zelt, Jurte und Zirkuswagen zu vermieten.
Geöffnet April bis Oktober.
Stellplatz inkl. 2 Pers €18.
www.campingcucugnan.com

Casa Ilicia / Chambres d'Hôtes Canigou
Kleines B & B mit tollem Blick und gutem Frühstück in der Nähe von Prades.
casailicia.wordpress.com

Casa Mia / Chambres d'Hôtes
Kleines Gästehaus in Néfiach mit sehr gutem Frühstück und herzlichem Empfang.
casamia-66.fr

L'Ancienne Auberge / Bolquere
Freundliches Logis de France mit gutem Restaurant. Buchbar über booking.com.
www.logishotels.com

Chambre d'Hotes de l'Ancienne Poste
Gemütliches B&B in der alten historischen Post von Villefranche. Hausgemachtes Frühstück.
www.anciennepostedelacite.com

La Mirabelle / Casteil
Kleines, nettes Hotel, freundliche Besitzer. Top-Restaurant mit schönen Plätzen im Garten.
www.lamirabelle-casteil.com

Maison 225 / Prades
Stilvolles Stadthaus mit Garten und Pool im Zentrum von Prades.
www.225prades.com

Hotel Les Bones Hores
Hotel für Wanderer in grandioser Lage mitten in den Bergen am Stausee Lac des Bouillouses. Einfache Zimmer mit Bad auf dem Gang oder Doppelzimmer mit Bad, Halbpension.
www.boneshores.com

Auberge du Carlit
Einfache Unterkunft für Wanderer in schöner Lage in den Bergen am Lac des Bouillouses, kleine Zimmer ab €16 pro Person. Halbpension €37.
lesioux.fr/aubergeducarlit

Camping STEL / Puigcerda

GPS N 42°26'30.1", E 1°56'28.4"
Mit Hecken eingefasster Platz an einer wenig befahrenen Straße. Pool und Spielplatz. Etwa ein Kilometer nördlich der Stadt.
Ganzjährig geöffnet.
Stellplatz inkl. 2 Pers. €30–42, Kind 3 bis 10 Jahre €6. www.stel.es

Camping Mas de Lastourg

GPS 42°34'44.7", E 2°20'52.0"
Direkt rechts neben der Straße im Grünen am Hang, Spielplatz und Pool, Badeplatz am Fluss, Snack und Restaurant, WLAN, Mobile Homes.
Geöffnet April bis September.
Stellplatz inkl. 2 Pers. €13–25, Kind 3 bis 8 Jahre €2–3,50.
www.camping-lastourg.com

Camping Domaine Saint Martin

GPS N 42°37'16.0", E 2°25'22.2"
Campingplatz am Stadtrand von Casteil und im Grünen in der Nähe des Freibades. Einfache Sanitäranlagen, WLAN gratis.
Geöffnet April bis Mitte September.
Stellplatz inkl. 2 Pers. €18–24, Kind 4 bis 8 Jahre €3–4,50.
domainesaintmartin.com

Camping Lac de Matemale

GPS N 42°34'56.1", E 2°06'21.9"
Im Grünen auf 1.500 m gelegen, unparzellierte Plätze, Sauna, WLAN gratis, nette Holzchalets.
Ganzjährig geöffnet.
Stellplatz inkl. 2 Pers. €20, Kind bis 7 Jahre €4,50.
www.camping-lac-matemale.com

Camping les Bouillouses

GPS N 42°31'10.9", E 2°05'50.1"
Sehr naturnah, Plätze locker verteilt im Wald, interessante Lage am Beginn der Straße zum Stausee Lac des Bouillouses.
Geöffnet Juni bis September.
Stellplatz inkl. 2 Pers. €15,50–20, Kind 4 bis 13 Jahre €2.
www.pladebarres.com

Andorra

Grau Roig Andorra Boutique Hotel & Spa

Großes edel-rustikales Hotel mit ausgezeichnetem Essen. Die Qualität hat allerdings ihren Preis.
www.hotelgrauroig.com

Camping Santa Creu

GPS N 42°33'56.0", E 1°35'58.0"
Kleiner Campingplatz am Aparthotel in angenehmer, ruhiger Lage im netten Ort Canillo, gute Sanitäranlagen, WLAN Zone.
Geöffnet Mitte Juni bis Mitte September.
Stellplatz inkl. 2 Pers. €20, Kind 3 bis 10 Jahre €4.
www.elsmeners.com

In Canillo gibt es zwei weitere Campingplätze.

Ariège

Region Tarascon:

Hotel Confort

Kleines familiäres Hotel in der Innenstadt von Tarascon. Am Fluss gelegen.
www.hotel-tarascon-sur-ariege.com

Gite d'Etape de Roquefixade

Einfache Unterkunft in einem hübschen Steinhaus am Ortsrand von Roquefixade. Zwei Doppelzimmer und Sechserzimmer mit Hochbetten, WC und teilweise auch Bad auf dem Gang, preisgünstiges Restaurant.
www.gite-etape-roquefixade.com

La Maison sous le Château

Kleines Hotel mit freundlichem, engagierten Gastgeber. Blick auf die Burg von Montségur. Leckeres Essen.
lamaisonsouslechateau.com

Camping du Pays de Beille

GPS N 42°47'16.9", E 1°41'24.4"
Angenehmer Platz an der Ariège, viel Schatten, ordentliche Sanitäranlagen. Am Ortsrand und abseits der Straße.
Ganzjährig geöffnet.
Stellplatz inkl. 2 Pers. €12–14, Kind bis 7 Jahre €3.
camping.paysdebeille.fr

Camping Canoe Evasion
GPS N 42°49'00.0", E 1°38'06.0", Mit Hecken unterteilte Wiesenplätze direkt am Ufer der Ariège, guter Kanuverleih am Platz, Canyoningtouren, Sanitäranlagen okay. Depot de Pain am nahen Thermalbad, Mobile Homes.
Geöffnet Mitte April bis September.
Stellplatz inkl. 2 Pers. €21–23, Kind 7 bis 12 Jahre €5.
www.ariege-evasion.com

Camping Village Le Pré Lombard
GPS N 42°50'53.8", E 1°36'42.5"
Großer trubeliger, komfortabler Platz am Fluss mit Restaurant und Bühne. WLAN gratis an der Rezeption, Minimarkt, (Kinder-) Animation, Aquapark, Wellness, Fahrradverleih. Lodge-Zelte und Mobile Homes.
Geöffnet Mai bis Oktober.
Stellplatz inkl. 2 Pers. €22–43, Strom inklusive. www.prelombard.com

Camping Les Grottes / Niaux
GPS N 42°48'50.5", E 1°35'21.6"
Schön angelegter Platz mit Bach, der durch das Gelände plätschert. Mit Hecken abgeteilte Stellplätze, gute und gepflegte Sanitäranlagen. Kleiner Sauna- und Fitnessbereich am Eingang. Angelteich und Pool mit Rutsche. Im Hochsommer unaufdringliche Animation im Eingangsbereich. Sehr schöne ruhige Lage in einem Seitental und zwischen grünen Bergen. Kostenpflichtiges WLAN auf dem kompletten Platz, Pool, Pizzeria und Laden.
Geöffnet Mitte März bis Mitte Oktober.
Stellplatz inkl. 2 Pers. €17–27, Kind bis 10 Jahre €5,50–6,50.
www.campingdesgrottes.com

Camping du Lac Mercus
GPS N 42°52'17.5", E 1°37'19.6"
Gepflegter 3-Sterne-Platz mit guten Sanitäranlagen, eigenem Badeplatz mit Steg am Staubereich der Ariège und kleinem Pool (geheizt), WLAN, Chalets und Lodge-Zelte.
Geöffnet Mitte April bis Anfang November.
ACSI-Tarif.
www.campingdulacmercus.com

Camping La Bexanelle
GPS: N 42°46'06.4", E 1°29'34.3"
Angenehmer Platz mit vielen großen Bäumen, großem Pool, Spielplatz und Mietbungalows. In ruhiger Lage am Ortsrand von Vicdessos, kurzer Fußweg in den hübschen kleinen Ort mit Bäckerei und Supermarkt. Perfekter Ausgangspunkt für **[› Tour 22]**
Ganzjährig geöffnet.
Stellplatz inkl. Personen €14–29, Strom €4.
www.labexanelle.com

Eau Berges
Kleines, charmantes Bed & Breakfast in Vicdessos.
www.eauberges.com

Region Couserans:

Village de Vacances Marc
Feriendorf am Wandergebiet auf 1.000 Meter Höhe mit Restaurant, Pool. Zimmer und einzelne Häuschen.
www.marc-montmija.com

Hotel Les Oussaillès
Einfaches Hotel im besonders sympathischen Wander-Dorf Aulus-les-Bains. Therme im Ort.
Tel. 0033 561 960368.

Camping la Vernière / Auzat
GPS N 42°45'49.2", E 1°28'57.2"
Angenehmer Platz in ruhiger Lage am Ortsrand, schöne Chalets auf dem Campingplatz. Öffentliches Schwimmbad nebenan mit freiem Eintritt.
Ganzjährig geöffnet.
Stellplatz inkl. 2 Pers. €10–15, Kind €2–3. www.la-verniere.fr

Camping Aulus-les-Bains
GPS N 42°47'38.7", E 1°19'55.7"
Kleiner sympatischer Platz im Grünen am Ortsausgang links neben der Straße. Schattige Plätze, Spielplatz, kostenloses WLAN.
Ganzjährig geöffnet.
Stellplatz inkl. 2 Pers.€14,50–16,50, Kind bis 13 Jahre €3–4.
www.camping-aulus-couledous.com

Vall d'Aran und Aigüestortes

Camping Era Yerla / Arties
GPS N 42°42'00.8", E 0°52'05.6"
Kleiner Platz am Ortsrand, etwas nahe an der Straße, Pool, Bungalows.
Geöffnet Mitte Juni bis September. Stellplatz inkl. 2 Pers. €27–30, Kind 3 bis 12 Jahre €5–6.
campingartieserayerla.com

Hostal Escuils / Sarladu
Kleines, ruhiges, einfaches Hotel in Unha mit Blick auf die Berge des Val d'Aran, freundliche und hilfsbereite Eigentümer.
www.hostalescuils.com

Region Espot:

Roca Blanca / Espot
Gemütliches Hotel, schöner Garten, sehr gutes Frühstück, freundliche Besitzer, Sauna.
hotelrocablanca.com

Camping Sol I Neu
GPS N 42°34'19.9", E 1°05'47.4"
Viele schöne Stellplätze am Flussufer, viel Schatten, nahe am Nationalpark Aigüestortes, Pool und auch ansonsten mit allem drum und dran, keine Häuschen.
Geöffnet Juli und August. Stellplatz inkl. 2 Pers. €28–32, Kind 4 bis 12 Jahre €6.
www.solineu.com

Camping Voraparc
GPS N 42°34'58.4", E 1°04'28.7"
Wiesenplätze in zwei Ebenen: eine unten am Fluss, eine etwas höher. Sehr gute, gepflegte Sanitäranlagen, Waschmaschine, Pool. Restaurant und kleiner Laden. Sehr ruhig gelegen. Fußweg nach Espot etwa 1,5 Kilometer.
Geöffnet Mai bis September. Stellplatz inkl. 2 Pers. €22–24, Kind €4–5,60. www.voraparc.com

Camping La Torre
GPS N 42°34'27.0", E 1°05'10.4"
Oberhalb von Espot. Zufahrt am Ortsende links hinauf in Richtung Esqui. Holzbungalows.
Geöffnet Mitte Juni bis Mitte September. Stellplatz inkl. 2 Pers. €26, Kind 3 bis 11 Jahre €6,30.
campinglatorre.com

Valle de Boí:

Hotel el Rantiner
Bed & Breakfast in Taüll. Freundliches Haus in schöner Lage mit Blick auf die romanische Kirche Sant Climent.
www.hotelelrantiner.com

El Xalet De Taüll Hotel Rural
Kleines, rustikales, ruhiges Hotel, eigentümergeführt. Garten und schöne Terrasse. Sehr gutes Frühstück aus regionalen Produkten.
www.elxaletdetaull.com

Camping Can Roig
GPS N 42°25'52.0", E 0°44'20.8"
Einfacher Campingplatz mit kleinem Pool, am Eingang ins Boí-Tal. Gut anzufahren, schöne Plätze unter Bäumen, etwas unterhalb der Straße gelegen. WLAN, Bungalows.
Geöffnet März bis Oktober. Stellplatz inkl. 2 Pers. €18, Kind ab 6 Jahre €5. camping-canroig.com

Camping Taüll
GPS N 42°33'32.7", E 0°52'35.4"
Kleiner Platz, unebene Wiesenplätze, sehr gepflegte Rezeption und Sanitäranlagen, Holzbungalows.
Geöffnet Dezember bis Oktober. Stellplatz inkl. 2 Pers. €22, Kind 4 bis 14 Jahre €4,90.
www.campingtaull.com

Camping del Remei
GPS N 42°26'18", E 0°44'38"
Kleiner gepflegter Platz in 900 Meter Höhe, unter Bäumen am Fluss gelegen, Restaurant, WLAN gratis, kleiner Pool, Bungalows.
Ganzjährig geöffnet. Stellplatz inkl. 2 Pers. €27–32, Kind 2 bis 12 Jahre €6–7.
www.campingdelremei.com

Hotel Flor de Neu / El Pont de Suert
Kleines stilvolles Hotel in El Pont de Suert. Freundliche Besitzer, sehr gutes Frühstück. Lounge mit Kamin.
hotelflordeneu.com

Hotel Cotori / El Pont de Suert
In der Altstadt von El Pont de Suert gelegen, moderne Zimmer mit Balkon, Frühstücksbüffet, Restaurant. Zufahrt etwas versteckt.
www.hotelcotori.com

Posets-Maladeta

El Rincón de Benás
Kleines Appartement-Haus mitten in Benasque. Garten oder Balkon, alle Wohnungen mit 2 oder mehr Zimmern.
Buchbar über www.booking.com.

Hotel Vallibierna
Am Rand von Benasque, kleines rustikales Berghotel mit Charme, schöner Garten, Rastaurant.
vallibiernahotel.com

Hostal Parque Natural
Hotel in Alleinlage im Hochtal hinter Benasque, einfache Ausstattung, tolle Aussicht, gutes Frühstück, Restaurant mit regionaler Küche, freundlich und familiär. *www.hostalparquenatural.com*

Hospital de Benasque
Größeres Hotel auf 1700 Meter Höhe in Alleinlage in sehr schöner Umgebung, direkt am Wandergebiet, Restaurant, Spielplatz, Spa.
www.llanosdelhospital.com

Camping Aneto
GPS N 42°37'25.6", E 0°32'39.5"
Gepflegter Platz auf 1100 Meter Höhe mit Bar, Restaurant, kleinem Laden und sehr guten Sanitäranlagen. Im Sommer sehr gut besucht, viele Wanderer.
Ganzjährig geöffnet.
Stellplatz inkl. 2 Pers. €23–32, Kind €5,80–6,40.
www.campinganeto.com

Camping Ixaia
GPS N 42°37'30.1", E 0°32'43,2"
Schräg gegenüber befindet sich die Zufahrt zum einfacheren naturnahen Camping Ixeia, unparzelliert Plätze auch direkt am Fluss Esera. Bar, Holzhäuschen.
Geöffnet Juni bis September.
Stellplatz inkl. 2 Pers. €20, Kind €4.
www.campingixeia.es

Camping Hotel Turpi
GPS N 42°35'20.6", E 0°34'55.9
Camping am Hotel mit Restaurant. Mitten in der Natur im Talkkessel im Benasque-Tal auf 1500 Meter an einem Bergbach gelegen. Stromanschlüsse nur auf einem Teil des Platzes
Geöffnet im Hochsommer.
Stellplatz inkl. 2 Pers. €16,50.
www.turpi.com

Bagnères-de-Luchon

Hôtel La Rencluse
Kleines charmantes Hotel mit 15 Zimmern in Luchon. Freundliche Atmophäre.
www.hotel-larencluse.com

Camping Le Pyrénéen
Ein Stück abseits des Thermalortes Bagnères-de-Luchon ruhig am Fluss gelegen.
Geöffnet Februar bis Mitte Oktober.
Stellplatz inkl. 2 Pers. €13–20.
www.campinglepyreneen-luchon.com

Camping Au Fil de L'Oô
Wiesenplatz unter alten Bäumen in Luchon und nahe am Fluss.
Geöffnet März bis Mitte Oktober.
Stellplatz inkl. 2 Pers. €15–19.
www.campingaufildeloo.com

Ordesa Nationalpark

Casa Damaso / Ainsa
Appartements im historischen Zentrum von Ainsa, komplett renovierter historischer Bau mit traumhaftem Ausblick. Schöner Garten.
www.casadamaso.net

Hotel Posada Real
Kleines Hotel mit stilvoll eingerichteten Zimmern an der Plaza Major im Zentrum der historischen Altstadt von Ainsa. *posadareal.com*

Camping Valle de Añiscló
GPS N 42°30'34.6", E 0°07'30.44"
Gepflegter Campingplatz am Eingang des Añiscló-Tals, am Fluss mit Bademöglichkeit, Minimarkt, Restaurant, WLAN an der Rezeption, Bungalows.
Geöffnet Mitte April bis Mitte Oktober.

Stellplatz inkl. 2 Pers. €19–22, Kind €4,40–5,20. campingvalleanisclo.blogspot.com

Parador de Bielsa
Herrschaftliches Berghotel in einzigartiger Lage am Ende der Straße im Valle Pineta. *www.parador.es*

Camping Pineta
GPS N 42°39'05.4", E 0°08'24.3"
Relativ ruhige Lage unterhalb der Straße, naturnahe, schattige Plätze im Grünen, Pool, WLAN im Eingangsbereich, gute Sanitäranlagen, Restaurant und Bar, kleiner Laden, Bungalows.
Geöffnet April bis Mitte Oktober. Stellplatz inkl 2 Pers. €20–22, Kind 4 bis 12 €3,90–4,65. campingpineta.com

Nationalparkzugang Torla:

Hotel Rural Casa Lordan/Torla
Familiengeführtes kleines Hotel am Ortsrand von Torla Richtung Nationalpark, geräumige Zimmer, Blick auf die Berge, Garten und Parkplatz.
hotelruraltorla.com

Hotel Villa Russell
Gutes Hotel in bester Lage in der Altstadt von Torla.
www.hotelvillarussell.com

Alberque Monte Perdido
Gepflegtes Hostel in einem Haus aus dem 17. Jahrhundert in der Altstadt von Torla, schöne Mehrbettzimmer für Familien und Gruppen, aber auch Doppelzimmer. *www.ordesaalbergue.es*

Camping Rio Ara
GPS N 42°37'52.8", W 0°06'26.1"
Unterhalb des Ortes am Fluss gelegen. Wiesenplätze unter Bäumen, gute Sanitäranlagen, gut sortierter Laden, keine Bungalows, mäßig funktionierendes WLAN. Zehn Minuten Fußweg auf steilem Wanderpfad zum Dorf Torla. Minimarkt, Café.
Geöffnet April bis Oktober. Stellplatz inkl. 2 Pers. €20, Kind €5. www.campingrioaraordesa.com

Camping Ordesa Torla
GPS N 42°38'19.3", W 0°06'35.2"
Größerer Platz in Ortsnähe links oberhalb der Straße mit Hotel und Bungalows, schattige Plätze auf Wiesenboden. Cafeteria, Restaurant und Laden, Pool, WLAN.
Geöffnet April bis September. Stellplatz inkl. 2 Pers. €22–24, Kind 2 bis 10 Jahre €4,80–5,30. www.campingordesa.es

Camping Sant Anton
GPS N 42°38'45.6", W 0°06'24.3"
Bungalowdorf und Camping, Pool, Laden, WLAN.
Ganzjährig geöffnet. Stellplatz inkl. 2 Pers. €21–23, Kind €4,80–5. campingsananton.es

Camping Valle de Bujaruelo
GPS N 42°40'38.3", W 0°07'24.5"
Schöner, naturnaher, in Terrassen angelegter Platz am Hang, gepflegte Sanitäranlagen, gut sortierter Laden, Restaurant mit guter Küche, schöner Terrasse und Bergblick, kostenloses WLAN, Trinkwasserversorgung aus natürlicher Quelle. Anfahrt über sechs Kilometer Schotterpiste. Rifugio und Bungalows auf dem Gelände.
Geöffnet Mitte April bis Mitte Oktober. Stellplatz inkl. 2 Pers. €19–21, Kind bis 10 Jahre €4,50–5. www.campingvalledebujaruelo.com

Camping Refugio de Bujaruelo
GPS N 42°41'41.1", W 0°06'25.7"
Einfacher unparzellierter Bergcampingplatz in schönster Umgebung auf 1.350 Meter Höhe. Anfahrt über neun Kilometer Schotterpiste. Rifugio mit Einzel- und Mehrbettzimmern, Restaurant.
Geöffnet Mitte März bis November. Stellplatz inkl. 2 Pers. €19, Kind bis 10 Jahre €4. Keine Stromanschlüsse. www.refugiodebujaruelo.com

Camping Oto
GPS N 42°35'49.0", W 0°07'51.0"
Angenehmer Campingplatz mit schattigen Stellplätzen, gute Sanitäranlagen, Pool, Laden, WLAN im Eingangsbereich kostenlos.
Geöffnet März bis Mitte Oktober.

Stellplatz inkl. 2 Pers. €20–22, Kind €4,80–5. www.campingoto.com

Parc National des Pyrenées

Hôtel de l'Ours

Sympathisches 2-Sterne Hotel mit schönem Garten in Arette. Regionale Küche, gutes Frühstück, freundliche Besitzer. *www.hoteldelours.com*

Hôtel des Cimes

Einfaches, kleines in Hotel im Zentrum von Luz-Saint-Sauveur mit Blick auf den Cirque de Gavarnie.
www.hotel-luz.com

Au Clos des Arts

B&B in einem ehemaligen Kloster aus dem 15. Jahrhundert in Luz-Saint-Sauveur. *www.leclosdeluz.com*

Yourtes Mongoles / Gavarnie-Gèdre

Außergewöhnliche Unterkunft in komplett ausgestatteten Jurten mit Küchenzeile in Gèdre in traumhafter Lage. Dusche und Toilette wenige Meter entfernt. *www.yourtes-gavarnie.com*

Direkt nebenan stehen auch einfachere Tipis. *www.tipis-indiens.com*

Le Lion d'Or / Cauterets

Angenehmes Drei-Sterne-Hotel mit individuell eingerichteten Zimmern in einer ruhigen Seitenstraße des Thermalortes Cauterets.
www.liondor.eu

Camping Toy / Luz-Saint-Sauveur

GPS N 42°52'24.1", W 0°00'08.5"
Einfach ausgestattet, aber in bester Lage zentral im Ort und trotzdem ruhig am Fluss gelegen. Parzellierte schattige Plätze und ordentliche Sanitäranlagen.
Geöffnet Mai bis Mitte September und Anfang Dezember bis Anfang April.
Stellplatz inkl. 2 Pers. €17, Kind 2 bis 7 Jahre €4,50.
www.camping-toy.com

Camping Le Pain de Sucre

GPS N 42°45'31.1", E 0°00'01.2"
Langgezogener Platz am Fluss, ausgestattet mit Snack-Pizzeria, Baguette-Service, Spielplatz und neu renovierten Sanitäranlagen.
Geöffnet Juni bis September und Dezember bis April.
Stellplatz inkl. 2 Pers. €14–17, Kind bis 7 Jahre €2,20–3.
www.camping-gavarnie.com

Camping Peguère

GPS N 42°54'3.7", W 0°06'27.7
Einfacher naturnaher Platz in Cauterets mit vielen Stellplätzen am Flussufer, etwa 900 Meter vom Ortskern entfernt. Mittagspause der Rezeption von 12 bis 14 bzw. 15 Uhr. WLAN, Mobile Homes.
Geöffnet April bis Oktober.
Stellplatz inkl. 2 Pers. €14–17, Kind bis 7 Jahre €3–4.
www.campingpeguere.com

Camping Refugio de Bujaruelo

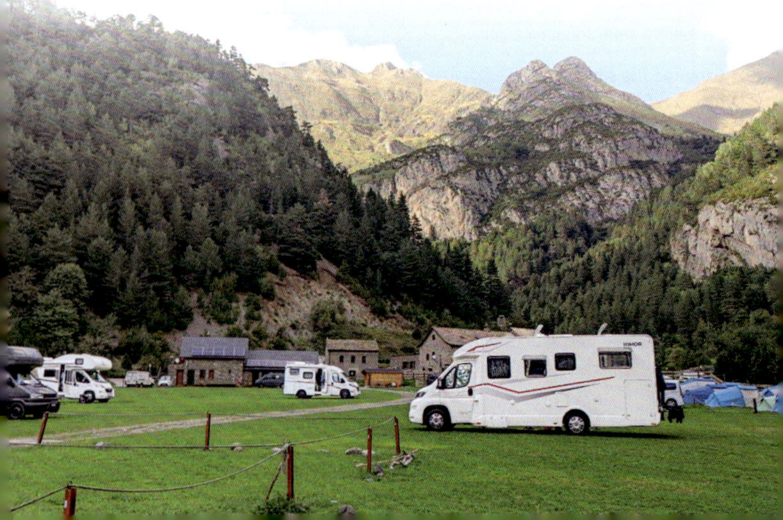

Der Camping Les Glères
GPS N 42°53'40.1", W 0°06'45.3"
Liegt im Ort Cauterets und am nächsten zum Ortszentrum und an den Thermen, Holzchalets.
Ganzjährig geöffnet.
Stellplatz inkl. 2 Pers. €18–20, Kind bis 7 Jahre €3. www.gleres.com

Sunelia Les trois Vallées
GPS N 43°00'43.6", W 0°05'49.8"
Riesiger, komfortabler Campingplatz in Argelès-Gazost nahe am großen Tierpark. Großer Pool mit Riesenrutschen, überdachter, beheizter Pool mit Jacuzzi, Aquagymnastik, Spielplatz und im Sommer Abendanimation und Kinderclub, Restaurant, Pizzeria, Snack-Bar.
Geöffnet April bis Mitte Oktober.
Stellplatz inkl. 2 Pers. €23–46, Kind 4 bis 11 Jahre €8–18.
www.camping3vallees.com

Campingplätze in Lourdes:

Camping de Sarsan
GPS E 43°06'09.3", W 0°01'40.5"
Komfortabler, gepflegter Platz am Stadtrand, Pool und Spielplatz, ruhige Lage, kleiner Laden, Mobile Homes.
Geöffnet April bis Mitte Oktober.
Stellplatz inkl. 2 Pers. €21, Kind bis 7 Jahre €3,50.
www.lourdes-camping.com

Camping du Loup
GPS N 43°05'52.1", W 0°04'11.5"
Kleiner Campingplatz im Grünen außerhalb von Lourdes, 10 Minuten Fußweg zum Heiligen Bezirk. Snack, Depot de pain, Spielplatz.
Geöffnet März bis November.
Stellplatz inkl. 2 Pers. €15, Kind bis 12 Jahre €2,60.
www.camping-du-loup-lourdes.com

Camping de la Forêt
GPS N 43°05'44.5", W 0°04'30.1"
Noch ein Stück weiter stadtauswärts in ruhiger, grüner Lage, Bus-Shuttle, Bar, Minimarkt mit lokalen Produkten, Pool, WLAN, Mobile Homes.
Geöffnet April bis Oktober.
Stellplatz inkl. 2 Pers. €20–23, Kind bis 7 Jahre €2,90. ACSI-Tarif.
www.camping-hautes-pyrenees.com

Val d'Azun

Gîte Chalet du Soulor
Bergpension sieben Kilometer außerhalb von Arrens-Massous, Halbpension möglich. Freundliche Gastgeber.
www.gite-dusoulor.com

Hotel La Caverne
Nettes Hotel mit Charakter am Rand von Eaux Chaudes. Restaurant mit regionalen Spezialitäten.
www.hotel-la-caverne.com

Camping La Mialanne / Arrens-Massous
GPS N 42°57'36.0", W 0°12'24.2"
Familiär und engagiert geführter kleiner Campingplatz, Wiesengelände am Ortsrand, gepflegte Sanitäranlagen.
Geöffnet Juni bis September.
Stellplatz inkl. 2 Pers. €15, Kind bis 7 Jahre €2,90.
campingmialanne.fr

Camping La Heche / Arrens-Massous
GPS N 42°57'29.8", W 0°12'18.8"
Am Flussufer gelegen, Wiesenplatz mit wenig Schatten. Sportplätze, Minimarkt und Mobilheime. Vorsicht! Üble Holperschwelle in der Einfahrt.
Ganzjährig geöffnet.
Stellplatz inkl. 2 Pers. €11,60, Kind bis 7 Jahre €2.
www.campinglaheche.com

Camping des Gaves / Laruns
GPS N 42°59'00.7", W 0°25'3.8"
Netter Platz mit freundlichem Personal, der ausschließlich Holzhäuschen und Chalets vermietet, auch direkt am Fluss. Bar, WLAN.
Ganzjährig geöffnet.
www.campingdesgaves.com

Camping du Valentin
GPS N 42°58'49.1", W 0°24'50.2"
Gepflegter Platz, außerhalb von Laruns am Hang, teilweise terrassiert, Pool, Bar, WLAN, Mobile Homes.
Geöffnet Mitte April bis September.
Stellplatz inkl. 2 Pers. €19–28, Kind 3 bis 9 Jahre €3–4,50.
www.ossau-camping-valentin.com

Region bei Jaca

Posada naturista Las Tiesas Altas
Ungewöhnliche Unterkunft auf einem renovierten alten Hof mit alternativem Charme, traumhafte Lage mitten in der Natur, vegetarisches Restaurant. *www.posadalastiesasaltas.es*

Casa Rural Portaña
Im Bergdorf Araguás del Solano, altes Steinhaus, komplett renoviert, liebevoll geführt. Zehn Kilometer außerhalb von Jaca, Frühstück und Abendessen.
casa-rural-portana-guest-house.aragonhotelsweb.com

Hotel Rural El Mirador de los Pirineos
Kleines idyllische Hotel in einem schönen Natursteinhaus mit kleinem Pool und Sauna in schöner Lage in Santa Cruz de la Serós.
www.elmiradordelospirineos.com

Camping Victoria
GPS N 42°33′51.0″, W 0°34′12.2″
Am Stadtrand von Jaca gelegener Platz, der schon etwas in die Jahre gekommen ist, Sanitär einfach, aber sauber, Pool, WLAN, Restaurant.
Ganzjährig geöffnet.
Stellplatz inkl. 2 Pers. €20–23, Kind €4–4,50.
www.campingvictoria.es

Camping Ain Jaca
GPS N 42°33′10.8″, W 0°33′5.6″
Etwa zwei Kilometer von Jaca entfernt, einfach, schöne Lage, Pool, Bar, WLAN gratis, Bunglows.
Ganzjährig geöffnet.
Stellplatz inkl. 2 Pers. €23–25, Kind 2 bis 12 Jahre €4,80.
www.campingjaca.com

Camping Borda Bisaltico
GPS N 42°47′17.7″, W 0°43′47.8″
Weitläufiger, gepflegter Platz mit guten Sanitäranlagen in idyllischer Lage mit toller Bergkulisse, sympathischer Familienbetrieb, Restaurant, WLAN.
Geöffnet Juni bis Oktober.
Stellplatz inkl. 2 Pers. €26–30, Kind 3–12 Jahre €4.
www.bordabisaltico.com

Pay Basque

Gite Makila
B&B, schön gelegen in der Altstadt von Saint-Jean-Pied-de-Port. Pilgerunterkunft, auch 2-Bett-Zimmer.
makila-saintjean.com

Gite d'étape Azkorria
Nettes B&B, im Zentrum von Saint-Jean-Pied-de-Port. Pilgerunterkunft.
www.hebergements-pays-basque.fr

Chalets d'Iraty
Große Anlage in den Bergen in Alleinlage mit Häuschen in verschiedenen Größen, Restaurant, Fahrradverleih, WLAN. *chalets-iraty.com*

Aire Naturelle De Camping D'Iraty
N 43°02′13.2″, W 1°02′59.4″
Kleiner Platz in Alleinlage mitten in den Bergen, Sanitäranlagen einfach aber funktionell. Anmeldung in den Chalets d'Iraty.

Camping Arette
GPS N 43°05′54.6″, W 0°43′20.2″
Netter, kleiner Platz am Ortsrand am Fluss, WLAN, Fahrräder kostenlos, Mobile Homes.
Geöffnet Mai bis September.
Stellplatz inkl 2 Pers. €15.
camping-arette.com

Camping Ibarra
GPS N 43°00′55.0″, W 0°51′28.0″
Kleiner Platz in schöner Lage am Flussufer, Rezeption oben an der Straße. Zufahrt steil und eng, 2 Ferienwohnungen.
Geöffnet Ostern bis Allerheiligen.
Stellplatz inkl. 2 Pers. €16,50, Kind €2. www.ibarra-chantina.com

Camping Municipal Plaza Berri
GPS N 43°09′40.7″, W 1°14′11.5″
Kleiner Camping in perfekter Lage direkt an der Altstadt von Saint-Jean-Pied-de-Port und trotzdem im Grünen und am Fluss, einfache Sanitäranlagen, in der Hochsaison meist voll belegt.
Geöffnet Mitte April bis Oktober.
Stellplatz inkl. 2 Pers. €11, Kind bis 7 Jahre gratis.

Camping Ixtila Larrau
GPS N 43°02'13.2", W 1°02'59.4"
Kleiner Platz in Alleinlage mitten in den Bergen des Forêt d'Iraty. Sanitäranlagen einfach aber funktionell, Rezeption vormittags von 10–11 Uhr und nachmittags von 16–17 Uhr geöffnet. Außerhalb dieser Zeiten sucht man sich einfach einen Platz und kommt dann zur passenden Zeit zur Anmeldung.
Geöffnet April bis Oktober.
Stellplatz inkl. 2 Pers. €14–19, Kind 3 bis 7 Jahre € 2,50–3,50.
campingixtilalarrau.com

Camping Harazpy / Ainhoa
GPS N 43°18'31.5", W 1°30'06.4"
Angenehmer kleiner Platz im Grünen am Ortsrand mit älteren Sanitäranlagen, WLAN gratis.
Geöffnet März bis Oktober.
Stellplatz inkl. 2 Pers. €18, Kind bis 7 Jahre €3,50. camping-harazpy.com

Atlantikküste

An der Atlantikküste gibt es etliche Campingplätze. Wir stellen hier eine Auswahl vor, die nahe am Meer und an einem Badestrand liegt.

Camping Domaine de Seres
GPS N 43°22'22.0", W 1°45'22.4"
Gepflegter 4-Sterne-Platz, gute Lage am Ortsrand und am ruhigeren Ende des langen Strandes von Hendaye. 400 Meter zum Meer, Pool, Restaurant, Chalets.
Geöffnet April bis Oktober.
Stellplatz inkl. 2 Pers €31–61 inkl. Strom. www.camping-ametza.com

Camping Juantcho
GPS N 43°23'36.9", W 1°41'36.1"
Einfacher, angenehmer Platz mit sympathischer Bar am Eingang, ordentliche Sanitäranlagen, ruhige Lage, 500 Meter Fußweg nach Socoa und zum Ortsstrand. Mobile Homes.
Geöffnet Mai bis Oktober.
Stellplatz inkl. 2 Pers. €17–27, Kind bis 7 Jahre €2,50–3,30, ACSI-Tarif in der Nebensaison.
www.camping-juantcho.com

Camping Municipal Chibau Berria
GPS N 43°24'37.3", W1°38'07.2"
In zweiter Reihe, aber immer noch nahe zum Meer, WLAN gratis.
Geöffnet Mitte Mai bis September.
Stellplatz inkl. 2 Pers. €15–24, Kind 4 bis 12 Jahre €2,50–4, ACSI-Rabatt in der Nebensaison.
www.camping-saintjeandeluz.fr

Camping Le Bord de Mer
GPS N 43°24'19.7", W 1°38'35.8"
Langgezogener Platz am Hochufer seitlich des Badestrandes.
Geöffnet April bis Oktober.
Stellplatz inkl. 2 Pers. €21–36, plus €4 für Platz am Meer, Kind 2 bis 13 Jahre €8–10, ACSI Tarif.
camping-le-bord-de-mer.fr

Camping Ferme d'Erromardie
GPS N 43°24'22.4", W 1°38'15.1"
Am Hochufer direkt an der Küste, Pool, kostenloses WLAN auf dem ganzen Platz, Pool, Mobile Homes.
Geöffnet Mitte März bis Oktober.
Stellplatz inkl. 2 Pers. €22–38.
ACSI-Tarif.
www.camping-erromardie.com

Camping Soubelet Plage
GPS N 43°24'59.2", W 1°37'29.5"
Am Hochufer mit Zugang zu einer schönen Sand-Kies-Bucht, die allerdings häufig viel Brandung hat und dann bei Surfern beliebt ist, Mobile Homes, WLAN-Raum.
Geöffnet April bis September.
Stellplatz inkl. 2 Pers. 19–33, Kind 2 bis 10 Jahre €4–7.
www.soubelet-plage.com

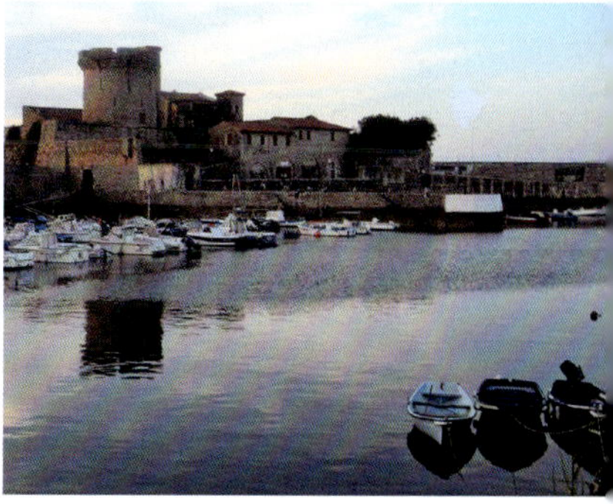

Im Hafen von Socoa

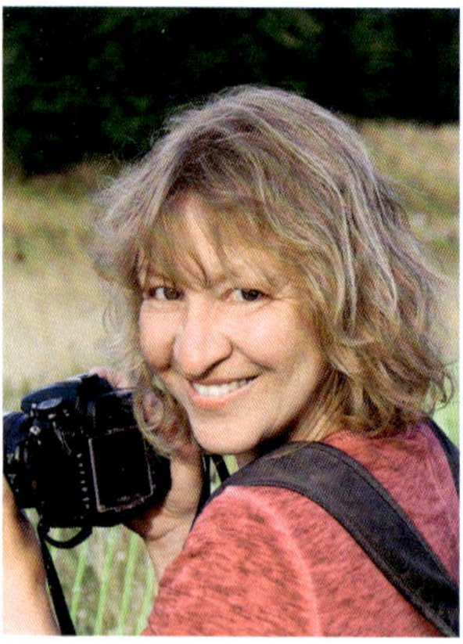

Stefanie Holtkamp

Grafik-Designerin, Autorin und Mutter von zwei Kindern, recherchiert, erwandert und schreibt seit über 20 Jahren Reiseführer, viele davon für Familien.

»Die Pyrenäen begeistern mich vor allem wegen ihrer Berglandschaft mit vielen schmalen Pfaden, Bachüberquerungen ohne Brücken, und unzähligen Bergseen, in der wir auch mitten in Europa noch so etwas wie Wildnis erleben können. Aber auch die Vielseitigkeit der Region ist besonders spannend: Wir treffen hier auf engem Raum auf ganz unterschiedliche Kulturkreise. Schon der Wechsel von Frankreich nach Spanien, von Baguette und Croissants zu Tapas und Paella, sorgt nicht nur kulinarisch für vielseitige Eindrücke. Auch klimatisch und landschaftlich unterscheidet sich die Nord- von der Südseite des Pyrenäenhauptkammes und die Küste des Mittelmeeres noch einmal von der des Atlantiks, wo wir so eigenwilligen Kulturen wie der katalanischen und der baskischen begegnen.«

Zu den Pyrenäen gibt es von der Autorin in Zusammenarbeit mit Andrea Bergmann außerdem einen speziellen Wohnmobilreiseführer, der im WOMO-Verlag erschienen ist.

Alle »Naturzeit aktiv« Wander- und Reisehandbücher werden vor Ort recherchiert, von den Autorinnen und Autoren komplett erwandert und natürlich auch regelmäßig aktualisiert.

FSC
www.fsc.org
MIX
Papier aus verantwortungsvollen Quellen
FSC® C089473

2. Auflage Mai 2023

Naturzeit Reiseverlag e.K.

82288 Kottgeisering

www.naturzeit-verlag.de

info@naturzeit-verlag.de

Vertrieb: Geo Center, 70794 Filderstadt

Satz und Gestaltung: Stefanie Holtkamp, Naturzeit Reiseverlag

Druck: Beltz Grafische Betriebe GmbH, 99947 Bad Langensalza

Karten: Outdooractive Kartografie Geoinformationen © Outdooractive
© OpenStreetMap (ODbL) - Mitwirkende (www.openstreetmap.org/copyright)

Karten für Tour 8, 16, 22, 28, 39, 47: Jonathan Holtkamp

GPS-Daten: GPX523PY428

Bildnachweis:

Bildagentur iStock: Seite 184 unten GlobalP, Seite 185 oben Hedrus, Seite 185 unten Rawlinson_Photography

Seite 112, 113 Sites Touristiques Ariège, Seite 184 oben Gabriele Maltini@fotolia.com

Andrea Bergmann: Seite 14, Seite 134, Seite 131 oben, Seite 132 oben, Seite 241 und 215, Seite 216, Seite 187 oben, Seite 224.

Alle weiteren Fotos: *Stefanie Holtkamp*

ISBN 978-3-944378-42-8

Mehr als nur ein Wanderführer: »Naturzeit aktiv« Tourenbücher

Die Reihe »Naturzeit aktiv« richtet sich an alle, die gerne in der Natur unterwegs sind. Bei der Auswahl der Touren legen wir Wert auf eine bunte Mischung aus Wanderungen, Fahrradrouten, Kanutouren und interessanten Ausflugszielen. Länge und Schwierigkeitsgrad orientieren sich an Outdoorfans mit durchschnittlicher Kondition und Erfahrung.

- abwechslungreiche Routen durch die Natur zu Fuß, mit dem Fahrrad oder dem Kanu
- die schönsten Badeplätze
- alle wichtigen Sehenswürdigkeiten
- Campingführer und Übernachtungstipps
- jede Tour mit topographischer Karte, übersichtlichem Tourensteckbrief und vielen stimmungsvollen Fotos
- große Übersichtskarte in der hinteren Umschlagklappe

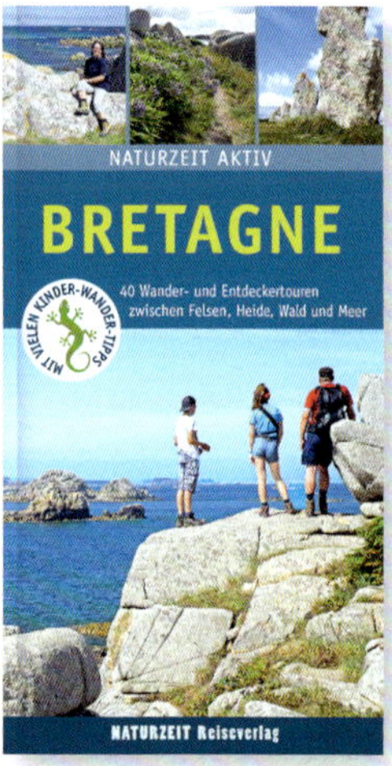

ISBN 978-3944378-26-8
1. Auflage 2020, **€ 16,90**

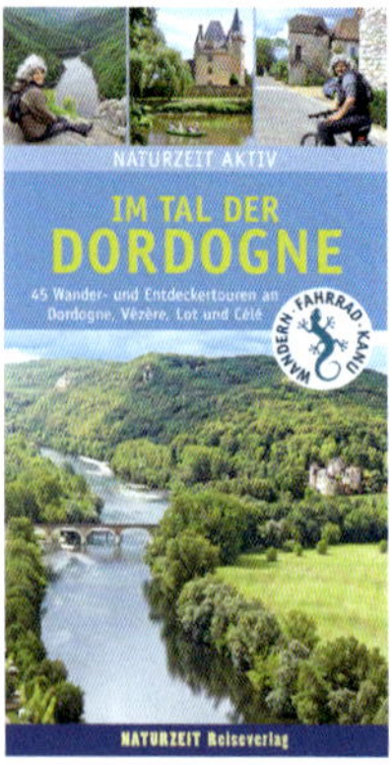

ISBN 978-3-944378-38-1
3. Auflage 2022, **€ 18,00**

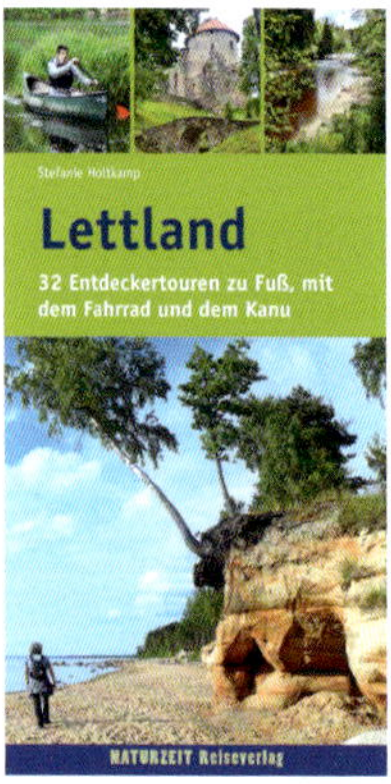

ISBN 978-3-944378-07-7
1. Auflage 2016, **€ 14,90**

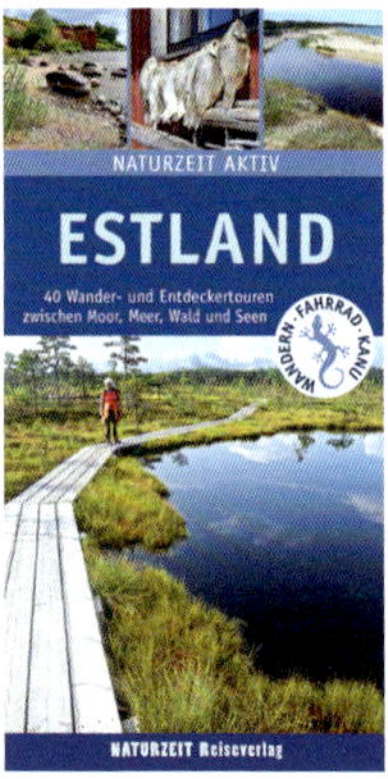

ISBN 978-3-944378-27-5
2. Auflage 2020, **€ 16,90**

Weitere Informationen und eine Leseprobe zu jedem Buch unter
www.naturzeit-verlag.de

Reise-Abenteuer-Geschichten aus dem Naturzeit Verlag

Stefanie Heyduck, Birgit Völkel

Hakuna Matata

Zwei Frauen und ihr blauer Landy auf einem Roadtrip durch Afrika

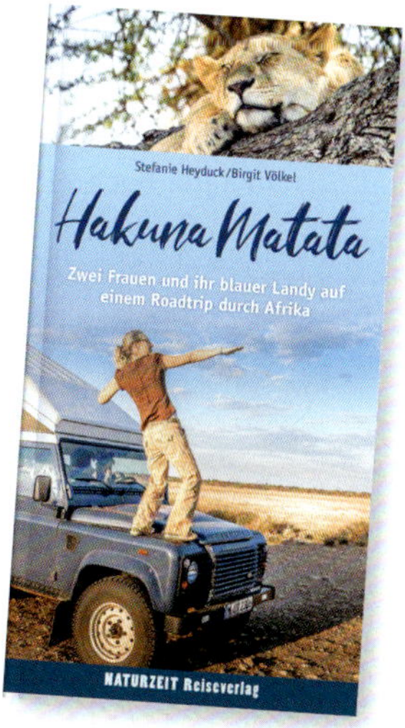

40.000 Kilometer, zehn Länder, zwei Frauen, ein blauer Land Rover Defender: Stefanie und Birgit kündigen ihre Jobs, um ein Jahr durch das südliche und östliche Afrika zu reisen. Ihr selbst ausgebauter Landy »Blaue Elise« wird zum Zuhause auf Zeit.

ISBN 978-3-944378-24-2, **€ 15,90**

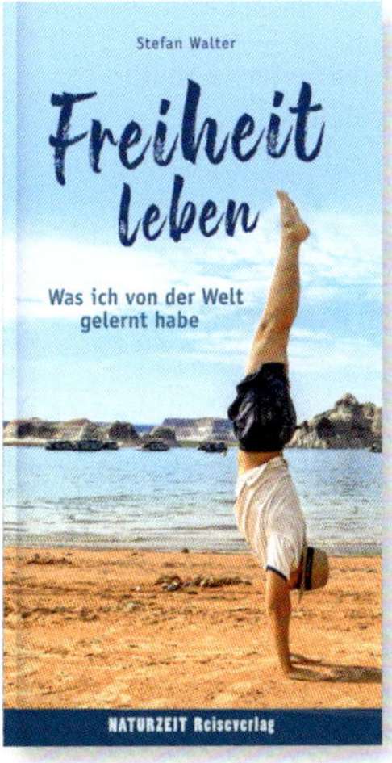

Stefan Walter

Freiheit leben

Was ich von der Welt gelernt habe

Was macht uns glücklich?
Wie sieht ein erfülltes Leben aus?
Wie finde ich meinen Weg dorthin?

Auf der Suche nach Abenteuer und Herausforderung lässt Stefan das sichere Vorstadtleben hinter sich, um bei einem Jahr Work & Travel mehr von der Welt zu sehen. In Australien wird ein uralter Kombi das Basisquartier für die große Freiheit: Sterne zählen an einsamen Stränden, am Lagerfeuer sitzen und am Meer einschlafen. Er treibt Kühe durchs Outback, erntet Avocados, verzweifelt beim Schafe scheren und lebt einen ganz neuen Alltag. Diese erste große Reise verändert Stefans Leben und von nun an reist er, um herauszufinden, auf was es im Leben wirklich ankommt.

ISBN 978-3-944378-33-6, **€ 16,00**

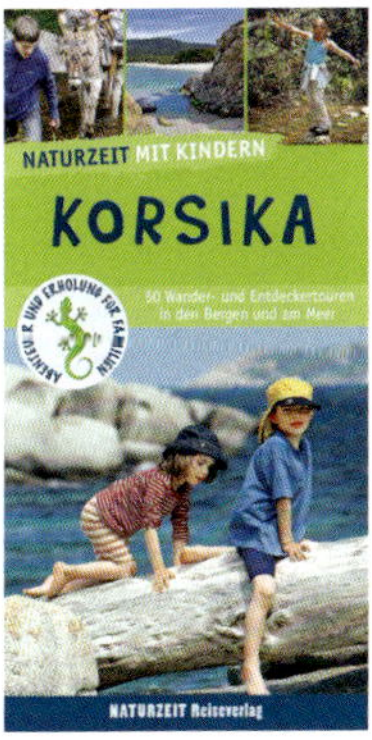

ISBN 978-3-944378-39-8
7. Auflage 2022, **€ 20,00**

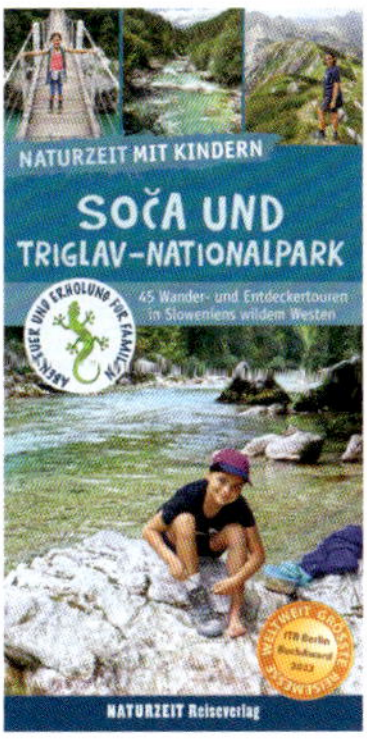

ISBN 978-3-944378-34-3
1. Auflage 2022, **€ 20,00**

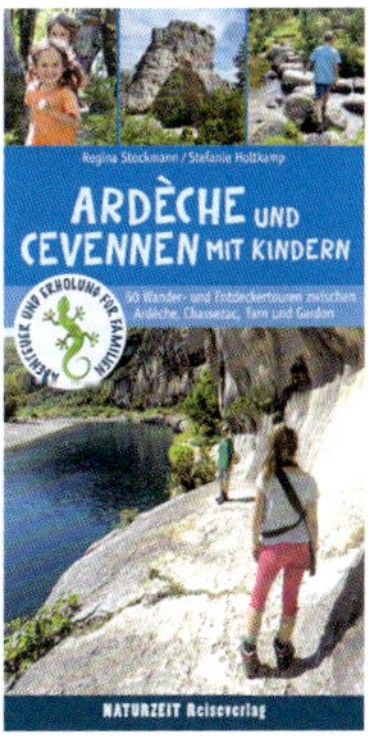

ISBN 978-3-944378-19-0
1. Auflage 2019, **€ 17,90**

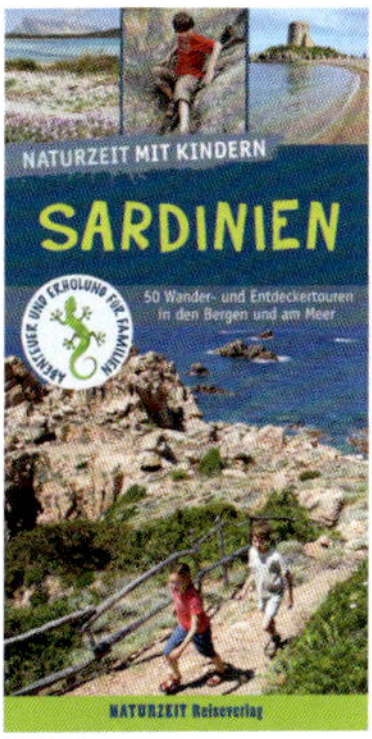

ISBN 978-3-944378-40-4
4. Auflage 2022, **€ 22,00**

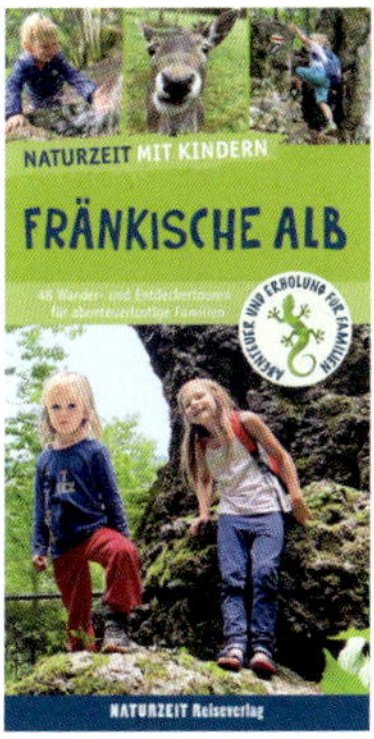

ISBN 978-3-944378-35-0
1. Auflage 2022, **€ 18,00**

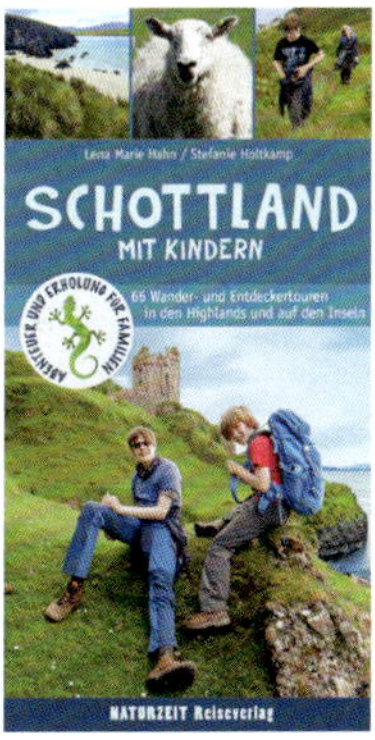

ISBN 978-3-944378-20-6
1. Auflage 2019, **€ 19,90**

Regina Stockmann, Stefanie Holtkamp,
Johanna Kraus

Trekkingträume für Familien

Vom Mikroabenteuer zur Trekkingtour

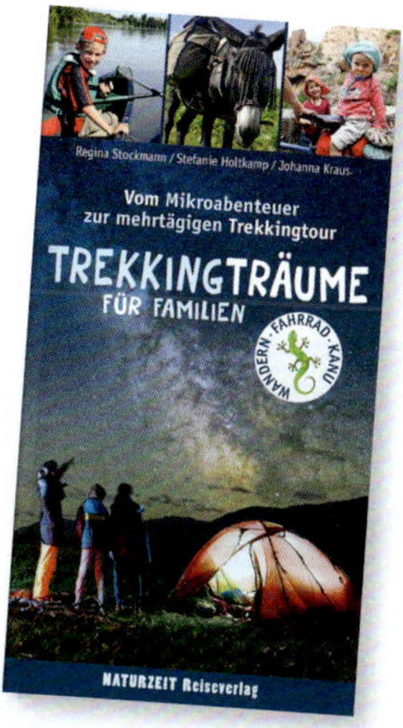

Gemeinsam raus in die Natur. Weit weg vom Lärm der Zivilisation, der Alltagshektik und vom Überfluss. Sich nur noch um elementare Dinge kümmern und ein bisschen langsamer leben. Draußen sein, kleine Abenteuer erleben, Neues entdecken, in die Sterne gucken, näher zusammenrücken und als Familie ganz viel Zeit miteinander verbringen.

Für Outdoor-Anfänger und erfahrene Outdoor-Fans, die vor der Herausforderung stehen, ihr liebstes Hobby mit ihren Kindern zu teilen.

1. Auflage 2020, 384 Seiten, **€ 19,90**
ISBN 978-3944378-25-1

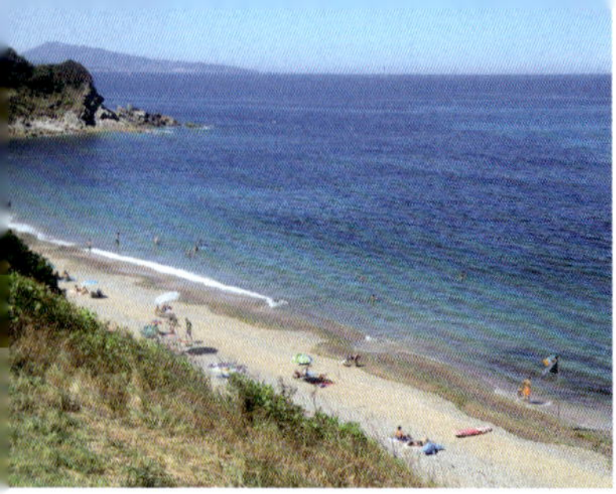

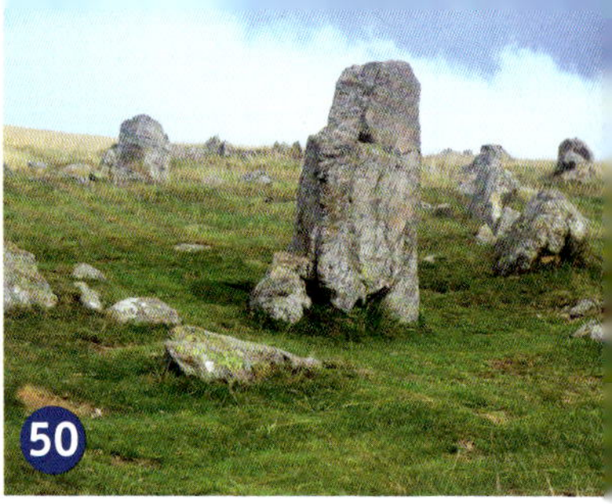
50

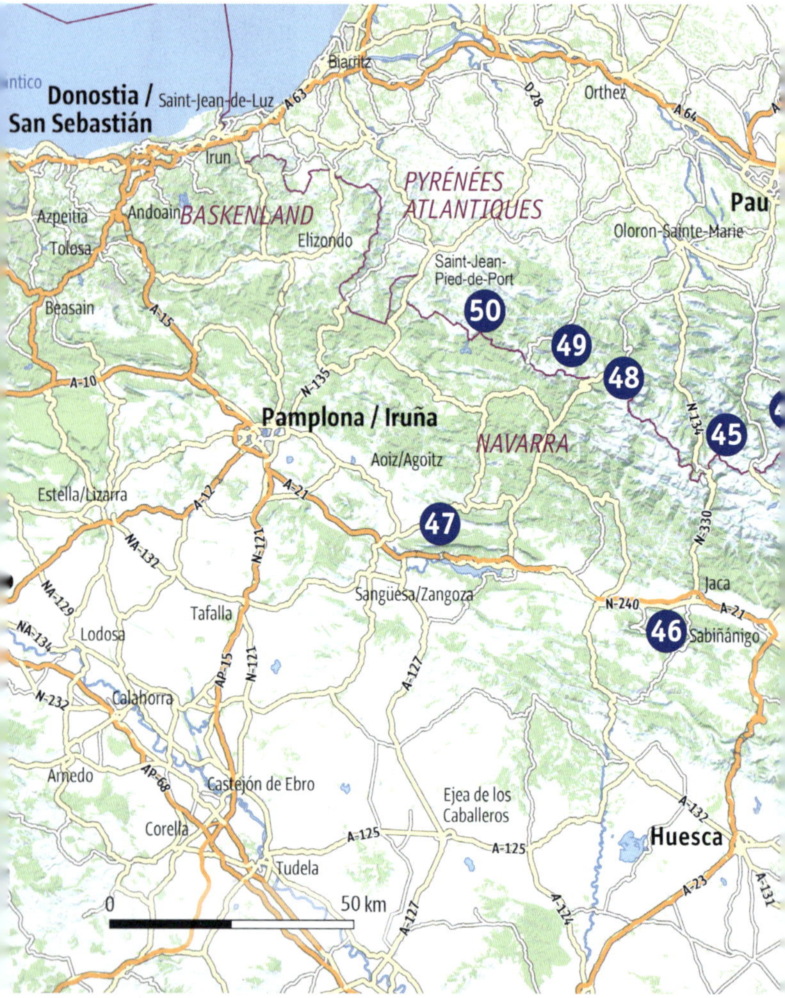
ntico
Donostia / San Sebastián
Saint-Jean-de-Luz
A 63
Biarritz
D 28
Orthez
A 64
Irun
PYRÉNÉES ATLANTIQUES
Pau
Azpeitia
Andoain
BASKENLAND
Elizondo
Oloron-Sainte-Marie
Tolosa
Saint-Jean-Pied-de-Port
50
Beasain
A-15
49
48
N-135
A-10
N-134
45
Pamplona / Iruña
NAVARRA
Aoiz/Agoitz
Estella/Lizarra
A-12
A-21
47
N-330
NA-132
N-121
NA-129
Sangüesa/Zangoza
Jaca
N-240
A-21
Tafalla
46
Sabiñánigo
NA-134
Lodosa
AP-15
N-121
A-127
N-232
Calahorra
Arnedo
AP-68
Castejón de Ebro
Ejea de los Caballeros
A-132
Corella
A-125
A-125
Huesca
Tudela
A-23
A-131
0
50 km
A-124
A-127

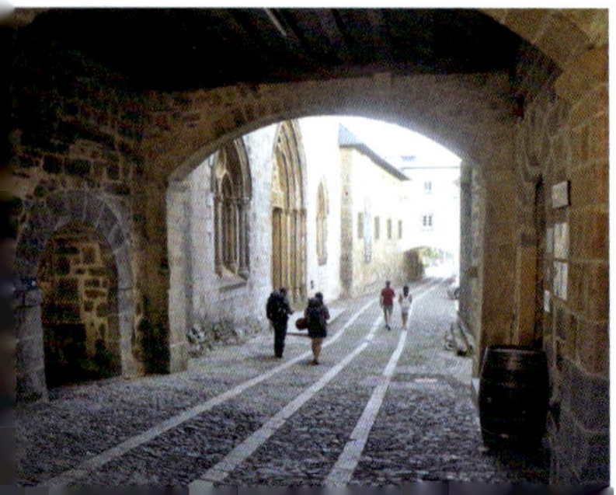

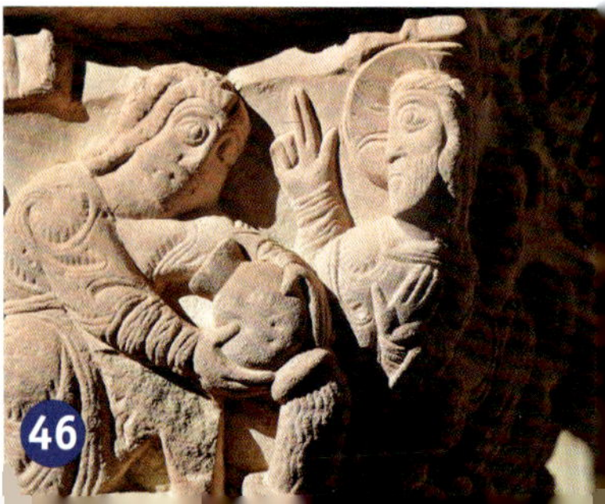
46